孟子新校釋

附索引

黄懷信 撰

本书出版承山东省曲阜师范大学中国史一流学科资助

前　　言

　　孟子，名轲，字子舆，战国中期邹国（今山东邹城东南）人，是我国古代著名的思想家、政治家、教育家，也是早期儒家思想的主要代表人物，历史上被称为"亚圣"，地位仅次于"至圣"孔子。孟子的具体生卒年，历史上考说不一，大致以生于周安王十七年即公元前385年、卒于周赧王十一年即公元前304年之说为最可信。

　　关于孟子的身世，《韩诗外传》载有其母"断织""东家豚肉"等故事，《列女传》载有其母"三迁"和"去齐"等故事，应该都是比较可信的，因为这和《孟子》书中所反映的孟子人品与思想相符。另外据《列女传》和赵岐《孟子题辞》，孟子曾受教于孔子的孙子子思。关于这一点，从年代上推算不是完全没有可能，只是从《孟子》书内，我们尚找不出具体的痕迹。所以，《史记·孟子荀卿列传》说其"受业子思之门人"的说法，应该是比较可信的。

　　关于《孟子》一书的创作，《史记·孟子荀卿列传》载："（孟轲）道既通，游事齐宣王，宣王不能用。适梁，梁惠王不果所言，则见以为迂远而阔于事情。"当是之时，秦用商鞅，楚魏用吴起，齐用孙子、田忌。"天下方务于合从连衡，以攻伐为贤。而孟轲乃述唐、虞、三代之德，是以所如者不合。退而与万章之徒序《诗》《书》，述仲尼之意，作《孟子》七篇。"这些也是比较可信的。就是说《孟子》一书既有孟子亲撰者，也有其弟子万章等人所撰者。比如书中于在孟子之时尚在世的国君或称谥，于孟子弟子或附称"子"，就只能是出自孟子弟子或更晚人之手。

　　唐代以前，《孟子》一直与其他子书同类。五代十国时后蜀国主孟昶刻"十一经"，收入了《孟子》，最早使之成为所谓经书。至了南宋，《孟子》正式成为"十三经"之一。而事实上唐代人韩愈早就说过："尧以是传之舜，舜以是传之禹，禹以是传之汤，汤以是传之文、武、周公，文、武、周公传之孔子，孔子传之孟轲。"（《原道》）可见已经建立起了上自尧舜、下至孔孟的儒家道统。韩愈的这种说法，无疑是有道理的。因为我们可以看到，在《孟子》书中 27 次出现"尧舜"，35 次出现"文王"，10 次出现"武王"，18 次出现"周公"，近 90 次提到孔子或仲尼。而孟子自己又称："乃所愿，则学孔子也。"并两次强调，"自生民以来，未有盛于孔子也"（3.2），足见其对孔子的崇敬。所以，他在思想方面很自然地也会与孔子有部分相似，但又有明显的不同。比如孔子分别讲仁讲义，孟子则"仁义"并称。具体的仁，孔子更多地讲的是个人的仁，即所谓仁德；而孟子更多地讲的是国君的仁，即所谓仁政。

孟子的思想，首先是主张仁政。孟子认为国君治国，必须实行仁政，即爱民之政。比如他说："行仁政而王，莫之能御也。"（3.1）"当今之时，万乘之国行仁政，民之悦之，犹解倒悬也。"（3.1）"尧舜之道，不以仁政，不能平治天下。"（7.1）"王如施仁政于民，省刑罚，薄税敛，深耕易耨；壮者以暇日修其孝悌忠信，入以事其父兄，出以事其长上，可使制梃以挞秦楚之坚甲利兵矣。"（1.5）"今王发政施仁，使天下仕者皆欲立于王之朝，耕者皆欲耕于王之野，商贾皆欲藏于王之市，行旅皆欲出于王之涂，天下之欲疾其君者皆欲赴愬于王。其若是，孰能御之？"（1.7）等等。

实行仁政的方法，孟子认为首先是国君要讲仁义。比如他见梁惠王，王曰："叟不远千里而来，亦将有以利吾国乎？"孟子对曰："王何必曰利？亦有仁义而已矣。……未有仁而遗其亲者也，未有义而后其君者也。王亦曰仁义而已矣，何必曰利？"（1.1）这里我们可以看出，孟子所谓的"仁义"，是指"仁"和"义"二者，应该读作"仁、义"。如此并列用词，似乎可以追溯到子思。如传为子思所作的《中庸》第一章云："中（和）也者，天下之大本也；"和（中）也者，天下之达道也。致中和，天地位焉，万物育焉。"其"中和"，明显是指"中"与"和"，应该读作"中、和"，与此所言"仁、义"一例。看来所谓孟子"受业子思之门人"的说法，确有一定的依据。总之其"仁、义"是并列词组。

为什么要讲仁、义，要爱民？因为孟子认为民为邦本，这就是所谓民本思想。比如他明确地说："天下之本在国，国之本在家，家之本在身。"（7.5）"身"，即百姓个人。正因为如此，所以他认为"民为贵，社稷次之，君为轻"。这种思想，无疑较孔子已有很大的进步，但这无疑又与时代的发展有关。

国家既然以民为本，那么就必须对民进行教育。而民之所以能够教育，是因为人皆有"四端"。他说："恻隐之心，仁之端也；羞恶之心，义之端也；辞让之心，礼之端也；是非之心，智之端也。人之有是四端也，犹其有四体也。有是四端而自谓不能者，自贼者也。"（3.6）又如公都子曰："告子曰：'性无善无不善也。'或曰:'性可以为善,可以为不善;是故文、武兴则民好善,幽、厉兴则民好暴。'或曰:'有性善,有性不善;是故以尧为君而有象,以瞽瞍为父而有舜;以纣为兄之子且以为君,而有微子启、王子比干。'今曰'性善',然则彼皆非与?"孟子曰:"乃若其情,则可以为善矣,乃所谓善也。若夫为不善,非才之罪也。恻隐之心,人皆有之;羞恶之心,人皆有之;恭敬之心,人皆有之;是非之心,人皆有之。恻隐之心,仁也;羞恶之心,义也;恭敬之心,礼也;是非之心,智也。仁、义、礼、智,非由外铄我也,我固有之也。"(11.6)可见他认为人都可以具备并实行"仁""义""礼""智"四种美德。而人之所以具备并能够实行这四种美德,是因为人性本善。

另外,关于做人的最高标准,孟子认为是所谓"大丈夫"。比如有一次他与景春谈起"大丈夫",景春曰:"公孙衍、张仪,岂不诚大丈夫哉?一怒而诸侯惧,安居而天下熄。"孟子曰:"是焉得为大丈夫乎?……富贵不能淫,贫贱不能移,威武不能屈,此之谓大丈夫。"(6.2)这样的豪杰大丈夫精神,无疑是值得称道的,也是应该效法学习的。另外孟子还有很多主张,也都值得称道,比如他主张国家要实现"王道",要"定于一",主张国君要"与民偕乐",要爱民,等等。

总之,孟子的思想是丰富的,其中有很多值得今人学习和发扬的地方。当然,也有需要摈弃的地方,比如他的迂阔与不切实际等。另外需要指出的是,孟子所言"仁义",虽然部分应该读为"仁、义",但也有一部分似乎确已作为一个词汇在用。比如《告子上》载告子曰:"性,犹杞柳也;义,犹杯棬也。以人性为仁义,犹以杞柳为杯棬。"(11.1)就是一例。而"仁义"合言,在《论语》本不存在,因为"仁"和"义"的词义本不相属,"仁"指关爱他人,"义"指行事合宜、恰当、应该。《孔子家语》载孔子语多有"仁义",应该出自后人之手,最早可能与子思或孔子后学之误解有关。而孟子书之部分"仁义"做为单一的固定词语,意思也与本义有了区别,这是应该知道的。还有就是孟子引孔子语,或有误解或未明其义者,比如"乡原""狂简"之类,也是需要知道的。

《孟子》一书的版本与注本,旧时主要有东汉赵岐所作《孟子章句》(《四部丛刊》初编本)、南宋朱熹《四书集注》本、《十三经注疏》本以及《景刊唐开成石经》所附贾刻《孟子》等。今人的注本,仍以杨伯峻先生的《孟子译注》为代表。然智者千虑,必有一失。杨先生的注,不免仍有个别不确或错误之处,加上其书不含校勘,所以我们重新做了这本新校释,希望能为弘扬孟子文化有所裨助。

目　录

前　言 …………………………………………………………… 1
凡　例 …………………………………………………………… 1

梁惠王上 ………………………………………………………… 1
梁惠王下 ………………………………………………………… 14
公孙丑上 ………………………………………………………… 30
公孙丑下 ………………………………………………………… 43
滕文公上 ………………………………………………………… 56
滕文公下 ………………………………………………………… 68
离娄上 …………………………………………………………… 81
离娄下 …………………………………………………………… 96
万章上 …………………………………………………………… 110
万章下 …………………………………………………………… 122
告子上 …………………………………………………………… 134
告子下 …………………………………………………………… 147
尽心上 …………………………………………………………… 161
尽心下 …………………………………………………………… 178

索引 ……………………………………………………………… 195

凡　　例

一，本编以贾刻《孟子》(《景刊唐开成石经》所附)为底本，底本有误处据《十三经注疏校勘记》及《经典释文·孟子音义》所列进行校正，并出校记于"校注"之中。

一，本编《孟子》原文的分章，一如杨伯峻《孟子译注》，皆据赵岐《孟子章句》。

一，本编各章《孟子》原文之下列"校注"，校注之下列"译文"。"校注"内有校者兼言校，无校者只言注。注文以训诂明义为原则，原原本本，不做过多考证与发挥，个别或引用相关文献。

一，本编注文于《孟子》原书所引《诗》《书》及孔子语等，皆注明出处。

一，本编注文于《孟子》原文之生僻字及异读字，一般皆以直音方式注明音读；通假字则指明其"借为某"或"读为某"。

一，本编末附《孟子》索引，以便检览。

梁惠王上

1.1　孟子见梁惠王,[1]王曰:"叟不远千里而来,亦将有以利吾国乎?"[2]

孟子对曰:"王何必曰利?亦有仁、义而已矣。[3]王曰'何以利吾国',大夫曰'何以利吾家',士、庶人曰'何以利吾身',上下交征利而国危矣。[4]万乘之国,弑其君者必千乘之家;[5]千乘之国,弑其君者必百乘之家。[6]万取千焉,千取百焉,不为不多矣。[7]苟为后义而先利,不夺不餍。[8]未有仁而遗其亲者也,未有义而后其君者也。王亦曰仁、义而已矣,何必曰利?"

【校注】

[1]梁惠王:即魏惠王,公元前369年至公元前319年在位。即位九年由安邑(今山西夏县)迁都大梁(今河南开封),故称梁惠王,是战国时期第一个称王的诸侯国君。　[2]叟:对老年男子的一般称谓。　[3]亦:犹只,只有。后同。　[4]士:在官家任事的普通人士。庶人,平民。交,交相。征,求取。[5]乘:音剩,战车的单位,一辆战车为一乘。弑:以下杀上、以臣杀君的专用词汇。家:指拥有封邑的卿大夫。　[6]焉:兼词,于是、于其中。　[7]苟:如果。　[8]餍:音厌,满足。

【译文】

孟子拜见梁惠王,梁惠王说:"老丈不远千里而来,不会是带来了什么有利我国的主意吧?"

孟子回答说:"大王何必说利?只说仁和义就够了!如果王说'怎样利我国',大夫说'怎样利我家',一般士人和老百姓说'怎样利我自己',上下交相求利,国家就危险了!拥有一万辆兵车的国家,杀害其国君的,一定是拥有一千辆兵车的卿大夫;拥有一千辆兵车的国家,杀害其国君的,一定是拥有一百辆兵车的大夫。从一万中取一千,从一千中取一百,这不能说是不多了。如果是把义放在后面而把利摆在前面,不争夺是不会满足的。还没有讲仁却遗弃父母的,也还没有讲义却把君主放在后面的。所以,大王只说仁和义就行了,何必说利?

1.2　孟子见梁惠王。王立于沼上,顾鸿雁、麋鹿曰:"贤者亦乐此乎?"[1]

孟子对曰:"贤者而后乐此;不贤者虽有此,不乐也。《诗》云:'经始(治)灵台,经之营之。[2]庶民攻之,不日成之。[3]经始(治)勿亟,庶民子来。[4]王在灵囿,麀鹿攸伏。[5]麀鹿濯濯,白鸟鹤鹤。[6]王在灵沼,於牣鱼跃。[7]'文王以民力为台为沼,而民欢乐之,谓其台曰灵台,谓其沼曰灵沼,乐其有麋鹿鱼鳖。古之人与民偕乐,故能乐也。[8]《汤誓》曰:'时日害丧?予及女偕亡。'[9]民欲与之偕亡,虽有台池鸟兽,岂能独乐哉?"

【校注】

[1]沼:水塘。顾:回头望。　　[2]始:当是"治"字之误。下章同。经治:即经营修筑。灵台:周代皇家观测天文的土台。今甘肃灵台县有周灵台遗址。经:谓定其经纬,选址也。营:谓营治、造作。　　[3]庶:众也。攻:治也。不日:不几天。　　[4]亟:同"急"。　　[5]灵囿:周代皇家园林名,在镐京东(今陕西长安)。麀:音幽。麀鹿:母鹿。攸:所也。　　[6]濯濯:音灼灼,形容肥的样子。白鸟:白鹤。鹤鹤:借为"翯翯",音贺贺,形容鸟白而肥润的样子。此《诗经·大雅·灵台》前三章之句。　　[7]灵沼:周代皇家沼池名。於:音乌,叹美声。牣:满也。　　[8]偕:同也。　　[9]《汤誓》:《尚书》篇名。时:借为"此"。日:太阳。害:借为"盍",何不。女:同"汝"。

【译文】

孟子拜见梁惠王。梁惠王站在池塘边上,一边顾盼着周围的鸿雁麋鹿,一边说:"贤人也喜欢这些吗?"

孟子回答说:"只有贤人才喜欢这些;不贤的人就算有这些,也不喜欢。《诗经》里说:'修筑那灵台,选址营造它。百姓齐协力,几天就完成。修筑并不急,百姓自愿来。周王在灵囿,母鹿所隐伏。母鹿很肥美,白鹤也肥壮。王在灵沼钓,满池鱼腾跃。'周文王用百姓的力量修筑高台池沼,而百姓喜欢,就称那台为'灵台',称那池为'灵沼',并喜欢那里面有麋鹿鱼鳖。古代的君王与民同乐,所以能真正快乐。《汤誓》里:'这太阳何不毁灭?我和你一起灭亡!'老百姓恨不得与他一起灭亡,即使有台池鸟兽,难道他能独自享受吗?"

1.3 梁惠王曰:"寡人之于国也,尽心焉耳矣。[1]河内凶,则移其民于河东,移其粟于河内;[2]河东凶亦然。察邻国之政无如寡人之用心者,邻国之民不加少,寡人之民不加多,何也?"[3]

孟子对曰:"王好战,请以战喻。填然鼓之,兵刃既接,弃甲曳兵而走。[4]或百步而后止,或五十步而后止。[5]以五十步笑百步,则何如?"

曰:"不可,直不百步耳,是亦走也。"[6]

曰:"王如知此,则无望民之多于邻国也。不违农时,谷不可胜食也;[7]数罟不入洿池,鱼鳖不可胜食也;[8]斧斤以时入山林,材木不可胜用也。[9]谷与鱼鳖不可胜食,材木不可胜用,是使民养生丧死无憾也。[10]养生丧死无憾,王道之始也。[11]

"五亩之宅,树之以桑,五十者可以衣帛矣;[12]鸡豚狗彘之畜无失其时,七十者可以食肉矣;[13]百亩之田勿夺其时,数口之家可以无饥矣;[14]谨庠序之教,申之以孝悌之义,颁白者不负戴于道路矣。[15]七十者衣帛食肉,黎民不饥不寒,然而不王者,未之有也。[16]

"狗彘食人食而不知检,涂有饿莩而不知发;[17]人死,则曰'非我也,岁也',[18]是何异于刺人而杀之,曰'非我也,兵也'?王无罪岁,斯天下之民至焉。"[19]

【校注】

[1] 寡人:孤寡之人,国君用以自称。焉:"于之"合音,于它。　[2] 河内:黄河以北,即今河南省东北部一带。凶:指遭遇荒年。河东:黄河以东,今山西省西南部一带。　[3] 加:更加。加少:即减少。加多:即增多。　[4] 填:读为"镇",借字。填然:形容鼓声震天。曳:音业,拖着。走:跑也。　[5] 或:有的人。步:左右脚各迈一次,相当于今之两步。　[6] 直:只是。是:此、这。　[7] 胜:尽也。　[8] 数:音促,密。罟:音古,渔网。洿:音乌,深也。　[9] 斧、斤:均为斧头,古以圆銎者称斧,方銎者称斤。《礼记·王制》:"草木零落,然后入山林。"　[10] 憾:恨、不满。　[11] 王:读去声,称王、为王。　[12] 树:栽种。帛:丝绸。　[13] 失其时:谓错失其繁育的时节。　[14] 夺:剥夺、耽误。　[15] 谨:小心、认真。庠序:古代的地方学校。申:一再讲说。孝:敬养父母;悌:善待子弟。颁:负、背。戴:用头顶。《礼

记·王制》:"道路:轻任并,重任分,斑白者不提挈。"又《礼记·祭义》:"斑白者不以其任行乎道路。" 〔16〕黎民:老百姓。黎:本借为"黧",黑色。称百姓为黎民,犹秦代称百姓谓"黔首",皆以其面黑。 〔17〕检:借为"俭",节俭。涂:道路。莩:借为"殍",音瓢,饿死的人。发:发放,指打开粮仓。 〔18〕岁:年岁、年成。 〔19〕罪:怪罪。斯:犹则。

【译文】

梁惠王说:"寡人对于国家,算是尽心了。河内闹饥荒,就把河内的百姓迁往河东,把河东的粮食调往河内;河东发生饥荒,也是这样。看邻国的国政没有像寡人这样用心的,而邻国的百姓不减少,寡人的百姓不增多,这是为什么呢?"

孟子回答说:"大王喜欢打仗,就让我用打仗来做比喻。打仗的时候战鼓擂响,兵刃相接以后,士兵抛弃铠甲拖着兵器就跑,有的跑一百步然后停下,有的跑五十步然后停下。让跑五十步的嘲笑跑一百步的,怎么样?"

梁惠王说:"不可以,他只是没有跑到一百步而已,那也是跑。"

孟子说:"王如果懂得这个道理,就不要指望百姓多于邻国了。不违农时,粮食就吃不完;密网不入深池,鱼鳖就吃不完;斧子按时进入山林,木材就用不完。粮食和鱼鳖吃不完,木材用不完,这就能让老百姓养生葬死没有遗憾。老百姓养生葬死没有遗憾,是王道的开端。

五亩大的宅院栽上桑树,五十岁的就可以穿上丝衣了;鸡狗猪等家禽家畜不让错失繁育时节,七十岁的人就可以吃上肉了;各家私有的百亩农田不剥夺其农时,几口人的家庭就可以没有饥饿了;认真地搞好学校教育,反复地讲明孝悌之道,老年人就不会在路上背东西了。国君使七十岁的人穿丝衣有肉吃,老百姓不饥饿不受冻,这样而不为王天下的,还没有过。

如果让猪狗吃人吃的而不知道节俭,路上有饿死的人而不知道救济;人死了却说'不怪我,怪年成不好',这与用刀子刺死人却说'不怪我,怪刀子'有什么不同?所以,王只要不怪罪年成,天下的百姓就到魏国了。"

1.4　梁惠王曰:"寡人愿安承教。"[1]

孟子对曰:"杀人以梃与刃,有以异乎?"[2]

曰:"无以异也。"

"以刃与政,有以异乎?"[3]

曰:"无以异也。"

曰:"庖有肥肉,厩有肥马,民有饥色,野有饿莩,此率兽而食人也。[4]兽相食且人恶之,为民父母,行政不免于率兽而食人,恶在其为民父母也?[5]仲尼曰:'始作俑者,其无后乎!'[6]为其象人而用之也。如之何其使斯民饥而死也?"[7]

【校注】

[1] 安:安心。承:受。　　[2] 梃:大棒。　　[3] 政:国政、政治。[4] 庖:厨房。厩:马棚。　　[5] 恶:音巫,犹何。《礼记·檀弓下》:"孔子谓为俑者不仁,不殆于用人乎哉?"　　[6] 仲尼:孔子字。俑:用陶或木头做的人偶。　　[7] 斯:此也。

【译文】

梁惠王说:"寡人愿意安心承教。"

孟子回答说:"用木棒打死人和用刀子杀死人,有区别吗?"

梁惠王说:"没有区别。"

孟子又问:"用刀子杀死人和用国政害死人,有区别吗?"

梁惠王回答说:"没有区别。"

孟子于是说:"厨房里有肥肉,马棚里有肥马,而老百姓却面有饥色,野外有饿死的尸体,这等于是率领着野兽吃人。禽兽相互吃人尚且厌恶它,作为老百姓的父母官,施政却不免于率领着禽兽吃人,怎么配做百姓的父母官呢?孔子说:'最初作土偶或木偶陪葬的人,大概没有后人吧!'因为土偶木偶像人而用它来陪葬。又怎么能让这些百姓活活地饿死呢?"

1.5　梁惠王曰:"晋国,天下莫强焉,叟之所知也。[1]及寡人之身,东败于齐,长子死焉;[2]西丧地于秦七百里,南辱于楚。寡人耻之,愿比死者一洒之,如之何则可?"[3]

孟子对曰:"地方百里而可以王。王如施仁政于民,省刑罚,薄税敛,深耕易耨;[4]壮者以暇日修其孝悌忠信,入以事其父兄,出以事其长上,可使制梃以挞秦楚之坚甲利兵矣。[5]彼夺其民时,使不得耕耨以养其父母。父母冻饿,兄弟妻子离散。彼陷溺其民,王往而征之,夫谁与王敌?[6]故曰:'仁者无敌。'王请勿疑!"

【校注】

[1] 莫:无有、没有人。　　[2] 东败于齐:指马陵之役。长子:即太子申。[3] 比:读去声,替也。洒:借为"洗",洗刷。　　[4] 易:不以为难。耨:音陋(鼻音),锄草。　　[5] 暇:闲暇。挞:音踏,打也。　　[6] 陷溺:犹陷入。

【译文】

梁惠王说:"晋国曾经是天下最强的国家,这是老丈你知道的。可是到了寡人,东边被齐国打败,连我的大儿子都死掉了;西边丧失了七百里土地给秦国;南边又受楚国的侮辱。寡人为这些事感到羞耻,现在希望替死难者报仇雪恨,怎么做才行呢?"

孟子回答说:"只要有方圆一百里的土地就可以称王,[何况是您?]大王如果对老百姓施行仁政,减省刑罚,少收赋税,深耕细作,并让身强力壮的人利用闲暇时间修养孝悌忠信,在家侍奉父母兄长,出门事奉长辈上司,就可以让他们即使是制作木棒也可以打击秦、楚的坚甲利刃了。因为秦国、楚国的执政者剥夺其百姓的农时,使他们不能深耕细作以赡养父母。父母受冻挨饿,兄弟妻儿离散。他们使百姓陷入深渊之中,大王去征伐他们,有谁会与您为敌呢?所以说:'讲究仁的人没敌人。'请大王不要疑虑!"

1.6 孟子见梁襄王。[1]出,语人曰:"望之不似人君,就之而不见所畏焉。卒然问曰:'天下恶乎定?'[2]吾对曰:'定于一。''孰能一之?'[3]对曰:'不嗜杀人者能一之。''孰能与之?'[4]对曰:'天下莫不与也。王知夫苗乎?七八月之间旱,则苗槁矣。[5]天油然作云,沛然下雨,则苗浡然兴之矣。[6]其如是,孰能御之?[7]今夫天下之人牧,未有不嗜杀人者也。[8]如有不嗜杀人者,则天下之民皆引领而望之矣。[9]诚如是也,民归之,由水之就下,沛然谁能御之?'"[10]

【校注】

[1]梁襄王:梁惠王的儿子,公元前318年至公元前296年在位。[2]卒然:同"猝(音促)然",突然之间。恶乎:于何、在哪里。[3]孰:谁也。[4]与:在一起、跟随。[5]槁:枯槁、干死。[6]油然:舒缓的样子。沛然:充沛的样子。浡然:蓬勃的样子。兴:起来。[7]御:抵御、阻止。[8]人牧:牧人者,即人君。嗜:音释,嗜好、爱好。[9]引领:伸长脖子。[10]诚:果真。由:借为"犹"。

【译文】

孟子见了梁襄王。出来以后,告诉人说:"远看他不像个国君,近看他看不出威严。而突然问道:'天下从哪里安定?'我回答说:'安定于统一。'他又问:'谁能统一它?'我说:'不喜欢杀人的人能统一它。'他又问:'谁能跟随他?我回答说:'天下没有人不愿意跟随他。大王知道那禾苗吗?七八月间天旱,禾苗就干枯了。

而当天上慢慢兴起云,下起瓢泼大雨,禾苗就会蓬勃竖立起来。像这种情况,谁能够阻止?如今天下的国君,没有不喜欢杀人的。如果有不喜欢杀人的,天下的老百姓就都会伸长脖子盼望他了。真像这样,老百姓归服他,就好像水往低处流,汹涌澎湃,谁能够阻挡?"

1.7 齐宣王问曰:"齐桓、晋文之事,可得闻乎?"[1]

孟子对曰:"仲尼之徒无道桓、文之事者,是以后世无传焉。臣未之闻也。无以,则王乎?"[2]

曰:"德何如,则可以王矣?"

曰:"保民而王,莫之能御也。"

曰:"若寡人者,可以保民乎哉?"

曰:"可。"

曰:"何由知吾可也?"[3]

曰:"臣闻之胡龁曰:王坐于堂上,有牵牛而过堂下者。[4]王见之,曰:'牛何之?'[5]对曰:'将以衅钟。'[6]王曰:'舍之!吾不忍其觳觫若无罪而就死地。'[7]对曰:'然则废衅钟与?'曰:'何可废也?以羊易之!'不识有诸?"[8]

曰:"有之。"

曰:"是心足以王矣。[9]百姓皆以王为爱也,臣固知王之不忍也。"[10]

王曰:"然,诚有百姓者。齐国虽褊小,吾何爱一牛?[11]即不忍其觳觫若无罪而就死地,故以羊易之也。"

曰:"王无异于百姓之以王为爱也。[12]以小易大,彼恶知之?[13]王若隐其无罪而就死地,则牛羊何择焉?"[14]

王笑曰:"是诚何心哉?我非爱其财而易之以羊也,宜乎百姓之谓我爱也。"

曰:"无伤也,是乃仁术也,见牛未见羊也。君子之于禽兽也,见其生,不忍见其死;闻其声,不忍食其肉。是以君子远庖厨也。"[15]

王说曰:"《诗》云:'他人有心,予忖度之。'[16]夫子之谓也。夫我乃行之,反而求之,不得吾心。夫子言之,于我心有戚戚焉。[17]此心之所以合于王者,何也?"

曰:"有复于王者曰:[18]'吾力足以举百钧,而不足以举一羽;明足以察秋毫之末,而不见舆薪。'[19]则王许之乎?"[20]

曰:"否!"

"今恩足以及禽兽,而功不至于百姓者,独何与?然则一羽之不举,为不用力焉;舆薪之不见,为不用明焉;百姓之不见保,为不用恩焉。故王之不王,不为也,非不能也。"

曰:"不为者与不能者之形,何以异?"

曰:"挟太山以超北海,语人曰'我不能',是诚不能也。[21]为长者折枝,语人曰'我不能',是不为也,非不能也。[22]故王之不王,非挟太山以超北海之类也;王之不王,是折枝之类也。老吾老,以及人之老;幼吾幼,以及人之幼,天下可运于掌。[23]《诗》云:'刑于寡妻,至于兄弟,以御于家邦。'[24]言举斯心加诸彼而已。故推恩足以保四海,不推恩无以保妻子。古之人所以大过人者,无他焉,善推其所为而已矣。今恩足以及禽兽,而功不至于百姓者,独何与?[25]权,然后知轻重;度,然后知长短。[26]物皆然,心为甚。王请度之!抑王兴甲兵,危士臣,构怨于诸侯,然后快于心与?"[27]

王曰:"否!吾何快于是?将以求吾所大欲也。"

曰:"王之所大欲,可得闻与?"

王笑而不言。

曰:"为肥甘不足于口与?轻暖不足于体与?抑为采色不足视于目与?声音不足听于耳与?便嬖不足使令于前与?[28]王之诸臣皆足以供之,而王岂为是哉?"

曰:"否!吾不为是也。"

曰:"然则王之所大欲可知已:欲辟土地,朝秦楚,莅中国而抚四夷也。[29]以若所为求若所欲,犹缘木而求鱼也。"[30]

曰:"若是其甚与?"

曰:"殆有甚焉![31]缘木求鱼,虽不得鱼,无后灾。以若所为,求若所欲,尽心力而为之,后必有灾。"

曰:"可得闻与?"

曰："邹人与楚人战，则王以为孰胜？"[32]

曰："楚人胜。"

曰："然则小固不可以敌大，寡固不可以敌众，弱固不可以敌强。海内之地方千里者九，齐集有其一。[33]以一服八，何以异于邹敌楚哉？盖亦反其本矣？[34]今王发政施仁，使天下仕者皆欲立于王之朝，耕者皆欲耕于王之野，商贾皆欲藏于王之市，行旅皆欲出于王之涂，天下之欲疾其君者皆欲赴诉于王。[35]其若是，孰能御之？"

王曰："吾惛，不能进于是矣。愿夫子辅吾志，明以教我。[36]我虽不敏，请尝试之。"[37]

曰："无恒产而有恒心者，惟士为能。[38]若民，则无恒产，因无恒心。苟无恒心，放辟邪侈，无不为已。[39]及陷于罪，然后从而刑之，是罔民也。[40]焉有仁人在位，罔民而可为也？是故明君制民之产，必使仰足以事父母，俯足以畜妻子；乐岁终身饱，凶年免于死亡。[41]然后驱而之善，故民之从之也轻。[42]今也制民之产，仰不足以事父母，俯不足以畜妻子；乐岁终身苦，凶年不免于死亡。此惟救死而恐不赡，奚暇治礼义哉？[43]王欲行之，则盍反其本矣！五亩之宅，树之以桑，五十者可以衣帛矣；鸡豚狗彘之畜无失其时，七十者可以食肉矣；[44]百亩之田勿夺其时，八口之家可以无饥矣；谨庠序之教，申之以孝悌之义，颁白者不负戴于道路矣。老者衣帛食肉，黎民不饥不寒，然而不王者，未之有也。"

【校注】

［1］齐宣王：齐威王之子，公元前319至公元前301年在位。齐桓，谓齐桓公，公元前685年至公元前643年在位，春秋五霸之一。晋文，即晋文公，公元前636年至公元前628年在位，亦春秋五霸之一。　［2］无以：同"无已"，借字。王：谓王道。　［3］何由：即由何，从哪里。　［4］胡龁（音禾）：当时齐国大臣。　［5］之：往也。　［6］衅钟：以血涂抹新钟的仪式。　［7］觳觫（音胡粟）若：牛角、牛头颤抖的样子，"若"为形容词词尾。旧以"若"字后属，非也。　［8］识：同知。诸："之乎"合音。　［9］是心：即此心。　［10］爱：吝啬。固：本来。　［11］褊：音扁，小、狭小。　［12］异：奇异、奇怪。　［13］恶：音乌，"恶乎"之省，于何、从哪里。　［14］隐：痛、可怜。　［15］远：读平声，绕开。庖厨：杀牛羊煮肉的地方。　［16］说：读同"悦"。

[17] 予：我。忖度（音夺）：揣测、估摸。此《诗经·小雅·巧言》四章句。 [18] 钧：古重量单位，合三十斤。 [19] 秋毫：鸟兽秋天新生出来的细毛。舆：车也。 [20] 许：赞许、认同。 [21] 挟：音协，夹在腋下。太山：即泰山。超：越、跳过。北海：指渤海。 [22] 枝：借为"肢"。折枝：谓磬折腰肢，即鞠躬行礼。旧或释攀折树枝，攀折树枝何用也？ [23] 运：运转。运于掌，玩转于掌中，形容十分轻易。 [24] 刑：借为"型"，谓做榜样。寡妻：自己的妻子。御：治理。此《诗经·大雅·思齐》二章之句。 [25] 独：唯独、偏偏。与：疑问语气词，同"欤"。 [26] 权：秤锤，这里指用秤称。度：音夺，用尺子量。 [27] 抑：选择连词，犹言"还是"。 [28] 便：音骈。便嬖：身边的亲近小臣。 [29] 辟：开辟。朝：使之来朝拜。莅：临也。 [30] 若：如此、这样。缘木：上树。 [31] 殆：恐怕。 [32] 邹：战国时小国，又称邾，地在今山东省邹城县东南。 [33] 集：谓集中起来。 [34] 盍：何不。原作"盖"，改从韩本、足利本，用本字。 [35] 行旅：行路的旅客。涂：借为"途"，路途。疾：恨也。诉：诉说。 [36] 愿：希望。夫子：对老年人的尊称。 [37] 敏：聪敏。请：请求对方答应，谦词。 [38] 恒：永恒、不动。士：任事之人。 [39] 苟：如果。放：放荡；辟：邪。邪恶不正；侈：放肆。 [40] 从：随后。罔：借为"网"。网民：以网捕民。 [41] 乐岁：指丰年。凶岁：指灾年。 [42] 轻：谓轻易、容易。 [43] 赡：音善，足也。奚：音西，何。暇：音侠，空闲。 [44] 《礼记·王制》："五十始衰，六十非肉不饱，七十非帛不暖。"

【译文】

齐宣王问道："齐桓公、晋文公称霸的事情，您可以讲给我听听吗？"

孟子回答说："孔子的门徒没有谈论齐桓公、晋文公称霸之事的，所以后世没有相关的传闻，我也没有听说过。大王如果一定要我讲，那就讲讲王道吧。"

宣王问："德行怎样就可以为王于天下了？"

孟子说："让老百姓安居乐业而为王天下，就没有谁能够阻挡。"

宣王说："像寡人这样的，可以让老百姓安居乐业吗？"

孟子说："可以。"

宣王说："凭什么知道我可以呢？"

孟子说："我从胡龁那里听说，王有一天坐在大殿上，有一个人牵着牛从殿下走过，王看见了，就问：'把牛牵到哪里去？'牵牛的人回答：'准备用它的血去祭钟。'王说：'放了它！我不忍心看到它哆哆嗦嗦地没有罪却去受死。'牵牛的人问：'那就不祭钟了吗？'王说：'怎么可以不祭钟呢？用羊来替换牛吧！'不知道有没有这件事?"

宣王说:"有这件事。"

孟子说:"有这种心就足以为王于天下了。老百姓都说王是吝啬,为臣我本来就知道王是不忍心。"

宣王说:"是的,确实有这样的百姓。齐国虽然不大,我怎么会舍不得一头牛呢?我就是不忍心看到它哆哆嗦嗦地没有罪却去受死,所以用羊来替换它。"

孟子说:"王不要怪老百姓以为您吝啬。您用小的代替大的,他们哪里知道您的本心?王如果可怜牛没有罪而去受死,那羊和牛又有什么区别呢?"

宣王笑道:"这到底是什么心呢?我不是舍不得财才用羊换牛的。难怪老百姓认为我吝啬。"

孟子说:"没有关系,这就是仁的表现,因为您当时只见到了牛而没有见到羊。君子对于禽兽,见到它活着,就不忍心见到它死;听到它的叫声,就不忍心吃它的肉。所以君子总是绕着厨房走。"

齐宣王高兴地说:"《诗经》里说:'别人有心思,我能揣测它。'说的就是老先生您。是我自己做的,反过来想想,却不知道是怎么想的。老先生这么一说,我的心倒是有点儿动。那么这种心之所以符合为王天下,又是为什么呢?"

孟子说:"假如有人回禀王说:'我的力气能够举起三千斤,却拿不起一根羽毛;视力能够看清秋天毫毛的末梢,却看不见摆在眼前的一大车柴。'您会相信他的话吗?"

宣王说:"不相信。"

孟子紧接着说:"如今王的恩惠足以到禽兽身上,而功业却到不了老百姓身上,偏偏又是为什么呢?可见一根羽毛拿不起,是不愿意用力气去拿它;一大车柴看不见,是不用眼睛去看它;老百姓不能安居乐业,是不对他们施恩。所以王不能为王于天下,是不去做,而不是做不到。"

宣王说:"不去做和做不到有什么区别?"

孟子说:"要一个人把泰山夹在胳膊下面跳过北海,他说'我做不到',这是真的做不到。而要他向老年人鞠躬,他说'我做不到',这是不愿意做,而不是做不到。所以王您不为王于天下,就属于把泰山夹在胳膊下跳北海这一类。尊敬自己的老人延伸到别人的老人,爱护自己的孩子延伸到别人的孩子,整个天下就可以运转在手心里了。《诗经》里说:'先给正妻示范,再到兄弟姐妹,治理家族邦国。'是说掂起这个心施加到那个人身上而已。所以,推广恩德足以安定天下,不推广恩德连自己的妻子儿女都保护不了。古代的圣贤之所以能远远超过一般人,其中没有别的,就是善于推广自己的行为而已。如今大王您的恩惠足以到达禽兽身上,而功业却到不了老百姓身上,偏偏是为什么呢?

"称了才知道轻重,量了才知道长短。东西都是这样,人心更是这样。大王您请思量一下:难道您发动军队,让士兵冒生命危险,去和别的国家结怨,这样您心里才痛快吗?"

宣王说:"不,我怎么会对此感到痛快呢?我是想通过这来实现我最大的愿望啊。"

孟子说:"大王的最大愿望,可以讲给我听听吗?"

齐宣王笑了笑,却不说话。

孟子便说:"是因为肥美的食物不够吃呢,因为轻暖的衣服不够穿呢,还是因为艳丽的色彩不够看呢?是因为美妙的音乐不够听呢,还是因为身边的亲近小臣不够使唤呢?这些,您的大臣都足以提供,难道大王真是为了这些吗?"

宣王说:"不,我不是为了这些。"

孟子说:"既然这样,大王的最大愿望就可以知道了:您是想要扩张国土,使秦国、楚国都来朝贡,君临中国而安抚四夷。不过,以您这样的做法来实现这样的愿望,就好像爬到树上去捉鱼。"

宣王说:"有这么严重吗?"

孟子说:"恐怕比这还要严重。爬上树去捉鱼,虽然捉不到鱼,却没有什么后患。而以您现在的做法来实现这样的愿望,费尽心力去干,最后一定还会有灾祸。"

宣王说:"我能听听其中的道理吗?"

孟子说:"邹国人和楚国人打仗,大王认为谁会取胜?"

宣王说:"楚国人胜。"

孟子说:"这就说明,小的本来就敌不过大的,少的本来就敌不过多的,弱的本来就敌不过强的。中国的土地方圆一千里的有九块,齐国的领地合起来才占其中之一。想用一块去征服八块,这与邹国打楚国有什么区别?大王为什么不回到根本上来呢?现在大王如果发令施行仁政,让天下干事的人都想站到您的朝堂之上,天下种地的人都想在您的郊野里耕种,天下的商贩都想在您市场里做生意,天下旅行的人都想行走在您的道路上,天下痛恨本国国君的人都想来向您控诉。如果是这样,还有谁能够阻挡他们?"

齐宣王说:"我脑子发昏,不能想到这一步了。希望老先生辅助我的心,明白地教我。我虽然不聪慧,也让我来试它一试。"

孟子说:"没有固定产业却有固定思想的,只有士才能做到。至于一般老百姓,如果没有固定产业,也就没有固定的思想。如果没有固定的思想,一切放荡邪恶之事,就都做得出来了。等犯了罪,然后才去处罚他们,这等于是张着网捕百姓。哪里有仁人在位却可以张着网捕百姓的?所以,明君制定百姓的产业,一定要让他们上足以赡养父母,下足以抚养妻子儿女;丰年永不挨饿,歉年不致饿死。然后督促他们向善,所以老百姓也就容易听从。

"如今限制老百姓的产业,上不足以赡养父母,下不足以抚养妻子儿女;好年成常年受苦,坏年成性命难保。这个时候,老百姓连保命都恐来不及,哪里还有工夫修治礼义呢?

"大王如果想施行仁政,为什么不回到根本上来呢?五亩大的宅园里种上桑树,五十岁的人就可以穿上丝绸了。鸡狗猪等家禽家畜不耽误其繁殖,七十岁以上的人就可以有肉吃了。一百亩的耕地不要剥夺其农时,八口人的家庭就可以吃饱饭了。认真地搞好学校教育,反复地讲明孝悌之道,老年人就不会在路上背东西了。老年人穿丝衣有肉吃,普通百姓吃得饱穿得暖,这样还不能为王天下的,还从来没有过。"

梁惠王下

2.1　庄暴见孟子,曰:"暴见于王,王语暴以好乐,暴未有以对也。"[1]曰:"好乐何如?"

孟子曰:"王之好乐甚,则齐国其庶几乎!"[2]

他日,见于王曰:"王尝语庄子以好乐,有诸?"

王变乎色曰:"寡人非能好先王之乐也,直好世俗之乐耳。"

曰:"王之好乐甚,则齐其庶几乎!今之乐,犹古之乐也。"

曰:"可得闻与?"

曰:"独乐乐,与人乐乐,孰乐?"[3]

曰:"不若与人。"

曰:"与少乐乐,与众乐乐,孰乐?"

曰:"不若与众。"

"臣请为王言乐:今王鼓乐于此,百姓闻王钟鼓之声、管籥之音,举疾首蹙頞而相告曰:[4]'吾王之好鼓乐,夫何使我至于此极也?父子不相见,兄弟妻子离散。'今王田猎于此,百姓闻王车马之音,见羽旄之美,举疾首蹙頞而相告曰:[5]'吾王之好田猎,夫何使我至于此极也?父子不相见,兄弟妻子离散。'此无他,不与民同乐也。

"今王鼓乐于此,百姓闻王钟鼓之声、管籥之音,举欣欣然有喜色而相告曰:[6]'吾王庶几无疾病与?何以能鼓乐也?'今王田猎于此,百姓闻王车马之音,见羽旄之美,举欣欣然有喜色而相告曰'吾王庶几无疾病与,何以能田猎也?'此无他,与民同乐也。今王与百姓同乐,则王矣。"

【校注】

[1] 庄暴：齐国大臣。王：指齐宣王。语：读去声，告知。乐：音乐。 [2] 庶几：差不多、有希望。 [3] 乐乐：前"乐"如字读，谓欣赏。后"乐"，读悦音，谓音乐。 [4] 鼓乐：奏乐。管籥：吹奏乐器。举：全部。疾首：头疼。蹙頞：音促遏，皱鼻梁。 [5] 羽旄：用羽毛、牦牛尾做的装饰。 [6] 欣欣然：欢欣的样子。

【译文】

庄暴拜见孟子，说："我去见齐王，齐王告诉我他喜欢音乐，我没有话说。"过了一会儿，又问："喜欢音乐怎么样？"

孟子说："王要是非常喜欢音乐，齐国就有希望了！"

过了几天，孟子拜见齐王，问："听说王曾经告诉庄暴，您喜欢音乐，有这事吗？"

齐王听后不好意思地说："寡人不是能喜欢先王的音乐，只是喜欢世俗的音乐而已。"

孟子说："王要是非常喜欢音乐，齐国就有希望了！现在的音乐，犹如古代的音乐。"

宣王说："能讲给我听听吗？"

孟子说："一个人独自欣赏音乐，和与别人一起欣赏音乐，哪个更快乐？"

宣王说："不如与别人一起欣赏。"

孟子说："与少数人一起欣赏音乐，和与大众一起欣赏音乐，哪个更快乐？"

宣王说："不如与大众一起欣赏。"

孟子说："请让为臣我为王谈谈音乐：假如王在这里奏乐，老百姓听到王的钟鼓声和管乐声，全都苦恼地皱着鼻梁互相议论说：'我们的王喜欢鼓乐，为什么又使我们到这般境地？父子不能相见，兄弟妻子离散。'假如王去打猎，百姓听见王的车马声，看到羽毛和牦牛尾做的漂亮装饰，全都苦恼地皱着鼻梁互相议论说：'我们的王喜欢打猎，为什么又使我们到这般境地？父子不相见，兄弟妻子离散。'这没有别的，就是不和百姓同乐。

"假如王在这里奏乐，老百姓听到王的钟鼓声和管乐声，全都喜笑颜开地相互议论说：'我们的王大概没有疾病吧？要不然怎么能奏乐呢？'假如王在这里打猎，百姓听见王的车马声，看到羽毛和牦牛尾做的漂亮装饰，全都喜笑颜开地相互议论说：'我们的王大概没有疾病吧？要不然怎么能打猎呢？'这没有别的，就是和百姓同乐。如果王能和百姓同乐，就可以为王于天下了。"

2.2　齐宣王问曰:"文王之囿方七十里,有诸?"[1]

孟子对曰:"于传有之。"[2]

曰:"若是其大乎?"[3]

曰:"民犹以为小也。"

曰:"寡人之囿方四十里,民犹以为大,何也?"

曰:"文王之囿方七十里,刍荛者往焉,雉兔者往焉,与民同之。[4]民以为小,不亦宜乎? 臣始至于境,问国之大禁,然后敢入。臣闻郊关之内有囿方四十里,杀其麋鹿者如杀人之罪。[5]则是方四十里,为阱于国中。[6]民以为大,不亦宜乎?"

【校注】

[1] 囿:音又,畜养禽兽的园林。　[2] 传:传记之传,后人的记述。　[3] 若是:如此。其:犹"之"。　[4] 刍:音触,草;荛:音尧,柴。刍荛者:割草打柴的人,省略动词。　[5] 郊关:城郊到边关。　[6] 阱:陷阱。

【译文】

齐宣王问道:"周文王养动物的园林方圆七十里,有这回事吗?"

孟子回答说:"文献里有这个记载。"

齐宣王说:"如此之大吗?"

孟子说:"老百姓还以为小呢!"

齐宣王说:"寡人的园林方圆四十里,百姓还以为大,怎么回事?"

孟子说:"周文王的园林方圆七十里,割草打柴的人去里面,打野鸡野兔的人去里面,他是与老百姓共同享有。这样,老百姓以为小,不是应该的吗? 为臣我刚一到边境,就问国家的大禁,然后才敢入境。我听说国都郊外到边关有一座园林方圆四十里,杀死里面麋鹿的人与杀人的人同罪。这就等于在国内设了一个方圆四十里的陷阱。那老百姓以为它大,不是应该的吗?"

2.3　齐宣王问曰:"交邻国有道乎?"[1]

孟子对曰:"有。惟仁者为能以大事小,是故汤事葛,文王事昆夷。[2]惟智者为能以小事大,故太王事獯鬻,句践事吴。[3]以大事小者,乐天者也;以小事大者,畏天者也。乐天者保天下,畏天者保其国。《诗》云:'畏天之威,于时保之。'"[4]

王曰:"大哉言矣! 寡人有疾,寡人好勇。"

对曰:"王请无好小勇。夫抚剑疾视曰:'彼恶敢当我哉!'[5]此匹夫之勇,敌一人者也。[6]王请大之!《诗》云:'王赫斯怒,爰整其旅,以遏徂莒,以笃周祜,以对于天下。'[7]此文王之勇也。文王一怒而安天下之民。《书》曰:'天降下民,作之君,作之师。惟曰其助上帝,宠之四方。有罪无罪,惟我在,天下曷敢有越厥志?'[8]一人衡行于天下,武王耻之。[9]此武王之勇也,而武王亦一怒而安天下之民。今王亦一怒而安天下之民,民惟恐王之不好勇也。"

【校注】

[1] 道:指正确的方法。　　[2] 汤:商汤。葛:商初邻国,后为汤所灭。昆夷:周初西戎国名,也作"混夷"。　　[3] 太王:周文王的父亲古公亶父。獯鬻:音勋玉,当时北方少数民族名,又称"猃狁",音相转。勾践:春秋时越王名,先因战败而事吴,后又灭吴。　　[4] 此《诗经·周颂·我将》句。于时:同"于是",在这里。　　[5] 抚:犹按。疾视:怒目而视。恶:犹"何"。　　[6] 匹夫:普通男人。　　[7] 此《诗经·大雅·皇矣》五章之句。王:文王。赫斯怒:赫然发怒。"斯"为语气词。爰:乃。旅:军队。遏:阻遏。今本《诗经》作"按",以音误。徂:借为"存",保留。《尔雅》:"徂,存也。"莒:西戎小国,非东夷之莒。笃:厚也。祜:音互,福也。对:答也。　　[8] 此《尚书·周书·泰誓上》文,今本"降"作"佑"、"惟曰其助上帝"作"惟其克相上帝"、"宠之"作"宠绥"、"惟我在,天下"作"予"。　　[9] 衡行:同"横行"。

【译文】

齐宣王问道:"和邻国交往有正确的方法吗?"

孟子回答说:"有。只有仁者才能够以大事小,所以商汤事奉葛人,周文王事奉昆夷。只有智者才能以小事大,所以周太王事奉獯鬻,越王勾践事奉吴王夫差。以大事小,是乐天命的人;以小事大,是畏天命的人。乐天命的人保有天下,畏天命的人保有自己的国家。《诗经》里说:'敬畏天威,这才安定。'"

宣王说:"先生讲的真宏大!不过,寡人有个毛病,寡人好勇。"

孟子说:"请大王不要好勇。那按着剑瞪着眼睛说:'他怎么敢抵挡我呢?'这是匹夫之勇,只能敌一个人。请大王扩大它!《诗经》说:'文王赫然怒,乃整其军旅,阻密存莒国,以增周邦福,以答全天下。'这是周文王的勇。周文王一怒而使天下百姓得到安定。《尚书》里说:'上天降生百姓,为他们设立君王、建立军队,是为了让他们帮助上帝爱护百姓。四方有罪无罪都由我来负责,天下哪里有敢超越上帝意志的?'所以,只要有一个人在天下横行霸道,周武王就以之为耻。这是周武王的勇。周武王也是一怒而使天下百姓都得到安定。如果大王能做到一怒而使天下百姓都得到安定,老百姓就会唯恐大王您不好勇了。"

2.4　齐宣王见孟子于雪宫。[1]王曰:"贤者亦有此乐乎?"

孟子对曰:"有。人不得,则非其上矣。[2]不得而非其上者,非也;为民上而不与民同乐者,亦非也。乐民之乐者,民亦乐其乐,忧民之忧者,民亦忧其忧。乐以天下,忧以天下,然而不王者,未之有也。昔者齐景公问于晏子曰:'吾欲观于转附、朝儛,遵海而南,放于琅邪。[3]吾何修而可以比于先王观也?'[4]晏子对曰:'善哉问也!天子适诸侯曰巡狩。巡狩者,巡所守也。[5]诸侯朝于天子曰述职。述职者,述所职也。[6]无非事者。春省耕而补不足,秋省敛而助不给。[7]夏谚曰:"吾王不游,吾何以休?[8]吾王不豫,吾何以助?[9]一游一豫,为诸侯度。"今也不然:师行而粮食,饥者弗食,劳者弗息。[10]睊睊胥谗,民乃作慝。[11]方命虐民,饮食若流。[12]流连荒亡,为诸侯忧。从流下而忘反谓之流,从流上而忘反谓之连,从兽无厌谓之荒,乐酒无厌谓之亡。先王无流连之乐、荒亡之行。惟君所行也。[13]'景公说,大戒于国,出舍于郊。于是始兴发补不足,召太师曰:'为我作君臣相说之乐!'盖《徵招》《角招》是也。[14]其诗曰:'畜君何尤?'[15]畜君者,好君也。"

【校注】

[1] 雪宫:齐宣王的离宫名。　　[2] 不得:得不到自己想要的。非:非议、埋怨。　　[3] 齐景公:春秋时齐国国君,公元前547年至前490年在位。晏子:春秋时齐国贤臣,名婴,《晏子春秋》记载了他的事迹和学说。转附、朝儛:均齐国山名。遵:沿着。放:谓直达、到达。　　[4] 修:行也。　　[5] 适:去到。　　[6] 职:职守、分内的工作。　　[7] 省:省察。　　[8] 游:指巡游。　　[9] 豫:安也。　　[10] 粮食:"食"为动词,谓粮食被吃。[11] 睊睊:音涓涓,侧目而视的样子。胥:相。谗:毁谤、抱怨。慝:恶。[12] 方:犹"犯"。方命:违反命令。流:流水。　　[13] 惟:犹"望",希望。[14] 徵:音只。徵、角,古代五音(宫、商、角、徵、羽)之二。招:借为"韶"。《徵招》《角招》:均为古诗篇名。　　[15] 畜:养、爱。尤:错误、过失。

【译文】

齐宣王在雪宫接见孟子。宣王问:"贤人也有这种快乐吗?"

孟子回答说:"有。人要是得不到这种快乐,就会埋怨他的国君了。得不到这种快乐就埋怨国君,不对;作为百姓的君主而不与百姓同乐,也不对。乐百姓所乐的,百姓也会乐他所乐;忧百姓所忧的,百姓也会忧他所忧。因天下而乐,因天下而忧,这样还不能为王于天下的,还没有过。从前齐景公问晏子说:'我想去转附、朝儛两座山观光,然后沿着海岸向南行,一直到琅邪山。我怎样做才能够和古代君王的观光相比呢?'晏子回答说:'问得好呀!天子到诸侯国去叫巡狩。所谓巡狩,就是巡视所守。诸侯朝见天子叫述职。所谓述职,就是报告职守,无非都是所从事的工作。春天省察耕种而补助粮食不够吃的,秋天省收获而补助歉收的。夏朝的谚语说:"我王不出游,我怎么能休息?我王不巡视,我怎么能得救助?一游一巡,是诸侯的法度。"如今则不然,国君一出游就兴师动众,消耗粮食,饥饿的人得不到食物,劳苦的人得不到休息。他们侧目而视,人人抱怨,老百姓就起来作恶了。这种出游违背天意,残虐百姓,吃喝浪费,如同流水。而且流连荒亡,造成诸侯的忧虑。什么叫流连荒亡?顺流而下忘记返回叫做流,逆流而上忘记返回叫做连,追逐野兽不知厌倦叫做荒,喜欢饮酒不知厌倦叫做亡。先王没有流连之乐和荒亡之行。到底怎么做,您自己决定吧。'齐景公高兴了,先在都城内大加告诫,然后出城驻扎在郊外。于是开始打开仓库补助粮食不足的人。并召乐官说:'给我创作一些君臣相乐的乐曲!'大概就是传世的《徵招》《角招》吧。其中的歌词说:'畜君有什么过错?''畜君',就是热爱国君的意思。"

2.5 齐宣王问曰:"人皆谓我毁明堂。[1]毁诸,已乎?"

孟子对曰:"夫明堂者,王者之堂也。王欲行王政,则勿毁之矣。"

王曰:"王政可得闻与?"

对曰:"昔者文王之治岐也,耕者九一,仕者世禄,关市讥而不征,泽梁无禁,罪人不孥。[2]老而无妻曰鳏,老而无夫曰寡,老而无子曰独,幼而无父曰孤。此四者,天下之穷民而无告者。[3]文王发政施仁,必先斯四者。《诗》云:'哿矣富人,哀此茕独!'"[4]

王曰:"善哉言乎!"

曰:"王如善之,则何为不行?"

王曰:"寡人有疾,寡人好货。"

对曰:"昔者公刘好货。[5]《诗》云:'乃积乃仓,乃裹糇粮,于橐于囊,思戢用光。[6]弓矢斯张,干戈戚扬,爰方启行。[7]'故居者有积仓,行者有裹囊也,然后可以爰方启行。王如好货,与百姓同之,于王何有?"

王曰:"寡人有疾,寡人好色。"

对曰:"昔者太王好色,爱厥妃。[8]《诗》云:'古公亶父,来朝走马,率西水浒,至于岐下。[9]爰及姜女,聿来胥宇。[10]'当是时也,内无怨女,外无旷夫。[11]王如好色,与百姓同之,于王何有?"

【校注】

[1] 明堂:王者宣明政教的建筑。　[2] 讥:查问。泽梁:水中拦鱼的装置。孥:音奴,妻子儿女,这里指连坐。《礼记·王制》:"古者公田藉而不税,市廛而不税,关讥而不征,林麓川泽以时入而不禁。夫圭田无征。"　[3] 告:求也。《礼记·王制》:"少而无父者谓之孤,老而无子者谓之独,老而无妻者谓之矜,老而无夫者之谓寡。此四者,天民之穷而无告者也。"　[4] 哿:音葛,欢乐。茕:音穷。茕独:孤独无兄弟之人。此诗出《诗经·小雅·正月》之末章。　[5] 公刘:周先公,率周人迁豳。《诗经·大雅》有《公刘》篇。　[6] 裹:包装。糇:音侯,干粮。橐:音驮,无底袋,两头扎束。囊:有底袋,即口袋。戢:聚、成。用:借为"庸",功也。光:光辉、光荣。　[7] 斯:犹乃。张:开张。干:盾牌。戚:大斧。爰:于是。启:开始。此《诗经·大雅·公刘》首章句。　[8] 厥:同"其"。　[9] 父:原作"甫",改从闽、监、毛本。来朝(音召):第二天早上。率:沿着。水:指漆水。浒:音虎,水边。岐:岐山,在今陕西岐山县东北。此《诗经·大雅·绵》二章之句。　[10] 姜女:姜人之女,指太姜。聿:音遇,快速。胥:相也。宇:谓居住。　[11] 怨女:不得婚嫁的女子。旷夫:未得娶妻的男子。

【译文】

齐宣王问道:"别人都劝我拆毁明堂,是拆了它呢?还是不拆?"

孟子回答说:"那明堂,是王者的殿堂。大王如果想行王政,就不要拆它了。"

宣王说:"怎样行王政,可以讲给我听听吗?"

孟子回答说:"从前周文王治理岐山的时候,对农民的税率是九抽一,士人世代承袭俸禄,关卡和市场上只稽查而不征税,河流湖泊里不禁止捕鱼,犯人的家属不连坐。老了没有妻子的叫鳏夫,老了没有丈夫的叫寡妇,老了没有儿女的叫孤老,年幼没有父亲的叫孤儿。这四种人,是天下穷人中最无助的。文王发政行仁,一定先考虑这四种人。《诗经》里说:'富人在欢乐,可怜这孤独!'"

宣王说:"讲得好!"

孟子说:"大王如果认为讲得好,那为什么不实行呢?"

宣王说:"寡人有个毛病,寡人爱财。"

孟子说:"从前公刘也爱财。《诗经》里说:'囤积其粮仓,包装其干粮,口袋加布囊,想成大功业。张开弓和箭,挥动干和戈,于是就出发。'所以留在家里的有粮仓,出门在外的有干粮,这样才能立即出发。大王如果爱财,而能与老百姓共同占有它,对行王政有什么影响呢?"

宣王说:"寡人还有个毛病,寡人喜欢女色。"

孟子回答说:"从前周太王也喜爱女色,爱他的妃子。《诗经》里说:'古公亶父领着人,改天一早跑马去。沿着河岸直往西,一直跑到岐山下。于是就和姜氏女,随即来此长相居。'那个时候,屋里没有嫁不出去的女子,外头没有娶不到妻子的光棍。大王如果喜欢女色,而能与老百姓同样喜欢,对行王政又有什么影响?"

2.6 孟子谓齐宣王曰:"王之臣有托其妻子于其友而之楚游者,比其反也,则冻馁其妻子,则如之何?"[1]

王曰:"弃之。"

曰:"士师不能治士,则如之何?"[2]

王曰:"已之。"[3]

曰:"四境之内不治,则如之何?"

王顾左右而言他。[4]

【校注】

[1]比:及、等到。馁:饥饿。 [2]士师:负责管理士人的官员。 [3]已:谓罢其官。 [4]顾:回头张望。

【译文】

孟子对齐宣王说:"假设有一个您的大臣把他的妻子儿女托付给朋友照看,等他回来的时候,妻子儿女却在受冻挨饿。对这样的朋友应该怎么办?"

齐宣王说:"与他断绝朋友关系!"

孟子说:"如果负责管理士的官员管理不好士,对这样的官员应该怎么办?"

齐宣王说:"免掉他!"

孟子又说:"如果一个国家得不到治理,对这样的国君应该怎么办?"

齐宣王左右张望,把话题扯到一边去了。

2.7　孟子见齐宣王曰:"所谓故国者,非谓有乔木之谓也,有世臣之谓也。"[1]王无亲臣矣,昔者所进,今日不知其亡也。"[2]

王曰:"吾何以识其不才而舍之?"[3]

曰:"国君进贤,如不得已,将使卑逾尊,疏逾戚,可不慎与?[4]左右皆曰贤,未可也;诸大夫皆曰贤,未可也;国人皆曰贤,然后察之;见贤焉,然后用之。[5]左右皆曰不可,勿听;诸大夫皆曰不可,勿听;国人皆曰不可,然后察之;见不可焉,然后去之。左右皆曰可杀,勿听;诸大夫皆曰可杀,勿听;国人皆曰可杀,然后察之;见可杀焉,然后杀之。故曰,国人杀之也。如此,然后可以为民父母。"[6]

【校注】

[1] 乔木:高大的树木。世臣:继世、累世之臣。　[2] 亡:消失、不在。[3] 识:犹"知"。　[4] 疏:关系疏远。逾:超越。戚:亲近。　[5] 贤:多才。国人:全国的人。焉:于他、在他身上。　[6] 为民父母:谓做国君。

【译文】

孟子拜见齐宣王,说:"所谓故国,并不是指那里有高大的树木,而是指有继世的大臣。大王您现在没有亲信的大臣了,过去所任用的,现在也不知跑到哪里去了。"

齐宣王说:"我怎样识别他们缺乏才能而不用他们呢?"

孟子说:"国君擢用贤才,如果不得已,就要让原本地位低的超过原本地位高的,关系疏远的超过关系近的,这能不慎重吗?因此,身边的人都说他贤,还不行;大夫们都说他贤,也不行;国人都说他贤,然后考察他;发现他真的贤,再任用他。身边的人都说他不行,不要听;大夫们都说他不行,也不要听;国人都说他不行,然后考查他;发现他真不行,然后罢免他。身边的人都说他该杀,不要听;大夫们都说他该杀,也不要听;国人都说他该杀,然后考查他;发现他真该杀,然后杀掉他。所以说,是国人杀的他。这样做,才可以做老百姓的父母。"

2.8　齐宣王问曰:"汤放桀,武王伐纣,有诸?"[1]

孟子对曰:"于传有之。"

曰:"臣弑其君,可乎?"[2]

曰:"贼仁者谓之'贼',[3]贼义者谓之'残',残贼之人谓之'一夫'。闻诛'一夫'纣矣,未闻弑君也。"[4]

【校注】

[1] 汤：商第一代国君名。放：逐放。桀：夏代最末一位国君。纣：商代最末一位国君。　[2] 弑：音式，以下杀上之称。　[3] 贼：残害。[4] 一夫：犹"独夫"。

【译文】

齐宣王问道："商汤放逐夏桀，周武王征伐商纣，有这种事吗？"

孟子回答说："在文献里有这个记载。"

宣王问："臣弑他的君，可以吗？"

孟子说："害仁的人叫做'贼'，害义的人叫做'残'，既残又贼的人叫做'一夫'。听说过诛杀'一夫纣'，没听说过弑君。"

2.9　孟子见齐宣王，曰："为巨室，则必使工师求大木。[1]工师得大木，则王喜，以为能胜其任也。匠人斫而小之，则王怒，以为不胜其任矣。[2]夫人幼而学之，壮而欲行之。王曰'姑舍女所学而从我'，[3]则何如？今有璞玉于此，虽万镒，必使玉人雕琢之。[4]至于治国家，则曰'姑舍女所学而从我'，则何以异于教玉人雕琢玉哉？"[5]

【校注】

[1] 工师：工匠的师傅，主管工匠之人。　[2] 斫：音浊，砍。　[3] 姑：姑且、暂且。　[4] 璞：音仆。璞玉：未经加工的玉料。镒：音益，古代货币的单位，二十两为一镒。　[5] 教玉人雕琢玉：今所谓外行指导内行。

【译文】

孟子见齐宣王，给他说："盖大房子，就一定让大师傅找大木料。大师傅得到大木料，王就高兴，以为他能胜任自己的工作。工匠把它砍小了，王就生气，以为他不能胜任自己的工作。一个人从小学手艺，想长大了用它。王给他说：'暂时放弃你所学的，来听我的。'那怎么样？假如有一块璞玉，即使价值万两，也一定要让玉工雕琢它。到了治理国家，却说'暂时放弃你所学的来听我的'，那与外行人教玉匠琢玉有什么不同？"

2.10　齐人伐燕，胜之。宣王问曰："或谓寡人勿取，或谓寡人取之。[1]以万乘之国伐万乘之国，五旬而举之，人力不至于此。[2]不取，必有天殃。[3]取之，何如？"

孟子对曰："取之而燕民悦，则取之。古之人有行之者，武王是也。^[4]取之而燕民不悦,则勿取。古之人有行之者,文王是也。^[5]以万乘之国伐万乘之国,箪食壶浆,以迎王师,岂有他哉?^[6]避水火也。如水益深,如火益热,亦运而已矣。"^[7]

【校注】

[1] 取:谓灭其国而取其地。　　[2] 举:全部占领。　　[3] 天殃:自然殃祸。　　[4] 按:此指周武王灭商。　　[5] 按:此指周文王戡黎。　　[6] 箪:音单,圆形的小竹篮。浆:用菜叶酿的酸汤,俗称浆水。　　[7] 益:越发、更加。运:运转。

【译文】

齐国人讨伐燕国,获胜了。齐宣王问孟子:"有人劝寡人不要灭它,有人又劝寡人灭掉它。以一个拥有一万辆兵车的大国讨伐另一个同样拥有一万辆兵车的大国,只用了五十天就全部占领了,光凭人力是做不到的。如果我们不灭它,一定会遭受殃祸吧。灭掉它怎么样?"

孟子回答说:"灭掉它如果燕国的老百姓高兴,那就灭掉它。古人有这样做的,周武王就是。灭掉它如果燕国的老百姓不高兴,那就不要灭它。古人有这样做的,周文王就是。以一个拥有一万辆兵车的大国去讨伐另一个同样拥有一万辆兵车的大国,老百姓用篮子提着饭,用水壶盛着浆水来欢迎大王的军队,难道有别的什么原因吗?就是为了摆脱水深火热的日子。如果让他们的水更深,火更热,那只是转个圈罢了。"

2.11　齐人伐燕,取之。诸侯将谋救燕,宣王曰:"诸侯多谋伐寡人者,何以待之?"

孟子对曰:"臣闻七十里为政者,汤是也。未闻以千里畏人者。《书》曰:'汤一征,自葛始。'^[1]天下信之。东面而征西夷怨,南面而征北狄怨,曰:'奚为后我?'^[2]民望之,若大旱之望云霓也。^[3]归市者不止,耕者不变。^[4]诛其君而吊其民,若时雨降,民大悦。^[5]《书》曰:'徯我后,后来其苏。'^[6]今燕虐其民,王往而征之,民以为将拯己于水火之中也,箪食壶浆以迎王师。^[7]若杀其父兄,系累其子弟,毁其宗庙,迁其重器,如之何其可也?^[8]天下固畏齐之强也,今又倍地而不行仁政,是动天下之兵也。^[9]王速出令,反其旄倪,止其重器,谋于燕众,置君而后去之,则犹可及止也。"^[10]

【校注】

[1] 此盖《尚书·汤征》文,今亡。　　[2] 西夷:对西方少数民族的统称。北狄:对北方少数民族的统称。奚:何也。　　[3] 霓:彩虹。云、霓:皆降雨的征兆。　　[4] 归:往、去。变:谓变其耕作习惯。　　[5] 诛:谓诛杀。吊:抚慰。　　[6] 此《尚书·仲虺之诰》文。徯:音奚,等待。后:君也。苏:苏醒、复活。　　[7] 拯:从水中救出。　　[8] 系累:束缚、捆绑。重器:宗庙中的祭器。　　[9] 固:本来。倍:谓增加一倍。　　[10] 反:同"返",返还。旄:借为"耄",泛指老人。倪:幼儿。

【译文】

齐国人伐燕国,并灭了它。诸侯们准备谋划救燕,齐宣王问孟子:"诸侯们谋划讨伐寡人,怎样对付他们?"

孟子回答说:"为臣我听说,以七十里大的地盘统治天下的是商汤,还没有听说过以一千里大的地盘而怕人的。《尚书》里说:'商汤第一次征伐,从葛国开始。'天下人相信他。所以,当他向东征伐的时候,西方的少数民族抱怨;当他向南征伐的时候,北方的少数民族抱怨。都说:'为什么把我们放到后面呢?'老百姓盼望他,就像久旱盼乌云和彩虹一样。做买卖的照常做买卖,种地的照常种地。所以,诛杀他们的暴君而抚慰他的百姓,就像下了及时雨一样,老百姓非常高兴。《尚书》里说:'等待我们的新君,新君来了我们就会复活!'如今燕国的国君虐待他的百姓,大王您去征伐他,燕国的百姓以为您要从水深火热中把他们拯救出来,所以用篮子提着饭,用水壶盛着浆水来欢迎您的军队。如果杀死他们的父兄,捆绑他们的子弟,毁坏他们的宗庙,迁走他们的礼器,这怎么可以呢?天下各国本来就害怕齐国强大,现在领地又扩大一倍而不施行仁政,这等于是激起天下的战争。大王赶紧发布命令,放回燕国的老老少少,停止搬运他们的礼器,再与燕国的民众商议,为他们选立一位新君,然后离开燕国,这样还来得及。"

2.12　邹与鲁鬨,[1]穆公问曰:"吾有司死者三十三人,而民莫之死也。[2]诛之则不可胜诛,不诛则疾视其长上之死而不救,如之何则可也?"

孟子对曰:"凶年饥岁,君之民老弱转乎沟壑,壮者散而之四方者,几千人矣;[3]而君之仓廪实,府库充,有司莫以告,是上慢而残下也。[4]曾子曰:'戒之戒之!出乎尔者,反乎尔者也。'[5]夫民今而后得反之也。君无尤焉![6]君行仁政,斯民亲其上,死其长矣。"[7]

【校注】

[1] 閧:音哄,打斗、冲突。　　[2] 穆公:指邹穆公。有司:管事的人。　[3] 转:迁、移。转乎沟壑:谓被弃尸于沟壑之中。几:将近。　　[4] 仓廪:粮仓。府库:兵器、财物之库。莫:无人。慢:怠慢。残:残害。　　[5] 曾子:指孔子的弟子曾参。尔:你。　　[6] 尤:责怪。　　[7] 斯:犹"则",音相转。

【译文】

邹国与鲁国冲突,邹穆公问孟子:"我的官员死了三十三个,而老百姓却没有一个为他们而死的。杀他们多得杀不完,不杀他们又恨他们眼睁睁地看着长官被杀而不去营救。怎么办才好呢?"

孟子回答说:"灾荒之年,您的百姓年老体弱的被抛尸到山沟之中,年轻力壮而四散逃荒的,差不多有上千人了。而您的粮仓里堆满了粮食,仓库里装满了财物,官员们却没有人向您报告,这是上司怠慢而残害下层。曾子说:'小心啊,小心!出自你的,就是返还给你。'老百姓现在才得以返还你了。您不要怪罪他们!只要您施行仁政,老百姓就会亲近他们的上司,肯为他们的长官去死了。"

2.13　滕文公问曰:"滕,小国也,间于齐、楚。[1]事齐乎?事楚乎?"

孟子对曰:"是谋非吾所能及也。无已,则有一焉:凿斯池也,筑斯城也,与民守之,效死而民弗去,则是可为也。[2]"

【校注】

[1] 滕:小国名,地在今山东省滕县西南。　　[2] 斯:此也。效:献也。

【译文】

滕文公问道:"滕国是个小国,夹在齐国和楚国两个大国之间。是服事齐呢?还是服事楚呢?"

孟子回答说:"这个主意不是我所能出的。如果一定要我说,倒有一个办法:把这护城河挖深,把这城墙加固,与百姓一起坚守它,拼死则老百姓不会退去,这样就可以了。"

2.14　滕文公问曰:"齐人将筑薛,吾甚恐。如之何则可?"[1]

孟子对曰:"昔者大王居邠,狄人侵之,去之岐山之下居焉。[2]非择而取之,不得已也。苟为善,后世子孙必有王者矣。[3]君子创业垂统,为可继也。[4]若夫成功,则天也。君如彼何哉?强为善而已矣。"[5]

【校注】

[1] 薛:小国名,故地在今山东省滕县东南。　[2] 邠:同"豳",地在今甘肃庆城至陕西旬邑一带。岐山:地在今陕西岐山、扶风北部。　[3] 苟:如果。　[4] 垂:续也。统:一脉相传的系统。　[5] 强:竭力、尽力。

【译文】

滕文公问:"齐国将修筑薛城,我十分恐惧。怎么办才好?"

孟子回答说:"从前周太王居住在豳,北狄人侵扰他,他就离开豳迁到了岐山下面居住。这不是经过选择才决定的,是不得已。可见只要行善,后世子孙必定会有为王天下的。君子创业并垂续统系,为的是可以承继。至于能否成功,那就在天了。君能拿齐国怎么样?只有尽力为善而已。"

2.15　滕文公问曰:"滕,小国也。竭力以事大国,则不得免焉。如之何则可?"

孟子对曰:"昔者大王居邠,狄人侵之。事之以皮币,不得免焉;[1]事之以犬马,不得免焉;事之以珠玉,不得免焉。乃属其耆老而告之曰:[2]'狄人之所欲者,吾土地也。吾闻之也:君子不以其所以养人者害人。二三子何患乎无君?我将去之。'[3]去邠,逾梁山,邑于岐山之下居焉。[4]邠人曰:'仁人也,不可失也。'从之者如归市。[5]或曰:'世守也,非身之所能为也。[6]效死勿去。'[7]君请择于斯二者。"

【校注】

[1] 皮币:皮指兽皮、币谓丝织品,泛指各种礼品。　[2] 属:音主,聚集。耆老:泛指老者。　[3] 二三子:犹言"各位"。　[4] 梁山:在今陕西省乾县西北。　[5] 归市:犹今日"赶集",上市场。　[6] 世守:世代所守。身:自身。　[7] 效:献出。

【译文】

滕文公问道:"滕国,是个小国。竭力事奉大国,仍然免不了他的侵扰。怎么办才好?"

孟子回答说:"从前周太王居住在豳,北狄人侵扰他。太王用兽皮丝绸事奉他们,得不到免除;用犬马事奉他们,得不到免除;用珍珠玉器事奉他们,还是得不到免除。于是太王就召集老者们告诉他们:'狄人所想要的,是我们的土地。我听说:君子不拿自己用来养人的东西害人。各位何必担心没有君主?我将离开这里。'就离开了邠,翻过梁山,在岐山下筑了一座城邑住在那里。邠人们说:'他是仁人,不能失去。'所以跟随他的人就像赶集一样。而有的人说:'这里是咱们世代所守的土地,不是我们自身所能开辟的。我宁死也不离开。'请您在这二者之中选择。"

2.16 鲁平公将出。[1]嬖人臧仓者请曰:[2]"他日君出,则必命有司所之。[3]今乘舆已驾矣,有司未知所之。敢请!"

公曰:"将见孟子。"

曰:"何哉,君所为轻身以先于匹夫者?以为贤乎?礼义由贤者出,而孟子之后丧逾前丧。[4]君无见焉!"

公曰:"诺。"

乐正子入见,曰:"君奚为不见孟轲也?"

曰:"或告寡人曰,'孟子之后丧逾前丧',是以不往见也。"

曰:"何哉,君所谓逾者?前以士,后以大夫;前以三鼎,而后以五鼎与?"[5]

曰:"否!谓棺椁衣衾之美也。"[6]

曰:"非所谓逾也,贫富不同也。"

乐正子见孟子,曰:"克告于君,君为来见也。[7]嬖人有臧仓者沮君,君是以不果来也。"[8]

曰:"行或使之,止或尼之。[9]行止,非人所能也。吾之不遇鲁侯,天也。臧氏之子焉能使予不遇哉?"

【校注】

[1]鲁平公:鲁景公之子,名旅。 [2]嬖:音避。嬖人,受宠爱的人。 [3]命:犹告。之:往也。 [4]后丧:指为其母治丧。前丧:指为其父治丧。 [5]《仪礼·士虞礼》:"陈三鼎于门外之右,北面北上。"《少牢馈食礼》:"雍人陈鼎五,三鼎在羊镬之西,二鼎在豕镬之西。" [6]衾:音侵,被子。 [7]乐(音悦)正子:孟子弟子,名克。为:谓为之而准备。 [8]沮:借为"阻",阻拦、阻止。孙奭《音义》云:"本亦作'阻'。"果:谓成为现实。 [9]尼:制止。

【译文】

鲁平公将要出门,身边受宠爱的小臣臧仓问他:"平时国君出门,一定会告知管事的人您要去的地方。今天车都已经驾好了，管事的人还不知道您要去哪里。大胆请问怎么回事？"鲁平公说："将去见孟子。"臧仓说："为什么呢，国君要降低身份去见一个普通人？以为他贤吗？礼义本来应该由贤者率先执行，而孟子的母丧超过父丧，说明他不懂礼义。所以，您不要去见他！"平公说："好吧。"乐正子进宫见平公，问："国君为什么不见孟轲？"平公说："有人告诉寡人，孟子的母丧超越父丧，所以不去见。"乐正子说："国君所谓的超越是什么？是指前面以士礼，后面以大夫礼吗？还是指前面用三个鼎，而后面用五个鼎呢？"平公说："不是！是指棺椁衣被的精美。"乐正子说："这不是所谓超越，是当时贫富不同。"

乐正子去见孟子，说："我已经告诉了国君，国君正准备来见，而身边受宠的小臣臧仓劝阻国君，国君因此没来成。"孟子说："走是有一种力量使他走，停是有一种力量使他停。走还是停，不是别人所能决定的。我不能见鲁侯，是天意。臧家的儿子怎么能使我不见呢？"

公 孙 丑 上

3.1　公孙丑问曰:"夫子当路于齐,管仲、晏子之功可复许乎?"[1]

孟子曰:"子诚齐人也,知管仲、晏子而已矣。[2]或问乎曾西曰:'吾子与子路孰贤?'[3]曾西蹙然曰:'吾先子之所畏也。'[4]曰:'然则吾子与管仲孰贤?'曾西艴然不悦,[5]曰:'尔何曾比予于管仲?[6]管仲得君,如彼其专也;行乎国政,如彼其久也;功烈,如彼其卑也。[7]尔何曾比予于是?'"

曰:"管仲,曾西之所不为也,而子为我愿之乎?"[8]

曰:"管仲以其君霸,晏子以其君显。[9]管仲、晏子犹不足为与?"

曰:"以齐王,由反手也。"[10]

曰:"若是,则弟子之惑滋甚。[11]且以文王之德,百年而后崩,犹未洽于天下;[12]武王、周公继之,然后大行。今言王若易然,则文王不足法与?"

曰:"文王何可当也?由汤至于武丁,[13]贤圣之君六七作,天下归殷久矣,久则难变也。[14]武丁朝诸侯有天下,犹运之掌也。[15]纣之去武丁未久也,其故家遗俗,流风善政,犹有存者;又有微子、微仲、王子比干、箕子、胶鬲,皆贤人也,相与辅相之,故久而后失之也。尺地莫非其有也,一民莫非其臣也。然而文王犹方百里起,是以难也。[16]齐人有言曰:'虽有智慧,不如乘势;虽有镃基,不如待时。'[17]今时则易然也。夏后、殷、周之盛,地未有过千里者也,而齐有其地矣;鸡鸣狗吠相闻而达乎四境,而齐有其民矣。地不改辟矣,民不改聚矣,行仁政而王,莫之能御也。且王者之不作,未有疏于此时者也;民之憔悴于虐政,未有甚于此时者也。饥者易为食,渴者易为饮。孔子曰:'德之流行,速于置邮而传命。'[18]当今之时,万乘之国行仁政,民之悦之,犹解倒悬也。故事半古之人,功必倍之,惟此时为然。"

【校注】

　　[1]公孙丑:齐国人,孟子的弟子。夫子:这里是对孟子的尊称。当路:指当权、当政。管仲:辅佐齐桓公称霸之臣。晏子:辅佐齐景公之臣。许:兴也。　[2]诚:真是。　[3]曾西:名曾申,字子西,曾参的儿子。吾子:对别人的尊称。子路:孔子的弟子。　[4]蹙:音促。蹙然:吃惊的样子。先子:对先父的尊称。　[5]艴:音扶。艴然:恼怒的样子。　[6]曾:音增,竟然。[7]功烈:功业。　[8]为:以为。　[9]以:犹"使"。　[10]由:同"犹",犹如。　[11]滋:更加。　[12]洽:融洽。　[13]汤:商代开国之君。武丁:商代中兴之君。　[14]作:兴起。　[15]运:转也。[16]起:兴起。　[17]镃基:亦作"镃錤",大锄、好农具。《音义》云:"或作兹基。"　[18]邮:驿站之类。

【译文】

　　公孙丑问道:"老先生如果在齐国当政,管仲、晏子的功业可以再度兴起吗?"

　　孟子说:"你可真是个齐人,只知道管仲、晏子罢了。曾经有人问曾西:'您与子路相比,谁更贤能?'曾西吃惊地说:'子路可是先父所敬畏的人。'那人又问:'那么您与管仲相比,谁更贤能呢?'曾西恼怒不高兴,说:'你怎么竟把我与管仲相比呢?管仲得到国君那样信任,行使国政那样地长久,而功绩却是那样少;你怎么竟拿他来和我相比?'"孟子接着说:"管仲,是曾西都不愿跟他相比的人,而你以为我愿意跟他相比吗?"公孙丑说:"管仲使他的国君称霸天下,晏子使他的国君扬名天下。难道管仲、晏子还不值得做吗?"孟子说:"以齐国的实力为王于天下,易如反掌。"

　　公孙丑说:"这样,弟子我就更加疑惑不解了。而且以周文王那样的德行,活了一百岁才死,还没有能使天下融洽。武王、周公继承他的事业,然后文王的德行才大行于天下。现在您说为王天下好像很容易,那么连周文王都不值得效法了吗?"孟子说:"周文王怎么可以比呢?从汤到武丁,贤圣的君主出现六七个,天下归服殷朝已经很久了。时间一久就难以变动。武丁使诸侯来朝,掌握天下,就如同放在手掌心里运转。纣王离武丁不远,其本家的遗俗与风尚、善政,都还有存留,又有微子、微仲、王子比干、箕子、胶鬲等贤臣共同辅佐他,所以很久以后才失去天下。当时没有一尺土地不属于纣王所有,没有一个人不是纣王的臣民。然而文王还能以方圆百里的领地兴起,所以是很难的。齐国人有话说:'纵然有智慧,不如趁形势;纵然有好锄,不如等农时。'现在的时势就很有利:夏、商、周三代的兴盛,国土没有超过一千里的,而齐国现在已经有了;鸡鸣狗叫的声音到处听得见,一直绵延到四方边境,而齐国现在有其百姓了。国土不需要再开辟,人口不需要再聚拢了。如果再施行仁政而统一天下,没有谁能够阻挡它。何况历史上统一天下的君王不出现,还从来没有隔这么久的;老百姓受暴政残害,也没有这么厉害过。饥饿的人容易给他吃的,口渴的人容易给他喝的。孔子说:'道德的流行,比设驿站传递政令还迅速。'所以,在这个时候拥有一万辆兵车的大国施行仁政,老百姓喜欢他,就好像倒挂着被人解救一样。所以只做古人一半的事,必定取得成倍于古人的功绩,只有如今这个时候才能做到。"

3.2　公孙丑问曰:"夫子加齐之卿相,得行道焉,虽由此霸王,不异矣。如此,则动心否乎?"

孟子曰:"否!我四十不动心。"

曰:"若是,则夫子过孟贲远矣。"[1]

曰:"是不难,告子先我不动心。"[2]

曰:"不动心有道乎?"

曰:"有。北宫黝之养勇也,不肤挠,不目逃,思以一豪挫于人,若挞之于市朝;[3]不受于褐宽博,亦不受于万乘之君;[4]视刺万乘之君,若刺褐夫;无严诸侯,恶声至,必反之。[5]孟施舍之所养勇也,曰:'视不胜犹胜也;量敌而后进,虑胜而后会,是畏三军者也。舍岂能为必胜哉?能无惧而已矣。'[6]孟施舍似曾子,北宫黝似子夏。[7]夫二子之勇,未知其孰贤,然而孟施舍守约也。昔者曾子谓子襄曰:'子好勇乎?吾尝闻大勇于夫子矣:自反而不缩,虽褐宽博,吾不惴焉;自反而缩,虽千万人,吾往矣。'[8]孟施舍之守气,又不如曾子之守约也。"

曰:"敢问夫子之不动心与告子之不动心,可得闻与?"

"告子曰:'不得于言,勿求于心;不得于心,勿求于气。'不得于心,勿求于气,可;不得于言,勿求于心,不可。夫志,气之帅也;气,体之充也。夫志至焉,气次焉。故曰:'持其志,无暴其气。'[9]"

"既曰'志至焉,气次焉',又曰'持其志,无暴其气'者,何也?"

曰:"志壹则动气,气壹则动志也。[10]今夫蹶者趋者,是气也,而反动其心。"[11]

"敢问夫子恶乎长?"

曰:"我知言,我善养吾浩然之气。"[12]

"敢问何谓浩然之气?"

曰:"难言也。其为气也,至大至刚,以直养而无害,则塞于天地之间。其为气也,配义与道;无是,馁也。[13]是集义所生者,非义袭而取之也。行有不慊于心,则馁矣。[14]我故曰,告子未尝知义,以其外之也。必有事焉而勿正,心勿忘,勿助长也。无若宋人然:宋人有闵其苗之不长而揠之者,芒芒然归,谓其人曰:'今日病矣!予助苗长矣。'[15]其子趋而往视之,苗则槁矣。[16]天下之不助苗长者寡矣。以为无益而舍之者,不耘苗者也;[17]助之长者,揠苗者也。非徒无益,而又害之。"

"何谓知言?"

曰:"诐辞知其所蔽,淫辞知其所陷,邪辞知其所离,遁辞知其所穷。[18]生于其心,害于其政;发于其政,害于其事。圣人复起,必从吾言矣。"

"宰我、子贡善为说辞,冉牛、闵子、颜渊善言德行。[19]孔子兼之,曰:'我于辞命,则不能也。'然则夫子既圣矣。"[20]

曰:"恶![21]是何言也?昔者子贡问于孔子曰:'夫子圣矣乎?'孔子曰:'圣则吾不能,我学不厌而教不倦也。'子贡曰:'学不厌,智也;教不倦,仁也。仁且智,夫子既圣矣!'夫圣,孔子不居。是何言也?"

"昔者窃闻之:子夏、子游、子张皆有圣人之一体,冉牛、闵子、颜渊则具体而微。[22]敢问所安?"[23]

曰:"姑舍是。"

曰:"伯夷、伊尹何如?"[24]

曰:"不同道。非其君不事,非其民不使;治则进,乱则退,伯夷也。何事非君,何使非民;治亦进,乱亦进,伊尹也。可以仕则仕,可以止则止,可以久则久,可以速则速,孔子也。皆古圣人也,吾未能有行焉;乃所愿,则学孔子也。"

"伯夷、伊尹于孔子,若是班乎?"[25]

曰:"否,自有生民以来,未有孔子也。"

曰:"然则有同与?"

曰:"有。得百里之地而君之,皆能以朝诸侯,有天下。行一不义、杀一不辜而得天下,皆不为也。是则同。"

曰:"敢问其所以异?"

曰:"宰我、子贡、有若智足以知圣人,污不至阿其所好。宰我曰:'以予观于夫子,贤于尧、舜远矣。'子贡曰:'见其礼而知其政,闻其乐而知其德。由百世之后,等百世之王,莫之能违也。自生民以来,未有夫子也。'有若曰:'岂惟民哉?麒麟之于走兽,凤凰之于飞鸟,太山之于丘垤,河海之于行潦,类也。[26]圣人之于民,亦类也。出于其类,拔乎其萃。[27]自生民以来,未有盛于孔子也。'"

【校注】

[1]孟贲:春秋时代勇士,卫国人。 [2]告子:墨子弟子。 [3]北宫黝(音有):春秋时代齐国人。挠:抓挠。逃:逃避。挫:受挫。挞:音踏,鞭打。市朝:街市。 [4]褐:音贺,一种粗布衣。宽博:宽大。 [5]褐夫:贱民。严:犹畏。恶声:不友好的声音。 [6]孟施舍:古人名,无考。 [7]曾子:即曾参;子夏:即卜商,皆孔子弟子。 [8]子襄:曾子弟子。反:回返。缩:退缩。惴:音坠,惊恐。 [9]暴:糟蹋、损害。 [10]壹:专一。 [11]蹶:音觉,跌倒。趋:快跑。 [12]浩然:盛大的样子。 [13]馁:饥饿。 [14]慊:音浅,快乐。 [15]闵:同"悯",怜悯。揠:音轧,抽拔苗心。 [16]槁:枯萎。 [17]耘:松土。 [18]诐:音辟,偏颇。遁:逃避。 [19]宰我、子贡、冉牛、闵子、颜渊:皆孔子弟子。 [20]"矣"后原有"乎"字,从《校勘记》"各本无乎字"说,删。 [21]恶:音乌,惊叹之词。 [22]一体:肢体的一部分。具体:整体。 [23]安:犹处、居。 [24]伯夷:商末贤人,不食周粟而饿死于首阳山。伊尹,商汤之相。卢文弨《抱经堂文集》云:"依赵注,经文但云伯夷何如,无伊尹二字。"其说当是。 [25]班:犹类。 [26]太山:即泰山,阮本作泰山。丘垤(音叠):土丘。 [27]拔:犹超。萃:荟萃、聚集。

【译文】

公孙丑问:"让老先生做齐国的卿相,得以实行自己的主张,齐国由此而称霸为王,也不奇怪。这样的话,您动心不动心呢?"

孟子说:"不!我四十年都不动心。"

公孙丑说:"这样的话,那老先生远远超过孟贲了。"

孟子说:"这不难,告子比我不动心还早。"

公孙丑说:"不动心有什么方法吗?"

孟子说:"有。北宫黝养勇的时候,皮肤受刺不挠,眼睛被刺不眨,心里想着哪怕被人用毫毛点一下,也犹如在市场上被人鞭打;他既不受平民的侮辱,也不受大国君主的侮辱;认为刺杀大国君主,就像刺杀一个贱民;从不畏惧诸侯,听到不友好的声音,一定反击他。孟施舍养勇的时候,说:'要看不能取胜如同能够取胜。估量敌人的力量然后进击,考虑胜败然后交手,这是畏惧大军的人。我怎么能做到必胜呢?只是能无所畏惧罢了。'孟施舍像曾子,北宫黝像子夏。这两个人的勇不知道谁厉害,只是孟施舍比较简约。从前曾子对子襄说:'你好勇吗?我曾经从孔子那里听说:自己返回但不退缩,即使是一个平民,我也不恐吓他;自己返回而退缩,即使是成千上万的人,我也前进了。'孟施舍的守气,又不如曾子的守约。"

公孙丑说:"敢问老先生的不动心与告子的不动心,能讲给我听吗?"

孟子说:"告子说过:'从语言上得不到,不要从心里求;从心里得不到,不要从气中求。'从心里得不到不要从气中求可以,从语言上得不到不要从心里求不可以。那志,是气的统帅;气,是身体的内核。志到哪里,气就跟到哪里。所以说:'坚守自己的志,不要损耗自己的气。'"

公孙丑说:"既说'志到哪里气就跟到哪里',又说'坚守自己的志不要损耗自己的气',是为什么呢?"

孟子说:"因为志专则动气,气专则动志。就像跌倒与跑动,这本来是气,却反而动其心。"

公孙丑说:"请问老先生您长于哪一方面?"

孟子说:"我善于理解别人的言语,我善于培养自己的浩然之气。"

公孙丑说:"请问什么叫浩然之气?"

孟子说:"很难说清楚。作为一种气,最浩大最阳刚,用正直培养而不加伤害,就会充满天地之间。作为一种气,又需要配合义与道;否则,就软弱无力。它是集合义而生的,而不是义袭取它。做了有愧心于心的事,就会软弱无力了。所以我说,告子还不懂得义,因为他把义看成了心以外的东西。一定要培养它,心里不要忘记它,但不要帮助它生长。不要像宋人那样:宋国有个嫌自家地里的禾苗不长高而把苗心拔高的,疲惫地回到家,对家里人说:'今天可累坏了!我帮助禾苗长高了!'他的儿子跑到地里去看,禾苗已经枯萎了。天下不拔苗助长的人,是很少的了。认为没有用而放弃它的,就是不给禾苗松土的;而帮助它生长的,就是拔苗心的。这不仅没有益处,反而会害死它。"

公孙丑问:"什么叫善于理解别人的言语?"

孟子回答说:"偏颇的言语要知道它所遮蔽的地方;夸张的言语要知道它所不

足的地方；邪僻的言语要知道它所偏离的地方；躲闪的言语要知道它词穷的地方。这些言语如果从心里产生，就会危害他的政治；如果用于政治，就会危害具体的事务。所以，即使是圣人再世，他也一定会听从我的话。"

公孙丑说："宰我、子贡善于言辞，冉牛、闵子、颜渊善讲德行。孔子两者兼有，而他说：'我对于辞令，则不擅长。'这样的话，老先生您已经是圣人了。"

孟子说："噫！这是什么话？从前子贡问孔子说：'先生您是圣人了吗？'孔子说：'圣人我做不了，我只是学习不知厌倦，而教学不知疲倦罢了。'子贡说：'学习不知厌倦，肯定智；教学不知疲倦，就是仁。既仁又智，说明夫子您已经是圣人了！'那圣人孔子都不自居，你这是什么话？"

公孙丑说："从前我听说：子夏、子游、子张都具有圣人的一部分，冉牛、闵子、颜渊都具备圣人的整体只是小一点。请问您属于哪一类？"

孟子说："暂且不谈这个。"

公孙丑问："伯夷、伊尹怎么样？"

孟子说："他们走的不是一条路。不是他的君主不事奉，不是他的百姓不使役；国家治平就进身，国家混乱就隐退，这是伯夷走的路。事奉谁不是君主，使役谁不是百姓；国家治平进身，国家混乱也进身，这是伊尹走的路。可以干事就干事，可以终止就终止，可以长久就长久，可以迅速就迅速，这是孔子走的路。他们都是古代的圣人，而我还没有能够做到；至于我所希望的，就是学孔子。"

公孙丑说："伯夷、伊尹与孔子，就这样排列吗？"

孟子说："不。自从有人类以来，还没有第二个孔子。"

公孙丑说："那样的话，他们有相同的地方吗？"

孟子说："有。得到一百里的土地让他们为君，都可以做到使诸侯来朝，最终占有全天下。做一件不义的事、杀一个无辜的人而得天下，他们都不做。这一点是相同的。"

公孙丑问："请问他们不同的地方？"

孟子说："宰我、子贡、有若三人的智慧足以了解圣人，缺点也不至于偏袒他们所喜欢的人。而宰我说：'以我看孔夫子，比尧、舜强多了。'子贡说：'看他的礼仪就知道他的国政，听他的音乐就知道他的德行。即使是百代以后，出现百代君王，也没有人能够背离他。自从有人类以来，还没有第二个孔夫子。'有若说：'难道只是人吗？麒麟对于走兽，凤凰对于飞鸟，泰山对于土丘，河海对于溪流，属于同类。圣人对于常人，也是同类。虽然出于同类，却远超于同类。自从有人以来，还没有人超过孔子。'"

3.3　孟子曰:"以力假仁者霸,霸必有大国;[1]以德行仁者王,王不待大。[2]汤以七十里,文王以百里。以力服人者,非心服也,力不赡也;[3]以德服人者,中心悦而诚服也,如七十子之服孔子也。[4]《诗》云:'自西自东,自南自北,无思不服。'[5]此之谓也。"

【校注】

[1]假:借、凭借。　　[2]王:读去声,为王。　　[3]赡:足够。
[4]中心:内心。　　[5]此《诗经·大雅·文王有声》句。思,语助词。

【译文】

孟子说:"以武力而假借仁的人可以称霸,而称霸必须是大国。以道德而实行仁的人可以为王于天下,而为王于天下不一定是大国。商汤以七十里之地为王于天下,周文王以一百里之地为王于天下。用武力征服别人的,别人并非真心归服,只是力量不足;用德行使人归服的,人是心里高兴而真服,就像七十个弟子服膺孔子那样。《诗经》里说:'从西到东方,从南到北飞,无人不服从。'说的就是这个。"

3.4　孟子曰:"仁则荣,不仁则辱。今恶辱而居不仁,是犹恶湿而居下也。[1]如恶之,莫如贵德而尊士,贤者在位,能者在职;[2]国家闲暇,及是时明其政刑,虽大国必畏之矣。[3]《诗》云:'迨天之未阴雨,彻彼桑土,绸缪牖户。今此下民,或敢侮予?'[4]孔子曰:'为此诗者,其知道乎!能治其国家,谁敢侮之?'今国家闲暇,及是时般乐怠敖,是自求祸也。祸福,无不自己求之者。[5]《诗》云:'永言配命,自求多福。'[6]《太甲》曰:'天作孽,犹可违;自作孽,不可活。'[7]此之谓也。"

【校注】

[1]居:处也。　　[2]士:任事之人。　　[3]闲暇:指无内忧外患。
[4]此《诗经·豳风·鸱鸮》句。迨:及、趁。彻:借为"扯",撕也。桑土:借为桑杜,即桑树根,此指其皮。绸缪:音愁谋,缠扎。牖:音有,窗户。户:门也。女:读"汝",你。下民:树下之人。或:有也。　　[5]般:读为"盘",徘徊。怠:懒怠。敖:同"遨",指出游。　　[6]此《诗经·大雅·文王》句。言:语助词。
[7]《太甲》:指《尚书·太甲》中篇。孽:灾祸。违:避也。活:《尚书》作"逭",逃也,此为借字。

【译文】

孟子说:"行仁就光荣,不仁就耻辱。如今的人既厌恶耻辱又自居于不仁,这就好像既厌恶潮湿却又处在低洼的地方。如果真的厌恶耻辱,最好是看重德而尊重士,使有贤德的人有地位,使有才能的人有职业;并趁国家没有忧患的时候,抓住时机修明政治和刑法。这样,即使是大国也一定惧怕你。《诗经》里说:'趁天未阴雨,扯那桑根皮,缠紧窗和门。如今你下人,谁敢欺侮我?'孔子说:'写这首诗的人,大概懂得道吧!能治理好自己的国家,谁还敢欺侮他?'如今国家没有忧患,却趁这个时候徘徊于音乐,懈怠于治事,出外游玩,这是自己找祸。福与祸没有不是自己找来的。《诗经》里说:'永远配天命,自己求多福。'《尚书·大甲》篇说:'上天降下的灾祸还可以逃避,自己造成的灾祸无法逃避。'说的就是这个。"

3.5 孟子曰:"尊贤使能,俊杰在位,则天下之士皆悦,而愿立于其朝矣;市廛而不征,法而不廛,则天下之商皆悦,而愿藏于其市矣;[1]关讥而不征,则天下之旅皆悦,而愿出于其路矣;[2]耕者助而不税,则天下之农皆悦,而愿耕于其野矣;[3]廛无夫里之布,则天下之民皆悦,而愿为之氓矣。[4]信能行此五者,则邻国之民仰之若父母矣。[5]率其子弟攻其父母,自有生民以来,未有能济者也。[6]如此,则无敌于天下。无敌于天下者,天吏也。[7]然而不王者,未之有也。"

【校注】

[1] 廛:音缠,市中储存货物的货栈。征:谓征税。法:谓依法收购。 [2] 讥:查问。旅:旅客、行旅。《礼记·王制》:"市廛而不税。关讥而不征。" [3] 助:谓帮助公家耕种公田。税:纳税。 [4] 此"廛",指民居。夫:人口。里:户口所在。布:税收名称。氓:外来人口。 [5] 信:诚、真也。仰:仰望、向往。 [6] 有生民:"有"字原脱,据孔本、《考文》本及阮说补。 [7] 天吏:顺从上天旨意的执政者。

【译文】

孟子说:"尊重贤才,使用能人,才德出众的人在位子上,天下干事的人就都高兴,而愿意在他的朝廷里担任官职了;市场上提供存货的地方不征税,滞销的货物依法收购不用积压,天下的商人就都高兴,而愿意在他的市场里做生意了;关卡上只稽查而不征税,天下的旅客就都高兴,而愿意走在他的道路上了;种地的人帮助耕种公田而不征税,天下的农民就都高兴,而愿意在他的原野里耕种了;居民没有人口税和户口税,天下的百姓就都高兴,愿意做他的百姓了。真正能够做到这五点,邻国的百姓仰慕他就像仰慕父母了。如果率领自己的子弟去攻打别人的父母,自有人以来就没有成功过的。这样,就能无敌于天下。无敌于天下的人,叫做'天吏'。这样还不能为王于天下的,还没有过。"

3.6　孟子曰:"人皆有不忍人之心。[1]先王有不忍人之心,斯有不忍人之政矣。[2]以不忍人之心行不忍人之政,治天下可运之掌上。[3]所以谓人皆有不忍人之心者,今人乍见孺子将入于井,皆有怵惕恻隐之心。[4]非所以纳交于孺子之父母也,非所以要誉于乡党朋友也,非恶其声而然也。[5]

"由是观之,无恻隐之心,非人也;无羞恶之心,非人也;[6]无辞让之心,非人也;无是非之心,非人也。恻隐之心,仁之端也;羞恶之心,义之端也;辞让之心,礼之端也;是非之心,智之端也。人之有是四端也,犹其有四体也。有是四端而自谓不能者,自贼者也;[7]谓其君不能者,贼其君者也。

"凡有四端于我者,知皆扩而充之矣,若火之始然,泉之始达。[8]苟能充之,足以保四海;[9]苟不充之,不足以事父母。"

【校注】

[1]忍:忍心。不忍人之心:即怜悯别人之心。　[2]斯:犹"则"。[3]运:运转。　[4]乍:突然、忽然。怵惕:音杵替,惊惧。恻隐:哀痛、同情。　[5]纳:原作"内",据《音义》所出"本亦作纳"改,用今字。要,读平声,求也。　[6]羞:羞耻。恶:厌恶。　[7]贼:害也。　[8]我:自己。然:同"燃",烧也。　[9]保:定、安定。

【译文】

孟子说:"人人都有不忍心于人之心。先王有不忍心于人之心,所以就有不忍心于人的政治。用不忍心于人之心推行不忍心于人的政治,治理天下就可以像在手掌心里玩转东西一样容易了。之所以说人人都有不忍心于人之心,是因为假如有人突然看见一个小孩子快要掉进井里去了,都会有惊恐同情之心。这不是因为他想去和这孩子的父母拉关系,也不是要求得乡亲和朋友们的赞誉,更不是因为厌恶这孩子的哭叫声才那样的。

"由此看来,没有同情心,就不是人;没有羞耻心,就不是人;没有谦让心,就不是人;没有是非心,也不是人。同情心,是仁的开端;羞耻心,是义的开端;谦让心,是礼的开端;是非心,是智的开端。人如果有这四端,就像他有四肢。有这四端却自认为不行的,是自我残害的人;认为他的君主不行的,是残害其君主的人。

"凡是有这四种心的人,如果知道扩充它们,就会像火刚刚燃起,泉水刚刚涌出,越来越大。所以,如果能够扩充它,就足以安定天下;如果不能够扩充它,就不足以养父母。"

3.7 孟子曰:"矢人岂不仁于函人哉?[1]矢人唯恐不伤人,函人唯恐伤人。巫匠亦然。[2]故术不可不慎也。[3]孔子曰:'里仁为美。择不处仁,焉得智?'[4]夫仁,天之尊爵也,人之安宅也。[5]莫之御而不仁,是不智也。[6]不仁、不智、无礼、无义,人役也。人役而耻为役,由弓人而耻为弓,矢人而耻为矢也。[7]如耻之,莫如为仁。[8]仁者如射:射者正己而后发;[9]发而不中,不怨胜己者,反求诸己而已矣。"

【校注】

[1] 矢人:造弓箭的人。函:铠甲。函人:造铠甲的人。　[2] 巫医:以巫术行医的人,泛指医生。匠:特指做棺材的木匠。　[3] 术:指选择谋生之术、技能。　[4] 里:本借为"邻"。择:本借为"宅",住宅。此出《论语·里仁》篇。此处孟子未加特别说明,盖亦误解。　[5] 爵:爵位,代表身份地位的官爵地位。安:安逸。　[6] 御:阻挡。　[7] 由:同"犹",好像。　[8] 为仁:行仁。　[9] 正己:端正自身。《礼记·王制》:"射者,仁之道也。射求正诸己,己正而后发。发而不中,则不怨胜己者,反求诸己而已矣。"

【译文】

孟子说:"造箭的人难道比造铠甲的人不仁吗?造箭的人唯恐自己造的箭不伤人,造铠甲的人唯恐箭伤了人。医生和棺材匠的也是这样。所以,选择谋生的职业不可以不谨慎。孔子说:'做仁人的邻居是美事。住宅不安在有仁人的地方,怎么能说是明智?'那仁,是天的尊贵爵位,是人最安逸的住宅。没有人阻挡而不仁,是不明智。不仁不智,无礼无义的人,只配被人驱使。本来就属于被人驱使的人,却耻于被人驱使,就好像造弓的人耻于造弓,造箭的人耻于造箭。所以,如果真以为耻,就不如行仁。仁人就像射箭:射箭的人端正自己的姿势以后才放箭;射出去如果没有射中,不怨比自己射得好的人,而是反过来从自身找原因罢了。"

3.8 孟子曰:"子路,人告之以有过,则喜。[1]禹闻善言,则拜。[2]大舜有大焉,善与人同,舍己从人,乐取于人以为善。[3]自耕、稼、陶、渔以至为帝,无非取于人者。[4]取诸人以为善,是与人为善者也。[5]故君子莫大乎与人为善。"[6]

【校注】

[1] 过:过错。善与人同,与人共同做善事。　[2] 禹:又称大禹,夏朝

开国君主。《尚书·皋陶谟》载:"禹拜昌言。" [3] 有:读为"又"。[4] 耕:耕种;稼:收获;陶:制陶器;渔:捕鱼。 [5] 与人:跟人一起。[6] 君子:人格高尚、受人尊敬的人。

【译文】

孟子说:"子路这个人,如果别人告诉他有过错,他就高兴。大禹听到好话,就给人行礼。舜帝更有比他们厉害处:他善于与别人共事,经常舍弃自己的意见而听从别人的意见,并乐于听取别人的意见来行善。从他种地、制陶、捕鱼一直到为帝,没有哪一件不是从别人那里学来的。听取别人的意见来行善,就是与别人一起行善的人。所以,君子没有比与别人一起行善更重要的事。"

3.9 孟子曰:"伯夷,非其君不事,非其友不友。不立于恶人之朝,不与恶人言。立于恶人之朝,与恶人言,如以朝衣朝冠坐于涂炭。[1] 推恶恶之心,思与乡人立,其冠不正,望望然去之,若将浼焉。[2] 是故诸侯虽有善其辞命而至者,不受也。不受也者,是亦不屑就已。[3] 柳下惠不羞污君,不卑小官;[4] 进不隐贤,必以其道;遗佚而不怨,厄穷而不悯。[5] 故曰:'尔为尔,我为我,虽袒裼裸裎于我侧,尔焉能浼我哉?'[6] 故由由然与之偕而不自失焉,援而止之而止。[7] 援而止之而止者,是亦不屑去已。"

孟子曰:"伯夷隘,柳下惠不恭。[8] 隘与不恭,君子不由也。"[9]

【校注】

[1] 涂炭:泥浆与炭火。 [2] 恶恶:厌恶恶人。望望然:怨望的样子。浼:音美,污染。 [3] 就:接近。已:同"矣"。 [4] 柳下惠:春秋时鲁国贤人,名展禽,《论语》四见。 [5] 厄:困厄。悯:忧也。 [6] 袒裼:音坦锡,无衣。裎:音呈,《音义》:"亦作'程'。"均借为"呈",现露。 [7] 由由然:高兴的样子。援:用手拉。 [8] 隘:狭隘。恭:敬也。 [9] 由:行也。

【译文】

孟子说:"伯夷这个人,不是他的君主他不事奉,不是他的朋友他不友好;不站在恶人的朝廷,不和恶人说话;站在恶人的朝廷、和恶人说话,就如同穿着朝服戴着朝冠坐在泥浆或炭灰里。他推广厌恶恶人之心,想着与乡下人站在一起,那人如果衣冠不正,他便会悻悻地离开,好像就要被他污染。所以诸侯即使有带着好辞命而来的,他也不受。之所以不受,是因为不屑于接近。柳下惠这个人,不以事奉肮脏的国君为耻辱,不以做微小的官为卑贱;被任用就不隐瞒才能,必定按正确的方法行事;被遗弃也不怨恨,困厄不得志也不忧愁。所以他说:'你是你,我是我,虽然有赤身裸体的人站在我旁边,他怎么能污染我呢?'所以高兴地与他们在一起而不自失于他们,拉他离开才离开。拉他离开才离开,这也是不屑于离开。"

孟子说:"伯夷狭隘,柳下惠不恭。狭隘与不恭,君子不行。"

公孙丑下

4.1 孟子曰:"天时不如地利,地利不如人和。[1]三里之城,七里之郭,环而攻之而不胜。[2]夫环而攻之,必有得天时者矣;然而不胜者,是天时不如地利也。城非不高也,池非不深也,兵革非不坚利也,米粟非不多也;[3]委而去之,是地利不如人和也。[4]故曰:域民不以封疆之界,固国不以山溪之险,威天下不以兵革之利。[5]得道者多助,失道者寡助。[6]寡助之至,亲戚畔之;[7]多助之至,天下顺之。以天下之所顺,攻亲戚之所畔;故君子有不战,战必胜矣。"

【校注】

[1] 天时:自然时机。地利:地理便利。人和:人心和谐。 [2] 城:内城。郭:外城。环:包围。 [3] 池:护城河。 [4] 委:丢弃。 [5] 域:划分地域。封疆:边界。 [6] 道:指正确的治国方法。 [7] 亲戚:亲近的人。畔:借为"叛"。

【译文】

孟子说:"自然时机好,不如地利条件便利;地理条件便利,不如人心和谐统一。一座周长三里的内城、周长七里外城,四面围攻都攻不破。四面围攻,一定是遇到了好时机;然而还是攻不破,说明天时不如地利。而有的国家城墙不是不高,护城河不是不深,兵器不是不坚利,粮食不是不充足,士兵却弃城而逃,说明地利不如人和。所以说:控制百姓不靠边界线,保护国家不靠山川险要,扬威天下不靠兵器锐利。得到正确治国之道的人会有很多帮助他的人,失掉正确治国之道的人仅有极少人帮助他。帮助他的人少到极点时,就连亲戚也会叛离他;帮助他的人多到极点时,全天下的人都会顺从他。以全天下所顺从的人攻打连亲戚都叛离的人,国君除非不打仗,打的话一定会取胜。"

4.2　孟子将朝王。[1]王使人来曰："寡人如就见者也,有寒疾,不可以风。[2]朝,将视朝,不识可使寡人得见乎?[3]"对曰："不幸而有疾,不能造朝。"[4]

明日,出吊于东郭氏。[5]公孙丑曰："昔者辞以病,今日吊,或者不可乎?"曰："昔者疾,今日愈,如之何不吊?"

王使人问疾,医来。孟仲子对曰："昔者有王命,有采薪之忧,不能造朝。[6]今病小愈,趋造于朝,我不识能至否乎?"[7]使数人要于路,[8]曰："请必无归,而造于朝!"不得已而之景丑氏宿焉。[9]

景子曰："内则父子,外则君臣,人之大伦也。父子主恩,君臣主敬。丑见王之敬子也,未见所以敬王也。"

曰："恶![10]是何言也!齐人无以仁义与王言者,岂以仁义为不美也?其心曰'是何足与言仁义也'云尔,则不敬莫大乎是。我非尧舜之道不敢以陈于王前,故齐人莫如我敬王也。"

景子曰："否,非此之谓也。《礼》曰:'父召无诺,君命召不俟驾。'[11]固将朝也,闻王命而遂不果,宜与夫礼若不相似然。"

曰："岂谓是与?曾子曰:'晋楚之富,不可及也。彼以其富,我以吾仁;彼以其爵,我以吾义。吾何慊乎哉?[12]'夫岂不义而曾子言之?是或一道也。天下有达尊三:爵一,齿一,德一。[13]朝廷莫如爵,乡党莫如齿,辅世长民莫如德。恶得有其一,以慢其二哉?故将大有为之君,必有所不召之臣;欲有谋焉则就之。其尊德乐道,不如是不足与有为也。故汤之于伊尹,学焉而后臣之,故不劳而王;桓公之于管仲,学焉而后臣之,故不劳而霸。今天下地丑德齐,莫能相尚。[14]无他,好臣其所教而不好臣其所受教。汤之于伊尹、桓公之于管仲则不敢召。管仲且犹不可召,而况不为管仲者乎?"

【校注】

[1]王:指齐王。朝:朝见、拜见。　[2]如:宜、应当。风:谓受风。　[3]视朝:在朝廷上处理政务。识:同"知"。　[4]造:到、至。　[5]吊:吊唁。东郭氏:齐国大夫东郭牙。　[6]孟仲子:孟子弟子。采薪之忧:担忧不能打柴,偶患小病的委婉说法。《礼记·曲礼下》:"使士射,不能则辞以疾。言曰:某有负薪之忧。"　[7]趋:快走,形容恭敬。　[8]要:读"腰",半路

拦截。　［9］景丑氏：齐国大夫。　［10］恶：音乌，惊叹之词。［11］俟：等待。诺：应答之辞。《礼记·曲礼上》："父召无诺。"　［12］慊：少也。　［13］达：通也。爵：爵位。齿：年龄。德：德行。　［14］丑：借为"俦"，音仇，相类。

【译文】

孟子准备去朝见齐王，恰巧齐王派人来说："寡人本应该来见您，但受寒了，不能见风。您如果能来朝见，寡人将上朝处理政务，不知能否让寡人一见？"孟子回答说："不幸得了病，不能到朝廷去。"

第二天，孟子要出门到东郭大夫家里去慰问。公孙丑说："昨天以有病推辞，今天又出去吊唁，大概不好吧？"孟子说："昨天有病，今天好了，怎么就不可以去慰问呢？"

齐王派人来问孟子的病，而且医生也来了。孟仲子应付说："昨天接到王命，他正生着病，不能到朝廷上去。今天病刚好一点，已经赶紧上朝廷去了，我不知道他是否已经到达。"并立即派几个人到路上去拦孟子，给他说："请您务必不要回家，直接到朝廷上去！"孟子不得已又到景丑氏的家里去借宿。

景丑氏说："在家讲父子，在外讲君臣，这是最大的人伦。父子之间以慈恩为主，君臣之间以恭敬为主。而如今我只看见齐王尊敬您，却没有看见您尊敬齐王。"

孟子说："噫，这是什么话！齐国人没有一个与王谈仁义的，难道是以为仁义不好吗？他们心里想的是：'这样的王哪里值得和他谈仁义？'如此而已。这才是最大的不恭敬。而我，不是尧舜之道不敢拿来在齐王跟前陈述。所以，齐国人没有比我更尊敬齐王的。"

景丑氏说："不，我不是说这个。礼经上说过，父亲召不说'诺'，国君召不等驾车。您本来准备去朝见，听到王命反而不去了，这恐怕和礼经上说的不大像吧！"

孟子说："难道你说的是这个吗？曾子说过：'晋国与楚国的财富，没有人赶得上。而他有他的财，我有我的仁；他有他的爵，我有我的义。我少了什么呢？'难道是不义而曾子说它吗？这或许就是一种道。天下有三种通行的尊贵：一是爵位，一是年龄，一是德行。在朝廷上最尊贵的是爵位，在乡里最尊贵的是年龄，辅助君王治理百姓最尊贵的是德行。怎么能够凭爵位而怠慢年龄和德行呢？所以，将要大有作为的国君，一定有他不能召唤的大臣；想要和他商量事情，就到他跟前去。尊德乐道不这样，就不足以有所作为。因此，商汤对于伊尹，先向他学习然后才以他为臣，所以不费力气就为王于天下了；齐桓公对于管仲，也是先向他学习然后才以他为臣,所以不费力气就称霸于诸侯了。如今天下各国的领地都差不多,君主的德行也都差不多,没有谁能高谁一等。这没有别的原因,就是因为他们喜欢用听他教导的人为臣,而不喜欢以教导他的人为臣。商汤对于伊尹,桓公对于管仲,就不敢召唤。管仲尚且不可以召唤,何况是连管仲都不屑于做的人?"

4.3　陈臻问曰:"前日于齐,王馈兼金一百而不受;[1]于宋,馈七十镒而受;[2]于薛,馈五十镒而受。前日之不受是,则今日之受非也;今日之受是,则前日之不受非也。夫子必居一于此矣。"

孟子曰:"皆是也。当在宋也,予将有远行。行者必以赆。[3]辞曰'馈赆',予何为不受?当在薛也,予有戒心。辞曰'闻戒,故为兵馈之',予何为不受?若于齐,则未有处也。无处而馈之,是货之也。[4]焉有君子而可以货取乎?"

【校注】

[1] 陈臻:孟子弟子。馈:赠也。兼金:价值两倍于普通金的好金。一百:指一百镒。一镒等于二十两。　　[2] 宋:地在今河南商丘一带。　　[3] 赆:音尽,赠给人的路费或礼物。　　[4] 货:收买、贿赂。

【译文】

陈臻问道:"以前在齐国的时候,齐王送您好金一百镒,而您不接受;在宋国的时候,送您七十镒却接受了;在薛国,送您五十镒也接受了。如果以前的不接受是正确的,那后来的接受便是错误的;如果后来的接受是正确的,那以前的不接受便是错误的。老先生必定有一次做错了。"

孟子说:"都是正确的。在宋国的时候,我准备远行,而对远行的人一定要送盘缠。宋王说'送盘缠',我为什么不接受?在薛国的时候,我有需要戒备的意思。薛君说'听说您需要戒备,所以为您买兵器送一点钱',我为什么不接受?至于在齐国,则没有理由。没有理由却要馈赠他,这等于是贿赂他。哪里有君子而可以拿钱收买的呢?"

4.4　孟子之平陆,谓其大夫曰:"子之持戟之士,一日而三失伍,则去之否乎?"[1]

曰:"不待三。"

"然则子之失伍也亦多矣:凶年饥岁,子之民老羸转于沟壑,壮者散而之四方者,几千人矣。"[2]

曰:"此非距心之所得为也。"[3]

曰:"今有受人之牛羊而为之牧之者,则必为之求牧与刍矣。[4]求牧与刍而不得,则反诸其人乎?抑亦立而视其死与?"

曰:"此则距心之罪也。"

他日,见于王曰:"王之为都者,臣知五人焉。[5]知其罪者,惟孔距心。"为王诵之。[6]

王曰:"此则寡人之罪也。"

【校注】

[1]平陆:齐国城邑,非山西平陆。大夫:城邑首长。戟:一种长杆兵器。失伍:脱离队伍。　[2]几:接近。　[3]距心:平陆大夫自称其名,即后文孔距心。　[4]牧与刍:牧场和草。　[5]为都:做地方长官。[6]诵:述说。

【译文】

孟子去到平陆,对那里的大夫孔距心说:"你的战士,如果一天中离开队伍三次,你开除他吗?"孔距心说:"不等三次。"孟子说:"那样的话,你自己脱离队伍也就多了。灾荒年间,你的百姓老弱者被抛尸沟壑,青壮年逃往四方的,已经快有一千人了。"孔距心说:"这不是我所能制止的。"孟子说:"假如有一个接受了别人的牛羊而替他放牧的人,就一定会替他找寻牧场和草。如果找不到牧场和草,是把牛羊返还给主人呢?还是站在那里看着牛羊饿死?"孔距心说:"这就是我的罪了。"

改天,孟子去见齐王,说:"大王的地方长官,我认识的有五个。而自知其罪的,只有孔距心。"为王讲述了他的故事。齐王说:"这就是寡人的罪了。"

4.5　孟子谓蚳蛙曰:[1]"子之辞灵丘而请士师,似也,为其可以言也。[2]今既数月矣,未可以言与?"

蚳蛙谏于王而不用,致为臣而去。[3]齐人曰:"所以为蚳蛙则善矣,所以自为则吾不知也。"

公都子以告。曰:"吾闻之也:有官守者,不得其职则去;[4]有言责者,不得其言则去。[5]我无官守,我无言责也,则吾进退岂不绰绰然有余裕哉?"[6]

【校注】

[1]蚳:音迟。蚳蛙:人名,齐国大夫。公都子:孟子的学生。　[2]灵

丘：齐国边境城邑。士师：官名，掌管狱讼、禁令。　　[3]致：送还。《礼记·曲礼下》："为人臣之礼，不显谏。三谏而不听，则逃之。子之事亲也，三谏而不听，则号泣而随之。"　　[4]官守：官员的职守。　　[5]言责：进言的职责[6]绰绰然：宽裕的样子。

【译文】

孟子对蚳蛙说："您辞去灵丘大夫而请求做士师，似乎有道理，因为这可以进言。现在您已经做了几个月的士师，还不能进言吗？"

于是蚳蛙向齐王进谏，而齐王不听，蚳蛙便辞职而去。齐国人说："孟子为蚳蛙考虑倒是很好，而为他自己考虑得怎样，那我们就不知道了。"

公都子把齐国人的话告诉了孟子。孟子说："我听说过：有官位职守的人，如果无法尽其职守就辞官不干；有进言职责的人，如果进言不被听从，就辞职不干。我既没有官职，也没有言责，那我的进退空间，岂不是绰绰有余吗？"

4.6　孟子为卿于齐，出吊于滕，王使盖大夫王驩为辅行。[1]王驩朝暮见，反齐滕之路，未尝与之言行事也。[2]

公孙丑曰："齐卿之位不为小矣，齐滕之路不为近矣。反之而未尝与言行事，何也？"

曰："夫既或治之，予何言哉？[3]"

【校注】

[1]盖：音葛，齐国邑名，在今山东省沂水县西北。　　[2]行事：所行之事、公事。　　[3]或：已也。

【译文】

孟子在齐国做卿，出到滕国去吊丧，齐王派盖邑大夫王驩做他的随行。王驩早晚都见孟子，而往返齐滕一路上，孟子没有跟他谈过一件公事。

公孙丑问："齐国卿的官位不算小了，往返齐滕的路也不算近了。而您直到返回去都不曾跟王驩谈公事，为什么呢？"

孟子说："国家已经治理了，我说什么呢？"

4.7　孟子自齐葬于鲁，反于齐，止于嬴。[1]充虞请曰："前日不知虞之不肖，使虞敦匠事。[2]严，虞不敢请。[3]今愿窃有请也：木若以美然。"[4]

曰："古者棺椁无度，[5]中古棺七寸，椁称之。[6]自天子达于庶人,非直为观美也然后尽于人心。[7] 不得,不可以为悦;[8] 无财,不可以为悦。得之为有财,古之人皆用之,吾何为独不然?[9] 且比化者无使土亲肤,于人心独无恔乎?[10] 吾闻之君子:不以天下俭其亲。"

【校注】

[1] 葬:指葬母。嬴:地名,在今山东莱芜西北。　　[2] 充虞:孟子弟子。不肖:犹不贤、不才。敦:治、管。匠事:指制作棺材之事。　　[3] 严:急迫。[4] 木:棺木。若:似乎。以:借为"已",太。　　[5] 古者:指上古时代。无度:没有固定尺寸。　　[6] 中古:指商周时代。　　[7] 直:借为"只"。[8] 不得:得不到。　　[9] 按《礼记·檀弓上》载子思曰:"吾闻之:有其礼无其财,君子弗行也;有其礼有其财无其时,君子弗行也。吾何慎哉!"　　[10] 比:一直到。化:自有而无、消失。恔:音效,快乐。

【译文】

孟子从齐国回鲁国安葬母亲,返回齐国的路上,停在嬴邑。

弟子充虞请教说:"前几天您不知道我的不才,让我管理做棺椁的事。当时事情紧急,我不敢来请教。现在我想请问老师:棺木似乎太好了吧!"

孟子回答说:"上古时候棺椁没有固定的尺寸;中古时候棺木厚七寸,椁木与棺木厚度相称。从天子到普通百姓,并非只是为了美观才算尽到孝心。因为得不到木料,心里不能高兴;没有钱财,心里不能高兴。如果有木料和钱财,古人都会那么做。我为什么偏不那么做呢?况且直到风化不让尸骨沾上泥土,孝子心里就没有一点满足吗?我听说过:君子不因天下大事而在父母身上省钱。"

4.8　沈同以其私问曰:"燕可伐与?"[1]

孟子曰:"可!子哙不得与人燕,子之不得受燕于子哙。[2] 有仕于此,而子悦之,不告于王而私与之吾子之禄爵;[3] 夫士也,亦无王命而私受之于子,则可乎?何以异于是?"

齐人伐燕,或问曰:"劝齐伐燕,有诸?"

曰:"未也!沈同问'燕可伐与',吾应之曰'可',彼然而伐之也。彼如曰'孰可以伐之',则将应之曰'为天吏,则可以伐之'。[4] 今有杀人者,或问之曰'人可杀与',则将应之曰'可'。彼如曰'孰可以杀之',则将应之曰'为士师,则可以杀之'。今以燕伐燕,何为劝之哉?"

【校注】

[1] 沈同:齐国大臣。私:谓私人关系。　　[2] 子哙(音快):燕王名。

子之：燕相国。　　[3] 仕：借为"士"。　　[4] 天吏：上天的官吏。

【译文】

沈同以私人关系问孟子："燕国可以伐吗？"

孟子说："可以！燕王子哙不能把燕国给别人，相国子之也不能从子哙手里接受燕国。假如有一个士，你喜欢他，不向王报告就私自把你的禄爵转给他；而那个士，也没有王命就私自从你那里接受禄爵，这可以吗？燕王子哙与子之的事，与这个有什么不同？"

齐国人伐燕国，有人问孟子："听说你曾经劝齐王伐燕国，有这回事吗？"

孟子说："没有！沈同问'燕国可以伐吗'，我回答说'可以'，他以为我说的对就去伐燕国。他如果问：'谁可以伐它？'我就会回应他说：'如果是老天爷的官吏，就可以伐它。'假如有一个杀人的人，有人问他：'人可以杀吗？'他就会回答说：'可以！'他如果问：'谁可以杀他？'就会回答他说：'是士师，就可以杀他。'如今以燕国人伐燕国人，为什么要劝他呢？"

4.9　燕人畔，[1]王曰："吾甚惭于孟子。"

陈贾曰："王无患焉。王自以为与周公孰仁且智？"[2]

王曰："恶！是何言也？"

曰："周公使管叔监殷，管叔以殷畔。知而使之，是不仁也；不知而使之，是不智也。仁智，周公未之尽也，而况于王乎？贾请见而解之。"

见孟子，问曰："周公何人也？"

曰："古圣人也。"

曰："使管叔监殷，管叔以殷畔也，有诸？"

曰："然。"

曰："周公知其将畔而使之与？"

曰："不知也。"

"然则圣人且有过与？"

曰："周公，弟也；管叔，兄也。周公之过，不亦宜乎？且古之君子，过则改之；今之君子，过则顺之。古之君子，其过也，如日月之食，民皆见之；及其更也，民皆仰之。[3]今之君子，岂徒顺之，又从为之辞。"[4]

【校注】

[1] 畔:借为"叛"。齐宣王破燕以后,燕人谋另立燕王以抗齐,故曰叛。[2] 陈贾:齐国大夫。　　[3] 更:改也。仰:抬头看。　　[4] 徒:只是。从:跟着。

【译文】

燕国人准备抗齐,齐宣王说:"我十分惭愧当初没有听孟子的话。"

陈贾给他说:"王不要担心这事。王您自以为与周公相比,谁更仁智?"

宣王说:"噫!这是什么话?"

陈贾说:"周公让管叔监督殷人,管叔却利用殷人发动叛乱。如果了解他却派他,就是不仁;如果不了解他而派他,就是不智。可见仁和智周公都未能全部做到,何况大王您呢?请让我去见他向他解释。"

陈贾见孟子,问道:"周公是什么人?"

孟子说:"是古代的圣人。"

陈贾说:"周公让管叔监殷,而管叔却利用殷人叛乱,有这事吗?"

孟子说:"是的。"

陈贾说:"周公知道他将会叛乱而派的他吗?"

孟子说:"不知道。"

陈贾说:"这样的话,不就说明圣人也会有过错吗?"

孟子说:"周公,是弟弟;管叔,是哥哥。周公的过错,不是合理的吗?何况古代的君子,有过则改;如今的君子,有过则顺。古代的君子,他有了过错,就如同发生日食月食,百姓都能看见;等他改过的时候,百民也都仰头望着他。如今的君子,不但顺着他,而且还跟着替他辩解。"

4.10　孟子致为臣而归。[1]王就见孟子,[2]曰:"前日愿见而不可得,得侍同朝,甚喜。今又弃寡人而归,不识可以继此而得见乎?"[3]对曰:"不敢请耳,固所愿也。"

他日,王谓时子曰:[4]"我欲中国而授孟子室,养弟子以万钟,使诸大夫、国人皆有所矜式。[5]子盍为我言之?"

时子因陈子而以告孟子,陈子以时子之言告孟子。[6]孟子曰:"然。夫时子恶知其不可也?如使予欲富,辞十万而受万,是为欲富乎?季孙曰:'异哉子叔疑!使己为政,不用,则亦已矣,又使其子弟为卿。[7]人亦孰不欲富贵?而独于富贵之中有私龙断焉。'[8]古之为市也,以其所有易其所无者,有司者治之耳。有贱丈夫焉,必求龙断而登之,以左右望而罔市利。[9]人皆以为贱,故从而征之。[10]征商,自此贱丈夫始矣。"

【校注】

[1] 致:归还。　　[2] 就见:到家里去见。　　[3] 识:同"知"。
[4] 时子:齐国大臣。　　[5] 钟:古代量器。齐国量器有豆、区(音欧)、釜、钟四种,四升为豆,四豆为区,四区为釜,十釜为钟。秝:音今。秝式:敬重、效法、楷模。　　[6] 陈子:孟子弟子。　　[7] 季孙、子叔疑:皆孟子弟子,不详其名。
[8] 龙断:即垄断,"龙"为借字。　　[9] 丈夫:男子统称。罔:借为"网"。
[10] 征:谓征税。

【译文】

孟子辞去齐国的大臣准备回故乡。齐王上门去见孟子,跟他说:"从前希望见您见不到;现在在同一个朝廷服务,我很高兴;如今您又要抛弃寡人而回去了,不知道以后还能不能再见面?"孟子回答说:"不敢请求罢了,这本来就是我的愿望。"

过了几天,齐王对大臣时子说:"我想在都城里给孟子一所房子,再拨一万钟粮食供养他的弟子,使齐国的大夫和国民都有所效法。您何不替我去向孟子谈谈?"

时子通过陈子转告孟子,陈子就把时子的话告诉了孟子。孟子说:"是的。那时子怎么知道这不可以呢?如果说我是想富欲,辞去十万钟的俸禄而接受一万钟的赏赐,这是想富裕吗?季孙氏说过:'子叔疑这个人真奇怪!如果自己想做官而别人不用,也就算了,而他却又让自己的子弟去做卿士!谁不想富贵?可他偏偏在富贵中有个人垄断。'古代设立市场,是为了让人以自己所有的交换自己所没有的,管理人员进行管理而已。而却有一个卑鄙的家伙,一心为了求垄断而登高观望,以网罗市利。别人都以为这个家伙卑鄙,因此就向他征税。征收商业税,就从这个卑鄙的家伙身上开始了。"

4.11　孟子去齐,宿于昼。[1]有欲为王留行者,坐而言。不应,隐几而卧。[2]客不悦曰:"弟子斋宿而后敢言,夫子卧而不听,请勿复敢见矣![3]"

曰:"坐![4]我明语子。昔者鲁缪公无人乎子思之侧,则不能安子思;[5]泄柳、申详无人乎缪公之侧,则不能安其身。[6]子为长者虑,而不及子思。子绝长者乎?[7]长者绝子乎?"

【校注】

[1] 昼：地名，在齐国都城临淄西南。　[2] 隐：伏也。几：小矮桌，今茶几之类。　[3] 斋：原作"齐"，借字，《音义》云："字亦作'斋'。"今从改，用本字。　[4] 坐：古人无坐具，双膝着地，微坐于脚跟曰坐。　[5] 鲁缪公：即鲁穆公，春秋末鲁国国君。子思：孔子之孙，名伋。　[6] 泄柳、申详：二贤人名。　[7] 绝：断绝关系。

【译文】

孟子离开齐国，晚上在昼邑过夜。有一个想替齐王挽留孟子的客人，坐着跟他讲话。孟子不应声，伏在矮桌上睡觉。那客人不高兴地说："弟子昨天晚上斋戒了今天才敢跟您说话，而老先生却假装睡觉而不听，那就让我不敢再见到您了！"

孟子说："你坐下，我明和你说：从前鲁穆公对待子思，没有人在子思身边陪伴，就觉得不能使子思安心；泄柳和申详没有在鲁穆公身边，就觉得不能使自己安心。你为长者考虑，却赶不上鲁穆公对待子思。是你绝长者呢？还是长者绝你？"

4.12　孟子去齐，尹士语人曰："不识王之不可以为汤武，则是不明也；[1]识其不可，然且至，则是干泽也。[2]千里而见王，不遇故去。三宿而后出昼，是何濡滞也？[3]士则兹不悦。"[4]

高子以告。[5]曰："夫尹士恶知予哉？[6]千里而见王，是予所欲也；不遇故去，岂予所欲哉？予不得已也。予三宿而出昼，于予心犹以为速。王庶几改之。[7]王如改诸，则必反予。夫出昼而王不予追也，予然后浩然有归志。[8]予虽然，岂舍王哉？王由足用为善。[9]王如用予，则岂徒齐民安，天下之民举安。[10]王庶几改之，予日望之。予岂若是小丈夫然哉？[11]谏于其君而不受，则怒，悻悻然见于其面，去则穷日之力而后宿哉？"[12]

尹士闻之，曰："士诚小人也。"

【校注】

[1] 尹士：人名。识：知。　[2] 干：求也。泽：恩泽，指俸禄。　[3] 濡滞：濡染滞留，形容不愿迅速离去。　[4] 兹：此也。　[5] 高子：孟子弟子。　[6] 恶：音乌，"恶乎"之省，从哪里。　[7] 庶几：差不多。　[8] 浩然：盛大的样子。　[9] 由：同"犹"，仍然。足用：足以。　[10] 举：全部。　[11] 小丈夫：小家子。　[12] 悻悻然：不悦的样子。穷：尽也。

【译文】

孟子离开了齐国,尹士告诉人说:"不知道齐王不可以做商汤、周武,那是不明智;知道他不能,却还要来,那是求恩泽。不远千里来见王,不被知遇所以离去。住了三宿然后才出了昼邑,这是多么留恋啊?我就不喜欢这个。"

高子把这话告诉了孟子,孟子说:"那个尹士哪里了解我?不远千里来见王,这是我所想的;不被知遇所以离去,难道是我所想的吗?我是不得已啊!我住了三宿然后才出昼邑,在我心里还以为快,是希望王差不多能够改变态度。王如果改变了态度,就一定会让我返回。出了昼邑,王不追我(说明他没有改变态度),我才有了强烈的归意。我虽然这样,难道是舍弃王吗?王仍然足以为善。王如果用我,那岂止是齐国的百姓会得到安宁,全天下的百姓都会安宁。王差不多能改变态度,我天天盼望着。我岂能小家子气,劝谏国君不被接受,就生气,满脸地不高兴,离去就穷尽一天的力气然后才投宿?"

尹士听了这话,说:"我真是个小人。"

4.13 孟子去齐,充虞路问曰:"夫子若有不豫色然。[1]前日虞闻诸夫子曰:'君子不怨天,不尤人。'"[2]

曰:"彼一时,此一时也。五百年必有王者兴,其间必有名世者。[3]由周而来,七百有余岁矣。以其数,则过矣;以其时考之,则可矣。夫天未欲平治天下也;[4]如欲平治天下,当今之世,舍我其谁也?吾何为不豫哉?"

【校注】

[1] 充虞:孟子弟子。豫:快乐、愉快。　[2] 尤:责怪。"不怨天,不尤人",本孔子自道,见《论语·宪问》。　[3] 名世者:有名望而辅佐君王的人。[4] 平治:太平、治理。

【译文】

孟子离开齐国,弟子充虞在路上问:"先生您似乎有不愉快的表情。前几天我听先生您讲过:'君子不抱怨天,不责怪人。'"

孟子说:"那是一个时候,现在又是一个时候。隔五百年必定会有一位为王天下的人出现,中间必定还有闻名于世的人。从周代以来,到现在已经七百多年了。从年数来看,已经超过了五百年;从时势来考察,也该是时候了。大概是上天不想使天下太平吧;如果想使天下太平,在当今这个世界上,除了我还有谁呢?我为什么不愉快呢?"

4.14　孟子去齐,居休。[1]公孙丑问曰:"仕而不受禄,古之道乎?"[2]

曰:"非也。于崇,吾得见王。[3]退而有去志,不欲变,故不受也。继而有师命,不可以请。[4]久于齐,非我志也。"

【校注】

[1] 休:地名,在今山东滕县北,汉代有休侯国。　　[2] 道:犹"规矩"。　[3] 崇:邑名,所在不可考。　　[4] 师命:师旅之命。

【译文】

孟子离开齐国回乡,住在休邑。弟子公孙丑问道:"出仕而不接受俸禄,是古代的规矩吗?"

孟子说:"不是。在崇邑,我得以见到齐王。退下来就有离开的意思,并且不想改变主意,所以不接受。接着齐王又有师旅之命,所以不可以申请离开。长期留在齐国,确实不是我的心愿。"

滕 文 公 上

5.1 滕文公为世子,将之楚,过宋而见孟子。[1]孟子道性善,言必称尧舜。

世子自楚反,复见孟子。孟子曰:"世子疑吾言乎?夫道一而已矣。[2]成覸谓齐景公曰:'彼丈夫也,我丈夫也,吾何畏彼哉?'[3]颜渊曰:'舜何人也,予何人也。有为者亦若是。'[4]公明仪曰:'文王,我师也,周公岂欺我哉?'[5]今滕,绝长补短将五十里也,犹可以为善国。《书》曰:'若药不瞑眩,厥疾不瘳。'"[6]

【校注】

[1]世子:太子。之:往、去也。宋:宋国,当时都彭城(今徐州)。 [2]道:规律。 [3]成覸(音干):齐国勇士。 [4]颜渊:即颜回,孔子弟子,有贤名。 [5]公明仪:曾子弟子。 [6]瞑:双目紧闭;眩:眼花。瘳:音抽,病愈。此《尚书·说命上》语。

【译文】

滕文公当时还是太子,将要去楚国。经过宋国,就拜见了当时在宋国的孟子。孟子给他讲人性本善的道理,句句话都不离尧舜。

太子从楚国返回,又去拜见孟子。孟子说:"太子怀疑我的话吗?那规律只有一个而已。成覸对齐景公说:'他是男子汉,我也是男子汉,我为什么怕他呢?'颜渊说:'舜是什么样的人,我是什么样的人。有作为的人也是这个样子。'公明仪说:'周文王,是我的老师,周公难道会欺骗我吗?'现在的滕国,其疆土截长补短将近五十里,还可以治理成一个好国家。《尚书》里说:'如果药不能苦得使人两眼紧闭或眼花,病就不会痊愈。'"

5.2 滕定公薨,[1]世子谓然友曰:"昔者孟子尝与我言于宋,于心终不忘。今也不幸至于大故,吾欲使子问于孟子,然后行事。"[2]

然友之邹问于孟子。孟子曰:"不亦善乎!亲丧,固所自尽也。[3]曾子曰:'生,事之以礼;死,葬之以礼,祭之以礼,可谓孝矣。'[4]诸侯之礼,吾未之学也;虽然,吾尝闻之矣:三年之丧,齐疏之服,饘粥之食,自天子达于庶人,三代共之。"[5]

然友反命,定为三年之丧。父兄百官皆不欲,曰:"吾宗国鲁先君莫之行,吾先君亦莫之行也,至于子之身而反之,不可。[6]且《志》曰:'丧祭从先祖。'[7]曰:'吾有所受之也。'"

谓然友曰:"吾他日未尝学问,好驰马试剑。今也父兄百官不我足也,恐其不能尽于大事,子为我问孟子。"

然友复之邹问孟子。孟子曰:"然。不可以他求者也。孔子曰:'君薨,听于冢宰。歠粥,面深墨。[8]即位而哭,百官有司莫敢不哀,先之也。上有好者,下必有甚焉者矣。[9]君子之德,风也;小人之德,草也。草尚之风,必偃。'[10]是在世子。"

然友反命。世子曰:"然。是诚在我。"五月居庐,未有命戒。[11]百官族人可,谓曰知。及至葬,四方来观之,颜色之戚,哭泣之哀,吊者大悦。

【校注】

[1] 滕定公:滕文公的父亲。薨:音哄,死也。古代称侯王死叫"薨"。 [2] 然友:人名,滕国世子的师傅。 [3] 自尽:自己尽力。 [4] 按《论语·为政》孔子语与此同,惟无"可谓孝矣"句。 [5] 齐:音资,缝边。古代丧服叫衰(音崔),不缝边叫"斩衰",缝边叫"齐衰"。齐疏之服:指用粗布做的丧服。"齐"字原作"齌",借字,改从诸本,用本字。饘:音沾,稠粥。粥:稀粥。按《礼记·檀弓上》:"申也闻诸申之父曰:哭泣之哀,齐斩之情,饘粥之食,自天子达。" [6] 宗国:宗主之国,指鲁国。 [7] 《志》:一种史记类的古书。 [8] 歠:音绰,饮也。 [9] 《礼记·缁衣》:"上好是物,则下必有甚者矣。" [10] 此《论语·颜渊》所载孔子语。尚:同"上"。偃:倒下。 [11] 庐:临时搭建的茅庐。

【译文】

滕定公死了,世子跟然友说:"以前孟子曾经和我在宋国谈过话,我记在心里始终不能忘。现在不幸遇上大事,我想请您先去问问孟子,然后再办丧事。"

然友去到邹国向孟子请教。孟子说:"这好啊!父母的丧事,本来就应该尽心竭力。曾子说:'父母活着,按照礼法侍奉他们;父母去世,按照礼法安葬他们,按照礼法祭祀他们,就可以叫做孝了。'诸侯的礼法,我不曾学过,虽然这样,但我也曾经听说过:三年的丧期,穿粗布孝服,喝稀粥,从天子到普通百姓,夏、商、周三代都是一样的。"

然友返回滕国复命,决定实行三年的丧礼。滕国的父老和百官都不愿意,他们说:"我们的宗国鲁国的先君没有实行它的,我们自己的先君也没有实行它的,到了您身上却要反过来,不可以!何况《志》书上说过:'丧祭之礼从先祖。'还说:'我有所继承。'"

世子对然友说:"我以前不曾学习过,只喜欢跑马试剑。现在父老和百官都不信服我,我怕他们不能处理好大事,您再去替我问问孟子!"

然友再次到邹国请教孟子。世子说:"就那样,不能再找其他的。孔子说过:'国君死了,世子听命于冢宰,每天喝稀粥,脸色深黑,就孝子之位哭临。大小官员没有谁敢不悲哀,因为世子带了头。上边的人有喜好的东西,下面的人一定会有超过他的。执政者的德行像风,老百姓的德行像草。草被风吹,一定会顺势倒伏。'所以,这件事取决于世子。"

然友回国复命。世子说:"是啊,这件事确实取决于我。"于是世子在丧庐里住了五个月,没有发布任何政令。百官和同族的人表示认可,说他知礼。等到了下葬那一天,四面八方的人都来观看,世子面容的悲伤、哭泣得悲哀,使前来吊丧的人大为高兴。

5.3 滕文公问为国,孟子曰:"民事不可缓也。《诗》云:'昼尔于茅,宵尔索绹;亟其乘屋,其始播百谷。'[1]民之为道也,有恒产者有恒心,无恒产者无恒心。苟无恒心,放辟邪侈,无不为已。[2]及陷乎罪,然后从而刑之,是罔民也。[3]焉有仁人在位,罔民而可为也?是故贤君必恭俭礼下,取于民有制。[4]阳虎曰:'为富不仁矣,为仁不富矣。'[5]夏后氏五十而贡,殷人七十而助,周人百亩而彻,其实皆什一也。[6]彻者,彻也;助者,藉也。[7]龙子曰:'治地莫善于助,莫不善于贡。[8]贡者,挍数岁之中以为常。乐岁,粒米狼戾,多取之而不为虐,则寡取之;[9]凶年,粪其田而不足,则必取盈焉。[10]为民父母,使民盼盼然,将终岁勤动,不得以养其父母,又称贷而益之,[11]使老稚转乎沟壑,恶在其为民父母也?'夫世禄,滕固行之矣。《诗》云:'雨我公田,遂及我私。'[12] 惟助为有公田。由此观之,虽周亦助也。设为庠、序、学校以教之。[13] 庠者,养也;校者,教也;序者,射也。夏曰校,殷曰序,周曰庠,学则三代共之,皆所以明人伦也。[14] 人伦明于上,小民亲于下。有王者起,必来取法,是为王者师也。《诗》云'周虽旧邦,其命惟新。'[15] 文王之谓也。子力行之,亦以新子之国。"

使毕战问井地。[16] 孟子曰:"子之君将行仁政,选择而使子,子必勉之! 夫仁政,必自经界始。[17] 经界不正,井地不均,谷禄不平,是故暴君污吏必慢其经界。[18] 经界既正,分田制禄可坐而定也。夫滕壤地褊小,将为君子焉,将为野人焉。[19] 无君子莫治野人,无野人莫养君子。请野九一而助,国中什一使自赋。[20] 卿以下必有圭田,圭田五十亩;[21] 余夫二十五亩。死徙无出乡,乡田同井,出入相友,守望相助,疾病相扶持,则百姓亲睦。方里而井,井九百亩,其中为公田。八家皆私百亩,同养公田。公事毕,然后敢治私事,所以别野人也。此其大略也。若夫润泽之,则在君与子矣。"[22]

【校注】

[1] 此《诗经·豳风·七月》七章之句。于:往、去。茅:谓割茅草,省略动词。索:犹搓、拧。绹:绳子。亟:音急,赶紧。其:将要。　[2] 苟:如果。放辟邪侈:放荡邪僻。　[3] 从:跟着。罔:借为"网",用网捕。[4] 制:制度、规定。　[5] 阳虎:即阳货,鲁"三桓"之一季氏的家臣。[6] 贡:献也,谓献粮食。助:谓帮助耕种。彻:通也,谓兼用之。　[7] 藉:读同"借",借其力也。　[8] 龙子:古贤人,或疑即《尚书大传》之子龙子。[9] 乐岁:丰年。狼戾:犹"狼藉",满地都是。　[10] 凶年:荒年。粪:谓施肥。　[11] 盻盻:音系,勤苦不休的样子。　[12] 此《诗经·小雅·大田》三章之句。　[13] 庠、序:皆乡里学校的名称。　[14] 人伦:人与人之间的正常关系。　[15] 此《诗经·大雅·文王》首章之句。　[16] 毕:滕国大臣。井地:井田之法。　[17] 经界:所经营地界,即田界。[18] 均:原作"钧",借字,改从闽、监、毛本,用本字。谷禄:以谷物为俸禄。[19] 褊:狭小。君子:指上层人物。小人:指劳动者。　[20] 野:郊外。国:国都。赋:税也。　[21] 圭:洁也。圭田:不征税之田。　[22] 润泽:指进一步完善。

【译文】

滕文公问怎样治理国家,孟子说:"百姓的事不能延缓。《诗经》里说:'白天你们去割茅,夜晚你们搓麻绳。赶紧上房绑上去,眼看就要种百谷!'百姓的原则是:有固定的资产才有固定的心,没有固定的资产就没有固定的心。如果没有固定的心,就会放荡邪僻,无所不为了。等他犯了罪,然后跟着给他用刑,这等于是下网网民。哪里有仁人在位,而可以网民的呢?因此,贤君必须以恭敬俭束的态度礼遇下属,从百姓身上征税要有制度。阳虎说过:'为了富就不会仁,为了仁就不会富。'夏代每户人家五十亩地而用贡法,殷代每户人家七十亩地而用助法,周代每户人家一百亩地而用彻法,其实都是十分之一的税率。所谓彻,就是通彻;所谓助,就是借助。龙子说:'管理土地没有比助更好的方法,没有比贡更不好的方法。贡法,是以几年的中等水平作为常法。而事实上,丰年粮食满地都是,多征一点不算暴虐,却征得少;荒年的收成连来年肥田都不够用,却必须足额征取。做百姓的父母,使百姓们恓恓惶惶,终年勤苦,不能养活他们的父母,又借贷来补充,致使老幼迁尸沟壑,哪里还有一点为民父母的样子?'那世袭俸禄,滕国本来就实行它了。《诗经》里说:'雨先下我公田,再下我私田!'只有实行助法才会有公田。由此看来,连周人也实行助法。古人还设立庠、序、学校来教育他们。所谓庠,是养的意思;校,是教的意思;序,是射的意思。夏代叫校,殷人叫序,周人叫庠;学校则三代都有,都是用来宣明人伦的。上面的君子明白人伦,下面的小民就会相亲相爱。如果有统一天下的王者出现,必定会来取法它,可见这是为王者的师傅。《诗经》里说:'周虽旧邦,天命却新。'说的就是周文王。你努力实行它,也可以让你的国家面貌一新。"

又让毕战问井田制。孟子说:"你的国君将实行仁政,选择派你来,你一定要努力!那仁政,必须从划分田界开始。田界划不正,井田就不均匀,俸禄就不公平,所以暴君污吏一定会怠慢他的田界。田界正定以后,分配土地、制定爵禄,就可以毫不费力地完成了。滕国土地狭小,但也有上层的君子,也有下层的农夫。没有上层的君子,就没有人治理下层的农夫;没有下层的农夫,就没有人养活上层的君子。所以请你在郊外实行九抽一的税率,并兼用助法;城里实行十抽一的税率,并让居民以身为赋。卿以下的官员,一定有不征税的圭田,每人五十亩;家中剩余的男子,每人二十五亩。死亡或迁徙,都不出乡。乡里的地共同构成一块井田,出入相互友爱,防守瞭望互相帮助,有疾病互相扶持,百姓就会亲爱和睦。方圆一里为一块井田,一块井田合九百亩地,井田中间的作为公田。八户人家各有私田一百亩,共同料理公田。上层君子公事完毕,然后才敢办理私事,这是他们与下层农夫的区别。这是井田制的大致情况。至于如何完善它,就在于国君和你了。"

5.4 有为神农之言者许行,自楚之滕,踵门而告文公曰:"远方之人闻君行仁政,愿受一廛而为氓。"[1]文公与之处,其徒数十人,皆衣褐,捆屦、织席以为食。[2]

陈良之徒陈相与其弟辛,负耒耜而自宋之滕,曰:"闻君行圣人之政,是亦圣人也,愿为圣人氓。"[3]

陈相见许行而大悦,尽弃其学而学焉。

陈相见孟子,道许行之言曰:"滕君,则诚贤君也;虽然,未闻道也。贤者与民并耕而食,饔飧而治。[4]今也滕有仓廪府库,则是厉民而以自养也,恶得贤?"[5]

孟子曰:"许子必种粟而后食乎?[6]"

曰:"然。"

"许子必织布而后衣乎?"

曰:"否,许子衣褐。"

"许子冠乎?"

曰:"冠。"

曰:"奚冠?"[7]

曰:"冠素。"

曰:"自织之与?"

曰:"否,以粟易之。"

曰:"许子奚为不自织?"

曰:"害于耕。"

曰:"许子以釜甑爨,以铁耕乎?"[8]

曰:"然。"

"自为之与?"

曰:"否,以粟易之。"

"以粟易械器者不为厉陶冶,陶冶亦以其械器易粟者,岂为厉农夫哉?且许子何不为陶冶,舍皆取诸其宫中而用之?[9]何为纷纷然与百工交易?何许子之不惮烦?"[10]

曰:"百工之事,固不可耕且为也。"

"然则治天下独可耕且为与?有大人之事,有小人之事。且一人之身,而百工之所为备。如必自为而后用之,是率天下而路也。[11]故曰:或劳心,或劳力;劳心者治人,劳力者治于人;治于人者食人,治人者食于人:天下之通义也。[12]

"当尧之时,天下犹未平,洪水横流,泛滥于天下。草木畅茂,禽兽繁殖,五谷不登,禽兽偪人,兽蹄鸟迹之道交于中国。尧独忧之,举舜而敷治焉。[13]舜使益掌火,益烈山泽而焚之,禽兽逃匿。[14]禹疏九河,瀹济、漯而注诸海;[15]决汝、汉,排淮、泗而注之江,然后中国可得而食也。[16]当是时也,禹八年于外,三过其门而不入,虽欲耕,得乎?

"后稷教民稼穑,树艺五谷,五谷熟而民人育。[17]人之有道也,饱食、暖衣、逸居而无教,则近于禽兽。圣人有忧之,使契为司徒,教以人伦:[18]父子有亲,君臣有义,夫妇有别,长幼有序,朋友有信。放勋曰:'劳之来之,匡之直之,辅之翼之,使自得之,又从而振德之。'[19]圣人之忧民如此,而暇耕乎?

"尧以不得舜为己忧,舜以不得禹、皋陶为己忧。[20]夫以百亩之不易为己忧者,农夫也。[21]分人以财谓之惠,教人以善谓之忠,为天下得人者谓之仁。是故以天下与人易,为天下得人难。孔子曰:'大哉,尧之为君!惟天为大,惟尧则之,荡荡乎民无能名焉!君哉,舜也!巍巍乎有天下而不与焉!'[22]尧舜之治天下,岂无所用其心哉?亦不用于耕耳。

"吾闻用夏变夷者,未闻变于夷者也。[23]陈良,楚产也。悦周公、仲尼之道,北学于中国。北方之学者,未能或之先也。彼所谓豪杰之士也。子之兄弟事之数十年,师死而遂倍之。[24]昔者孔子没,三年之外,门人治任将归,入揖于子贡,相向而哭,皆失声,然后归。[25]子贡反,筑室于场,独居三年,然后归。他日,子夏、子张、子游以有若似圣人,欲以所事孔子事之,强曾子。曾子曰:'不可!江汉以濯之,秋阳以暴之,皜皜乎不可尚已。'[26]南蛮鴃舌之人,非先王之道,子倍子之师而学之,亦异于曾子矣。[27]吾闻出于幽谷迁于乔木者,未闻下乔木而入于幽谷者。[28]《鲁颂》曰:'戎狄是膺,荆舒是惩。'[29]周公方且膺之,子是之学,亦为不善变矣。

"从许子之道,则市贾不贰,国中无伪。[30]虽使五尺之童适市,莫之或欺。[31]布帛长短同,则贾相若;麻缕丝絮轻重同,则贾相若;五谷多寡同,则贾相若;屦大小同,则贾相若。"

曰:"夫物之不齐,物之情也;或相倍蓰,或相什百,或相千万。[32]子比而同之,是乱天下也。[33]巨屦小屦同贾,人岂为之哉?从许子之道,相率而为伪者也,恶能治国家?"

【校注】

[1] 神农之言:神农氏的学说,即所谓农家学说。许行:生平不详。踵:音冢,脚后跟,做动词,谓进门。廛:音缠,住房。氓:音蒙,外来之民。　　[2] 褐:音壑,麻布短衣。捆屦:编草鞋。　　[3] 陈良:楚国的儒士。负:背着。　　[4] 饔:音拥,早餐;飧:音孙,晚餐。　　[5] 厉:病、害。　　[6] 粟:谷子,泛指庄稼。　　[7] 奚:何也。　　[8] 釜:铁锅;甑:陶器;爨:音窜,烧饭。　　[9] 舍:读为"啥",谓啥都、什么都。宫中:即家里。　　[10] 惮:怕也。[11] 路:谓赶路、奔波。　　[12] 食人:"食"读去声,养活。　　[13] 敷:遍也。　　[14] 益:人名。　　[15] 九河:黄河下游诸入海水道。瀹:音月,疏导。济漯(旧音踏):济水和漯水。　　[16] 决:开掘。中国:古中原地区。[17] 后稷:周人始祖,名弃。　　[18] 有:同"又"。攸:借为"忧"。契:音泄,人名,商人始祖。　　[19] 放勋:尧帝之名。劳之来之:"劳""来"皆读去声。劳:慰劳;来:召来。　　[20] 皋陶(旧音遥):人名,虞舜时的司法官。[21] 百亩:指个人私田。易:整治。　　[22] 此《论语·泰伯》篇语,略有异,较今本合理。　　[23] 夏:中原华夏民族。夷:四方少数民族。　　[24] 倍:同"背",背叛。　　[25] 任:人所负也。治任:谓准备行李。　　[26] 濯:洗也。江汉以濯之,形容洁净。暴:同"曝",晒也。皓皓:洁白的样子。[27] 南蛮:南方少数民族。鴃:音觉,伯劳鸟。鴃舌:鸟语也。　　[28] "出于幽谷,迁于乔木":《诗经·小雅·伐木》句。　　[29] "戎狄是膺,荆舒是惩":《诗经·鲁颂·閟宫》句。膺:应对、抗击。荆、舒:南方二国名。惩:惩罚。[30] 贾:读为"价"。不贰:没有两样。　　[31] 五尺之童:泛指儿童。战国一尺约23厘米,成年人身高约七尺。适:往、去。　　[32] 蓰:音希,五倍。[33] 比:并也。

【译文】

有一个主张神农氏学说的人叫许行,他从楚国来到滕国,上门见滕文公说:"我这个远方来的人听说您行仁政,希望得到一处住所做您的百姓。"滕文公给了他住处。许行的门徒有几十个人,都穿麻布短衣,靠编草鞋织席子为生。

陈良的门徒陈相和他弟弟陈辛背着农具从宋国来到滕国,进见滕文公说:"听说您行圣人之政,说明您也是圣人了,我们希望做圣人的百姓。"

陈相见到许行后非常高兴,完全抛弃了自己以前所学的而跟着许行学。陈相有一天见到孟子,转述许行的话说:"滕公的确是个贤明的君主;不过,他还没有听到真正的治国之道。贤明的君主和老百姓一起种地而吃饭,亲自做饭而治国。现在滕国有粮仓财库,说明他是损害百姓以奉养自己,怎么能叫贤君呢?"

孟子问:"许子一定要自己种庄稼才吃饭吗?"

陈相回答说:"是的。"

"许子一定要自己织布然后才穿衣服吗?"

回答说:"不,许子只穿麻布短衣。"

"许子戴帽子吗?"

回答说:"戴。"

孟子问:"戴什么帽子呢?"

回答说:"戴白绸帽子。"

孟子问:"自己织的吗?"

回答说:"不是,是用粮食换的。"

孟子问:"许子为什么不自己织呢?"

回答说:"因为怕妨碍农活。"

孟子问:"许子用锅和甑烧饭,用铁器耕种吗?"

回答说:"是的。"

"自己做的吗?"

回答说:"不是,是用粮食换的。"

孟子说:"用粮食换取器械的不算损害瓦匠和铁匠,瓦匠和铁匠用自己的锅、甑和农具换粮食,难道就是损害农夫吗?何况许子为什么不自己烧陶炼铁,什么东西都放在自己家里而用呢?为什么要一件一件地去和各种工匠交换呢?为什么许子这样不怕麻烦呢?"

陈相回答说:"各种工匠的事情,本来就不可以一边种地一边干。"

"那么治理国家偏偏就可以一边耕种一边干吗?国君有官员的事,有老百姓的事。况且在一个人身上,就需要有各种工匠的产品,如果都一定要自己亲手做成才能使用,那就等于是率领天下所有的人在路上奔命。所以说:有的人劳心力,有的人劳体力;劳心力的人治理人,劳体力的人被人治理;被治理的人养活人,治理人的人靠人养活:这是天下的通义。

"尧帝那个时候,天下还不太平,洪水乱流,四处泛滥;草木茂盛,禽兽繁殖;五谷不收,禽兽危逼人类,兽蹄鸟爪踩出来的路交错于原野。尧帝为此忧虑,选拔舜进行全面治理。舜派益掌管火,益用烈火焚烧山野沼泽里的草木,禽兽四处逃匿。大禹疏通黄河下游的多条入海水道,疏导济水、漯水使它们流入大海;又开掘汝水、汉水,排通淮水、泗水,使它们注入长江。这样,中原地区的人才得以有饭吃。当那个时候,大禹在外八年,三次经过自己的家门都不进去,即使他想自己种地,能行吗?

"后稷教人耕种收获,栽培五谷。五谷成熟了,人民才得到养育。人是有思想的。如果吃饱了饭,穿暖了衣,住安逸了而没有教育,就会和禽兽差不多。所以圣人又为此而忧虑,派契做司徒,教授人伦,使父子之间有亲情,君臣之间有礼义,夫妻之间有内外,老少之间有尊卑,朋友之间有诚信。尧说:'慰劳他们,召来他们,匡正他们,理直他们,辅助他们,保护他们,然后再振奋他们的德行。'圣人如此忧民,能有功夫地种吗?

"尧把得不到舜这样的人作为自己的忧虑,舜把得不到禹和皋陶这样的人作为自己的忧虑。而把种不好一百亩地作为自己忧虑的,是农夫。把钱财分给别人叫做惠,把好的道理教给别人叫做忠,为天下得到人才叫做仁。所以把天下让给人容易,为天下得到人才难。孔子说:'伟大啊,尧做天子!只有天最大,只有尧能够效法天。他的功德浩大啊,老百姓找不到恰当的词汇来命名他!高大啊,舜做国君!虽然有天下,却不占有它!'尧和舜治理天下,难道没有地方用心思吗?只是不用在种地上罢了。

"我只听说过用华夏改变边远落后地区的,没有听说过用边远落后地区改变华夏。陈良本来是楚国的人,因为喜欢周公、孔子的学说,所以到北边中原地区来学习。北方的学者,还没有能超过他的。他就是所谓的豪杰之士了。你们兄弟把他当师傅几十年,师傅一死马上就背叛了他!以前孔子去世,门徒们为他守孝,三年以后才收拾行李准备回家。临走的时候,去向子贡行礼告别,相对而哭,泣不成声,然后才离开。子贡返回去,在孔子的墓地盖了一间小房,独自住了三年,然后才离开。后来,子夏、子张、子游等认为有若长得像孔子,就想用事奉孔子的礼数事奉他。他们要求曾子也同意。曾子说:'不可以!孔子就像用全部长江汉江的水清洗过,又像让秋天的太阳下曝晒过,洁净得不能再洁净。'如今这个南蛮鸟语之人,非议先王的圣贤之道,你们却要背叛自己的师傅而学他,这和曾子大不一样了。我只听说过从幽暗的山沟中迁到大树上的,还没有听说过从大树上迁到幽暗山沟中的。《鲁颂》里说:'抗击戎狄,惩罚荆舒。'周公尚且要抗击南蛮,你们却要向他学习,这真是不善变了。"

陈相说:"如果听从许子的学说,市场价格就会统一,国内就没有欺诈,即使打发一个小孩子去市场,也没有人欺骗他。布匹的长短相同,价格就一样;麻绳丝絮的轻重相同,价格就一样;五谷的多少相同,价格就一样;鞋子的大小相同,价格也就一样。"

孟子说:"东西的参差不一,是自然实情,有的相差一倍五倍,有的相差十倍百倍,有的甚至相差千倍万倍。你把它们等同起来,这是在乱天下。如果大鞋小鞋一个价,谁还做大鞋?所以听从许子的学说,等于是率领大家一起造假,怎么能治理好国家?"

5.5 墨者夷之,因徐辟而求见孟子。[1]孟子曰:"吾固愿见,今吾尚病,病愈,我且往见,夷子不来!"[2]

他日又求见孟子。孟子曰:"吾今则可以见矣。不直,则道不见;[3]我且直之。吾闻夷子墨者,墨之治丧也,以薄为其道也。夷子思以易天下,岂以为非是而不贵也?[4]然而夷子葬其亲厚,则是以所贱事亲也。"

徐子以告夷子。[5]夷子曰:"儒者之道,古之人'若保赤子',此言何谓也?[6]之则以为爱无差等,施由亲始。"

徐子以告孟子。孟子曰:"夫夷子,信以为人之亲其兄之子为若亲其邻之赤子乎?[7]彼有取尔也。赤子匍匐将入井,非赤子之罪也。[8]且天之生物也,使之一本,而夷子二本故也。[9]盖上世尝有不葬其亲者。其亲死,则举而委之于壑。[10]他日过之,狐狸食之,蝇蚋姑嘬之。[11]其颡有泚,睨而不视。[12]夫泚也,非为人泚,中心达于面目。盖归反藁梩而掩之。[13]掩之诚是也,则孝子仁人之掩其亲,亦必有道矣。"

徐子以告夷子。夷子怃然为间,曰:"命之矣。"[14]

【校注】

[1]夷之:当时一位墨者。徐辟:孟子弟子。　　[2]不来:勿来、不要来。　[3]直:谓直言。见:读为"现"。　　[4]易:改变。　　[5]徐子:即徐辟。　[6]赤子:婴儿。"若保赤子":《尚书·康诰》语。　　[7]信:诚、真。为若:如同。　　[8]匍匐:爬行。　　[9]本:根也,指父母。　　[10]委:抛弃。　[11]蚋:音瑞,蚊子类。姑:借为"盬",吸饮。嘬:音撮,吸吮。"蚋姑"或作"蝼蛄",非。　　[12]颡:额头。泚:音此,汗水。睨:斜视。　　[13]盖:大概。藁:音雷,筐子。梩:音里,木铲子。　　[14]怃然:茫然的样子。命:指受命、领教。

【译文】

墨家学者夷之,通过徐辟求见孟子。孟子说:"我本来愿意见,可现在我病着,等病好了,我将去见他,请他不要来!"

改天夷之又求见孟子。孟子说:"我今天已经可以见了。但如果不直说,我的主张就体现不出来,所以我姑且直说。吾听说夷子是墨家学者。墨家办理丧事,以简单薄葬为其主张。夷子想用它来改变天下旧俗,难道是以为不这样就不高贵吗?然而夷子葬自己的父母却丰厚,那就等于是用自己所轻贱的方法对待父母了。"

徐辟把这话告诉了夷子。夷子说:"以儒家的主张,认为古人'若保赤子',这话是什么意思?我则以为爱没有差等,只是施行要从父母开始。"

徐辟把这话告诉了孟子。孟子说:"那夷子,真以为人们亲爱自家哥哥的儿子,就像亲爱邻居家的婴儿吗?他是有所取而已。婴儿爬到井边,不是婴儿的罪。何况老天爷生万物,就让它只有一个根,而夷子等于有两个根。大概上世曾经有不埋葬父母的人,父母死了,就抬去丢在沟里。改天经过那里,看见狐狸在吃,苍蝇蚊子在吸。他额头上冒汗,斜着眼睛不看。那冒汗,不是冒给别人看,而是从自己内心表现出来的。这时候,他大概会回家去拿来工具掩埋起来。掩埋如果真的对,那么孝子和仁人埋葬父母,就一定有道理了。"

徐辟把这话告诉了夷子。夷子茫然半天,说:"领教了!"

滕 文 公 下

6.1 陈代曰:"不见诸侯,宜若小然;今一见之,大则以王,小则以霸。且《志》曰:'枉尺而直寻。'[1]宜若可为也。"

孟子曰:"昔齐景公田,招虞人以旌,不至,将杀之。[2]'志士不忘在沟壑,勇士不忘丧其元。'[3]孔子奚取焉? 取非其招不往也。如不待其招而往,何哉? 且夫枉尺而直寻者,以利言也。如以利,则枉寻直尺而利,亦可为与? 昔者赵简子使王良与嬖奚乘,终日而不获一禽。[4]嬖奚反命曰:'天下之贱工也。'或以告王良。良曰:'请复之。'强而后可,一朝而获十禽。嬖奚反命曰:'天下之良工也。'简子曰:'我使掌与女乘。'谓王良。良不可,曰:'吾为之范我驰驱,终日不获一;[5]为之诡遇,一朝而获十。[6]《诗》云:"不失其驰,舍矢如破。"[7]我不贯与小人乘,请辞。'[8]御者且羞与射者比,比而得禽兽,虽若丘陵,弗为也。[9]如枉道而从彼,何也? 子过矣! 枉己者,未有能直人者也。"

【校注】

[1]陈代:孟子的弟子。枉:弯曲。寻:人伸两臂之度,俗曰庹(音妥)。[2]田:打猎。虞人:掌管山林的小官。 [3]元:头也。 [4]赵简子:晋国正卿。王良:即《左传》所载邮无恤,赵简子的御手。嬖:受宠幸的近臣。奚:人名。 [5]范:规范。 [6]诡遇:不按规范。 [7]此《诗经·小雅·车攻》句。舍矢:放箭。如:读为"而"。破:谓射中。 [8]贯:同"惯",习惯。 [9]比:并、合作。

【译文】

陈代说:"不去拜见诸侯,看上去像是小事,而如果一去拜见,大则可以使他王天下,小则可以使他霸诸侯。况且《志》书上说:'弯屈一尺,却伸直了一庹。'你似乎可以做!"

孟子说:"从前齐景公打猎,用旌旗召那管山林的小官,小官没有到,齐景公就想杀掉他。(这小官受到孔子的称赞。)有志之士不怕被弃尸山沟,勇敢之士不怕丢掉脑袋。孔子认为那管山林的小官哪一点可取呢?就是取他不是用正当的方法召他,他不去。我如果不等他召就前往,这算什么呢?至于所谓弯曲一尺却伸直了一度,这是从利益角度说的。如果从利益的角度说,如果弯曲一度而伸直一尺有利,也可以做吗?从前赵简子让御手王良与他所宠爱的小臣奚驾车去打猎,一整天没有打着一只猎物。那小臣奚回去向赵简子报告说:'王良简直是天下最差的御手!'有人把这话告诉了王良。王良便对小臣奚说:'请让我再为您驾一次车。'一再请求,小臣奚同意了。结果一个早晨就打了十只猎物。这一次小臣奚回去向赵简子报告说:'王良真是天下最好的御手!'赵简子说:'那我就让他负责为你驾车吧。'给王良说,王良不同意,说:'我按规范给他驾车,他一整天都打不到一只猎物;我不按规范给他驾车,他却一个早晨就打了十只猎物。《诗经》里说:"一边奔驰一边射,放箭应声兽皮破。"(说明驾车是有规范的。)我不习惯给小人驾车,请让我辞去这个差事。'驾车的人尚且羞于与不好的射手合作,即便是合作可以打到堆积如山的猎物,也不干。如果我弯曲自己的主张去追随他们,那又是为什么呢?而且您错了:弯曲自己的人,没有能使别人正直的。"

6.2 景春曰:"公孙衍、张仪岂不诚大丈夫哉?[1]一怒而诸侯惧,安居而天下熄。"[2]

孟子曰:"是焉得为大丈夫乎?子未学《礼》乎?丈夫之冠也,父命之;[3]女子之嫁也,母命之,往送之门,戒之曰:'往之女家,必敬必戒,无违夫子!'[4]以顺为正者,妾妇之道也。[5]居天下之广居,立天下之正位,行天下之大道;[6]得志,与民由之;[7]不得志,独行其道。富贵不能淫,贫贱不能移,威武不能屈,此之谓大丈夫。"[8]

【校注】

[1]景春:当时纵横家信徒。公孙衍、张仪:皆魏国人,当时纵横家的主要代表。　[2]熄:指战火熄灭。　[3]丈夫:男子。冠:指男子成人的加冠礼。　[4]女:读"汝"。夫子:丈夫。按以上父母所命,《仪礼·士昏礼》作:"父送女,命之曰:'戒之敬之,夙夜毋违命。'母施衿结帨,曰:'勉之敬之,夙夜无违宫事。'"　[5]妾妇:妇女。　[6]广居:大房子。朱熹《集注》曰:"广居,仁也;正位,礼也;大道,义也。"恐未必。　[7]由:行也。　[8]淫:过分、无节制。移:谓移其志、变节。屈:屈服。

【译文】

景春说:"公孙衍和张仪难道不是真正的大丈夫吗?他们一发怒诸侯都害怕,静下来天下就平定。"

孟子说:"这怎么能叫大丈夫呢?你没有学过《礼》吗?男子举行加冠礼的时候,父亲训导他;女子出嫁的时候,母亲训导她,送她到门口,告诫她说:'到了你婆家,一定要恭敬小心,不要违背你的丈夫!'可见以顺从为正,是妇人遵循的道。而居住在天下最大的房子里,站立在天下最正当的位子上,行走在天下最宽广的大道上;得志的时候与老百姓一同前进,不得志的时候独自走自己的路;富贵不能使他淫逸,贫贱不能使他变节,威武不能使他屈服,这才叫大丈夫!"

6.3　周霄问曰:"古之君子仕乎?"[1]

孟子曰:"仕。《传》曰:'孔子三月无君,则皇皇如也,出疆必载质。'[2]公明仪曰:'古之人三月无君则吊。'"[3]

"三月无君则吊,不以急乎?"[4]

曰:"士之失位也,犹诸侯之失国家也。《礼》曰:'诸侯耕助,以供粢盛;夫人蚕缫,以为衣服。'[5]牺牲不成,粢盛不洁,衣服不备,不敢以祭。惟士无田,则亦不祭。'牲杀、器皿、衣服不备,不敢以祭,则不敢以宴,亦不足吊乎?"

"出疆必载质,何也?"

曰:"士之仕也,犹农夫之耕也,农夫岂为出疆舍其耒耜哉?"

曰:"晋国亦仕国也,未尝闻仕如此其急。仕如此其急也,君子之难仕,何也?"

曰:"丈夫生而愿为之有室,女子生而愿为之有家。[6]父母之心,人皆有之。不待父母之命、媒妁之言,钻穴隙相窥,逾墙相从,则父母、国人皆贱之。[7]古之人未尝不欲仕也,又恶不由其道。不由其道而往者,与钻穴隙之类也。"

【校注】

[1] 周霄:魏国人。仕:任事、干事。　　[2] 皇皇如:不安的样子。质:借为"贽",初次与人见面的礼物。　　[3] 公明仪:曾子弟子。吊:慰问。　[4] 以:用同"已",太也。　　[5] 粢盛(音资成):祭祀用的粮食。蚕缫(音骚):养蚕缫丝。《礼记·祭统》云:"诸侯耕于东郊,亦以共粢盛;夫人蚕于北郊,

以共冕服。" [6] 丈夫：男子。室：妻室。家：指夫家。 [7] 媒妁（音硕）：媒人，介绍婚姻的人。

【译文】

周霄问："古代的君子出仕吗？"

孟子曰："出仕。传记里说：'孔子三个月没有主人，就显得十分不安，所以出境的时候车上一定载着见人的礼物。'曾子的弟子公明仪说：'古代的人三个月没有主人，就会得到慰问。'"

周霄问："三个月没有主人就慰问，不是太急了吗？"

孟子说："士人失去职位，犹如诸侯失去国家。《礼记》里说：'诸侯参加耕种，以供祭祀；夫人养蚕缫丝，以做衣服。牲口不肥壮，粮食不洁净，衣服不齐备，就不敢举行祭祀。因为士没有私田，所以也不祭祀。'牲口、器皿、衣服不齐备不敢举行祭祀，也就不敢举行宴会，这还不值得慰问吗？"

周霄问："那么士出境一定载着见人的礼物，为什么呢？"

孟子说："士人出仕，犹如农夫耕地，农夫岂能因为出境而丢掉他的耒耜？"

周霄问："晋国也是可以出仕的国家，我还没有听说出仕有这么急的。如果出仕如此之急，而君子却不轻易出仕，这又是为什么呢？"

孟子说："男孩子一生下来，父母就希望给他找一个好妻室；女孩子一生下来，父母就希望给她好找一个好婆家。父母的心思，人人都有。如果不等父母安排、媒人介绍，就钻洞扒缝偷看，甚至翻墙私会，父母和社会上的人就都会看不起他。同样的道理。古人不是不想出仕，但又厌恶不通过正当的途径。不通过正当的途径而去出仕，与钻洞扒缝属于同类。"

6.4 彭更问曰："后车数十乘，从者数百人，以传食于诸侯，不以泰乎？"[1]

孟子曰："非其道，则一箪食不可受于人；[2] 如其道，则舜受尧之天下，不以为泰，子以为泰乎？"

曰："否！士无事而食，不可也。"

曰："子不通功易事，以羡补不足，则农有余粟，女有余布；[3] 子如通之，则梓匠轮舆皆得食于子。[4] 于此有人焉，入则孝，出则悌，守先王之道，以待后之学者，而不得食于子。子何尊梓匠轮舆而轻为仁义者哉？"

曰："梓匠轮舆，其志将以求食也；君子之为道也，其志亦将以求食与?"

曰:"子何以其志为哉?其有功于子,可食而食之矣。且子食志乎?食功乎?"[5]

曰:"食志。"

曰:"有人于此,毁瓦画墁,其志将以求食也,则子食之乎?"[6]

曰:"否!"

曰:"然则子非食志也,食功也。"

【校注】

[1]彭更:孟子的弟子。传:轮流。泰:同"太",过分。　[2]箪:音单,竹篮子。　[3]通功:互通功果。易事:交换所事。羡:多余。　[4]梓、匠:皆木工;轮、舆:造车轮和车厢的匠人。　[5]食:音四,动词。　[6]墁:音慢,新粉刷的墙。

【译文】

彭更问道:"身后跟着几十辆车,随从几百人,从这一国吃到那一国,不是太过分了吗?"

孟子说:"不合他的主张,就是一篮子饭也不能接受;符合他的主张,就连舜接受尧的天下也不算过分。你以为过分吗?"

彭更说:"不,我只是觉得士不干事而白吃饭,是不行的。"

孟子说:"你如果不互通有无,交换产品,用多余的补充不足的,农民就会有剩余的粮食,妇女就会有多余的布匹;你如果互通有无,木匠车匠就都可以从你那里得到吃的。比如有一个人,进了门孝顺父母,出了门懂得长幼;守着先王的主张,以培养后代的学者,却不能从你那里得到吃的。你为什么尊重木匠车匠,却轻视讲究仁义的人呢?"

彭更说:"木匠车匠干活,目的就是为了求饭吃。君子研究先王的主张,目的也是为了求饭吃吗?"

孟子说:"你为什么要论他们的目的呢?只要他们对你有功绩,应该给他们吃的给他们就是了。何况你是论目的给他们饭吃呢?还是论功绩给他们饭吃?"

彭更说:"论目的给他们饭吃。"

孟子说:"比如这里有一个人,把房上的瓦打碎,在新粉刷的墙壁上乱画,而他的目的是为了弄到吃的,你给他饭吃吗?"

彭更说:"不给。"

孟子说:"那么,你就不是论目的,而是论功绩了。"

6.5 万章问曰:"宋,小国也;今将行王政,齐、楚恶而伐之,则如之何?"[1]

孟子曰:"汤居亳,与葛为邻,葛伯放而不祀。[2]汤使人问之曰:'何为不祀?'曰:'无以供牺牲也。'汤使遗之牛羊。[3]葛伯食之,又不以祀。汤又使人问之曰:'何为不祀?'曰:'无以供粢盛也。'[4]汤使亳众往为之耕,老弱馈食。葛伯率其民,要其有酒食黍稻者夺之,不授者杀之。[5]有童子以黍肉饷,杀而夺之。[6]《书》曰'葛伯仇饷',此之谓也。[7]为其杀是童子而征之,四海之内皆曰:'非富天下也,为匹夫匹妇复仇也。'汤始征,自葛载,十一征而无敌于天下。[8]东面而征西夷怨,南面而征北狄怨,曰:'奚为后我?'[9]民之望之,若大旱之望雨也。归市者弗止,芸者不变。诛其君,吊其民,如时雨降。[10]民大悦。《书》曰:'徯我后,后来其无罚。'[11]'有攸不惟臣,东征,绥厥士女,篚厥玄黄,绍我周王见休,惟臣附于大邑周。'[12]其君子实玄黄于篚以迎其君子,其小人箪食壶浆以迎其小人,救民于水火之中,取其残而已矣。[13]《太誓》曰:'我武惟扬,侵于之疆,则取于残。杀伐用张,于汤有光。'[14]不行王政云尔。苟行王政,四海之内皆举首而望之,欲以为君。齐、楚虽大,何畏焉?"

【校注】

[1] 万章:孟子弟子。　[2] 汤:商汤。亳:音博,邑名,故地在今河南商丘。葛:小国名,故地在今河南宁陵北。放:放荡。　[3] 遗:音卫,赠送。　[4] 粢盛(音资成):祭祀用的粮食。　[5] 要:读"腰",半路拦截。　[6] 饷:音响,往地里送饭。　[7] "葛伯仇饷":《尚书·仲虺之诰》文。　[8] 载:开始。"汤始征,自葛载",今《尚书·仲虺之诰》作"初征自葛"。　[9] 奚:为何。今《尚书·仲虺之诰》作"东征西夷怨,南征北狄怨,曰:奚独后予"。　[10] 芸:锄草。　[11] 此亦《仲虺之诰》文,今本作"徯予后?后来其苏"。　[12] 有攸:小国名。篚:竹筐。绍:介绍。休:美、原谅。《尚书·武成》作"恭天成命,肆予东征,绥厥士女。惟其士女,篚厥玄黄,昭我周王。天休震动,用附我大邑周"。　[13] 残:指残暴之人。　[14] 于:小国名。"则取于残,杀伐用张"二句,今《尚书·泰誓中》作"取彼凶残,我伐用张"。

【译文】

万章问道:"宋国是个小国,如今准备实行王政,齐、楚两国厌恶而讨伐它,该怎么办呢?"

　　孟子说:"当年商汤居住在亳邑,与葛国为邻。葛伯放荡而不祭祀,商汤派人问他说:'为什么不祭祀?'葛伯说:'没办法提供祭祀用的牲口。'汤就派人送他牛和羊。葛伯把那些牛羊杀了吃了,还是不拿来祭祀。汤又派人问他:'为什么不祭祀?'葛伯说:'没办法提供祭祀用的粮食。'汤又派亳地的民众去替他耕种,让老弱往地里送饭。葛伯率领他的民众,在半路上截住那些送饭的把酒食夺走,不给的就杀掉。有个童子带着黍米饭和肉往地里送,葛伯把他也杀了夺走饭和肉。《尚书》里说'葛伯仇饷',说的就是这个。因为他杀了这个童子才征伐他,所以四海之内都说:'商汤并非为了富天下,而是为了给普通百姓复仇。'所以商汤征伐诸侯,从葛伯开始。征伐了十一次,天下没有能敌过他的。他向东征伐西夷人埋怨,向南征伐北狄人埋怨,说:'为什么把我放在后面?'老百姓盼望他,就像大旱盼望下雨。当时做买卖的人不停止,锄草的人照旧锄。因为诛杀他们的暴君,慰问他们的民众,就如同降下了及时雨,所以老百姓大为高兴。《尚书》里说:'等待我们的国君,国君来了就会没有惩罚。'又说:'有攸国不臣服,周王东征,安抚他们的男男女女。男男女女们用竹筐装着他们的各色布帛做礼物,请求我们周王原谅,希望臣附于大邦周。'他们的君子把各色布帛装在竹筐里欢迎我们的君子,小民用竹篮装着食物、水壶盛着浆水欢迎我们的小民。可见商汤和周王是从水火之中拯救老百姓,只杀他们的暴君而已。《太誓》里说:'我大举动武,侵入于国,只取他的凶残。杀伐大张,商汤脸上有光。'是说他们不行王政罢了。如果行王政,四海之内都会抬头仰望他,想让他做国君。齐、楚虽然强大,有什么可怕的?"

　　6.6　孟子谓戴不胜曰:"子欲子之王之善与?[1]我明告子。有楚大夫于此,欲其子之齐语也,则使齐人傅诸?[2]使楚人傅诸?"

　　曰:"使齐人傅之。"

　　曰:"一齐人傅之,众楚人咻之,虽日挞而求其齐也,不可得矣;[3]引而置之庄、岳之间数年,虽日挞而求其楚,亦不可得矣。[4]子谓薛居州善士也,使之居于王所。[5]在于王所者,长幼卑尊皆薛居州也,王谁与为不善? 在王所者,长幼卑尊皆非薛居州也,王谁与为善? 一薛居州,独如宋王何?"

【校注】

　　[1]戴不胜:宋国大臣。之:向、往也。　　[2]傅:犹教。　　[3]咻:音休,喧哗干扰。挞:音踏,抽打。　　[4]庄、岳:皆齐国街里名。　　[5]薛

居州：宋国人。

【译文】

孟子对戴不胜说："你希望你的国王向善吗？我明白地告诉你：假如这里有一个楚国的大夫，想使他的儿子学会齐国话，是让齐国人教他呢？还是让楚国人教他？"

戴不胜说："让齐国人教他。"

孟子说："如果一个齐国人教他，而许多楚国人在旁边喧哗，即使你每天鞭打他要求他说齐国话，也是做不到的。如果把他带到齐国的闹市区住上几年，即使你每天鞭打他要求他说楚国话，也是做不到的。你说薛居州是个好人，要他住在王宫里。如果王宫里的人无论年龄大小还是地位高低都是像薛居州那样的好人，那国王和谁一起去干坏事呢？如果王宫里的人无论年龄大小还是地位高低都不是像薛居州那样的好人，国王又和谁一起去做好事呢？单单一个薛居州，能把宋王怎么样？"

6.7 公孙丑问曰："不见诸侯，何义？"[1]

孟子曰："古者不为臣不见。段干木逾垣而辟之，泄柳闭门而不纳，是皆已甚。[2]迫，斯可以见矣。阳货欲见孔子而恶无礼。大夫有赐于士，不得受于其家，则往拜其门。[3]阳货瞰孔子之亡也，而馈孔子蒸豚；[4]孔子亦瞰其亡也，而往拜之。当是时，阳货先，岂得不见？曾子曰：'胁肩谄笑，病于夏畦。'[5]子路曰：'未同而言，观其色赧赧然，非由之所知也。'[6]由是观之，则君子之所养可知已矣。"

【校注】

[1] 义：宜也，这里指道理。　　[2] 段干木：魏国贤士。逾：越过。泄柳：鲁国贤士。　　[3] 阳货：鲁国权臣。　　[4] 瞰：音看，窥探。馈：赠也。事见《论语·阳货》篇。　　[5] 胁肩：耸起肩膀。夏畦：夏天浇地。　　[6] 赧赧然：不好意思的样子。

【译文】

公孙丑问道："不主动去见诸侯，是什么道理？"

孟子说："在古代，如果不是臣属，就不去拜见国君。段干木跳墙躲避魏文侯，泄柳闭门不接待鲁穆公，这都做得过分了。如果是被迫，是可以见的。从前阳货想见孔子，又嫌失礼。因为按照礼节，大夫对士有所赏赐，士如果不能在家里接受，就得上大夫家里去拜谢。于是，阳货便趁孔子不在家的时候，给孔子送去一只蒸乳猪。孔子也打听到阳货不在家的时候,前去拜谢。(所以阳货还是没有见着孔子。)当时如果阳货先去拜见,孔子难道能不回拜吗?曾子说:'耸起肩头装出笑脸,比夏天挑水浇地还要难受。'子路说:'见解不同却在一起交谈,脸上一副不好意思的样子,这不是我所能理解的。'由此看来,君子的修养是可以知道的了。"

6.8　戴盈之曰:"什一,去关市之征,今兹未能。[1]请轻之,以待来年,然后已,何如?[2]"

孟子曰:"今有人日攘其邻之鸡者,或告之曰:'是非君子之道。'[3]曰:'请损之,月攘一鸡,以待来年,然后已。'[4]如知其非义,斯速已矣,何待来年?"

【校注】

[1]戴盈之:宋国大夫。兹:犹"则",借字。　[2]已:停止、取消。[3]攘:音让,上声,扣取上门之物。　[4]损:减损、减少。

【译文】

戴盈之说:"抽十分之一的田税,免除关卡和市场上的税,现在还办不到。请让我们先减轻一些,等到明年再彻底实行,怎么样?"

孟子说:"假如有一个每天扣取邻居家一只鸡的人,有人告诫他说:'这不是君子的行为!'他说:'请让我先减少一些,每月扣一只,等到明年,再彻底不干。'如果知道这种行为不合理,就应该赶快停止,为什么要等到明年呢?"

6.9　公都子曰:"外人皆称夫子好辩,敢问何也?"[1]

孟子曰:"予岂好辩哉?予不得已也。天下之生久矣,一治一乱。当尧之时,水逆行,泛滥于中国,蛇龙居之,民无所定,下者为巢,上者为营窟。[2]《书》曰:'洚水警余。'[3]洚水者,洪水也。使禹治之。禹掘地而注之海,驱蛇龙而放之菹,水由地中行,江、淮、河、汉是也。[4]险阻既远,鸟兽之害人者消,然后人得平土而居之。

"尧、舜既没,圣人之道衰,暴君代作,坏宫室以为污池,民无所安息;[5]弃田以为园囿,使民不得衣食,邪说暴行又作。园囿、污池、沛泽多而禽兽至。[6]及纣之身,天下又大乱。周公相武王,诛纣伐奄,三年讨其君,驱飞廉于海隅而戮之,灭国者五十,驱虎豹犀象而远之,天下大悦。[7]《书》曰:'丕显哉,文王谟!丕承哉,武王烈!佑启我后

人,咸以正无缺。'[8]

"世衰道微,邪说暴行有作,臣弑其君者有之,子弑其父者有之。[9]孔子惧,作《春秋》。《春秋》,天子之事也。是故孔子曰:'知我者,其惟《春秋》乎!罪我者,其惟《春秋》乎!'

"圣王不作,诸侯放恣,处士横议,杨朱、墨翟之言盈天下。[10]天下之言,不归杨则归墨。杨氏为我,是无君也;墨氏兼爱,是无父也。无父无君,是禽兽也。公明仪曰:'庖有肥肉,厩有肥马,民有饥色,野有饿莩,此率兽而食人也。'[11]杨、墨之道不息,孔子之道不著,是邪说诬民,充塞仁义也。仁义充塞,则率兽食人,人将相食。吾为此惧。闲先圣之道,距杨、墨,放淫辞,邪说者不得作。[12]作于其心,害于其事;作于其事,害于其政。圣人复起,不易吾言矣。

"昔者禹抑洪水,而天下平;[13]周公兼夷狄,驱猛兽,而百姓宁;[14]孔子成《春秋》,而乱臣贼子惧。《诗》云:'戎狄是膺,荆舒是惩,则莫我敢承。'[15]无父无君,是周公所膺也。我亦欲正人心,息邪说,距诐行,放淫辞,以承三圣者,岂好辩哉?[16]予不得已也。能言距杨、墨者,圣人之徒也。"

【校注】

[1] 公都子:孟子弟子。　[2] 蛇龙:蛇和龙,皆水生动物。龙:蟒蛇之类。营窟:洞穴。　[3] 此出《尚书》逸篇。泽:音降,大水泛滥。[4] 菹:音租,有草的沼泽。　[5] 污池:池塘。　[6] 园囿:园林。沛泽:沼泽。　[7] 奄:东方古国,地在今山东曲阜一带。飞廉:《史记》作"蜚廉",纣王之臣。　[8] 此《尚书·君牙》篇文,今本"无"作"罔",义同。[9] 有:同"又"。　[10] 作:兴、出现。放恣:放纵任意。处士:居家不仕之士。杨朱:战国思想家,接近道家,主张为我。墨翟:即墨子,战国墨家代表人物,主张兼爱。　[11] 莩:借为"殍",音瓢。　[12] 闲:习也。　[13] 抑:抑制、治理。　[14] 兼:兼并。　[15] 此《诗经·鲁颂·閟宫》四章文。膺:借为"应",谓应敌。荆、舒:南方二国名。惩:惩罚。承:抵挡。　[16] 诐行:邪僻不正之行。

【译文】

公都子问:"外人都说先生喜欢辩论,请问为什么?"

孟子说:"我难道是喜欢辩论吗?我是不得已呀。人类社会产生很久了,总是一会儿治,一会儿乱。尧帝那个时候,河水倒流,四处泛滥,中原成了水生动物蛇和龙的居所,老百姓没有地方定居,低处的人在树上搭巢穴,高处的人在山崖上挖洞穴。《尚书》里说:'洚水警告我。'洚水,就是洪水。派大禹治理它。大禹开掘地面把洪水注入大海,把蛇和龙驱赶到沼泽;大水从地面以下流,长江、淮河、黄河、汉江便是。险阻远去,害人的鸟兽消失以后,人们才得以在平地上居住。

"尧、舜去世以后,圣人之道衰退,暴君不断出现。他们毁坏民居开挖池塘,使老百姓没有地方安身;废弃农田改为园林,使老百姓不得穿衣吃饭;邪说暴行又跟着出现。园林、池塘、沼泽一多,禽兽跟着就到。到了商纣王,天下又大乱。周公辅佐武王,诛伐商纣,讨伐奄殷。经过三年,惩罚了他们的国君,把飞廉驱赶到海角最后杀戮了他。一共灭掉的国家有五十个。把老虎、豹子、犀牛、大象全驱赶到远处,天下大为欢悦。《尚书》里说:'伟大而光明啊,文王的谋略!伟大而众多啊,武王的功业!佑助并启导我们后人,都用正道而没有遗缺。'

"世道衰微,邪说暴行又一次兴起,臣子杀国君的有,儿子杀父亲的也有。孔子感到害怕,就作了《春秋》。作《春秋》,本来是天子的事,(而孔子作了)所以孔子说:'知道我的,大概只有通过《春秋》吧!怪罪我的,大概只有通过《春秋》吧!'

"由于圣王不出现,诸侯放纵,居家不仕之士横发议论,杨朱、墨子的话满天下。天下的学说,不归杨朱就归墨子。杨朱主张为我,这是没有国君;墨子兼爱,这是没有父亲。没有国君没有父亲,这是禽兽。公明仪说:'厨房里有肥肉,马厩里有肥马,老百姓却面有饥色,郊野中有饿死的尸体,这等于是率领着禽兽吃人。'杨朱、墨子的学说不停息,孔子的学说不发扬,等于是用邪说欺骗百姓,阻塞仁义之道。仁义之道被阻塞,就等于率领禽兽吃人,人也会互相吃。我为此感到害怕,所以学习先圣的主张,抗拒杨、墨,抛弃淫辞,使提倡邪说的人不得兴起。如果邪说从他心里兴起,就损害他的事业;从他的事业兴起,就损害他的国政。即使是圣人再次出现,也不会改变我的话了。

"从前大禹治理洪水,而天下太平;周公兼并夷狄,驱逐猛兽,而百姓安宁;孔子修成《春秋》,而乱臣贼子惧怕。《诗经》里说:'应对那戎狄,惩罚荆和舒,无人敢抵挡!'没有父亲没有国君,这就是周公应敌的原因。我也想端正人心,平息邪说,抗拒邪行,抛弃淫辞,以继承三位圣人,哪里是好辩呢?我是不得已呀!能讲抗拒杨、墨话的人,就是圣人的门徒。"

6.10　匡章曰:"陈仲子岂不诚廉士哉?[1]居於陵,三日不食,耳无闻,目无见也。[2]井上有李,螬食实者过半矣。匍匐往将食之,三咽,然后耳有闻,目有见。"

孟子曰："于齐国之士,吾必以仲子为巨擘焉。[3]虽然,仲子恶能廉?充仲子之操,则蚓而后可者也。[4]夫蚓,上食槁壤,下饮黄泉。[5]仲子所居之室,伯夷之所筑与?抑亦盗跖之所筑与?[6]所食之粟,伯夷之所树与?抑亦盗跖之所树与?是未可知也。"

曰："是何伤哉?彼身织屦,妻辟纑,以易之也。"[7]

曰："仲子,齐之世家也;兄戴,盖禄万钟;[8]以兄之禄为不义之禄而不食也,以兄之室为不义之室而不居也,辟兄离母,处于於陵。他日归,则有馈其兄生鹅者,己频顣曰:'恶用是鶂鶂者为哉?'[9]他日,其母杀是鹅也,与之食之。其兄自外至,曰:'是鶂鶂之肉也。'出而哇。[10]以母则不食,以妻则食之;以兄之室则弗居,以於陵则居之。是尚为能充其类也乎?若仲子者,蚓而后充其操者也。"

【校注】

[1] 匡章:齐国名将,曾率兵御秦、取燕,见《战国策》的《齐策》《燕策》和《吕氏春秋》的《不屈》《爱类》等篇。陈仲子:齐国人,又称田仲、陈仲、於(音鸣)陵仲子等。 [2] 於(音鸣)陵:地名,在今山东长山县南,距临淄约二百里。 [3] 巨擘(音簸):大拇指,引申指杰出人物。 [4] 充:扩充、宣扬。 [5] 槁:借为"膏"。膏壤:泥土。黄泉:地下水。 [6] 盗跖(音直):春秋时有名的大盗。 [7] 辟纑(音庐):绩麻练麻,绩其麻为辟,练其麻为纑。 [8] 盖:音葛,地名,陈戴的采邑。 [9] 频顣(音促):同"颦蹙",皱眉不高兴的样子。鶂鶂:音移移,鹅叫声。 [10] 哇:吐也。

【译文】

匡章说:"陈仲子难道不是一个真正的廉士吗?曾经住在於陵,三天没有吃东西,饿得耳朵听不见,眼睛看不见。突然发现井边有个李子,金龟子已经吃掉了一大半。他爬过去捡起来,吞了三口,耳朵才恢复了听觉,眼睛才恢复了视觉。"

孟子说:"在齐国的士中间,我一定要为陈仲子竖大拇指。虽然这样,他怎么能叫做廉士?宣扬陈仲子的操行,那是要把人变成蚯蚓之后才能办到的。那蚯蚓,在上面吃泥土,在下面喝泉水。而仲子住的房屋,是伯夷那样的贤人给盖的呢?还是盗跖那样的强盗给盖的?他所吃的粮食,是伯夷那样的贤人给种的呢?还是盗路那样的强盗给种的?这还不知道。"

匡章说:"这有什么关系呢?他自己亲自编草鞋,妻子绩麻练麻,用来交换粮食。"

孟子说:"陈仲子,是齐国的宗族世家,他的哥哥陈戴在盖邑的俸禄有上万钟。

而他认为哥哥的俸禄是不义之财而不吃,认为哥哥的房子是不义之产而不住。他避开哥哥,离开母亲,住在於陵。有一天他回家去,正好有人送给他哥哥一只鹅。他皱着眉头不高兴地说:'哪里要这种呃呃叫的东西!'改天,他母亲把那只鹅宰了给他吃。他哥哥刚好从外面回来,就说:'那就是呃呃叫的那东西的肉!'他就出门去吧肉呕了出来。母亲的食物不吃,却吃妻子的;哥哥的房子不住,却住在於陵,这还算值得宣扬的吗?像他那样的操行,是把人变成蚯蚓之后才能够办到的。'"

离娄上

7.1 孟子曰:"离娄之明,公输子之巧,不以规矩,不能成方员;[1]师旷之聪,不以六律,不能正五音;[2]尧舜之道,不以仁政,不能平治天下。[3]今有仁心仁闻而民不被其泽,不可法于后世者,不行先王之道也。[4]故曰,徒善不足以为政,徒法不能以自行。《诗》云:'不愆不忘,率由旧章。'[5]遵先王之法而过者,未之有也。圣人既竭目力焉,继之以规矩准绳,以为方员平直,不可胜用也;[6]既竭耳力焉,继之以六律正五音,不可胜用也;既竭心思焉,继之以不忍人之政,而仁覆天下矣。故曰,为高必因丘陵,为下必因川泽。[7]为政不因先王之道,可谓智乎?是以惟仁者宜在高位。不仁而在高位,是播其恶于众也。上无道揆也,下无法守也,朝不信道,工不信度,君子犯义,小人犯刑,国之所存者幸也。[8]故曰:城郭不完,兵甲不多,非国之灾也;[9]田野不辟,货财不聚,非国之害也。上无礼,下无学,贼民兴,丧无日矣。[10]《诗》曰:'天之方蹶,无然泄泄。'[11]泄泄,犹沓沓也。[12]事君无义,进退无礼,言则非先王之道者,犹沓沓也。故曰:责难于君谓之恭,陈善闭邪谓之敬,吾君不能谓之贼。"[13]

【校注】

[1]离娄:传说中古代目力极强之人。《庄子·天地》载:"黄帝游乎赤水之北,登乎昆仑之丘而南望,还归,遗其玄珠。使知索之而不得,使离朱索之而不得。"公输子:即公输班,春秋晚期鲁国巧匠,俗称鲁班。 [2]师旷:春秋时晋国著名乐师。六律:指阳律六音,分别为所谓太簇、姑洗、蕤宾、夷则、无射、黄钟。五音,古代音阶的名称,所谓宫、商、角、徵、羽,相当于简谱中的1、2、3、5、6五音。 [3]平治:平定治理。 [4]仁:关爱他人。仁闻:仁爱的名声。 [5]愆:过失。忘:糊涂。率:遵循。由:从也。此《诗经·大雅·假

乐》二章之句。　　[6]规：画圆的器具；矩：画方的器具。准：看平的器具。绳：画直的标准。　　[7]因：依靠、利用。按《礼记·礼器》云："故作大事必顺天时，为朝夕必放于日月，为高必因丘陵，为下必因川泽。"　　[8]道揆：揆度道的标准。君子：指上层人士；小人：指劳动者。　　[9]完：谓坚固。　　[10]贼民：不守法之民。　　[11]蹶：音贵，动也，谓动乱。泄泄：借为"呭呭"，音义义，多言的样子。此《诗经·大雅·板》二章之句。　　[12]沓沓：多言而重复的样子。　　[13]陈：陈述。闭：堵塞。

【译文】

孟子说："以离娄的视力、公输班的技巧，如果不用圆规和曲尺，也不能画出标准的方形和圆形；以师旷的听力，如果不用六律，也不能校正五音；以尧舜的主张，如果不施行仁政，也不能平定和治理好天下。现在有仁爱之心和仁爱的名声，老百姓却受不到他的恩泽，使自己不能成为后世楷模的原因，就在于不实行先王之道。所以说，只有好心不足以治理国政，只有法规也不能够自己实行。《诗经》里说：'无过也无失，遵循旧典章。'遵循先王的法度而犯错误的，还没有过。圣人既用尽了目力，又用圆规、角尺、水准、绳墨等来制作方、圆、平、直的东西，这些东西就用之不尽了；圣人既用尽了听力，又用六律来校正五音，音阶也就用之不尽了；圣人既用尽了脑力，又施行不忍心于人的仁政，他的仁德就覆盖全天下了。所以说，筑高台一定要利用丘陵，挖深池一定要利用河沟沼泽。处理国政不利用先王之道，能够说他聪明吗？所以只有仁者才应该居于高位。如果不仁的人处在高位，就会把他的恶德传播给民众。在上的没有道德规范，在下的没有法规制度；朝廷不相信道义，工匠不相信尺度。官吏触犯国政，百姓触犯刑律，国家还能存续的，就太侥幸了。所以说，城墙不坚固，武器不充足，并非国家的灾难；田野不开辟，物资不积聚，并非国家的祸害。只有在上位的人没有礼义，在下位的人得不到教育，违法乱纪的人兴起，国家灭亡就没有几天了。《诗经》里说：'天正动乱，不要多言！'多言，犹如罗唆。侍奉国君没有义，进退举止没有礼，说话便诋毁先王之道，就犹如罗唆。所以说，责难国君就说'恭'，陈善闭邪叫做'敬'，自己的国君不能行仁政叫做'贼'。"

7.2　孟子曰："规矩，方员之至也；[1]圣人，人伦之至也。[2]欲为君，尽君道；[3]欲为臣，尽臣道。二者皆法尧舜而已矣。不以舜之所以事尧事君，不敬其君者也；不以尧之所以治民治民，贼其民者也。[4]孔子曰：'道二：仁与不仁而已矣。'[5]暴其民甚，则身弑国亡；[6]不甚，则身危国削。名之曰'幽''厉'，[7]虽孝子慈孙，百世不能改也。

《诗》云:'殷鉴不远,在夏后之世。'[8]此之谓也。"

【校注】

[1] 方员:即方圆。至:尽头、极点。　[2] 人伦:人与人之间的正常关系。　[3] 君道:为君之道。　[4] 贼:害也。　[5] 道:指治国之道。[6] 暴:残害。弑:谓被杀。　[7] "幽""厉":皆谥号。《逸周书·谥法》:"壅遏不通曰幽,动祭乱常曰幽。杀戮无辜曰厉。"　[8] 鉴:镜子。夏后:夏代国君。此《诗经·大雅·荡》篇末章之句。

【译文】

孟子说:"圆规和矩尺,是圆和方的极致;圣人,是人的极致。要想做国君,就要尽国君之道;要想做臣下,就要尽臣下之道。两者都效法尧、舜就行了。不按照舜事奉尧的方法事奉其国君,就是不敬其国君的人;不按照尧治理百姓的方法治理百姓,就是害其百姓的国君。孔子说:'治国之道只有两条:行仁与不行仁而已。'国君残害他的百姓过度,就会身被杀、国灭亡;不过度,就会身危险、国削弱。死后被加上'幽''厉'的谥号,即使是孝子贤孙,一百代也改不了。《诗经》里说:'殷鉴不算远,就在夏后世。'说的就是这个。"

7.3　孟子曰:"三代之得天下也以仁,其失天下也以不仁。[1]国之所以废兴存亡者亦然。天子不仁,不保四海;[2]诸侯不仁,不保社稷;[3]卿大夫不仁,不保宗庙;士、庶人不仁,不保四体。[4]恶死亡而乐不仁,是犹恶醉而强酒。"

【校注】

[1] 三代:夏、商、周也。　[2] 保:保有、保全。四海:指四境以内。[3] 社稷:土地神和谷神,诸侯国家的象征。　[4] 士:任事之人。庶人:平民百姓。四体:即四肢,指自身。

【译文】

孟子说:"夏商周三代得天下是因为仁,失天下是因为不仁。诸侯国家的兴衰存亡,也是同样的原因。天子不仁,不能保有天下;诸侯不仁,不能保住国家;卿大夫不仁,不能保住宗庙;士和平民百姓不仁,不能保全四肢。现在既害怕死亡却又乐于做不仁的事,这就像既怕醉却又强行喝酒一样。"

7.4　孟子曰:"爱人不亲反其仁,治人不治反其智,礼人不答反其敬。[1]行有不得者,皆反求诸己。[2]其身正,而天下归之。《诗》云:

'永言配命,自求多福。'"[3]

【校注】

[1] 其:指自己。 [2] 诸:"之于"合音。 [3] 永:永远、长久。配:配合。此《诗经·大雅·文王》六章之句。

【译文】

孟子说:"爱人而人不亲近,就反问自己是否仁;治理人而治理不好,就反问自己是否智;以礼待人而人不回礼,就反问自己的行礼的态度。凡是行为有得不到效果的,都应该反回来从自身找原因。自身行为端正了,天下的人自然就会归附。《诗经》里说:'永远配天命,自行求多福。'"

7.5 孟子曰:"人有恒言,皆曰'天下国家'。天下之本在国,国之本在家,家之本在身。"[1]

【校注】

[1] 本:根本、基础。身:自身、个人。

【译文】

孟子说:"人有一句常讲的话,都说'天下国家'。天下的根本在国,国的根本在家,家的根本在个人。"

7.6 孟子曰:"为政不难,不得罪于巨室。[1]巨室之所慕,一国慕之;一国之所慕,天下慕之。[2]故沛然德教溢乎四海。"[3]

【校注】

[1] 为政:治理国政。巨室:名高势大的家族。 [2] 慕:仰慕、敬慕。[3] 沛然:丰沛、充盛的样子。德教:道德教化。

【译文】

孟子说:"治理国政不难,关键是不得罪名高势大的家族。因为名高势大的家族所敬慕的,一国人都敬慕;一国人所慕的,天下都敬慕。所以,道德教化会迅速地充满全天下。"

7.7 孟子曰:"天下有道,小德役大德,小贤役大贤;[1]天下无道,小役大,弱役强。斯二者,天也。[2]顺天者存,逆天者亡。齐景公曰:'既不能令,又不受命,是绝物也。'[3]涕出而女于吴。[4]今也小国师大国而耻受命焉,是犹弟子而耻受命于先师也。如耻之,莫若师文王。师文王,大国五年,小国七年,必为政于天下矣。《诗》云:'商之孙子,其丽不亿。'[5]上帝既命,侯于周服。[6]侯服于周,天命靡常。[7]殷士肤敏,裸将于京。'[8]孔子曰:'仁不可为众也。'[9]夫国君好仁,天下无敌。'今也欲无敌于天下而不以仁,是犹执热而不以濯也。[10]《诗》云:'谁能执热,逝不以濯?'"[11]

【校注】

[1] 役:使役,被动用法。　[2] 斯:此。天:指自然规律。　[3] 绝物:绝无仅有的东西。　[4] 女:谓嫁女。　[5] 丽:数也。十万曰亿。不亿:不止于亿也。　[6] 侯:动词,指做侯服邦国。周服:周人的九服之制。《周礼·职方氏》:"乃辨九服之邦国:方千里曰王圻(畿),其外方五百里为侯服。"　[7] 靡:无也。　[8] 肤:美也。敏:敏捷。裸:音灌,灌酒于地以祭祖先。将:借为"浆",以代酒者。京:人堆成的土丘。此《诗经·大雅·文王》四、五章之句。　[9] 仁不可为众:"不"字当衍。仁可为众:谓行仁可以形成众力,故曰国君好仁,天下无敌。　[10] 濯:蘸水、洗湿。　[11] 执:手持。逝:发誓。此《诗经·大雅·桑柔》五章之句。

【译文】

孟子说:"天下有正常的社会规范,小德受大德役使,小贤受大贤役使;天下没有正常的社会规范,小的役使大的,弱的役使强的。这两者,是自然规律。顺应自然规律的生存,违背自然规律的灭亡。齐景公说:'既不能命令别人,又不接受别人命令,这是绝无仅有的女子。'流着眼泪把女儿嫁到了吴国。如今小国以大国为师父,却耻于接受他的命令,这就像弟子耻于接受他师父的命令。如果以师大国为耻,不如以文王为师。以文王为师,大国只需五年,小国只需七年,就一定会统治全天下了。《诗经》里说:'商的子孙们,人数十多万。上帝命他们,给周做侯服。给周做侯服,天命不固定。殷士动作敏,酒浆祭先祖。'孔子说:'行仁可以成众。如果国君好仁,就会天下无敌。'如今想无敌于天下却不用仁,这就像手拿了烫东西却不蘸水。《诗经》里说:'谁能拿烫物,发誓不蘸水?'"

7.8　孟子曰:"不仁者可与言哉?安其危而利其菑,乐其所以亡者。[1]不仁而可(不)与言,则何亡国败家之有?[2]有孺子歌曰:'沧浪之水清兮,可以濯我缨;沧浪之水浊兮,可以濯我足。'[3]孔子曰:'小子听之!清斯濯缨,浊斯濯足矣,自取之也。'夫人必自侮,然后人侮之;家必自毁,而后人毁之;国必自伐,而后人伐之。《太甲》曰:'天作孽,犹可违;自作孽,不可活。'[4]此之谓也。"

【校注】

[1]菑:灾难。其:指别人。 [2]不仁而可与言:当作"不仁而不与言",涉前误。 [3]沧浪:寒冷、冰冷。濯:洗。缨:系冠的丝带。 [4]孽:音捏,灾祸。违:离也。此《太甲中》文,原文"活"作"逭",此音转而误。逭:音换,躲避。

【译文】

孟子说:"不仁的人,可以和他商量吗?他安心别人的危难,从别人的灾难中牟利,把导致别人败亡的事当成乐趣。知道他不仁而不和他商量,怎么会有亡国败家的事?有一首儿歌道:'冰冷的水清呀,可以清洗我帽缨;冰冷的水浊呀,可以清洗我脚丫。'孔子听了说:'你们听着!水清就用来洗帽缨,水浊就被用来洗脚了,这都是水自己造成的。'所以,一个人一定是先自取其辱,然后别人才侮辱他;一个家庭一定是先自我毁坏,然后别人才毁坏它;一个国家一定是先自取讨伐,然后别人才讨伐它。《尚书·太甲》里说:'天造的灾祸,还可以避开;自造的灾祸,无法逃避。'说的就是这个意思。"

7.9 孟子曰:"桀、纣之失天下也,失其民也;失其民者,失其心也。得天下有道:[1]得其民,斯得天下矣。[2]得其民有道:得其心,斯得民矣。得其心有道:所欲与之聚之,所恶勿施尔也。[3]

"民之归仁也,犹水之就下、兽之走圹也。[4]故为渊驱鱼者,獭也;[5]为丛驱爵者,鹯也;[6]为汤、武驱民者,桀与纣也。今天下之君有好仁者,则诸侯皆为之驱矣。虽欲无王,不可得已。

"今之欲王者,犹七年之病求三年之艾也。[7]苟为不畜,终身不得。[8]苟不志于仁,终身忧辱,以陷于死亡。《诗》云'其何能淑,载胥及溺。'[9]此之谓也。"

【校注】

[1]道:正确的方法。 [2]斯:犹"则"。 [3]施:给予。尔也:犹言"罢了"。 [4]归:归往、归附。圹:借为"旷",旷野。 [5]渊:深水。獭:音塔,水獭。 [6]爵:借为"雀",小鸟。鹯:音沾,一种像鹰的猛禽。 [7]艾:艾草,可以灸病,存放越久疗效越好。 [8]苟:如果。畜:同"蓄",积蓄。 [9]此《诗经·大雅·桑柔》五章之句。淑:善也。载:犹"则"。胥:相互、一起。

【译文】

孟子说:"桀和纣之所以失去天下,是因为都失去了他们的百姓;之所以失去他们的百姓,是因为失去了百姓的心。得天下有正确的方法:得到百姓,就可以得天下了;得百姓有正确的方法:得到百姓的心,就可以得百姓了;得百姓的心也有正确的方法:百姓所希望的就满足他,百姓所厌恶的就不要强加给他。如此而已。

"老百姓归附仁德,就像水往低处流,兽向旷野跑,(属于本能)所以,替深池把鱼赶来的是水獭,替丛林把雀鸟赶来的是鹞子;替商汤王、周武王把百姓赶来的是夏桀和殷纣王。现今如果天下有喜好仁德的国君,诸侯就都会替他把百姓赶来了。即是他不想统一天下,也做不到。

"而如今那些想统一天下的人,就像得了七年的病而找三年以上的陈艾来治疗一样,如果平常不积蓄,一辈子也找不到。所以,如果平常不立志行仁,一辈子都会忧患受辱,一直到死。《诗经》里'如何能好?双双落水'说的就是这个意思。"

7.10　孟子曰:"自暴者,不可与有言也;[1]自弃者,不可与有为也。言非礼义,谓之自暴也;吾身不能居仁由义,谓之自弃也。[2]仁,人之安宅也;义,人之正路也。旷安宅而弗居,舍正路而不由,哀哉!"[3]

【校注】

[1]暴:伤害。　[2]由:行也。　[3]旷:空也。

【译文】

孟子说:"自己伤害自己的人,不能和他有话说;自己抛弃自己的人,不能和他有事做。说话非毁礼义,叫做自己伤害自己;认为自己不能居仁行义,叫做自己抛弃自己。仁,是人最安适的住宅;义,是人最正确的道路。把最安适的住宅空起来不住,把最正确的道路放弃而不走,可悲呀!"

7.11　孟子曰:"道在迩而求诸远,事在易而求之难![1]人人亲其亲、长其长,而天下平。"[2]

【校注】

[1]迩:音尔,近。之:用同"诸"。　[2]平:谓太平。

【译文】

孟子说:"路在近处却到远处去找,事情容易却从难处去做!其实,只要人人都亲爱自己的父母,尊敬自己的长辈,天下就太平了。"

7.12 孟子曰:"居下位而不获于上,民不可得而治也。[1]获于上有道:不信于友,弗获于上矣。[2]信于友有道:事亲弗悦,弗信于友矣。悦亲有道:反身不诚,不悦于亲矣。[3]诚身有道:不明乎善,不诚其身矣。是故诚者,天之道也;思诚者,人之道也。[4]至诚而不动者,未之有也;[5]不诚,未有能动者也。"

【校注】

[1]获:谓得到信任。　[2]弗:不。　[3]反身:反问自己。[4]《礼记·中庸》云:"在下位不获乎上,民不可得而治矣。获乎上有道:不信乎朋友,不获乎上矣;信乎朋友有道:不顺乎亲,不信乎朋友矣;顺乎亲有道:反诸身不诚,不顺乎亲矣;诚身有道:不明乎善,不诚乎身矣。诚者,天之道也;诚之者,人之道也。"与此略同。　[5]动:被感动。

【译文】

孟子说:"在下位的人如果得不到在上位的人的信任,百姓就不可能治理好。得到在上位的人信任有正确的方法:不被朋友信任,就得不到在上位的人信任了。得到朋友信任有正确的方法:侍奉父母不能够使父母高兴,就不能够被朋友信任了。使父母高兴有正确的方法:反身自问如果不真诚,就不能使父母高兴了。使自己真诚有正确的方法:不明白什么是善,就不能够使自己真诚了。所以,真诚是自然的规则,追求真诚是做人的规则。极为真诚而不被感动的,还没有过;不真诚,还没有能感动人的。"

7.13 孟子曰:"伯夷辟纣,居北海之滨,闻文王作,兴曰:'盍归乎来!吾闻西伯善养老者。'[1]太公辟纣,居东海之滨,闻文王作,兴曰:'盍归乎来!吾闻西伯善养老者。'[2]二老者,天下之大老也,而归之,是天下之父归之也。天下之父归之,其子焉往?[3]诸侯有行文王之政者,七年之内必为政于天下矣。"

【校注】

[1]北海:渤海。作:起身。兴:兴奋。盍:何不。　[2]太公:即姜太公。　[3]父:父老也。焉:"于何"合音,去哪里。

【译文】

孟子说:"伯夷躲避商纣王,住在渤海边上,听说周文王起事,兴奋地说:'何不回他那里！我听说西伯侯是善于养老的人。'姜太公躲避商纣王,住在东海边上,听说周文王起事,高兴地说:'何不回他那里！我听说西伯侯是善于养老的人。'两位老者,是天下有名望的老人,而回归了周文王,就等于是天下的父老都回归了他。天下的父老回归了他,他们的儿子还能往哪儿去？所以,诸侯如果有行周文王之政的,七年之内必定会掌握天下的政权。"

7.14　孟子曰:"求也为季氏宰,无能改于其德,而赋粟倍他日。[1]孔子曰:'求非我徒也,小子鸣鼓而攻之可也。'[2]由此观之,君不行仁政而富之,皆弃于孔子者也,况于为之强战？争地以战,杀人盈野;[3]争城以战,杀人盈城。此所谓率土地而食人肉,罪不容于死。故善战者服上刑,连诸侯者次之,辟草莱、任土地者次之。"[4]

【校注】

[1] 求:冉求,孔子弟子。季氏:鲁"三桓"之一。宰:家宰、总管。　[2] 鸣鼓而攻之:谓大张旗鼓地、公开地攻击。此出《论语·先进》篇。　[3] 盈:满也。　[4] 服:犹受。辟:开辟。草莱:草地。

【译文】

孟子说:"冉求做季氏家总管,没有能力改变他的德行,而田赋却比往日增加了一倍。孔子说:'冉求不是我的门徒,小子们可以大张旗鼓地去攻击他。'由此看来,君主不行仁政而使他富裕,都是被孔子所唾弃的,何况为他努力作战？为争土地而战,必然杀人遍地;为争城池而战,必然杀人满城。这是所谓率领土地而吃人肉,简直罪不容诛。所以善战的人应该受最重的刑,连横诸侯的应该受次一等的刑,让百姓开垦草地、任用地力的应该受再次一等的刑。"

7.15　孟子曰:"存乎人者,莫良于眸子。[1]眸子不能掩其恶。胸中正,则眸子了焉;[2]胸中不正,则眸子眊焉。[3]听其言也,观其眸子,人焉廋哉？"[4]

【校注】

[1] 存:察看。眸子:瞳仁、眼睛。　[2] 了:明了。　[3] 眊:音冒,目不明。　[4] 廋:隐匿、隐藏。

【译文】

孟子说:"观察一个人,最好是观察他的眼睛。眼睛不能掩盖一个人的丑恶。心里正,眼睛就明亮;心里不正,眼睛就昏暗。所以,听一个人说话的时候,注意观察他的眼睛,他的善恶能往哪里藏呢?"

7.16 孟子曰:"恭者不侮人,俭者不夺人。[1]侮夺人之君,惟恐不顺焉,恶得为恭俭?[2]恭俭岂可以声音笑貌为哉?"[3]

【校注】

[1] 恭:谦恭。俭:节俭。　　[2] 恶:音乌,哪里、怎么。　　[3] 貌笑:笑的表情、容貌。

【译文】

孟子说:"谦恭的人不欺侮别人,节俭的人不掠夺别人。如果欺侮和掠夺别人的国君,惟恐他们不顺从自己,哪里称得上恭俭?恭俭怎么可以凭声音和笑容做出来呢?"

7.17 淳于髡曰:"男女授受不亲,礼与?"[1]

孟子曰:"礼也。"

曰:"嫂溺则援之以手乎?"[2]

曰:"嫂溺不援,是豺狼也。男女授受不亲,礼也;嫂溺援之以手者,权也。"[3]

曰:"今天下溺矣,夫子之不援,何也?"

曰:"天下溺,援之以道;嫂溺,援之以手。子欲手援天下乎?"

【校注】

[1] 淳于髡(音昆):齐国著名辩士,齐威王、齐宣王和梁惠王时人。《礼记·曲礼上》:"男女不亲授。"　　[2] 溺:溺水、落水。援:用手拉、救。　　[3] 权:权变、灵活。

【译文】

淳于髡问:"男女之间不亲手递接东西,是礼的规定吗?"

孟子说:"是的。"

淳于髡又问:"那么,嫂嫂掉在水里,小叔子用手去拉她吗?"

孟子说:"嫂嫂掉在水里而不拉,是豺狼!男女之间不亲手递接东西是礼的规定,而嫂嫂掉在水里小叔子用手去拉她是权变的方法。"

淳于髡说:"如今整个天下都掉在水里了,先生不去救援,这是为什么?"

孟子说:"整个天下掉在水里,要用'道'去拉;嫂嫂掉在水里,是用手去拉。您想用手去拉天下吗?"

7.18　公孙丑曰:"君子之不教子,何也?"

孟子曰:"势不行也。[1]教者必以正;以正不行,继之以怒;继之以怒,则反夷矣。[2]'夫子教我以正,夫子未出于正也。'则是父子相夷也。父子相夷,则恶矣。古者易子而教之,父子之间不责善。责善则离,离则不祥莫大焉。"

【校注】

[1]势:情势、形势。　　[2]夷:伤也。

【译文】

公孙丑问:"君子不亲自教育儿子,为什么?"

孟子说:"因为情势行不通。教育必须用正道。父亲用正道行不通,接着就会发怒;一发怒,就会反而伤了感情。儿子会说:'老人家以正道教我,而您自己却不用正道。'那就是父子之间互伤感情。父子互伤感情,就不好了。古时候互换儿子而教育,父子之间不相互求善。相互求善,就父子离心了。父子离心,是最大的不祥。"

7.19　孟子曰:"事,孰为大?事亲为大。守,孰为大?守身为大。不失其身而能事其亲者,吾闻之矣;[1]失其身而能事其亲者,吾未之闻也。孰不为事?事亲,事之本也。孰不为守?守身,守之本也。曾子养曾皙,必有酒肉。[2]将彻,必请所与。[3]问有余,必曰'有'。曾皙死,曾元养曾子,必有酒肉。[4]将彻,不请所与。问有余,曰'亡矣'。将以复进也。此所谓养口体者也。若曾子,则可谓养志也。事亲若曾子者,可也。"

【校注】

[1]《礼记·哀公问》:"君子无不敬也,敬身为大。身也者,亲之枝也,敢不敬与?不能敬其身,是伤其亲。伤其亲,是伤其本。伤其本,枝从而亡。"又曰:"君子言不过辞,动不过则,百姓不命而敬恭。如是,则能敬其身。能敬其身,则能成其亲矣。"　　[2]曾子:孔子弟子曾参。曾皙:曾参之父。　　[3]与:给也。　　[4]曾元:曾参之子。

【译文】

孟子说:"事奉人,谁最大?父母最大。守护人,谁最大?自身最大。不失自身而能事奉其父母的,我听说过;失掉自身而能事奉其父母的,我也没听说过。事奉谁都是事奉,而事奉父母是事奉的根本。守护谁都是守护,而守护自身是守护的根本。当年曾子奉养曾晳,顿顿有酒肉;将要彻饭的时候,一定要问把剩下的给谁;问有没有剩余,一定说'有'。曾晳死后,曾元奉养曾子,也顿顿有酒肉;而将要撤饭的时候,不问把剩下的给谁;问有没有剩余,就说'没有了',是准备留下下顿再上。这是所谓养口体的。而像曾子,则可以称为养心志的。事奉父母像曾子的,就可以了。"

7.20　孟子曰:"人不足与适也,政不足间也。[1]惟大人为能格君心之非。[2]君仁莫不仁,君义莫不义,君正莫不正。一正君而国定矣。"[3]

【校注】

[1] 人:指国君本人。适:音哲,借为"谪",谴责。间:批评、非议。　[2] 格:纠正。　[3] 一:一旦。

【译文】

孟子说:"如果国君本人不值得谴责,他的国政也就不值得非议了。只有大人物能够纠正国君不正确的思想。国君仁没有人不仁,国君义没有人不义,国君正没有人不正。所以,一旦把国君扶正,国家就安定了。"

7.21　孟子曰:"有不虞之誉,有求全之毁。"[1]

【校注】

[1] 虞:音语,意料。毁:诋毁。

【译文】

孟子说:"有意料不到的赞誉,有求全责备的诋毁。"

7.22　孟子曰:"人之易其言也,无责耳矣。"[1]

【校注】

[1] 易:改变。责:责问、责怪。

【译文】

孟子说:"人如果改变他说过的话,那就无从责问了。"

7.23　孟子曰:"人之患,在好为人师。"

【译文】

孟子说:"人的忧患,在于喜欢做别人的老师。"

7.24　乐正子从于子敖之齐。[1]乐正子见孟子,孟子曰:"子亦来见我乎?"

曰:"先生何为出此言也?"

曰:"子来几日矣?"

曰:"昔者。"

曰:"昔者,则我出此言也,不亦宜乎?"

曰:"舍馆未定。"[2]

曰:"子闻之也,舍馆定,然后求见长者乎?"

曰:"克有罪。"

【校注】

[1]乐正子:名克。子敖:盖大夫王驩(见4.6)之字。　[2]舍馆:即旅馆。

【译文】

乐正子跟着子敖去到齐国。乐正子见了孟子,孟子说:"您也来见我吗?"

乐正子说:"先生为什么说这话呢?"

孟子说:"您来了几天了?"

乐正子说:"昨天刚到。"

孟子说:"既然是昨天,那我说这话不就应该了吗?"

乐正子说:"昨天旅馆还没有定下。"

孟子说:"您听说过旅馆定下以后,才求见长者吗?"

乐正子说:"我有罪。"

7.25　孟子谓乐正子曰:"子之从于子敖来,徒哺啜也。[1]我不意子学古之道,而以哺啜也。"

【校注】

[1]徒:只、仅仅。哺:吃饭;啜:喝水。

【译文】

孟子对乐正子说:"你跟着子敖来,仅仅是吃饭喝水。我没想到你学习古人的伟大思想,却用来吃饭喝水。"

7.26　孟子曰:"不孝有三,无后为大。[1]舜不告而娶,为无后也,君子以为犹告也。"[2]

【校注】

[1] 三：谓多种。　　[2] 为：因为。犹：犹如。

【译文】

孟子说："不孝的情况有多种，没有后代为最大。舜不禀告父母就娶妻，就是怕没有后代，而君子认为他实际上与禀告了一样。"

7.27　孟子曰："仁之实，事亲是也；[1] 义之实，从兄是也。智之实，知斯二者弗去是也；[2] 礼之实，节文斯二者是也；[3] 乐之实，乐斯二者，乐则生矣。生则恶可已？恶可已，则不知足之蹈之、手之舞之。"[4]

【校注】

[1] 仁：字从"人、二"，即处于平等地位的两个人，故其初义为像关爱自己一样地关爱他人。亲：指父母。实：实质、核心。显然，"仁"本不可以用来指事亲，事亲只能言"孝"，读《论语》亦可知之。孟子未明"仁"本义，故有此说。[2] 斯：此。　　[3] 节文：节制文饰。　　[4]《礼记·乐记》："嗟叹之不足，故不知手之舞之，足之蹈之也。"

【译文】

孟子说："仁的核心，是事奉双亲；义的核心，是服从兄长。智的核心，是懂得这两者而不离开；礼的核心，是节制并装饰这两者；乐的核心，是喜欢这两者，快乐就产生了。快乐产生了，怎么可以终止？不可以终止，就不自觉地手舞足蹈起来了。"

7.28　孟子曰："天下大悦，而将归己。视天下悦而归己犹草芥也，惟舜为然。[1] 不得乎亲，不可以为人；[2] 不顺乎亲，不可以为子。舜尽事亲之道，而瞽瞍厎豫。[3] 瞽瞍厎豫而天下化，瞽瞍厎豫而天下之为父子者定。此之谓大孝。"[4]

【校注】

[1] 草芥：小草与芥子，比喻小。　　[2] 得：谓得到喜欢。　　[3] 瞽：聋子；瞍：瞎子，指舜的父亲。厎：原误底，今改正。音至，致也。豫：乐也。[4] 化：谓得其教化。

【译文】

孟子说："天下人大为喜悦，就会归附自己。把天下人大为喜悦而归附自己看成小草芥子一般微不足道,只有虞舜是那样。得不到父母的喜欢,不可以做人;不顺从父母,不可以做儿子。虞舜竭尽了事奉父母的方法,又聋又瞎的父亲就高兴了。又聋又瞎的父亲高兴,全天下都得到了教化;又聋又瞎的父亲高兴,全天下做父子的都安定了。这叫做大孝。"

离 娄 下

8.1 孟子曰:"舜生于诸冯,迁于负夏,卒于鸣条,东夷之人也。[1]文王生于岐周,卒于毕郢,西夷之人也。[2]地之相去也千有余里,世之相后也千有余岁。得志行乎中国,若合符节。[3]先圣后圣,其揆一也。"[4]

【校注】

[1] 诸冯:地名,传说在今山东菏泽南。负夏:在今山西运城东北。鸣条:在今河南长垣西南。东夷:谓东方少数民族。　[2] 岐周:在今陕西岐山东北。毕郢(音颖):在家陕西咸阳东。西夷:谓西方少数民族。　[3] 符节:符和节,皆古人作为印信之物,讲究密合。　[4] 揆:准则、道理。

【译文】

孟子说:"舜出生在诸冯,迁徙到负夏,死在鸣条,属于东夷人。周文王出生在岐周,死在毕郢,属于西夷人。二人在地理上相隔一千多里,时间上相差一千多年,而得志以后在中国实行的政策,就像兵符两半相合,不差分毫。可见先圣后圣,他们的准则是一样的。"

8.2 子产听郑国之政,以其乘舆济人于溱、洧。[1]孟子曰:"惠而不知为政。岁十一月徒杠成,十二月舆梁成,民未病涉也。[2]君子平其政,行辟人可也,焉得人人而济之?[3]故为政者每人而悦之,日亦不足矣。"[4]

【校注】

[1] 听:治理、主持。乘舆:所乘的车。济:渡河。溱(音真)、洧(音伪),二水名,皆在今河南西部。　[2] 杠:独木桥。梁:桥梁。　[3] 君子:指在上为政之人。辟:同"避",躲避。　[4] 每人:各人、每个人。

【译文】

子产主持郑国朝政时,用他自己乘的车帮助百姓渡溱水和洧水。孟子说:"这是有恩惠,却不懂得从政。如果十一月修成走人的独木桥,十二月修成过车马的大桥,老百姓就不会为渡河而发愁了。在上位的人只要把政事治理好,就是出门让人躲避都可以,怎么能够一个一个地帮人渡河呢?执政者要去讨得每个人的欢心,那时间也就不够用了。"

8.3 孟子告齐宣王曰:"君之视臣如手足,则臣视君如腹心;[1]君之视臣如犬马,则臣视君如国人;君之视臣如土芥,则臣视君如寇仇。"[2]

王曰:"《礼》:'为旧君有服。'何如斯可为服矣?"[3]

曰:"谏行言听,膏泽下于民;[4]有故而去,则使人导之出疆,又先于其所往;去三年不反,然后收其田里。此之谓三有礼焉。如此,则为之服矣。今也为臣,谏则不行,言则不听;膏泽不下于民;有故而去,则君搏执之,又极之于其所往;[5]去之日,遂收其田里。[6]此之谓寇仇。寇仇,何服之有?"[7]

【校注】

[1]之:犹"若"。 [2]土芥:泥土和芥子。寇仇:贼寇与仇敌。 [3]服:服丧的规定。《仪礼·丧服》:"服齐衰三月(为旧君、君之母妻)。" [4]膏泽:恩惠、滋润。 [5]搏执:抓捕。极:尽也。 [6]田里:土地和住宅。 [7]《礼记·檀弓下》:"穆公问于子思曰:'为旧君反服,古与?'子思曰:'古之君子,进人以礼,退人以礼,故有旧君反服之礼也。今之君子,进人若将加诸膝,退人若将队诸渊,毋为戎首,不亦善乎!又何反服之礼之有?'"

【译文】

孟子告诉齐宣王说:"国君如果把臣子看成手足,臣子就会把君主看成心腹;国君如果把臣子当狗马,臣子就会把国君当做一般人;国君如果把臣子当泥土草芥,臣子就会把国君当成贼寇仇敌。"

齐宣王问:"《礼经》里说:'已经离职的臣子为过去的国君服丧。'为什么这种情况还可以为他服丧呢?"

孟子说:"臣子的劝谏得到实行,言语得到听从,恩惠降到老百姓身上。臣子因故而离去,国君派人引导他出境,并派人先到他要去的地方进行安排;离开三年以后还不回来,才收回他的土地和房屋。这就叫三有礼。如果这样做了,臣下就会为他服丧。如今做臣下的,劝谏得不到实行,讲话不被听从,恩惠降不到百姓身上。臣下因故离去,国君就抓捕他,甚至涉及他所要去的地方;离开的当天,就收回他的土地和房屋。这就叫贼寇仇敌。既然是贼寇仇敌,还有什么服?"

8.4 孟子曰:"无罪而杀士,则大夫可以去;无罪而戮民,则士可以徙。"[1]

【校注】

[1] 戮:杀戮。徙:迁徙。

【译文】

孟子说:"士没有罪而被诛杀,大夫就可以离去;老百姓没有罪而被杀戮,士就可以迁走。"

8.5 孟子曰:"君仁莫不仁,君义莫不义。"[1]

【校注】

[1] 莫:无人、没有人。《礼记·缁衣》:"子曰:'上好仁,则下之为仁争先人。'"《中庸》:"未有上好仁而下不好义者也。"

【译文】

孟子说:"国君仁就没有人不仁,国君义就没有人不义。"

8.6 孟子曰:"非礼之礼,非义之义,大人弗为。"[1]

【校注】

[1] 礼:社会规范。义:人所宜也。弗:不。

【译文】

孟子说:"不合理的礼,不合宜的义,大人物不行。"

8.7 孟子曰:"中也养不中,才也养不才,故人乐有贤父兄也。[1]如中也弃不中,才也弃不才,则贤、不肖之相去,其间不能以寸。"[2]

【校注】

[1] 中:行为符合标准。才:有才能。　　[2] 贤:贤明。不肖:不贤明。间:间隔。

【译文】

孟子说:"行为符合标准的人可以培养行为不符合标准的人,有才能的人可以培养没有才能的人,所以人人都乐于有贤明的父亲和兄长。如果行为符合标准的人抛弃行为不符合标准的人,有才能的人抛弃没有才能的人,那么,贤明与不贤明之间的差距就不够用寸来量了。"

8.8　孟子曰:"人有不为也,而后可以有为。"
【译文】
孟子说:"人要有所不为,然后才能有所为。"

8.9　孟子曰:"言人之不善,当如后患何?"
【译文】
孟子说:"说别人的坏话,有了后患怎么办?"

8.10　孟子曰:"仲尼不为已甚者。"
【译文】
孟子说:"仲尼不做过分的事。"

8.11　孟子曰:"大人者,言不必信,行不必果,惟义所在。"[1]
【校注】
[1] 果:谓有结果。义:谓合宜、恰当。
【译文】
孟子说:"所谓大人,说话不一定守信用,做事不一定有结果,只要恰当合理。"

8.12　孟子曰:"大人者,不失其赤子之心者也。"[1]
【校注】
[1] 赤子:婴儿也。赤子之心:未受污染之心也。
【译文】
孟子说:"所谓大人,就是其童心未泯的人。"

8.13　孟子曰:"养生者不足以当大事,惟送死可以当大事。"[1]
【校注】
[1] 生者:指活着的父母。
【译文】
孟子说:"养活父母谈不上是大事,只有给父母送终可以算是大事。"

8.14　孟子曰:"君子深造之以道,欲其自得之也。[1]自得之,则居之安;居之安,则资之深;[2]资之深,则取之左右逢其原。故君子欲其自得之也。"

【校注】

[1] 造:制造、造就。道:正确的方法。得:得到、收获。　[2] 资:积聚、积累。

【译文】

孟子说:"君子按照正确的方法进行深造,是想自己有所收获。自己有收获,就掌握得安心;掌握得安心,就积累得深;积累得深,用起来就左右逢源。所以,君子希望自己有收获。"

8.15　孟子曰:"博学而详说之,将以反说约也。"[1]

【校注】

[1] 说:述说、解说。约:简约。

【译文】

孟子说:"广博地学而详细地解说它,是为了再返归到简约。"

8.16　孟子曰:"以善服人者,未有能服人者也;以善养人,然后能服天下。天下不心服而王者,未之有也。"[1]

【校注】

[1] 服:使人心服。王:读去声,称王、为王。

【译文】

孟子说:"以善服人,没有能使人心服的;以善养人,才能使天下的人心服。天下的人不心服而能为王于天下的,还没有过。"

8.17　孟子曰:"言无实不祥。不祥之实,蔽贤者当之。"[1]

【校注】

[1] 祥:吉祥、吉利。实:结果。蔽:掩蔽、遮蔽。

【译文】

孟子说:"讲话没有实质内容不吉利。不吉利的结果,遮掩贤才的人承当它。"

8.18　徐子曰:"仲尼亟称于水,曰:'水哉,水哉!'何取于水也?"[1]

孟子曰:"源泉混混,不舍昼夜,盈科而后进,放乎四海。[2]有本者如是,是之取尔。[3]苟为无本,七八月之间雨集,沟浍皆盈;[4]其涸也,可立而待也。故声闻过情,君子耻之。"[5]

【校注】

[1] 徐子:指徐辟(见5.5)。亟:音弃,屡次。　　[2] 混混:读为"滚滚"。科:借为"坎",音相转。放:流也。　　[3] 本:根也。　　[4] 浍:音快,田间水渠。　　[5] 情:实情。

【译文】

徐子问:"孔子多次赞叹水,说:'水呀!水呀!'他取水什么呢?"

孟子说:"水从源泉里滚滚涌出,昼夜不停,填满底坑以后又继续向前,一直流向大海。有本源的就是这个样子,孔子就取这一点。如果没有本源,七八月间雨水聚集,大小沟渠都灌满了;而干涸的时候,立马又干了。所以,声望名誉超过实情,君子以为耻辱。"

8.19　孟子曰:"人之所以异于禽兽者几希,庶民去之,君子存之。[1]舜明于庶物,察于人伦,由仁义行,非行仁义也。"[2]

【校注】

[1] 几:几乎。希:少也。庶:众也。　　[2] 由:从也。

【译文】

孟子说:"人与禽兽的区别就那么一点,而普通人抛弃它,君子保存它。虞舜明白普通事物的道理,明察人与人的正常关系,做事从仁义出发,而不是为行仁义而行仁义。"

8.20　孟子曰:"禹恶旨酒而好善言。[1]汤执中,立贤无方。[2]文王视民如伤,望道而未之见。[3]武王不泄迩,不忘远。[4]周公思兼三王,以施四事;[5]其有不合者,仰而思之,夜以继日;幸而得之,坐以待旦。"

【校注】

[1] 旨:甘甜。　　[2] 执中:执持中道,无过无不及。方:固定的方法。　　[3] 道:正确的方法、道路。　　[4] 泄:借为"媟",亲近而不庄重。迩:近也。　　[5] 施:行也。

【译文】

孟子说:"大禹讨厌美酒而喜欢善言。商汤执持中道,立贤没有固定标准。周文王看待百姓如同他们受了伤,遥望正道如同未曾看见。周武王不亵渎近臣,不遗忘远臣。周公想着兼备夏、商、周三王的优点,以施行大禹、商汤、周文王、武王的事;如果有不合的,就仰头思考,夜以继日;侥幸想到了,就坐着等待天明。"

8.21 孟子曰:"王者之迹熄而《诗》亡,《诗》亡然后《春秋》作。[1]晋之《乘》、楚之《梼杌》、鲁之《春秋》,一也。[2]其事则齐桓、晋文,其文则史。[3]孔子曰:'其义则丘窃取之矣。'"[4]

【校注】

[1]迹:当是"迖"字之误,音同。《说文·丌部》:"迖,古之遒人以木铎记诗言。"采诗之官,所谓遒人。 [2]《乘》、《梼杌》(音掏兀)、《春秋》:皆史书之名。 [3]齐桓、晋文,即齐桓公、晋文公:皆春秋时霸主。 [4]窃:谦词,犹言私下。

【译文】

孟子说:"周王的采诗活动停息之后,新《诗》就消亡了;新《诗》消亡以后,《春秋》就出现了。晋国的《乘》、楚国的《梼杌》、鲁国的《春秋》,性质都是一样的。里面所记的事就是齐桓公、晋文公之类,其文字就是历史。孔子说:'其大义我已经私下里采取了。'"

8.22 孟子曰:"君子之泽五世而斩,小人之泽五世而斩。[1]予未得为孔子徒也,予私淑诸人也。"[2]

【校注】

[1]君子、小人:分别指统治者中的品格高尚者和品格低下者。泽:恩泽、影响。斩:断也。 [2]淑:借为"叔",取也。诸:"之于"合音。

【译文】

孟子说:"君子的影响传五代就断绝,小人的影响也传五代就断绝。我没有能做孔子的门徒,对于他的学说我是私下里从别人那里获取的。"

8.23 孟子曰:"可以取可以无取,取伤廉;[1]可以与可以无与,与伤惠;[2]可以死可以无死,死伤勇。"

【校注】

[1] 廉：廉洁。　　[2] 惠：恩惠。

【译文】

孟子说："可以取可以不取，取了有伤廉洁；可以给可以不给，给了有伤恩惠；可以死可以不死，死了有伤勇敢。"

8.24　逢蒙学射于羿，尽羿之道，思天下惟羿为愈己，于是杀羿。[1]孟子曰："是亦羿有罪焉。"

公明仪曰："宜若无罪焉。"

曰："薄乎云尔，恶得无罪？[2]郑人使子濯孺子侵卫，卫使庾公之斯追之。[3]子濯孺子曰：'今日我疾作，不可以执弓，吾死矣夫！'问其仆曰：'追我者谁也？'其仆曰：'庾公之斯也。'曰：'吾生矣。'其仆曰：'庾公之斯，卫之善射者也，夫子曰"吾生"，何谓也？'曰：'庾公之斯学射于尹公之他，尹公之他学射于我。[4]夫尹公之他，端人也，其取友必端矣。'[5]庾公之斯至，曰：'夫子何为不执弓？'曰：'今日我疾作，不可以执弓。'曰：'小人学射于尹公之他，尹公之他学射于夫子。我不忍以夫子之道反害夫子。虽然，今日之事，君事也，我不敢废。'抽矢扣轮，去其金，发乘矢而后反。"[6]

【校注】

[1] 逢蒙：人名，又作"蓬蒙"。羿：夏代有穷国国君。　　[2] 薄：犹轻、不重。　　[3] 子濯孺子：人名，郑国将军。庾公之斯：人名，卫国将军。[4] 尹公之他：人名，善射。　　[5] 端：正直。　　[6] 扣：敲击。金：指金属箭头。乘：音剩，四支。

【译文】

逢蒙跟随羿学习射箭，全部得到了羿的技巧，心想天下只有羿能胜过自己，于是就把羿杀了。孟子说："这里面也有羿的罪过。"

曾子的弟子公明仪说："羿应该没有罪吧。"

孟子说："罪不重而已，怎么能没有罪？郑国曾经派子濯孺子侵略卫国，卫国派庾公之斯追击他。子濯孺子说：'今天我的旧病复发，不能执弓，我死定了！'问给他驾车的仆人说：'追我的是谁？'仆人说：'是庾公之斯。'子濯孺子说：'我死不了啦。'仆人问：'庾公之斯是卫国善射的人，先生说死不了啦，怎么讲？'子濯孺子说：'庾公之斯跟尹公之他学的射箭，尹公之他跟我学的射箭。那尹公之他是个正直的人,他选朋友一定也会正直。'庾公之斯赶到了,问:'老先生为什么不执弓?'子濯孺子说:'今天我旧病复发,不能执弓。'庾公之斯说:'小人跟尹公之他学射,尹公之他跟老先生学射。我不忍心以先生的技艺反过来害先生。虽然这样,但今天的事是国君的事,我也不敢废弃。'于是抽出箭来敲击车轮,去掉了上面的箭头,射了四箭然后才返回。"

8.25　孟子曰:"西子蒙不洁,则人皆掩鼻而过之。[1]虽有恶人,齐戒沐浴,则可以祀上帝。"[2]

【校注】

[1] 西子:即西施,传说中古代极为漂亮的女子。　　[2] 恶:丑陋。齐:同"斋"。

【译文】

孟子说:"西施蒙上肮脏的东西,人都会掩着鼻子从她身边经过。即使有丑人,只要斋戒沐浴了,也就可以祭祀上帝。"

8.26　孟子曰:"天下之言性也,则故而已矣。[1]故者以利为本。所恶于智者,为其凿也。[2]如智者若禹之行水也,则无恶于智矣。禹之行水也,行其所无事也。[3]如智者亦行其所无事,则智亦大矣。天之高也,星辰之远也,苟求其故,千岁之日至,可坐而致也。"[4]

【校注】

[1] 故:故旧、以往。　　[2] 凿:穿凿。　　[3] 行:犹"排"。[4] 日至:指夏至、冬至。致:达也。

【译文】

孟子说:"天下谈人性,都根据其故往而已,而故往都是以获利为根本。厌恶智慧的原因,是因为它穿凿。如果智者像大禹排水那样,人就不会厌恶智慧了。大禹排水,是排无用的水。如果智者也排除无用的事,智慧也就大了。天那么高,星辰那么远,如果求其故往,一千年以后的冬至也就可以坐着算出来了。"

8.27　公行子有子之丧,右师往吊。[1]入门,有进而与右师言者,有就右师之位而与右师言者。[2]孟子不与右师言,右师不悦曰:"诸君子皆与驩言,孟子独不与驩言,是简驩也。"

孟子闻之,曰:"礼,朝廷不历位而相与言,不逾阶而相揖也。我欲行礼,子敖以我为简,不亦异乎?"[3]

【校注】

[1] 公行子:齐国大夫。　　[2] 右师:即《公孙丑》篇(4.6)之"盖大夫王驩",字子敖。　　[3] 异:奇怪。

【译文】

齐国人公行子有儿子的丧,右师王驩前去吊唁。进了门,有上前与他说话的,有等到他就位之后与他说话的。孟子没有和他说话,他不高兴,说:"各位君子都和我说话,唯独孟子不和我说话,这是对我不敬。"

孟子听到后,说:"按照礼,朝廷上不越位交谈,不跨阶作揖。当时我想行礼而做不到,子敖以为我不敬,不也奇怪吗?"

8.28　孟子曰:"君子所以异于人者,以其存心也。[1]君子以仁存心,以礼存心。仁者爱人,有礼者敬人。爱人者人恒爱之,敬人者人恒敬之。[2]有人于此,其待我以横逆,则君子必自反也:[3]我必不仁也,必无礼也,此物奚宜至哉?[4]其自反而仁矣,自反而有礼矣,其横逆由是也,君子必自反也。我必不忠。自反而忠矣,其横逆由是也。[5]君子曰:'此亦妄人也已矣。如此则与禽兽奚择哉?[6]于禽兽又何难焉?'[7]是故君子有终身之忧,无一朝之患也。[8]乃若所忧则有之:舜,人也,我亦人也。舜为法于天下,可传于后世,我由未免为乡人也,是则可忧也。[9]忧之如何?如舜而已矣。若夫君子所患则亡矣。非仁无为也,非礼无行也。如有一朝之患,则君子不患矣。"

【校注】

[1] 存心:犹居心。　　[2] 恒:永远。　　[3] 横逆:蛮横无理。反:谓反身自问。　　[4] 物:事。奚:何也。　　[5] 由:同"犹"。　　[6] 择:选择、区别。　　[7] 难:读去声,责难。　　[8]《礼记·檀弓上》:"故君子有终身之忧,无一朝之患。"　　[9] 法:楷模。

【译文】

孟子说:"君子与一般人不同的,是他的居心。君子以仁居心,以礼居心。以仁居心的人爱人,以礼居心的人敬人。爱人的人人永远爱他,敬人的人人永远敬他。假如这里有一个人,他以蛮横无理的态度对我,君子一定会反身自问:是我一定不仁,一定无礼了吧? 不然,他怎么会这样对我呢? 如果反身自问自己仁,反身自问自己有礼,而那人仍然蛮横无理,君子一定再次反躬自问:是我一定不忠吧?如果反身自问自己忠,而那人仍然蛮横无理,君子就说:'这人不过是个狂人罢了。这样的人,和禽兽有什么区别?对禽兽又有什么可责难的?'所以君子有一辈子的忧虑,没有突然的祸患。至于有所忧虑则是有的:舜是人,我也是人;舜做天下的楷模,名声可传于后世,我还未免是一个乡下佬,这就值得忧虑了。忧虑怎么办呢?像舜那样罢了。至于君子所忧患的,就没有了。因为不仁的事不做,不合礼的事不行,即使有突然而来的祸患,君子也就不会担忧了。"

8.29 禹、稷当平世,三过其门而不入,孔子贤之。[1]颜子当乱世,居于陋巷,一箪食,一瓢饮;人不堪其忧,颜子不改其乐,孔子贤之。[2]

孟子曰:"禹、稷、颜回同道。禹思天下有溺者,由己溺之也;稷思天下有饥者,由己饥之也,是以如是其急也。禹、稷、颜子易地则皆然。今有同室之人斗者,救之,虽被发缨冠而救之,可也。乡邻有斗者,被发缨冠而往救之,则惑也;虽闭户可也。"[3]

【校注】

[1] 稷:后稷,周人始祖。平世:太平之世。　[2] 颜子:颜回。堪:承受。　[3] 缨:冠缨,做动词。

【译文】

大禹、后稷处在太平时代,三过家门而不进,孔子称他们贤。颜回处在乱世,住在简陋的街巷,每天一篮子吃的、一瓢喝的,人都受不了那种困苦,而颜回不改他的乐观,孔子称他贤。

孟子说:"大禹、后稷、颜回,三人的主张相同。大禹想的是天下有人溺水,是由自己溺的他;后稷想的是天下有人挨饿,是由自己饿的他,所以如此之急。大禹、后稷、颜回换了时代,都会那样。假如现在有同一所房子里的人互相打斗,想制止他们,即使是披散着头发戴上冠急忙去制止,也可以。如果乡邻有互相打斗的,披散着头发戴上冠急忙去制止,就糊涂了;这时候即使是关上门不理也可以。"

8.30 公都子曰:"匡章,通国皆称不孝焉。[1]夫子与之游,又从而礼貌之,敢问何也?"

孟子曰:"世俗所谓不孝者五:惰其四支,不顾父母之养,一不孝也;[2]博弈好饮酒,不顾父母之养,二不孝也;[3]好货财,私妻子,不顾父母之养,三不孝也;从耳目之欲,以为父母戮,四不孝也;[4]好勇斗很,以危父母,五不孝也。[5]章子有一于是乎?夫章子,子父责善而不相遇也。[6]责善,朋友之道也;父子责善,贼恩之大者。夫章子岂不欲有夫妻子母之属哉?为得罪于父,不得近,出妻屏子,终身不养焉。[7]其设心以为不若是,是则罪之大者。是则章子已矣。"[8]

【校注】

[1] 公都子:孟子弟子。匡章:齐国名将。 [2] 四支:即四肢。 [3] 博弈:下棋。 [4] 从:同"纵"。戮:辱也。 [5] 很:同"狠"。 [6] 责:求也。 [7] 屏:抛弃。 [8] 设心:犹设想。

【译文】

公都子问:"匡章,全国人都称他不孝。而先生与他交游,随之又敬重他,敢问怎么回事?"

孟子说:"世俗所谓不孝的有五种:四肢懒惰,不顾对父母的赡养,是第一种不孝;赌博又喜欢饮酒,不顾对父母的赡养,是第二种不孝;喜欢钱财,只爱自己的妻子儿女,不顾对父母的赡养,是第三种不孝;放纵耳目的欲望,以致成为父母的耻辱,是第四种不孝;好勇善斗,危及父母,是第五种不孝。匡章子有其中一种吗?那匡章子,属于父子之间相互责求善而实际上又不相遇。责求善,属于朋友之道;父子责善,是最伤恩情的。那匡章子,难道不想有夫妻、母子吗?因为得罪父亲,不能与他亲近,所以才赶出妻子摒远儿子,一辈子不要他们侍养。他设想以为,不这样,就是大罪。这就是匡章子罢了。"

8.31 曾子居武城,有越寇。[1]或曰:"寇至,盍去诸?"[2]

曰:"无寓人于我室,毁伤其薪木。"[3]

寇退,则曰:"修我墙屋,我将反。"

寇退,曾子反。左右曰:"待先生如此其忠且敬也。寇至则先去以为民望,寇退则反,殆于不可。"[4]

沈犹行曰:"是非汝所知也。[5]昔沈犹有负刍之祸,从先生者七十人,未有与焉。"[6]

子思居于卫,有齐寇。或曰:"寇至,盍去诸?"子思曰:"如伋去,君谁与守?"

孟子曰:"曾子、子思同道。曾子,师也,父兄也;子思,臣也,微也。曾子、子思易地则皆然。"

【校注】

[1] 武城：在今山东费县西南。　　[2] 盍：何不。　　[3] 寓：寄居。薪木：指树木。　　[4] 殆：恐怕。　　[5] 沈犹行：曾子弟子。　　[6] 负刍：人名。

【译文】

曾参住在武城，越国人入寇。身边有人给他说："越寇来了，为什么不离开这里呢？"

曾参说："（好吧，你看家。）但不要让人住我的房子，毁伤院子里的树木。"

越寇退去后，曾子捎话给看家的人说："修理好我的院墙和房子，我将要返回了。"

越寇退去后，曾子返回。身边的人说："武城人待先生如此忠诚而且恭敬，贼寇来了您却先行离开作为百姓的榜样，贼寇退了就返回去，恐怕不可以。"

沈犹行说："这不是你们所知道的。从前我家遭遇负刍之祸，跟随先生的七十个人，没有一个参与救祸的。"

子思住在卫国，齐国人入寇。有人说："齐寇来了，为什么不离开这里呢？"子思说："如果我离开，卫君和谁一起守城呢？"

孟子说："曾子、子思的主张相同。曾子当时是老师，犹如父兄；子思当时是臣子，地位低微。曾子、子思如果换了位，就都会那样。"

8.32　储子曰："王使人瞯夫子，果有以异于人乎？"[1]

孟子曰："何以异于人哉？尧舜与人同耳。"

【校注】

[1] 储子：齐国人。瞯：窥探。

【译文】

储子问："齐王派人偷窥先生，先生果真有不同于常人的地方吗？"

孟子说："怎么会不同于常人呢？即使是尧和舜，也是与常人相同的。"

8.33　齐人有一妻一妾而处室者，其良人出，则必餍酒肉而后反。[1]其妻问所与饮食者，则尽富贵也。其妻告其妾曰："良人出，则必餍酒肉而后反；[2]问其与饮食者，尽富贵也，而未尝有显者来，吾将瞯良人之所之也。"

蚤起，施从良人之所之，遍国中无与立谈者。[3]卒之东郭墦间，之祭者,乞其余;不足,又顾而之他。此其为餍足之道也。

其妻归,告其妾曰:"良人者,所仰望而终身也。今若此。"与其妾讪其良人,而相泣于中庭。[4]而良人未之知也,施施从外来,骄其妻妾。[5]

由君子观之,则人之所以求富贵利达者,其妻妾不羞也而不相泣者,几希矣。[6]

【校注】

[1] 良人:丈夫。餍:音厌,饱足。 [2] 蚤:同"早"。施:音亦,借为尾,尾随。 [3] 卒:终。墦:音凡,坟墓。 [4] 讪:讥笑。 [5] 施施:音伊伊,舒缓的样子。骄:骄横。 [6] 几:几乎。希:同"稀",稀少。

【译文】

齐国有一个人,家里有一妻一妾。丈夫每次出门,必定是吃饱喝足以后才回家。妻子问他一道吃喝的是些什么人,他总是说全都是富贵人。有一天,妻子告诉他的妾说:"丈夫出门,总是吃饱喝足以后回来;问他一起吃喝的是什么人,他总说全是富贵人,但我们从来没见过显贵人物到家里来过,我准备偷偷地去看他到底去的什么地方。"

第二天早早起来,妻子尾随在丈夫的后面,走遍全城,没有一个人站下来和她丈夫说话。丈夫最后去到了东郊的墓地,走近扫墓的人,讨要他们剩余的祭品吃;不够,又回头到别处去讨。这就是他吃饱喝足的办法。

妻子回到家里,告诉妾说:"丈夫,是我们一辈子所仰望的,如今竟然是这样!"两个人讥讪他,在院子里面对面哭泣。丈夫不知道,大摇大摆地从外面回来,继续向两个女人摆威风。

在君子看来,人用来求取升官发财的方法,要使他的妻妾不以为耻;如果以为耻而不对面哭泣的,几乎很少。

万 章 上

9.1 万章问曰:"舜往于田,号泣于旻天,何为其号泣也?"[1]孟子曰:"怨慕也。"[2]

万章曰:"父母爱之,喜而不忘;父母恶之,劳而不怨。[3]然则舜怨乎?"

曰:"长息问于公明高曰:[4]'舜往于田,则吾既得闻命矣;号泣于旻天,于父母,则吾不知也。'公明高曰:'是非尔所知也。'夫公明高以孝子之心,为不若是恝。[5]我竭力耕田,共为子职而已矣。[6]父母之不我爱,于我何哉?帝使其子九男二女,百官、牛羊、仓廪备,以事舜于畎亩之中。[7]天下之士多就之者,帝将胥天下而迁之焉。[8]为不顺于父母,如穷人无所归。天下之士悦之,人之所欲也,而不足以解忧;好色,人之所欲,妻帝之二女而不足以解忧;富,人之所欲,富有天下而不足以解忧;贵,人之所欲,贵为天子而不足以解忧。人悦之、好色、富、贵,无足以解忧者,惟顺于父母,可以解忧。人少,则慕父母;知好色,则慕少艾;[9]有妻子,则慕妻子;仕则慕君,不得于君则热中。[10]大孝终身慕父母。五十而慕者,予于大舜见之矣。"

【校注】

[1]旻天:即天。　[2]慕:爱慕、思念、依恋。　[3]《礼记·祭义》:"父母爱之,喜而弗忘。父母恶之,惧而无怨。"　[4]长息:公明高弟子;公明高:曾子弟子。　[5]恝:音介,心痛。　[6]共:借为"恭",恭敬。　[7]畎:音犬,田间水沟。畎亩:即田亩。　[8]胥:犹"尽",全部。　[9]少艾:年轻美貌的人。　[10]热中:内心发热。

【译文】

万章问:"舜去到田地里,向着天哭号。他为什么要哭号呢?"孟子说:"是怨恨而又怀恋父母。"

万章说："（曾子说：）父母爱他，高兴而不忘；父母不爱他，辛劳而不怨恨。那么，舜还怨恨吗？"

孟子说："长息问公明高说：'舜去到田地，那我已经听您说过了；而向着天哭号，这样对父母，这我不知道。'公明高说：'这不是你所能懂的。'那公明高以孝子之心，以为不这样自己心里就过不去，所以认为自己只有竭力种地，恭敬地尽儿子的本分而已。父母不我爱，对我有什么呢？尧帝派他的九个儿子两个女儿，还有百官以及牛羊、粮食等所有东西，在田地里去事奉舜。天下的士也多有到他那里去的，尧帝就准备把全天下让给舜。舜因为不能使父母顺心，就像生活穷困的人没有地方去似的。天下的士喜欢他，人人都想他，而不足以使他解忧；喜欢女人，是人的欲望，舜以尧帝的两个女儿为妻，还不足以使他解忧；富裕，是人的欲望，富有全天下，却不足以使他解忧；尊贵，是人的欲望，贵为天子，却不足以解忧。人喜欢他、有漂亮女人、富贵，都不足以解忧，只有使父母顺心，才可以解忧。人在年幼的时候，爱慕父母；懂得喜欢女人的时候，就爱慕年轻漂亮的姑娘。有了妻子以后，便爱慕妻子；走上仕途了便爱慕君王，得不到君王的赏识便内心焦急发热。大孝之人一辈子都爱慕父母。五十岁还爱慕父母的，我在伟大的舜身上看到了。"

9.2　万章问曰："《诗》云：'娶妻如之何？必告父母。'[1]信斯言也，宜莫如舜。[2]舜之不告而娶，何也？"

孟子曰："告则不得娶。男女居室，人之大伦也。[3]如告，则废人之大伦，以怼父母，是以不告也。"[4]

万章曰："舜之不告而娶，则吾既得闻命矣；帝之妻舜而不告，何也？"

曰："帝亦知告焉则不得妻也。"

万章曰："父母使舜完廪，捐阶，瞽瞍焚廪。[5]使浚井，出，从而掩之。[6]象曰：'谟盖都君咸我绩。[7]牛羊父母，仓廪父母，干戈朕，琴朕，弤朕，二嫂使治朕栖。'[8]象往入舜宫，舜在床琴。象曰：'郁陶思君尔。'[9]忸怩。[10]舜曰：'惟兹臣庶，汝其于予治。'[11]不识舜不知象之将杀己与？"

曰："奚而不知也？象忧亦忧，象喜亦喜。"

曰："然则舜伪喜者与？"

曰："否。昔者有馈生鱼于郑子产,子产使校人畜之池。[12]校人烹之,反命曰:'始舍之圉圉焉,少则洋洋焉,攸然而逝。'[13]子产曰'得其所哉!得其所哉!'校人出,曰:'孰谓子产智?予既烹而食之,曰:得其所哉?得其所哉。'故君子可欺以其方,难罔以非其道。[14]彼以爱兄之道来,故诚信而喜之,奚伪焉?"

【校注】

[1]此《诗经·齐风·南山》三章之句。 [2]信:相信。 [3]伦:伦次、伦理。 [4]怼:音对,怨也。 [5]廪:粮仓。捐:除去。阶:梯子。瞽瞍:亦作"瞽叟",瞎眼老头,指舜的父亲。 [6]浚:音俊,疏通、淘泥。出:疑当作"入"。掩:填埋。 [7]谟:谋也。盖:借为"害"。都君:指舜。咸:皆、都。绩:功也。 [8]朕:我。弤:音邸,弓箭。栖:音期,所栖息、床铺。 [9]郁陶:思念的样子。 [10]忸怩:不好意思的样子。 [11]于:读为"为",助也,古音同。 [12]校人:小吏。 [13]圉圉:音誉誉,拘束的样子。洋洋:洒脱的样子。攸然:同"悠然"。 [14]罔:同"惘",迷惘、迷惑。

【译文】

万章问:"《诗经》里说:'娶妻当怎样?必须告父母。'相信这话的人,应该没有像舜的。而舜却不报告父母而娶妻,为什么?"

孟子说:"因为报告了就不能娶。男女结婚,是人的大伦。如果报告,就会废了人的大伦,以致怨恨父母,所以不报告。"

万章又问:"舜不告而娶的原因,我已经听到了;而尧帝给舜妻子却不报告舜的父母,又是为什么?"

孟子说:"尧帝也知道报告了舜的父母就不能给。"

万章说:"父母让舜上去修缮粮仓,却撤去梯子,父亲还放火焚烧粮仓;让舜去淘井,刚下去,跟着就掩埋他。弟弟象(以为舜死了,分家的时候对父母)说:'谋害舜都是我的功劳。所以他的牛羊归父母,粮仓归父母,而兵器归我,琴归我,弓箭归我,两个嫂嫂让她们给我整理床铺。'象又到舜的屋子,发现舜正坐在凳子上弹琴。象说:'我好想你呀!'显得不好意思。舜说:'这些臣民百姓,你帮助我治理吧。'难道舜不知道象将要杀害自己吗?"

孟子说:"怎么能不知道?只是象忧他也忧,象喜他也喜罢了。"

万章说:"这样的话,舜是忧和喜都假装的吧?"

孟子说:"不。从前有人给郑国的子产送了一条鱼,子产让小吏把它养在池子里。小吏煮了吃了,却回去覆命说:'刚放开有点拘束,一会儿就洒脱了,然后忽忽悠悠就不见了。'子产说'得到了它的去处！得到了它的去处！'小吏出门给人说：'谁说子产聪明？我已经煮着吃了，他还说'得到了它的去处，得到了它的去处'。所以君子可以按他的处事方法去欺骗，而难以用不合其主张的事情去迷惑。他（象）以爱哥哥的方法而来，所以舜真诚地喜欢他，有什么虚假？"

9.3　万章问曰："象日以杀舜为事，立为天子，则放之，何也？"[1]

孟子曰："封之也，或曰放焉。"[2]

万章曰："舜流共工于幽州，放驩兜于崇山，杀三苗于三危，殛鲧于羽山，四罪而天下咸服，诛不仁也。[3]象至不仁，封之有庳，有庳之人奚罪焉？[4]仁人固如是乎？在他人则诛之，在弟则封之。"

曰："仁人之于弟也，不藏怒焉，不宿怨焉，亲爱之而已矣。[5]亲之欲其贵也，爱之欲其富也。封之有庳，富贵之也。身为天子，弟为匹夫，可谓亲爱之乎？"

"敢问或曰放者，何谓也？"

曰："象不得有为于其国，天子使吏治其国，而纳其贡税焉，故谓之放，岂得暴彼民哉？虽然，欲常常而见之，故源源而来。[6]'不及贡，以政接于有庳'，[7]此之谓也。"

【校注】

[1] 放：放逐、发配。　[2] 封：分封。　[3] 流：流放。共工：以官称。幽州：北方之地，相传在今北京密云东北。驩：音欢。驩兜：人名。崇山：南方地名，相传在今湖北省崇阳县南。三苗：古国名。三危：西方地名，相传在今甘肃敦煌东南。殛：音及，诛杀。鲧：音滚，相传为大禹的父亲。羽山：相传在今江西省赣榆县境。　[4] 有庳(音必)：故地相传在今湖南省道县北。　[5] 宿：保留。[6] 源源：不断的样子。　[7] 贡：朝贡。

【译文】

万章问："舜的弟弟象每天都想着杀舜，而舜做了天子以后却只是流放了他，为什么呢？"

孟子说："是分封他，有人说是流放。"

万章说："舜把共工流放到幽州，把驩兜放逐到崇山，在三危山杀了三苗，在羽山诛杀了鲧。惩处了四大罪人而天下全部归服，因为这是诛杀不仁。象最为不仁，却把他封在有庳，有庳的百姓有什么罪呢？难道仁者本来就是这样吗？是外人就诛杀，是弟弟就分封吗？"

孟子说:"仁者对于弟弟,不隐藏愤怒,不保留怨恨,只是亲爱他而已。亲爱他就想让他贵,亲爱他就想让他富。把象分封在有庳,是让他富贵。自身是天子而弟弟作普通人,能说是亲爱他吗?"

万章又问:"请问有人说是流放,怎么讲?"

孟子说:"象不能在自己的封国有所作为,天子派官吏治理他的封国,而向他征缴赋税,所以叫作流放,怎么能欺凌他的百姓呢?虽然这样,还想常常见到他,所以他不断地来。所谓'不等朝贡,以政事接触有庳',说的就是这个。"

9.4 咸丘蒙问曰:[1]"语云:'盛德之士,君不得而臣,父不得而子。'舜南面而立,尧帅诸侯北面而朝之,瞽瞍亦北面而朝之。舜见瞽瞍,其容有蹙。[2]孔子曰:'于斯时也,天下殆哉,岌岌乎!'[3]不识此语诚然乎哉?"

孟子曰:"否。此非君子之言,齐东野人之语也。[4]尧老而舜摄也。[5]《尧典》曰:'二十有八载,放勋乃徂落,百姓如丧考妣,三年,四海遏密八音。'[6]孔子曰:'天无二日,民无二王。'[7]舜既为天子矣,又帅天下诸侯以为尧三年丧,是二天子矣。"

咸丘蒙曰:"舜之不臣尧,则吾既得闻命矣。《诗》云:'普天之下,莫非王土;率土之滨,莫非王臣。'[8]而舜既为天子矣,敢问瞽瞍之非臣,如何?"

曰:"是诗也,非是之谓也;劳于王事,而不得养父母也。曰'此莫非王事,我独贤劳也'。故说诗者不以文害辞,不以辞害志。[9]以意逆志,是为得之。[10]如以辞而已矣,《云汉》之诗曰'周余黎民,靡有孑遗',信斯言也,是周无遗民也。[11]孝子之至,莫大乎尊亲;尊亲之至,莫大乎以天下养。为天子父,尊之至也;以天下养,养之至也。《诗》曰:'永言孝思,孝思维则。'[12]此之谓也。《书》曰:'祗载见瞽瞍,夔夔齐栗,瞽瞍亦允若。'[13]是为'父不得而子'也?"

【校注】

[1]咸丘蒙:孟子弟子。　[2]蹙:音促,局促、窘迫。　[3]岌岌:高危的样子。　[4]野人:住在郊野之人。　[5]摄:代理。　[6]放勋:尧的名号。徂(音殂)落:死亡。考妣:称已经亡故的父母。遏:止也。密:借为"谧",无声。八音:八种(金、石、丝、竹、匏、土、革、木)材质的乐器之音,泛指

音乐。　　[7] 按《礼记·曾子问》:"曾子问曰:'丧有二孤,庙有二主,礼与?'孔子曰:'天无二日,土无二王。'"　　[8] 此《诗经·小雅·北山》二章之句。率:沿着。土:国土。滨:水边。　　[9] 文:文字。害:损害、妨害。辞:词句。志:思想。　　[10] 逆:推断。　　[11] 靡:无也。孑:孤单。孑遗:形容所遗之少。　　[12] 此《诗经·大雅·云汉》三章之句。　　[13] 此《尚书》佚篇文。祗载:敬事。夔夔:谨慎的样子。齐:用同"斋"。斋栗:同"战栗",发抖。允若:读"允诺"。

【译文】

咸丘蒙问:"俗话说:'有盛德的人,国君不能把他当臣子,父亲不能把他当儿子。'舜面朝南站立,尧率领诸侯面朝北朝见他,父亲瞽瞍也面朝北朝见他。舜看见瞽瞍,显得局促不安。孔子说:'当那个时候,天下岌岌可危。'不知道这话讲得确实吗?"

孟子说:"不。这不是君子的话,而是齐东村夫的话。尧帝老了而舜为代理。《尚书·尧典》里说:'过了二十八年,尧帝放勋才去世,百姓如同死了父母,三年期间,天下禁绝音乐。'孔子说:'天上没有两个太阳,人间没有两个帝王。'舜已经是天子了,又率领天下诸侯为尧服三年之丧,就等于是有两个天子了。"

咸丘蒙又说:"舜不以尧为臣,那我已经领教了。而《诗经》里面说:'整个天底下,都是王家土;全部国土上,都是王的臣。'舜已经是天子了,请问他父亲瞽瞍却不是臣,为什么呢?"

孟子说:"这首诗,不是这个意思;而是说他辛劳王事,不能够奉养父母。所以说'这些事没有一件不是王事,而我独自一人多劳'。所以解说诗的人不能以文字害辞义,不以辞义害思想。只有按照自己的理解去推导思想,这才算对。如果只根据文辞,像《诗经·云汉》里说'周民所剩余,已经无孑遗',如果相信这话,即等于说周朝没有遗民了。孝子的极点,没有比尊敬父母更大的;尊敬父母的极点,没有比拿天下来养父母更大的。做天子的父母,是被尊敬的极点;拿天下来养,是养的极点。《诗经》里说:'永远讲孝道,孝道做法则。'说的就是这个。《尚书》里说:'恭敬见瞽瞍,谨慎身发抖,瞽瞍也答应。'这是'父亲不能把他当儿子'吗?"

9.5　万章曰:"尧以天下与舜,有诸?"

孟子曰:"否。天子不能以天下与人。"

"然则舜有天下也,孰与之?"

曰:"天与之。"

"天与之者,谆谆然命之乎?"[1]

曰:"否。天不言,以行与事示之而已矣。"

曰:"以行与事示之者,如之何?"

曰:"天子能荐人于天,不能使天与之天下;诸侯能荐人于天子,不能使天子与之诸侯;大夫能荐人于诸侯,不能使诸侯与之大夫。昔者尧荐舜于天而天受之,暴之于民而民受之,故曰:天不言,以行与事示之而已矣。"[2]

曰:"敢问荐之于天而天受之,暴之于民而民受之,如何?"

曰:"使之主祭而百神享之,是天受之;使之主事而事治,百姓安之,是民受之也。天与之,人与之,故曰:天子不能以天下与人。舜相尧二十有八载,非人之所能为也,天也。尧崩,三年之丧毕,舜避尧之子于南河之南。[3]天下诸侯朝觐者不之尧之子而之舜,讼狱者不之尧之子而之舜,讴歌者不讴歌尧之子而讴歌舜,故曰天也。[4]夫然后之中国,践天子位焉。而居尧之宫,逼尧之子,是篡也,非天与也。《太誓》曰:'天视自我民视,天听自我民听。'此之谓也。"

【校注】

[1] 谆谆:反复叮咛。　　[2] 暴:音曝,显露、公开。　　[3] 南河:在今山东濮县东二十五里,处尧都之南,故称南河。　　[4] 朝觐(音晋):朝见天子。讼狱:告状。讴歌:歌唱。

【译文】

万章问:"尧把天下给了舜,有这回事吗?"

孟子说:"不,天子不能把天下给人。"

万章问:"那么舜有天下,是谁给他的?"

孟子说:"是天给他的。"

万章问:"所谓天给他,是天反复叮咛告诫他吗?"

孟子说:"不,天不说话,是用行动和事情示意他罢了。"

万章问:"以行动和事情示意,怎样示意?"

孟子说:"天子能向天推荐人,但不能使天把天下给人;诸侯能向天子推荐人,但不能使天子把诸侯之位给人;大夫能够向诸侯推荐人,但不能使诸侯把大夫之位给人。从前,尧向天推荐了舜,天接受了;公开给百姓,百姓也接受了。所以说,天不说话,用行动和事情来示意罢了。"

万章说:"请问推荐给天,天接受了;公开给老百姓,老百姓也接受了,怎么接受呢?"

孟子说:"让他主持祭祀,神明都来享用,这就是天接受了;让他主持政事,政事得到治理,百姓很满意,这就是百姓接受了。可见是天给他的,是百姓给他的。所以说,天子不能把天下给人。舜辅佐尧二十八年,不是人自己所能做到的,而是天帮助他做到。尧去世以后,舜为他服丧三年结束,为避开尧的儿子而躲到南河的南边,天下诸侯去朝见的,不去尧的儿子那里而去舜那里;告状的,不去尧的儿子那里而去舜那里;歌唱的,不歌颂尧的儿子而歌颂舜。所以说,这是天。这样,舜才回到都城,在那里登上天子之位。如果先占据尧的宫室,逼迫尧的儿子,那就是篡夺,而不是天给了。《尚书·太誓》里说:'天所见的来自我们百姓所见的,天所听的来自我们百姓所听的。'说的就是这个。"

9.6　万章问曰:"人有言:'至于禹而德衰,不传于贤而传于子。'有诸?"

孟子曰:"否,不然也。天与贤则与贤,天与子则与子。昔者舜荐禹于天,十有七年,舜崩。三年之丧毕,禹避舜之子于阳城。[1]天下之民从之,若尧崩之后不从尧之子而从舜也。禹荐益于天,七年,禹崩。[2]三年之丧毕,益避禹之子于箕山之阴。[3]朝觐、讼狱者不之益而之启,曰:'吾君之子也。'讴歌者不讴歌益而讴歌启,曰:'吾君之子也。'丹朱之不肖,舜之子亦不肖。[4]舜之相尧、禹之相舜也历年多,施泽于民久。[5]启贤,能敬承继禹之道。益之相禹也历年少,施泽于民未久。舜、禹、益相去久远,其子之贤不肖,皆天也,非人之所能为也。莫之为而为者,天也;莫之致而至者,命也。[6]匹夫而有天下者,德必若舜、禹,而又有天子荐之者,故仲尼不有天下。继世以有天下,天之所废,必若桀、纣者也,故益、伊尹、周公不有天下。伊尹相汤以王于天下。汤崩,太丁未立,外丙二年,仲壬四年。[7]太甲颠覆汤之典刑,伊尹放之于桐。[8]三年,太甲悔过,自怨自艾,于桐处仁迁义;[9]三年,以听伊尹之训己也,复归于亳。[10]周公之不有天下,犹益之于夏、伊尹之于殷也。孔子曰:'唐、虞禅,夏后、殷、周继,其义一也。'"[11]

【校注】

[1] 阳城:故地在今河南登封北。　[2] 益:人名。　[3] 箕山:在今河南登封东南。　[4] 丹朱:尧之子。　[5] 历:经、过。　[6] 致:送也。　[7] 太丁、外丙、仲壬:皆商王名。　[8] 桐:地名,在今河南偃师西

南。　　[9] 艾：停止。　　[10] 亳：地名，在今河南偃师西。　　[11] 唐：尧；虞：舜。禅：禅让。

【译文】

万章问："有人说：'到大禹时道德就衰落了，不传位给贤人而传位给儿子。'有这事吗？"

孟子说："不，不是这样。天给贤人就给贤人，天给儿子就给儿子。从前舜把大禹推荐给天，过了十七年，舜才去世。三年之丧结束，大禹躲避舜的儿子到阳城。天下百姓跟着他，就像尧去世后不跟尧的儿子而跟舜一样。大禹把益荐给天，过了七年，大禹去世。三年之丧结束，益躲避禹的儿子到箕山北边。朝拜和告状的人不去益那儿而去启那儿，他们说：'这是我君的儿子呀！'唱歌的不唱益而唱启，他们说：'这是我君的儿子呀！'尧的儿子丹朱不像父亲，舜的儿子也不像父亲。舜辅佐尧、禹辅佐舜年数多，给百姓施恩泽时间久。启贤明，能继承禹的思想。益辅佐禹时间短，给百姓施恩泽的时间不长。舜、禹、益相隔时间久远，他们的儿子的贤与不贤，都是天意，不是人所能做到的。没有人让他做而做的，是天；没有人送而到的，是命。普通人而有天下的，德行一定像舜和禹，而且又有天子的推荐，所以仲尼不能有天下。虽然世代相传有天下，而天所废弃的，一定是像桀和纣那样的，所以益、伊尹、周公不能有天下。伊尹辅佐商汤做天下之王。商汤去世，儿子太丁没有继位。后来外丙在位两年，仲壬在位四年。太甲推翻了商汤的典章和刑法，伊尹把他流放到桐。过了三年，太甲悔过，怨恨自己，不再做坏事，在桐行仁迁义；又过了三年，因为听从伊尹训教自己，所以又回到亳。周公不占有天下，就像益对于夏、伊尹对于殷。孔子说：'唐虞禅让，夏、商、周子孙继承，其意义是一样的。'"

9.7　万章问曰："人有言'伊尹以割烹要汤'，[1]有诸？"

孟子曰："否，不然。伊尹耕于有莘之野，而乐尧舜之道焉。[2]非其义也，非其道也，禄之以天下，弗顾也；[3]系马千驷，弗视也。[4]非其义也，非其道也，一介不以与人，一介不以取诸人。[5]汤使人以币聘之，嚣嚣然曰：[6]'我何以汤之聘币为哉？我岂若处畎亩之中，由是以乐尧舜之道哉？'汤三使往聘之，既而幡然改曰：[7]'与我处畎亩之中，由是以乐尧舜之道，吾岂若使是君为尧舜之君哉？吾岂若使是民为尧舜之民哉？吾岂若于吾身亲见之哉？天之生此民也，使先知觉后知，使先觉觉后觉也。予，天民之先觉者也；予将以斯道觉斯民也。非予觉之，而谁也？'思天下之民匹夫匹妇有不被尧舜之泽者，若己推而内之沟中。其自任以天下之重如此,故就汤而说之以伐夏救民。吾未闻枉己而正人者也,况辱己以正天下者乎?圣人之行不同也,或远或近,或去或不去,归洁其身而已矣。吾闻其以尧舜之道要汤,未闻以割烹也。《伊训》曰:'天诛造攻自牧宫,朕载自亳。[8],'"

【校注】

[1] 割烹:切肉烹煮。要:要求、求取。　[2] 有莘(音辛):国名,故地在今河南陈留东北。　[3] 禄:俸禄。　[4] 驷:四匹马。　[5] 介:借为"芥"。一介:形容极小之物。　[6] 嚣嚣:高傲的样子。　[7] 幡然:即翻然,翻转、完全改变的样子。　[8] 造:始。牧宫:夏桀的王宫。按今《尚书·伊训》无"天诛","牧宫"作"鸣条"。

【译文】

万章问:"有人说'伊尹凭切肉烹饪的技术有求于商汤',有这事吗?"

孟子曰:"不,不是这样。伊尹在有莘国的郊外种地,而喜欢尧舜之道。不是他认为合理的,或者不合他主张的,即使把天下给他,他头也不回;即使拴上几千匹马,他看也不看;不是他认为合理的,或者不合他的主张,即使一粒芥子也不给人,也不拿人的。汤派人用厚礼聘请他,他傲气地说:'我要汤的礼物干什么呢?哪里比得上我身在田亩,而喜欢尧舜之道呢?'汤三次派人前往请他,他才幡然改悟,说:'与其我身处田亩之中,在这里喜欢尧舜之道,哪里比得上我让这个国君变成像尧舜一样呢?哪里比得上我让这些百姓做尧舜的子民呢?哪里比得上我亲眼看到呢?上天生下这些百姓,就是让先知的开导后知的,使先觉悟的开导后觉悟的。我,就是老天子民中的先觉者;我将用这种思想使这些百姓觉悟。除非我使他们觉悟,还能是谁呢?'他想:天下的百姓,有一个男人或女人不蒙受尧舜恩泽的,就像是我自己把他们推进了沟里。他就是这样把天下的重担挑在自己身上。所以他到汤那里说服他伐夏救民。我没听说过自己不正而能端正别人的,何况是屈辱自己以匡正天下?圣人的行为不同,或远或近,或去或不去,回去以后都要清洁自身。我听说过伊尹以尧舜之道要挟汤,没听说过他凭切肉烹饪的技术有求于汤。《伊训》里说:'上天的诛伐以及进攻从牧宫开始,我从亳邑开始。'"

9.8　万章问曰:"或谓孔子于卫主痈疽,于齐主侍人瘠环,有诸乎?"[1]

孟子曰:"否,不然也,好事者为之也。于卫主颜雠由。[2]弥子之妻与子路之妻,兄弟也。[3]弥子谓子路曰:'孔子主我,卫卿可得也。'子路以告。孔子曰:'有命。'[4]孔子进以礼,退以义,得之不得曰'有命'。而主痈疽与侍人瘠环,是无义无命也。孔子不悦于鲁、卫,遭宋桓司马将要而杀之,微服而过宋。[5]是时孔子当厄,主司城贞子,为陈侯周臣。[6]吾闻观近臣,以其所为主;观远臣,以其所主。若孔子主痈疽与侍人瘠环,何以为孔子?"

【校注】

[1]主:以之为主人,即住在其家。痈疽:人名,即雍渠。侍人:宦官。瘠环:亦人名。　[2]颜雠由:人名,《史记·孔子世家》作"颜浊邹"。　[3]弥子:卫灵公宠臣,名瑕。　[4]命:指天命。　[5]要:同"腰",谓中途拦截。微服:穿平民服装。　[6]厄:穷困。司城贞子:陈国负责城墙的官员。陈侯周:陈国国君,名周。

【译文】

万章问:"有人说孔子在卫国以痈疽为主人,在齐国以侍人瘠环为主人,有这事吗?"

孟子说:"不,不是那样,那是好事的人编造的。事实是在卫国以颜雠由为主人。弥子瑕的妻子与子路的妻子是姊妹。弥子瑕对子路说:'如果孔子以我为主人,可以得到卫国卿士的职位。'子路把这话告诉了孔子,孔子说:'自有天命。'孔子做事以礼而进、以义而退,不管得与不得都说'自有天命'。如果以痈疽与侍人瘠环为主人,就是既无义又无天命。孔子不受鲁国和卫国的喜欢,又遭遇宋国的桓司马准备拦截而杀他,于是就穿着平民服装经过宋国。那个时候孔子正当穷困时期,所以就以司城贞子为主人,做陈侯周的大臣。我听说看近臣,看他给谁做主人;看远臣,看它以谁为主人。如果孔子以痈疽与侍人瘠环为主人,怎么能算孔子?"

9.9　万章问曰:"或曰'百里奚自鬻于秦养牲者,五羊之皮;食牛以要秦穆公',[1]信乎?"

孟子曰:"否,不然,好事者为之也。百里奚,虞人也。[2]晋人以垂棘之璧与屈产之乘假道于虞以伐虢,宫之奇谏,百里奚不谏。[3]知虞公之不可谏而去,之秦,年已七十矣,曾不知以食牛干秦穆公之为污也,可谓智乎?[4]不可谏而不谏,可谓不智乎?知虞公之将亡而先去之,不可谓不智也。时举于秦,知穆公之可与有行也而相之,可谓不智乎？[5]相秦而显其君于天下，可传于后世，不贤而能之乎？自鬻以成其君，乡党自好者不为，而谓贤者为之乎？"

【校注】

[1]百里奚：原为虞国大夫，后主秦国政。鬻：音誉，卖。食：读去声，养、喂。　[2]虞：故地在今山西平陆东北。　[3]垂棘：晋国地名，出美玉。屈：亦地名。虢：音国，所谓东虢，故地亦在今山西平陆。宫之奇：虞国大夫。[4]曾：竟然。干：求也。　[5]有行：有所作为。

【译文】

万章问："有人说'百里奚是自己把自己卖给秦国的一个养牛人，价值五张羊皮，又去喂牛，而干求于秦穆公'，是真的吗？"

孟子曰："不，不是这样，这是好事的人编出来的。百里奚，本来是虞国人。晋国人用垂棘产的玉璧和屈地产的车子向虞国借路以伐虢国，宫之奇劝谏虞公不要接受，而百里奚不去劝谏。他知道虞公劝谏不了，就离开了虞国，来到秦国。当时他已经七十岁了，竟然不知道借喂牛而求秦穆公是污浊的行为，这能叫聪明吗？他知道不可劝谏而不劝谏，能叫不聪明吗？知道虞公将败亡而先离开他，不能叫不聪明。当时被秦国举用，知道秦穆公可以一起有所作为而辅佐他，能叫不聪明吗？做秦国的卿相而使他的国君在天下扬名，并且可以传到后世，如果不贤明能做到吗？自己卖自己以成就他的国君，乡下自爱的人尚且不做，能说贤明的人愿意去做吗？"

万　章　下

10.1　孟子曰:"伯夷,目不视恶色,耳不听恶声;[1]非其君不事,非其民不使;治则进,乱则退。横政之所出,横民之所止,不忍居也。[2]思与乡人处,如以朝衣朝冠坐于涂炭也。[3]当纣之时,居北海之滨,以待天下之清也。故闻伯夷之风者,顽夫廉,懦夫有立志。[4]

"伊尹曰:'何事非君?何使非民?'治亦进,乱亦进,曰:'天之生斯民也,使先知觉后知,使先觉觉后觉。予,天民之先觉者也;予将以此道觉此民也。'思天下之民匹夫匹妇有不与被尧舜之泽者,若己推而内之沟中,其自任以天下之重也。

"柳下惠,不羞污君,不辞小官;[5]进不隐贤,必以其道;遗佚而不怨,厄穷而不悯。[6]与乡人处,由由然不忍去也:[7]'尔为尔,我为我,虽袒裼裸裎于我侧,尔焉能浼我哉?'[8]故闻柳下惠之风者,鄙夫宽,薄夫敦。[9]

"孔子之去齐,接淅而行;[10]去鲁,曰'迟迟吾行也,去父母国之道也'。可以速而速,可以久而久,可以处而处,可以仕而仕,孔子也。"

孟子曰:"伯夷,圣之清者也;伊尹,圣之任者也;[11]柳下惠,圣之和者也;[12]孔子,圣之时者也。[13]孔子之谓集大成。集大成也者,金声而玉振之也。[14]金声也者,始条理也;玉振之也者,终条理也。始条理者,智之事也;终条理者,圣之事也。智,譬则巧也;[15]圣,譬则力也。由射于百步之外也,其至,尔力也;[16]其中,非尔力也。"

【校注】

[1] 何:借为"盍",何不。非:借为"彼",那,古音同。　　[2] 横:读去

声,蛮横、残暴。　　[3]涂炭:泥浆与炭灰。　　[4]顽:贪婪。　　[5]污君:有污点的国君。　　[6]厄穷:穷困。悯:忧愁。　　[7]由由然:不离的样子。　　[8]袒裼(音西)裸裎(音程):赤身裸体。浼:音每,污染。[9]鄙夫:心胸狭窄之人。薄夫:寡情薄义之人。敦:厚道。　　[10]接:接连不断。淅:音析,淘米水。　　[11]任:任事。　　[12]和:温和、随和。[13]时:谓识时务。　　[14]金声:金钟之声;玉振:玉磬之音。　　[15]譬:譬如、好比。　　[16]由:同"犹",犹如。尔:你,古音同。

【译文】

孟子说:"伯夷这个人,眼睛不看难看的颜色,耳朵不听难听的声音;不是他理想的君主不侍奉,不是他理想的百姓不役使;天下太平就进身干事,天下混乱就隐退不出。出现暴政的国家,居有暴民的地方,他不忍心居住;心里想着与乡下人在一起,就像穿着朝服戴着朝冠而坐在泥浆或炭灰上一样。当殷纣王在位的时候,他居住在渤海边,等待天下太平。所以听到伯夷风范的人,心胸狭窄者会变得廉洁,懦夫会变得意志坚定。

"伊尹说:'为什么不事奉那君?为什么不役使那民?'所以,他是天下太平时进身,天下大乱时也进身。他说:'上天生下这些百姓,就是要让先知开导后知的,先觉开导后觉。我就是天民中的先觉者。所以,我将用这种方法开导那些后觉的人。'他认为天下的百姓中,只要有一个男人或一个女人没有蒙受尧舜的恩泽,就像是自己把他们推进了山沟一样。他就是这样自己挑起了治理天下的重担。

"柳下惠不以侍奉坏君主为耻辱,也不因为官小而不做;进身不隐藏自己的才能,一定按自己的原则办事;不被任用不怨恨,穷困也不忧愁。与乡下人在一起,黏黏糊糊不忍离去。他说:'你是你,我是我,即使赤身裸体站在我旁边,你怎么能污染我呢?'所以,听到过柳下惠风范的人,心胸狭窄者会变宽阔,刻薄者会变得厚道。

"孔子离开齐国的时候,不等把米淘干就走;离开鲁国时却说:'我们慢慢走吧,这是离开父母之邦的路呀!'该快就快,该慢就慢;可以住就住,可以任事就任事,这就是孔子。"

孟子说:"伯夷,是圣人里面的清高者;伊尹,是圣人里面的任事者;柳下惠,是圣人里面的温和者;孔子,是圣人里面的识时务者。孔子叫做'集大成'。所谓'集大成',就好比奏乐的时候用钟起音,而用磬收音。用钟起音,是为了有条理地开始;用磬收音,是为了有条理地结束。有条理地开始,属于智慧;有条理地结束,属于神圣。智慧,好比是技巧;神圣,好比是力量。犹如在百步以外射箭,箭能射到靶子,是靠你的力量;而射中靶心,却不是靠你的力量。"

10.2　北宫锜问曰:"周室班爵禄也如之何?"[1]

孟子曰:"其详不可得闻也,诸侯恶其害己也而皆去其籍,然而轲也尝闻其略也:[2]天子一位,公一位,侯一位,伯一位,子、男同一位,凡五等也。君一位,卿一位,大夫一位,上士一位,中士一位,下士一位,凡六等。天子之制,地方千里,公侯皆方百里,伯七十里,子、男五十里,凡四等。不能五十里,不达于天子,附于诸侯,曰附庸。[3]天子之卿受地视侯,大夫受地视伯,元士受地视子、男。[4]大国地方百里,君十卿禄,卿禄四大夫,大夫倍上士,上士倍中士,中士倍下士,下士与庶人在官者同禄,禄足以代其耕也。次国地方七十里,君十卿禄,卿禄三大夫,大夫倍上士,上士倍中士,中士倍下士,下士与庶人在官者同禄,禄足以代其耕也。小国地方五十里,君十卿禄,卿禄二大夫,大夫倍上士,上士倍中士,中士倍下士,下士与庶人在官者同禄,禄足以代其耕也。耕者之所获,一夫百亩。百亩之粪,上农夫食九人,上次食八人,中食七人,中次食六人,下食五人。[5]庶人在官者,其禄以是为差。"[6]

【校注】

[1]北宫锜(音奇):卫国人。班:排列等级。　[2]籍:典籍、文献。轲:音科,孟子名。　[3]达:达到。　[4]视:看、比。　[5]粪:肥料,这里指耕种。　[6]按《礼记·王制》所载位爵之制与此互有异同。

【译文】

卫国人北宫锜问:"周王室制定爵禄的等级,采用什么办法?"

孟子说:"其详细情况已经无法知道,因为诸侯们怕伤害自己,都销毁了相关的文献典籍,不过我曾经听到过其大致情况:在天下,天子一等,公一等,侯一等,伯一等,子、男同一等,共五个等级。在诸侯国,君一等,卿一等,大夫一等,上士一等,中士一等,下士一等,共六个等级。天子直接治理的领地方圆一千里,公、侯都是方圆一百里,伯是七十里,子、男是五十里,共四个等级。不足五十里,达不到天子附属的,附在诸侯那里,叫附庸。天子的卿士受封地和诸侯一样,大夫受封地和伯一样,元士受封地和子、男一样。诸侯大国的领地方圆一百里,国君的俸禄是卿的十倍,卿的俸禄是大夫的四倍,大夫的俸禄是上士的两倍,上士是中士的两倍,中士是下士的两倍。下士与平民在官府当差的待遇相同,俸禄足以代替他种地。次一等国家的领地方圆七十里,国君的俸禄是卿的十倍,卿的俸禄是大夫的三倍,大夫的俸禄是上士的两倍,上士是中士的两倍,中士是下士的两倍。下士与平民在官府的待遇相同,俸禄足以代替他种地。小国的领地方圆五十里,国君的俸禄是卿的十倍,卿的俸禄是大夫的两倍,大夫的俸禄是上士的两倍,上士是中士的两倍,中士是下士的两倍。下士和与平民在官府的俸禄相同,俸禄足以代替他种地。种地人的所得,一个男子一百亩地。一百亩地的收成,上等农夫养活九口人,上次一等的养活八口人,中等农夫养活七口人,中次一等的养活六口人,下等的养活五口人。平民在官府当差的,俸禄也以这个是为标准。"

10.3　万章问曰:"敢问友。"[1]

孟子曰:"不挟长,不挟贵,不挟兄弟而友。[2]友也者,友其德也,不可以有挟也。孟献子,百乘之家也,有友五人焉:乐正裘、牧仲,其三人则予忘之矣。[3]献子之与此五人者友也,无献子之家者也。[4]此五人者,亦有献子之家,则不与之友矣。[5]非惟百乘之家为然也,虽小国之君亦有之。费惠公曰:'吾于子思,则师之矣;[6]吾于颜般,则友之矣;[7]王顺、长息,则事我者也。'[8]非惟小国之君为然也,虽大国之君亦有之。晋平公之于亥唐也,入云则入,坐云则坐,食云则食;[9]虽疏食菜羹,未尝不饱,盖不敢不饱也。然终于此而已矣。弗与共天位也,弗与治天职也,弗与食天禄也;[10]士之尊贤者也,非王公之尊贤也。舜尚见帝,帝馆甥于贰室,亦飨舜,迭为宾主,是天子而友匹夫也。[11]用下敬上,谓之贵贵;[12]用上敬下,谓之尊贤。贵贵、尊贤,其义一也。"

【校注】

[1] 友:指交朋友的原则、方法。　　[2] 挟:依仗、凭靠。　　[3] 孟献子:鲁国大夫仲孙蔑。乐正裘、牧仲:皆人名。　　[4] 家:指大夫的地位。　[5] 亦:犹"若"。　　[6] 费:音毕,小国名。子思:孔子之孙。　　[7] 颜般:《汉书·古今人表》"般"作"敢",以形误。　　[8] 王顺:《汉书·古今人表》作"王慎",与上诸人皆列四等。　　[9] 亥唐:晋国贤士。　　[10] 天:犹"君"。　　[11] 尚:上也。甥:外甥。贰室:副宫。飨:音享,招待。迭:交替。　[12] 用:犹"以"。

【译文】

万章问:"请问怎样交朋友?"

孟子说:"不依靠长辈,不依靠富贵,不依靠兄弟而交朋友。所谓'友',是因他的德行而结交,所以不能有依靠。孟献子,是拥有一百辆车子的大臣,家里有五个朋友,包括乐正裘和牧仲,其他三个人我忘了叫什么。献子与这五个人友好,就好像没有献子这个家庭。这五个人心里如果有献子的家庭,也就不与他友好了。不光有一百辆车子的大家是这样,即使是小国的国君也有这种情况。费惠公说:'我对子思,把他当老师;我对颜般,把他当朋友;王顺和长息,是给我办事的人。'不光小国国君是这样,即使是大国国君也这种情况。晋平公对于亥唐,叫他进就进,叫他坐就坐,叫他吃就吃;即使是粗粮菜汤,每次都会吃饱,大概是因为不敢不吃饱,可见对他的尊重。然而也就这样罢了。不与他共守君位,不与他同治君职,不与他同食君禄,这是士大夫的尊贤,而非王公大人的尊贤。舜进见尧帝,尧帝正在贰室中接待外甥,顺便也招待了舜,两个人交替做宾主。这是天子与平民交朋友。以下敬上,叫做看重贵人;以上敬下,叫做尊敬贤才。看重贵人与尊敬贤才,其意义是一样的。"

10.4　万章问曰:"敢问交际,何心也?"[1]

孟子曰:"恭也。"

曰:"却之却之为不恭,何哉?"[2]

曰:"尊者赐之,曰'其所取之者义乎,不义乎',而后受之,以是为不恭,故弗却也。"

曰:"请无以辞却之,以心却之,曰'其取诸民之不义也',而以他辞无受,不可乎?"

曰:"其交也以道,其接也以礼,斯孔子受之矣。"

万章曰:"今有御人于国门之外者,其交也以道,其馈也以礼,斯可受御与?"[3]

曰:"不可。《康诰》曰:'杀越人于货,闵不畏死,凡民罔不譈。'[4]是不待教而诛者也。殷受夏,周受殷,所不辞也。于今为烈,如之何其受之?"

曰:"今之诸侯取之于民也,犹御也。苟善其礼际矣,斯君子受之,敢问何说也?"[5]

曰:"子以为有王者作,将比今之诸侯而诛之乎?其教之不改而后诛之乎?夫谓非其有而取之者盗也,充类至义之尽也。[6]孔子之仕于鲁也,鲁人猎较,孔子亦猎较。[7]猎较犹可,而况受其赐乎?"

曰:"然则孔子之仕也,非事道与?"

曰:"事道也。"

"事道奚猎较也?"[8]

曰:"孔子先簿正祭器,不以四方之食供簿正。"[9]

曰:"奚不去也?"

曰:"为之兆也。[10]兆足以行矣,而不行,而后去,是以未尝有所终三年淹也。[11]孔子有见行可之仕,有际可之仕,有公养之仕。[12]于季桓子,见行可之仕也;[13]于卫灵公,际可之仕也;于卫孝公,公养之仕也。"[14]

【校注】

[1] 交际:人与人相互交接、应酬。 [2] 却:推辞、不接受。 [3] 御:拒止。 [4] 越:抢劫。货:财物。闵:借为"瞽",强悍。罔:无也。 譈:音对,怨恨。 [5] 礼际:以礼相交接。 [6] 充:充实。至:极也。 尽:尽头、终点。 [7] 较:较量、争夺。 [8] 事:从事。道:正确的方法。奚:何也。 [9] 簿正:以簿书正定。 [10] 兆:开头。 [11] 而不行:"而"犹"却"。淹:停留。 [12] 行可:即可行。公养:公家奉养。 [13] 季桓子:鲁国"三桓"之一。 [14] 卫孝公:卫灵公之子、卫出公之父。

【译文】

万章问:"请问与人交际,用什么样的心思?"

孟子上:"用恭敬。"

万章说:"一再推辞被认为是不恭敬,为什么?"

孟子说:"尊贵的人所赐,如果先想'他得的义呢？还是不义呢',然后再接受,这是不恭,所以不能推辞。"

万章说:"让我不用言辞推辞,而用心推辞。比如心里说:'这是他从百姓那里夺取的不义之财。'而用其他言辞不接受,不行吗?"

孟子说:"如果他以正道相交,按礼节接触,连孔子都会接受它了,何况普通人。"

万章问:"假如有一个在国外杀人抢劫的,如果他在国内以正道与我相交,按礼节进行馈赠,那我也可以接受吗?"

孟子说:"不可以。《尚书·康诰》里说:'杀人掠货,强悍不怕死,百姓没有不怨恨。'这是不等教育就要诛杀的人。这是商接受夏,周接受商,都不推辞的。如今更强烈,怎么能接受它?"

万章说:"如今诸侯从百姓身上榨取,如同杀人抢劫。如果他善于以礼交际,君子就接受他,请问怎么说?"

孟子说:"你以为有圣王出现,将把如今的诸侯全部诛杀呢?还是先教育他们,不悔改然后再诛杀他们呢?一般认为本非其有而取它是抢,这是充其类而极其义的尽头。孔子在鲁国任职,鲁人打猎的时候和人争夺,孔子也争夺。争夺尚且可以,何况接受他的赠赐?"

万章说:"这样的话,孔子任职,不是为了行道吧?"

孟子说:"是为了行道。"

万章说:"是为了行道为什么还要在打猎的时候和人争夺?"

孟子说:"孔子先按照簿书正定祭器,而不是用各地的食物正定簿书。"

万章说:"为什么不离去?"

孟子说:"因为那是开始。开始足以实行自己的主张了,结果却不能实行,然后才离去,所以不曾有停留满三年的。孔子有因为政见可行的任职,有因为际遇尚可的任职,有因为公家奉养的任职。在季桓子那里,是政见可行的任职;在卫灵公那里,是际遇尚可的任职;在卫孝公那里,是公家奉养的任职。"

10.5　孟子曰:"仕非为贫也,而有时乎为贫;[1]娶妻非为养也,而有时乎为养。[2]为贫者,辞尊居卑,辞富居贫。[3]辞尊居卑,辞富居贫,恶乎宜乎?抱关击柝。[4]孔子尝为委吏矣,曰'会计当'而已矣;[5]尝为乘田矣,曰'牛羊茁壮长'而已矣。[6]位卑而言高,罪也;立乎人之本朝,而道不行,耻也。"

【校注】

[1]为:因为。　[2]养:谓养活丈夫。　[3]居:身处。卑:卑微、低小。　[4]关:门闩。柝:音拓,梆子。击柝:以报时也。　[5]委吏:仓库保管员。会计:会总计算。　[6]乘田:园林管理员。

【译文】

孟子说:"任职一般不是因为贫穷,但有时候也是因为贫穷;娶妻一般不是为了养丈夫,但有时也是为了养丈夫。因为贫穷而任职的,应该拒绝尊贵而居身卑位,拒绝富裕而居身清贫。拒绝尊贵而居身卑位,拒绝富裕而居身清贫,任什么职务合适呢?比如守门打更就合适。孔子曾经做过仓库保管员,只要说'账目没问题'就行了;又曾经做过园林管理员,只要说'牛羊都茁壮地成长'就行了。地位低却议论朝廷大事,是罪过;立在别人的朝廷而思想主张不能实现,是耻辱。"

10.6　万章曰:"士之不托诸侯,何也?"[1]

孟子曰:"不敢也。诸侯失国,而后托于诸侯,礼也;士之托于诸侯,非礼也。"

万章曰:"君馈之粟,则受之乎?"[2]

曰:"受之。"

"受之何义也?"

曰:"君之于氓也,固周之。"[3]

曰:"周之则受,赐之则不受,何也?"

曰:"不敢也。"

曰:"敢问其不敢何也?"

曰:"抱关击柝者,皆有常职以食于上。无常职而赐于上者,以为不恭也。"

曰:"君馈之,则受之,不识可常继乎?"

曰:"缪公之于子思也,亟问,亟馈鼎肉。[4]子思不悦。于卒也,摽使者出诸大门之外,北面稽首再拜而不受。[5]曰:'今而后知君之犬马畜伋。'[6]盖自是台无馈也。[7]悦贤不能举,又不能养也,可谓悦贤乎?"

曰:"敢问国君欲养君子,如何斯可谓养矣?"

曰:"以君命将之,再拜稽首而受。[8]其后廪人继粟,庖人继肉,不以君命将之。[9]子思以为鼎肉,使己仆仆尔亟拜也,非养君子之道也。[10]尧之于舜也,使其子九男事之,二女女焉,百官、牛羊、仓廪备,以养舜于畎亩之中,后举而加诸上位。故曰:王公之尊贤者也。"

【校注】

[1]托:依托。　[2]馈:赠也。　[3]氓:外来的居民。固:本来。周:周济。　[4]缪公:即鲁穆公,"缪"为借字。亟:屡次、多次。鼎肉:煮熟的肉。　[5]卒:终、最后。摽:挥也。　[6]伋:音及,子思名。　[7]台:音宜,借为"以"。　[8]再拜:拜两次。稽首:头至地、叩头。　[9]廪人:管粮仓的人。庖人:管厨房的人。将:送也。　[10]仆仆尔:仆人般的样子。

【译文】

万章问:"士不依托诸侯,为什么?"

孟子说:"因为不敢。诸侯失去了自己的国家,然后依托于别的诸侯,这合乎礼;而士依托于诸侯,不合乎礼。"

万章又问:"国君馈赠的粮食,接受吗?"

孟子说:"接受。"

"这是什么道理?"

孟子说:"国君对于外来的居民,本来就应该周济他们。"

万章又问:"周济他就接受,赏赐他却不接受,怎么回事?"

孟子说:"因为不敢接受赏赐。"

万章问:"请问他为什么不敢?"

孟子说:"守门打更的人,都有固定的职业,得以接受上面的供养。没有固定职业而接受上面的赏赐,被认为是不恭。"

万章又问:"国君馈赠他就接受,不知可以经常这样吗?"

孟子说:"鲁穆公对于子思,经常问候,经常派人馈赠熟肉。子思不高兴。在最后一次,他把来人赶出了大门,面朝北叩头,两次拜谢而不接受。并且说:'现在才知道国君像养狗马般地养我。'大概从此也就没有了馈赠。喜欢贤人而不能举用,又不能供养,能说是喜欢贤人吗?"

万章又问:"请问国君如果想供养君子,怎么样才算是供养了?"

孟子说:"以国君之命邀请他,被邀请的人两拜叩头而接受。然后管粮仓的不断提供粮食,管厨房的不断提供肉食,就不再说是君命。子思以为鲁穆公送熟肉,使自己像仆人一样屡次拜谢,不是供养君子的方法。尧对于舜,让自己的九个儿子事奉他,两个女儿嫁给他,各类官员以及牛羊、仓库备齐,把舜供养在田亩之中,然后再把他推举到君位上。所以说:尧是王公中最尊贤的人。"

10.7 万章曰:"敢问不见诸侯,何义也?"

孟子曰:"在国曰市井之臣,在野曰草莽之臣,皆谓庶人。庶人不传质为臣,不敢见于诸侯,礼也。"[1]

万章曰:"庶人,召之役则往役,君欲见之;[2]召之则不往见之,何也?"曰:"往役,义也;往见,不义也。且君之欲见之也,何为也哉?"

曰:"为其多闻也,为其贤也。"

曰:"为其多闻也,则天子不召师,而况诸侯乎?为其贤也,则吾未闻欲见贤而召之也。缪公亟见于子思,曰:'古千乘之国以友士,何如?'[3]子思不悦,曰:'古之人有言曰:事之云乎,岂曰友之云乎?'[4]

子思之不悦也,岂不曰:'以位,则子,君也;我,臣也。何敢与君友也?以德,则子事我者也。奚可以与我友?'千乘之君求与之友而不可得也,而况可召与?齐景公田,招虞人以旌,不至,将杀之。[5]志士不忘在沟壑,勇士不忘丧其元。孔子奚取焉?取非其招不往也。"

曰:"敢问招虞人何以?"

曰:"以皮冠。庶人以旃,士以旂,大夫以旌。[6]以大夫之招招虞人,虞人死不敢往;以士之招招庶人,庶人岂敢往哉?况乎以不贤人之招招贤人乎?欲见贤人而不以其道,犹欲其入而闭之门也。夫义,路也;礼,门也。惟君子能由是路出入是门也。《诗》云:'周道如底,其直如矢;[7]君子所履,小人所视。'"[8]

万章曰:"孔子,君命召,不俟驾而行。[9]然则孔子非与?"

曰:"孔子当仕有官职,而以其官召之也。"

【校注】

[1] 质:借为"贽",初次见面的礼物。《仪礼·士相见礼》:"在邦则曰市井之臣,在野则曰草莽之臣。" [2] 役:服劳役。 [3] 亟:音气,屡次。 [4] 事:服侍、事奉。 [5] 虞人:管山泽的官员。旌:用五彩装饰的旗。 [6] 旃:音沾,曲柄旗、令旗。旂:音其,有铃铛的旗。 [7] 底:借为"砥",磨刀石,形容平。矢:箭,这里指射出去的箭。 [8] 履:行也。此《诗经·小雅·大东》首章之句。 [9] 俟:音四,等待。

【译文】

万章问:"请问不见诸侯,是什么意思?"

孟子说:"在国都里的叫市井之臣,在郊野里的叫草莽之臣,这些都指平民。平民如果不是送见面礼求当下臣,不敢见诸侯,这是礼。"

万章问:"平民,官府召他服役就去服役,何况是国君想见他。召请他却不前往,为什么?"

孟子说:"前去服役,应该;前去见国君,不应该。何况国君想见他,是为什么呢?"

万章说:"因为他见识广,因为他贤明。"

孟子说:"如果因为他见识广,天子也不召见老师,何况诸侯?如果因为他贤明,那我还没听说过想见贤人而召他的。鲁缪公屡次见子思,都问:'古代有一千辆战车的国君与士交朋友,怎么交?'子思不高兴,说:'古人有话说:事奉他吧。怎么能说与士交朋友?'子思的不高兴,怎么不说:'论地位,你是国君,我是臣,我怎么敢与国君交朋友呢？论德行，你是事奉我的，你怎么可以与我交朋友？'有一千辆兵车的国君求着与他交朋友都做不到，何况可以召见？齐景公打猎，用旌旗招管山泽的人，不来，就准备杀掉他。有志之士不忘自己会被弃尸山沟，勇士不忘自己会丢掉脑袋。孔子取他哪一点呢？就取不适合自己的召见而不前往。"

万章问："请问招管山泽的人用什么招？"

孟子说："用皮冠。招平民用曲柄旗，招士用有铃铛的旗，招大夫用五彩装饰的旗。用招大夫的旗招管山泽的人，管山泽的人死都不敢去；用招士的旗招平民，平民怎么敢去呢？何况用招不贤之人的东西招贤人？想见贤人而不用正确的方法，就好比想让他进门却关上了门。那义，就是路；那礼，就是门。只有君子能通过这条路，进出这座门。《诗经》里说：'周道平如砥，笔直像根线。君子走上面，小人只能看。'"

万章说："当年孔子，国君有命召见他，不等驾好车就走。那么孔子不对吗？"

孟子说："孔子当时任事，有官职在身，而国君是以他的官职召他。"

10.8　孟子谓万章曰："一乡之善士，斯友一乡之善士；[1]一国之善士，斯友一国之善士；天下之善士，斯友天下之善士。以友天下之善士为未足，又尚论古之人。[2]颂其诗，读其书，不知其人，可乎？是以论其世也，是尚友也。"

【校注】

[1]斯：则、就。　　[2]尚：同"上"。

【译文】

孟子对万章说："自己是一个乡村级的人才，就和乡村级的人才交朋友；是国君级的人才，就和国君级的人才交朋友；是天下级的人才，就和天下级的人才交朋友。还不足以做天下级的人才，就上论古人。背他们的诗，读他们的书，不了解他们本人，可以吗？所以背诗读书之前，先要讨论他们的时代。这就是往上交朋友。"

10.9　齐宣王问卿。[1]孟子曰："王何卿之问也？"

王曰："卿不同乎？"

曰："不同。有贵戚之卿，有异姓之卿。"

王曰："请问贵戚之卿。"

曰："君有大过则谏；反覆之而不听，则易位。"[2]

王勃然变乎色。[3]曰:"王勿异也。[4]王问臣,臣不敢不以正对。"王色定,然后请问异姓之卿。

曰:"君有过则谏;反覆之而不听,则去。"

【校注】

[1] 卿:爵位名,地位在公以下、士以上。　　[2] 反覆:同"反复"。易位:犹言另立。　　[3] 勃然:盛怒的样子。　　[4] 异:奇怪。

【译文】

齐宣王问卿怎么当。孟子说:"王问的是什么卿?"

宣王说:"卿还有不同吗?"

孟子说:"不同。有贵戚之卿,有异姓之卿。"

宣王说:"请问贵戚之卿。"

孟子说:"国君有大过就劝谏;反复劝谏而不听,就另立。"

齐宣王勃然大怒,变了脸色。

孟子说:"大王不要奇怪。王问臣下,臣下不敢不正面回答。"

宣王的脸色平定下来,然后又问异姓之卿。

孟子说:"国君有过错就劝谏;反复劝谏而不听,就离去。"

告 子 上

11.1　告子曰:"性,犹杞柳也;[1]义,犹杯棬也。[2]以人性为仁义,犹以杞柳为杯棬。"

孟子曰:"子能顺杞柳之性而以为杯棬乎,将戕贼杞柳而后以为杯棬也?[3]如将戕贼杞柳而以为杯棬,则亦将戕贼人以为仁义与?率天下之人而祸仁义者,必子之言夫!"

【校注】

[1]性:人性。杞柳:柳树之类,木质软,易雕制。　[2]义:合宜、合理的。棬:音圈,盘子。　[3]戕(音羌)贼:残害。

【译文】

告子说:"人性,好比是容易雕制的柳木;义,好比是盘子。把人性塑造为仁义,就好比用柳木雕制成盘子。"

孟子说:"你能顺着柳木的本性把它制成盘子呢,还是先破坏柳木的本性然后再制成盘子?如果先破坏柳木的本性以后再制盘子,那就是先残害人的本性然后再塑造仁义吗?率领天下人祸害仁义的,一定是你说的了!"

11.2　告子曰:"性犹湍水也,决诸东方则东流,决诸西方则西流。[1]人性之无分于善不善也,犹水之无分于东西也。"

孟子曰:"水信无分于东西,无分于上下乎?[2]人性之善也,犹水之就下也。人无有不善,水无有不下。今夫水,搏而跃之,可使过颡;[3]激而行之,可使在山。[4]是岂水之性哉?其势则然也。人之可使为不善,其性亦犹是也。"

【校注】

[1]告子:墨子弟子。湍:急流。　[2]信:确实。　[3]搏:拍击。

颡:音嗓,额头。　　[4] 激:阻遏。

【译文】

告子说:"人性像那急流的水,从东边打开就向东流,从西边打开就向西流。人性不分善与不善,就像水不分向东流与向西流一样。"

孟子说:"水的确不分向东流向西流,但是也不分向上流和向下流吗?人性向善,就像水往低处流。人性没有不善良的,水没有不向低处流的。如果水受拍打而跃起来,可以使它高过额头;阻遏它使其倒行,能使它流上山头。这难道是水的本性吗?是形势迫使它那样。人可以使他做坏事,其本性也是这样。"

11.3　告子曰:"生之谓性。"[1]

孟子曰:"生之谓性也,犹白之谓白与?"

曰:"然。"

"白羽之白也,犹白雪之白;白雪之白,犹白玉之白与?"

曰:"然。"

"然则犬之性犹牛之性,牛之性犹人之性与?"

【校注】

[1] 生:天生。性:秉性。

【译文】

告子说:"天生的叫性。"

孟子问:"天生的叫性,犹如白色的都叫白吗?"

告子说:"是的。"

孟子又问:"白羽毛的白,犹如白雪的白;白雪的白,犹如白玉的白吗?"

告子说:"是的。"

孟子说:"那样的话,可以说狗性犹如牛性,牛性犹如人性吗?"

11.4　告子曰:"食、色,性也。[1]仁,内也,非外也;义,外也,非内也。"

孟子曰:"何以谓仁内义外也?"

曰:"彼长而我长之,非有长于我也;[2]犹彼白而我白之,从其白于外也,故谓之外也。"

曰:"白马之白也,无以异于白人之白也;[3]不识长马之长也,无以异于长人之长与?且谓长者义乎?长之者义乎?"

曰:"吾弟则爱之,秦人之弟则不爱也,是以我为悦者也,故谓之内。长楚人之长,亦长吾之长,是以长为悦者也,故谓之外也。"

曰:"耆秦人之炙,无以异于耆吾炙。[4]夫物则亦有然者也。然则耆炙亦有外与?"

【校注】

[1] 食:饮食。色:男女之欲。 [2] 长:年长。 [3] 按:"白马"前原有"异于"二字,涉后文衍,今从朱熹说删。 [4] 耆:借为"嗜",喜好。炙:烤肉。

【译文】

告子说:"喜欢饮食、男女之事,是人的本性。仁,是内在的,非外在的;义,是外在的,非内在的。"

孟子说:"你根据什么说仁是内在的、义是外在的呢?"

告子说:"比如说一个人年纪长,我就承认他年长,但并非真是我的长辈;犹如它白,我就说它白,只是根据它的外表白,所以叫做外在。"

孟子说:"如果说白马的白与白人的白没有区别,那么说马年长的长,与说人年长的长,有没有区别呢?何况你说的年纪长是义呢?还是说认为他年纪长是义呢?"

告子说:"我的弟弟我就爱他,秦人的弟弟我就不爱他,这是因为我弟弟喜欢我,所以叫做内。尊重楚人的长者,也尊重我的长者,这是因为他喜欢长者,所以叫做外。"

孟子说:"喜欢吃秦人的烤肉,与喜欢吃自己的烤肉没有区别。而事物也有类似的。这样的话,喜欢吃烤肉也有内外之分吗?"

11.5 孟季子问公都子曰:"何以谓义内也?"[1]

曰:"行吾敬,故谓之内也。"

"乡人长于伯兄一岁,则谁敬?"[2]

曰:"敬兄。"

"酌则谁先?"[3]

曰:"先酌乡人。"

"所敬在此,所长在彼,果在外,非由内也。"

公都子不能答,以告孟子。

孟子曰:"敬叔父乎?敬弟乎?彼将曰'敬叔父'。曰:'弟为尸,则谁敬?'[4]彼将曰'敬弟'。子曰:'恶在其敬叔父也?'[5]彼将曰:'在位故也。'子亦曰:'在位故也。庸敬在兄,斯须之敬在乡人。'"[6]

季子闻之,曰:"敬叔父则敬,敬弟则敬,果在外,非由内也。"

公都子曰:"冬日则饮汤,夏日则饮水,然则饮食亦在外也?"

【校注】

[1]孟季子:鲁国人。公都子:孟子弟子。 [2]伯兄:长兄。 [3]酌:斟酒。 [4]尸:受祭的替身。 [5]恶:音乌,于何。 [6]庸:常也。斯须:片刻。

【译文】

孟季子问公都子:"为什么说义是内在的?"

公都子说:"因为所行的是我自己心里的敬,所以叫内在。"

孟季子又问:"如果同乡长大哥一岁,那先敬谁?"

公都子说:"先敬大哥。"

孟季子又问:"斟酒先给谁斟?"

公都子说:"先给同乡斟。"

孟季子问:"敬的是这个,长的却是那个,说明义是外在的,并非内在的。"

公都子不能回答,把它告诉了孟子。

孟子说:"你如果问他:'先敬叔父呢,还是先敬弟弟?'他会说:'先敬叔父。'如果问他:'弟弟做受祭的替身,那先敬谁?'他会说:'先敬弟弟。'你问他:'为什么要先敬叔父?'他会说:'因为在位子上。'你也说:'因为在位子上,所以平常的敬先敬哥哥,片刻的敬先敬乡人。'"

孟季子听到后说:"敬叔父是敬,敬弟弟也是敬,说明敬是外在的,并非是内在的。"

公都子说:"人们冬天就喝热水,夏天就喝凉水,难道饮食也是外在的吗?"

11.6 公都子曰:"告子曰:'性无善无不善也。'或曰:'性可以为善,可以为不善;是故文、武兴则民好善,幽、厉兴则民好暴。'或曰:'有性善,有性不善;是故以尧为君而有象,以瞽瞍为父而有舜;以纣为兄之子且以为君,而有微子启、王子比干。'今曰'性善',然则彼皆非与?"

孟子曰:"乃若其情,则可以为善矣,乃所谓善也。[1]若夫为不善,非才之罪也。[2]恻隐之心,人皆有之;[3]羞恶之心,人皆有之;[4]恭敬之心,人皆有之;是非之心,人皆有之。恻隐之心,仁也;羞恶之心,义也;恭敬之心,礼也;是非之心,智也。仁义礼智,非由外铄我也,我固有之也,弗思耳矣。[5]故曰:'求则得之,舍则失之。'或相倍蓰而无算者,不能尽其才者也。[6]《诗》曰:'天生蒸民,有物有则。[7]民之秉彝,好是懿德。[8]'孔子曰:'为此诗者,其知道乎!'故有物必有则,民之秉彝也,故好是懿德。"

【校注】

[1] 乃若:至于。情:性情。　　[2] 才:资质。　　[3] 恻:悲痛;隐:伤痛。恻隐:犹怜悯。　　[4] 羞:羞愧、耻辱;恶:厌恶、讨厌。　　[5] 铄:借为"授",给也,音相转。　　[6] 倍、蓰(音西):一倍、五倍。算:计数。　　[7] 蒸:借为"众"。物:事物;则:法则。　　[8] 秉:执;彝:常也。懿:美也。此《诗经·大雅·蒸民》之句。

【译文】

公都子说:"告子说:'人性没有善与不善。'又有人说:'人性可以使它善,也可以使它不善。所以周文王、周武王在位,老百姓就喜欢善;周幽王、周厉王在位,老百姓就喜欢暴。'也有人说:'人有性善的,有性不善的。所以尧做国君而有象,瞽瞍做父亲而有舜;同以纣王为侄儿,为国君,却也有微子启与王子比干。'现在您说'人性本善',那么他们都说错了吗?"

孟子说:"如果论其情,人都可以为善,这就是我说的人性本善。至于做不善之事,那不是其资质的罪过。同情怜悯之心,人人都有;羞愧耻辱之心,人人都有;谦恭敬慕之心,人人都有;是非之心,人人都有。同情怜悯之心属于仁;羞愧耻辱之心属于义;谦恭敬慕之心属于礼;是非之心属于智。仁、义、礼、智,都不是外人给自己的,而是自己本身固有的,只不过是平时没有去想它罢了。所以说:'寻找就可以得到,放弃就会失掉。'人的能力或相差一倍、五倍甚至无数倍的原因,就是因为没有充分发挥他们的才质。《诗经》里说:'老天生众民,有物也有则。人所持常性,喜欢这美德。'孔子说:'作这诗的人,大概懂得自然法则吧。'所以有事物必然有法则。老百姓掌握了它的法则,所以喜欢这美德。"

11.7　孟子曰:"富岁子弟多赖,凶岁子弟多暴,非天之降才尔殊也,其所以陷溺其心者然也。[1]

"今夫麰麦,播种而耰之,其地同,树之时又同,浡然而生,至于日至之时皆熟矣。[2]虽有不同,则地有肥硗、雨露之养、人事之不齐也。[3]故凡同类者,举相似也,何独至于人而疑之?[4]圣人,与我同类者。故龙子曰:'不知足而为屦,我知其不为蒉也。'[5]屦之相似,天下之足同也。

"口之于味,有同耆也。[6]易牙,先得我口之所耆者也。[7]如使口之于味也,其性与人殊,若犬马之与我不同类也,则天下何耆皆从易牙之于味也?至于味,天下期于易牙,是天下之口相似也。[8]惟耳亦然。至于声,天下期于师旷,是天下之耳相似也。[9]惟目亦然。至于子都,天下莫不知其姣也。[10]不知子都之姣者,无目者也。故曰:口之于味也,有同耆焉;耳之于声也,有同听焉;目之于色也,有同美焉。至于心,独无所同然乎?心之所同然者何也?谓理也,义也。[11]圣人先得我心之所同然耳。故理义之悦我心,犹刍豢之悦我口。"[12]

【校注】

[1] 赖:借为"懒"。尔:如此、这样。殊:不同。　[2] 麰(音牟)麦:大麦。耰(音由):所谓摩地,以覆盖种子。树:种也。浡(音博)然:突然之间,形容勃勃有生气。日至:指夏至。　[3] 硗:音敲,土地贫瘠。　[4] 举:全部。　[5] 龙子:古代贤人。屦:鞋子。蒉:音溃,草筐。　[6] 耆:读为"嗜",嗜好。　[7] 易牙:春秋时齐国最善烹调的人。　[8] 期:期望。　[9] 师旷:周代最善音乐的人。　[10] 子都:春秋时美男子。姣:姣好、漂亮。　[11] 理:事物当然之理,所谓物理。义:宜也。　[12] 刍豢(音换):指家畜。

【译文】

孟子说:"丰年子弟多懒惰,荒年子弟多横暴,并非他们天生的资质这样不同,而是沉溺其思想的环境使他们这样。比如那大麦,撒上种子以后用土覆盖好,同样是地,播种的时间也相同,勃然生苗,到了夏至时分就都成熟了。即使有不同,那也是由于土地的肥瘠、雨水的多少及人工的勤惰不同而造成的。所以凡是同类的事物,全部都是相似的,为什么到了人就产生怀疑呢?圣人,与我们自己属于同类。所以龙子说:'即使不知道脚的大小而编鞋子,我也知道他绝对不会编成筐子。'鞋子之所以相似,是因为天下人的脚大致相同。口对于味道,有相同的嗜好。易牙,就是先掌握了人们对味道共同嗜好的人。假如口对于味道,其本性与人不同,就像狗马与我们自己不属于同类一样。那么天下人的嗜好,怎么会都追随易牙所烹调出来的味道呢?味道,天下人都期望它做到易牙那样,说明天下人的口味都是相似的。耳朵也是这样。到了音乐方面,天下人都期望师旷,说明天下人的听觉是相似的。眼睛也是这样。子都,天下人没有不知道他漂亮。不认为子都漂亮的,是没有眼睛。所以说,口对于味道,有相同的嗜好;耳朵对于声音,有相同的听觉;眼睛对于颜色,有相同的美感。而人心,难道就偏偏没有相同的地方了吗?人心相同的地方是什么呢?是理,是义。圣人只不过比我们自己早知道人心相同的地方罢了。所以理义使我们的心高兴,就像肉使我们觉得味美一样。"

11.8 孟子曰:"牛山之木尝美矣,以其郊于大国也;斧斤伐之,可以为美乎?[1]是其日夜之所息,雨露之所润,非无萌蘖之生焉;[2]牛羊又从而牧之,是以若彼濯濯也。[3]人见其濯濯也,以为未尝有材焉。此岂山之性也哉?虽存乎人者,岂无仁义之心哉?[4]其所以放其良心者,亦犹斧斤之于木也;[5]旦旦而伐之,可以为美乎?[6]其日夜之所息,平旦之气,其好恶与人相近也者几希;[7]则其旦昼之所为,有梏亡之矣。[8]梏之反覆,则其夜气不足以存;夜气不足以存,则其违禽兽不远矣。[9]人见其禽兽也,而以为未尝有才焉者,是岂人之情也哉?故苟得其养,无物不长;苟失其养,无物不消。孔子曰:'操则存,舍则亡,[10]出入无时,莫知其乡。'惟心之谓与。"

【校注】

[1]牛山:在齐国都城临淄南。国:指都城。 [2]萌蘖(音聂):萌芽。 [3]濯濯:音浊浊,被反复洗涤,形容光秃秃的样子。 [4]存:在、属于。 [5]放:放失。 [6]旦旦:犹天天。 [7]几:几乎。希:同"稀",少也。 [8]旦昼:第二天。有:同"又"。梏:音固,监禁。 [9]违:去、离开。 [10]操:握在手里。

【译文】

孟子说:"牛山的树木曾经很茂盛,由于它在都城郊外,(很少有人去);如果(去的人多)经常被人用斧子砍,还能保持茂盛吗?如今虽然日夜生长,雨露滋润,并非没有萌芽长出来,而是随即又有人赶着牛羊去放牧,所以也就变得像现在这样光秃秃的了。人们见它光秃秃地,就以为它从来就不曾有过高大的树木。这难道是这山的本性吗?即使在人身上,难道本来就没有仁义之心吗?他们之所以会丢失其善良之心,就像用斧头砍伐树木,天天砍伐,还可以保持茂盛吗?他们日夜的呼吸、天亮时所得的清明之气,与常人相同,好恶与常人也差不多;而他第二天的所作所为,又把它们禁锢掉了。反复禁锢,那他夜间产生的善气就不足以保存;夜间的善气不足以保存,也就离禽兽不远了。人们见他和禽兽差不多,还以为他们从来就没有才智,这难道是人的本性吗?所以,如果得到滋养,没有东西不生长;如果失去滋养,没有东西不消亡。孔子说:'握在手里就存在,放开就失去;出入没有固定的时间,没人知道它的去向。'就是指人心而言的吧。"

11.9　孟子曰:"无或乎王之不智也。[1]虽有天下易生之物也,一日暴之,十日寒之,未有能生者也。[2]吾见亦罕矣,吾退而寒之者至矣,吾如有萌焉何哉?今夫弈之为数,小数也;[3]不专心致志,则不得也。弈秋,通国之善弈者也。[4]使弈秋诲二人弈,其一人专心致志,惟弈秋之为听;一人虽听之,一心以为有鸿鹄将至,思援弓缴而射之,虽与之俱学,弗若之矣。[5]为是其智弗若与? 曰:非然也。"

【校注】

[1]或:读"惑"。　　[2]暴:音铺,太阳晒。　　[3]弈:博弈、下棋。数:技术。　　[4]弈秋:人名,春秋时鲁国围棋高手。　　[5]鸿鹄:天鹅。援:拿来。缴:音浊,拴在弓箭上的丝绳。

【译文】

孟子说:"不要奇怪王的不明智。因为即使有一种天下最容易成活的植物,晒它一天,又冻它十天,也没有能够成活的。我见他的时间本来就很少,我离开以后那些'冻'他的人就去了,我怎么能使他'萌芽'呢? 比如围棋作为一种技艺,只是一种小技艺;但如果不专心致志地学,也是学不好的。弈秋,是全国最善于围棋的人。让弈秋同时教两个人学棋,其中一个专心致志,只听弈秋的话;另一个虽然也在学,但心里面总觉着天鹅即将飞来,想着如何张弓搭箭去射它。他虽然与专心致志的那个人一起学围棋,棋艺肯定不如那个人了。是因为他的智力不如那个人吗? 回答是:不是的。"

11.10　孟子曰:"鱼,我所欲也;熊掌,亦我所欲也,二者不可得兼,舍鱼而取熊掌者也。生,亦我所欲也;义,亦我所欲也,二者不可得兼,舍生而取义者也。[1]生亦我所欲,所欲有甚于生者,故不为苟得也;[2]死亦我所恶,所恶有甚于死者,故患有所不辟也。[3]如使人之所欲莫甚于生,则凡可以得生者,何不用也? 使人之所恶莫甚于死者,则凡可以辟患者,何不为也? 由是则生而有不用也,由是则可以辟患而有不为也。是故所欲有甚于生者,所恶有甚于死者,非独贤者有是心也,人皆有之,贤者能勿丧耳。

"一箪食,一豆羹,得之则生,弗得则死。[4]呼尔而与之,行道之人弗受;[5]蹴尔而与之,乞人不屑也。[6]万钟则不辨礼义而受之;[7]万钟于我何加焉?为宫室之美、妻妾之奉、所识穷乏者得我与?[8]乡为身死而不受,今为宫室之美为之;[9]乡为身死而不受,今为妻妾之奉为之;乡为身死而不受,今为所识穷乏者得我而为之,是亦不可以已乎?此之谓失其本心。"

【校注】

[1] 义:正义,合宜、应该。 [2] 苟:苟且、随便。 [3] 辟:同"避"。 [4] 豆:一种高脚陶器,上似小杯。 [5] 呼尔:呼喊着。 [6] 蹴(音促)尔:用脚踢着。乞人:乞丐。 [7] 钟:容量单位,古六石四斗为一钟。 [8] 得:用同"德",感激。 [9] 乡:用同"向",以前、过去。

【译文】

孟子说:"鱼是我想吃的,熊掌也是我想吃的;如果两样不能都吃,我就放弃鱼而吃熊掌。生命是我想拥有的,义也是我想拥有的;如果不能两样都拥有,我就舍弃生命而取义。生命虽然是我想拥有的,但还有比生命更使我想拥有的,所以我不愿意苟且活着;死亡是我厌恶的,但还有比死亡更使我厌恶的,所以有的祸患我不逃避。如果使人想拥有的没有超过生命的,那么,只要是可以活命,什么事情干不出来呢?如果让人所厌恶的没有超过死亡的,那么,只要是可以避免死亡的,什么事情干不出来呢?有的人那样干可以拥有生命,却不那样干;有的人那样干就可以避免灾祸,却不那样干。所以,人想拥有的东西有超过生命的,所厌恶的东西有超过死亡的。不光贤人有这种思想,而是人人都有,只不过贤人能不失掉它罢了。

"一篮子饭、一盏汤,得到就可以活,得不到就会死。可如果吆喝着给他,过路的人宁愿饿着肚子也不会接受;如果用脚踢给他,乞丐也不屑于接受。而一万钟的俸禄,却不问是否符合礼义就接受了。一万钟的俸禄,对我有什么好处呢?是为了住宅的华丽、妻妾的侍奉,以及我所认识的穷苦人感激我吗?过去宁肯死亡都不接受的,现在却为了住宅的华丽而接受了;过去宁肯死亡都不接受的,现在却为了妻妾的侍奉而接受了;过去宁肯死亡都不接受的,现在却为了我所认识的穷苦人感激我而去做,这些不是可以停止的吗?这就叫丧失了他的本性。"

11.11 孟子曰:"仁,人心也;义,人路也。舍其路而弗由,放其心而不知求,哀哉![1]人有鸡犬放则知求之,有放心而不知求。学问之道无他,求其放心而已矣。"

【校注】

[1] 由:经过、通过。放:因放纵而失去。

【译文】

孟子说:"仁,是人的本心;义,是人的大路。放弃大路而不去走,失去了本心而不知寻求,可悲啊!有的人鸡狗丢了知道去找,本心失去了却不知道去找。做学问没有别的,就是找回自己失去的本心罢了。"

11.12　孟子曰:"今有无名之指屈而不信,非疾痛害事也。[1]如有能信之者,则不远秦楚之路,为指之不若人也。[2]指不若人则知恶之,心不若人则不知恶,此之谓不知类也。"[3]

【校注】

[1] 信:借为"伸",古音同。　[2] 不若:不如。　[3] 类:食物的等类、轻重。

【译文】

孟子说:"假如有人无名指弯曲伸不直,既不疼痛,也不妨碍做事,但如果有人能使它伸直,哪怕去秦国、楚国也不嫌远,而前去医治,就因为无名指不如别人。无名指不如别人就知道厌恶,心不如别人却不知道厌恶,这叫不知轻重。"

11.13　孟子曰:"拱把之桐梓,人苟欲生之,皆知所以养之者。[1]至于身,而不知所以养之者,岂爱身不若桐梓哉?弗思甚也!"

【校注】

[1] 拱:音巩,两手合围。把:一手把握。桐梓:两种易生的树木。

【译文】

孟子说:"一两把大的桐树梓树,人如果想让它成活,都知道怎样去培养它。而到了自身,却不知道怎样培养,难道爱自身还不如爱桐树梓树吗?太不动脑筋了!"

11.14　孟子曰:"人之于身也,兼所爱。[1]兼所爱,则兼所养也。无尺寸之肤不爱焉,则无尺寸之肤不养也。所以考其善不善者,岂有他哉?于己取之而已矣。体有贵贱,有小大。无以小害大,无以贱害贵。养其小者为小人,养其大者为大人。今有场师,舍其梧槚,养其樲棘,则为贱场师焉。[2]养其一指而失其肩背而不知也,则为狼疾人也。[3]饮食之人,则人贱之矣,为其养小以失大也。饮食之人无有失也,则口腹岂适为尺寸之肤哉?"

【校注】

[1]兼:遍、全部、不止一处。　　[2]场师:园艺师。梧:梧桐树。檟:音假,楸树。樲:音二,酸枣树。棘:荆棘。　　[3]狼疾:即"狼藉",乱七八糟、昏乱、糊涂。

【译文】

孟子说:"人对于自己的身体,哪一部分都爱护。都爱护,就都保养。没有一尺一寸的肌肤不爱护,就没有一尺一寸的肌肤不保养。考察他护养得好不好的方法,难道还有别的吗?就是看他自己注重的是身体的哪一部分罢了。身体有重要的部分,也有次要的部分;有小的部分,也有大的部分。不要因为小的部分而损害大的部分,不要因为次要的部分而损害重要的部分。护养小的部分的人是小人,护养大的部分的人是大人。如果有一位园艺师,他舍弃梧桐树和楸树,却去培养酸枣树和荆棘,那就是一位很糟糕的园艺师。如果为护养一根指头而失去整个肩背,自己还不明白,那便是一个糊涂人。只晓得吃喝的人,人们就看不起他,因为他护养了小的而失去了大的。如果说只晓得吃喝的人没有失去什么的话,那么,吃喝难道就只是为了护养那一尺一寸的肌肤吗?"

11.15　公都子问曰:"钧是人也,或为大人,或为小人,何也?"[1]

孟子曰:"从其大体为大人,从其小体为小人。"

曰:"钧是人也,或从其大体,或从其小体,何也?"

曰:"耳目之官不思,而蔽于物;[2]物交物,则引之而已矣。[3]心之官则思;思则得之,不思则不得也。此天之所与我者。先立乎其大者,则其小者弗能夺也。此为大人而已矣。"

【校注】

[1]钧:用同"均",同。大人:犹君子。　　[2]蔽:蒙蔽。　　[3]交:接触。

【译文】

公都子问:"同样是人,而有的成为君子,有的成为小人,这是为什么?"

孟子说:"随其大体的成为君子,随其小体的成为小人。"

公都子说:"同样是人,而有的人随其大体,有的人随其小体,这又是为什么?"

孟子说:"眼睛耳朵不会思考,所以容易被外物蒙蔽;一与外物接触,就会被吸引。心能思考;一思考就会有所得,不思考就无所得。这是上天赋予我们的能力。所以,先把大的树立起来,小的就不会被剥夺。这样,就可以成为君子了。"

11.16　孟子曰:"有天爵者,有人爵者。[1]仁义忠信,乐善不倦,此天爵也;公卿大夫,此人爵也。古之人修其天爵,而人爵从之。[2]今之人修其天爵,以要人爵;[3]既得人爵,而弃其天爵,则惑之甚者也,终亦必亡而已矣。"

【校注】

[1] 爵:爵位、地位的等级。者:语助词。　[2] 修:修养。　[3] 要:借为"邀",求也。

【译文】

孟子说:"有自然爵位,有人的爵位。仁义忠信,乐于行善不知疲倦,这是自然爵位;公卿、大夫,这是人的爵位。古代的人修养自然爵位,人的爵位就跟着来了。现在的人修养自然爵位,以求得到人的爵位;一旦得到人的爵位,就抛弃了自然爵位,这就太糊涂了,最终必然还会失去。"

11.17　孟子曰:"欲贵者,人之同心也。人人有贵于己者,弗思耳。人之所贵者,非良贵也。赵孟之所贵,赵孟能贱之。[1]《诗》云:'既醉以酒,既饱以德。'[2]言饱乎仁义也,所以不愿人之膏粱之味也;[3]令闻广誉施于身,所以不愿人之文绣也。"[4]

【校注】

[1] 赵孟:晋国正卿赵简子之子。　[2] 此《诗经·大雅·既醉》首章之句。　[3] 愿:羡慕。膏粱:肥肉与细米。　[4] 令:善也。施:加也。文绣:有花纹的锦绣衣服。

【译文】

孟子说:"希望尊贵,是人的共同心理。不过,每个人都有自己值得尊贵的东西,只是没有去想罢了。别人所给的尊贵,并不是真正的尊贵。比如赵简子能给你尊贵,他也能使你下贱。《诗经》里说:'酒已喝醉,德已饱足。'是说仁义很充足,也就不羡慕别人的美味佳肴了;四方好名声加在我身上,也就不羡慕别人的锦绣花衣了。"

11.18　孟子曰:"仁之胜不仁也,犹水胜火。今之为仁者,犹以一杯水救一车薪之火也;[1]不熄,则谓之水不胜火。此又与于不仁之甚者也,亦终必亡而已矣。"[2]

【校注】

[1] 薪:柴火。　　[2] 与:在一起。

【译文】

孟子说:"仁战胜不仁,犹如用水灭火。而如今行仁的人,就像用一杯水去灭一车柴的大火一样;灭不了,就说水不能胜火。这样的说法,又跟大不仁的人一样了,最终也必然灭亡而已。"

11.19　孟子曰:"五谷者,种之美者也;苟为不熟,不如荑稗。[1]夫仁,亦在乎熟之而已矣。"

【校注】

[1] 苟:如果。荑(音啼)稗(音瓣):同"稊稗",一种颗粒瘦小的植物种子。

【译文】

孟子说:"五谷,是庄稼里的好作物;但如果不成熟,还不如稗子。那仁,也在于使它成熟而已。"

11.20　孟子曰:"羿之教人射必志于彀,学者亦必志于彀。[1]大匠诲人,必以规矩;学者亦必以规矩。"[2]

【校注】

[1] 羿:即后羿,古代善射之人。彀:音够,把弓拉满,用力也。　　[2] 规、矩:画圆与方的工具、标准。

【译文】

孟子说:"羿教人射箭,必须用心把弓拉满。学习的人,也必须用心把弓拉满。大木匠教人,必须要按规矩;学习的人,也必须要按规矩,把握标准。"

告 子 下

12.1　任人有问屋庐子曰:"礼与食孰重?"[1]

曰:"礼重。"

"色与礼孰重?"[2]

曰:"礼重。"

曰:"以礼食,则饥而死;不以礼食,则得食,必以礼乎？亲迎,则不得妻;不亲迎,则得妻,必亲迎乎？"

屋庐子不能对,明日之邹以告孟子。孟子曰:"于答是也何有？不揣其本而齐其末,方寸之木可使高于岑楼。[3]金重于羽者,岂谓一钩金与一舆羽之谓哉？[4]取食之重者与礼之轻者而比之,奚翅食重？[5]取色之重者与礼之轻者而比之,奚翅色重？往应之曰:'紾兄之臂而夺之食,则得食;[6]不紾,则不得食,则将紾之乎？逾东家墙而搂其处子,则得妻;[7]不搂,则不得妻,则将搂之乎？'"

【校注】

[1] 任:小国名,故地在今山东济宁市东。屋庐子:孟子弟子,名连。[2] 色:婚姻之事。　[3] 揣:揣度、估量。岑:小而高。　[4] 钩:衣带钩。舆:车。　[5] 翅:借为"啻"。奚翅:何止。　[6] 紾:音诊,扭转。[7] 逾:翻越。搂:抱也。

【译文】

有个任国人问屋庐子:"礼和吃饭哪个重要？"

屋庐子说:"礼重要。"

那人又问:"女人和礼哪个重要？"

屋庐子说:"礼重要。"

那人又问:"如果按礼节才吃饭,就会饿死;不按礼节吃饭,就可以吃饱,那还是一定要按礼节吗?如果按照'亲迎'的礼节娶媳妇,就娶不到媳妇;不按照'亲迎'的礼节娶媳妇,就可以得到媳妇,那还是一定要'亲迎'吗?"

屋庐子不能回答,第二天去邹国,把这话告诉了孟子。孟子说:"回答这个问题不难。如果不论它们的底部而比较它们的顶端,一块一寸见方的木头可以使它高过尖顶的高楼。我们说金子比羽毛重,难道是说一个衣带钩的金子比一车羽毛还重吗?拿吃的重要性和礼的细节相比较,岂止是吃的重要?拿娶媳妇的重要性和礼的细节相比较,岂止是娶媳妇重要?你去答复他:'扭转哥哥的胳膊而夺他的食物,就可以得到吃的;不扭,就得不到吃的,那还去扭吗?翻过东家的墙去抱人家的姑娘,就可以得到妻子;不去抱,就得不到妻子,那还去抱吗?'"

12.2　曹交问曰:"人皆可以为尧舜,有诸?"[1]

孟子曰:"然。"

"交闻文王十尺,汤九尺。[2]今交九尺四寸以长,食粟而已,如何则可?"

曰:"奚有于是?亦为之而已矣。有人于此,力不能胜一匹雏,则为无力人矣;[3]今曰举百钧,则为有力人矣。[4]然则举乌获之任,是亦为乌获而已矣。[5]夫人岂以不胜为患哉?弗为耳。徐行后长者谓之弟,疾行先长者谓之不弟。[6]夫徐行者,岂人所不能哉?所不为也。尧舜之道,孝弟而已矣。子服尧之服,诵尧之言,行尧之行,是尧而已矣;子服桀之服,诵桀之言,行桀之行,是桀而已矣。"[7]

曰:"交得见于邹君,可以假馆,愿留而受业于门。"[8]

曰:"夫道,若大路然,岂难知哉?人病不求耳。子归而求之,有余师。"[9]

【校注】

[1]曹交:孟子弟子,曹国人。　[2]尺:按周尺约长20厘米,战国尺约长23厘米,此当以周尺,然所谓文王十尺、汤九尺,亦传说而已。　[3]一四:一只。雏:小鸡。　[4]钧:重量单位,合三十斤。　[5]乌获:古代大力士名。　[6]徐:缓慢;疾:快速。　[7]桀:夏代最末一位国君,世以为暴君。　[8]假馆:借住旅馆。　[9]余:多余,形容多。

【译文】

曹交问:"人人都可以做尧舜,有这说法吗?"

孟子说:"有。"

曹交说:"我听说文王身高一丈,汤身高九尺,如今我身高九尺四寸还多,却只会吃粮食罢了,怎样做才好呢?"

孟子说:"这有什么关系?只要去做就行了。假如有个人,还没有一只小鸡的力气大,那他就真是一个没有力气的人了。假如有人说能够举起三千斤,就是很有力气的人了。这样的话,能举起大力士乌获所举重量的人,他也就是大力士了。人难道以不能胜任为忧患吗?不去做罢了。比如说,慢慢走跟在长者后面叫做悌,快步走抢在长者前面叫做不悌。那慢慢走,难道是人做不到的吗?不那样做罢了。尧舜之道,不过就是孝和悌罢了。你穿尧穿的衣服,说尧说的话,做尧做的事,那你就是尧了。如果你穿桀穿的衣服,说桀说的话,做桀做的事,那你就是桀了。"

曹交说:"我准备去拜见邹君,如果可以借个住处的话,情愿留在您的门下做学生。"

孟子说:"那'道'就像大路一样,难道难以了解吗?就怕人不去寻找罢了。你回去自己去寻找,老师多得是。"

12.3　公孙丑问曰:"高子曰:'《小弁》,小人之诗也。'"[1]

孟子曰:"何以言之?"

曰:"怨。"

曰:"固哉,高叟之为诗也![2]有人于此,越人关弓而射之,则己谈笑而道之;[3]无他,疏之也。其兄关弓而射之,则己垂涕泣而道之;[4]无他,戚之也。《小弁》之怨,亲亲也。亲亲,仁也。固矣夫,高叟之为诗也!"[5]

曰:"《凯风》何以不怨?"

曰:"《凯风》,亲之过小者也;《小弁》,亲之过大者也。亲之过大而不怨,是愈疏也;亲之过小而怨,是不可矶也。[6]愈疏,不孝也;不可矶,亦不孝也。孔子曰:'舜其至孝矣,五十而慕。'"[7]

【校注】

[1] 高子:子夏弟子高行子。《小弁》:《诗经·小雅》之篇。　[2] 关:读同"弯"。　[3] 戚:亲也。　[4]《凯风》:《诗经·邶风》之篇。[5] 固:死板。为:借为"谓",说也。　[6] 矶:借为"讥",指责、讥讽。[7] 慕:依恋父母。

【译文】

公孙丑问:"高子说:'《小弁》,是小人的诗。'"

孟子说:"他为什么这么说?"

公孙丑说:"因为诗中有怨气。"

孟子说:"高老丈说诗太死板!假如有一个人,越国人曾经弯弓要射他,他会谈笑着对人说这件事:没有别的,因为关系疏远。如果是他哥哥曾经弯弓要射他,他就会流着眼泪对人说这件事:没有别的,因为关系亲近。《小弁》诗的怨气,属于热爱亲人。热爱亲人,是仁。太死板了呀,高老丈说诗!"

公孙丑又问:"《凯风》篇为什么不怨?"

孟子说:"《凯风》篇,属于父母过错小的;《小弁》篇,属于父母过错大的。父母的过错大而不怨,这是更加疏远;父母的过错小而怨,这是不可指责的。更加疏远是不孝,不可指责也是不孝。孔子曰:'舜是最孝顺的人了,五十岁还依恋父母。'"

12.4 宋牼将之楚,孟子遇于石丘。[1]曰:"先生将何之?"

曰:"吾闻秦楚构兵,我将见楚王说而罢之。[2]楚王不悦,我将见秦王说而罢之。二王我将有所遇焉。"

曰:"轲也请无问其详,愿闻其指。[3]说之将何如?"

曰:"我将言其不利也。"

曰:"先生之志则大矣,先生之号则不可。[4]先生以利说秦楚之王,秦楚之王悦于利,以罢三军之师,是三军之士乐罢而悦于利也。为人臣者怀利以事其君,为人子者怀利以事其父,为人弟者怀利以事其兄。是君臣、父子、兄弟终去仁义,怀利以相接,然而不亡者,未之有也。先生以仁义说秦楚之王,秦楚之王悦于仁义,而罢三军之师,是三军之士乐罢而悦于仁义也。为人臣者怀仁义以事其君,为人子者怀仁义以事其父,为人弟者怀仁义以事其兄,是君臣、父子、兄弟去利,怀仁义以相接也。然而不王者,未之有也。何必曰利?"

【校注】

[1] 宋牼:即宋钘(音兼),宋国人,荀子所非十二子之一,主张息兵寡欲。石丘:宋国地名。　[2] 构兵:交战、打仗。　[3] 指:用同"旨",意图。[4] 号:口号、提法。

【译文】

宋牼准备到楚国去,孟子在石丘遇上了他。孟子问:"先生准备去哪里?"

宋牼说:"听说秦楚两国交战,我准备去见楚王,劝他罢兵。如果楚王不高兴,我就去见秦王,劝他罢兵。在两个君主之间,我总能劝通一个。"

孟子说:"我不想问得太详细,只想知道你的大意。你准备怎样去劝他们呢?"

宋轻说:"我将告诉他们交战的不利。"

孟子说:"先生的想法很好,可是先生的提法却不行。先生用利劝秦王楚王,秦王楚王喜欢利而罢去三军,三军将士也乐于罢兵而得利。做臣下的怀着利来侍奉君主,做儿子的怀着利来侍奉父亲,做弟弟的怀着利来侍奉哥哥,这就会使君臣之间、父子之间、兄弟之间最终失掉仁义,而心怀利益来互相接触,这样而国家不灭亡的,还没有过。如果先生用仁义去劝说秦王和楚王,秦王和楚王喜欢仁义而罢兵,这等于是其三军将士乐于罢兵而喜欢仁义。做臣下的心怀仁义事奉他的君主,做儿子的心怀仁义侍奉他的父亲,做弟弟的心怀仁义侍奉他的哥哥,这就会使其君臣之间、父子之间、兄弟之间都去掉利,而心怀仁义来相互接触,这样还不能为王于天下的,还没有过。何必去谈利呢?"

12.5 孟子居邹,季任为任处守,以币交,受之而不报。[1]处于平陆,储子为相,以币交,受之而不报。[2]他日由邹之任,见季子;由平陆之齐,不见储子。屋庐子喜曰:"连得间矣。"[3]问曰:"夫子之任见季子,之齐不见储子,为其为相与?"

曰:"非也。《书》曰:'享多仪,仪不及物曰不享,惟不役志于享。'[4]为其不成享也。"

屋庐子悦。或问之,屋庐子曰:"季子不得之邹,储子得之平陆。"[5]

【校注】

[1] 季任:任君之弟。守:守臣。币:礼品。　[2] 平陆:在今山东汶上县。储子:人名。　[3] 连:屋庐子名。间:缝隙、毛病。　[4] 此《尚书·洛诰》篇文。享:向天子进献礼品。惟:用同"为"。役志:犹用心。　[5] 之:往、去也。

【译文】

孟子住在邹城时,季任做留守任国的守臣,送去礼物与他相交,他接受了而不回报。住在平陆的时候,储子是齐国的相,亲自送礼物与他相交,他接受了而不回报。改天从邹城到任国,去见了季子;而从平陆到齐国,却不见储子。屋庐子高兴地说:"我找到先生的毛病了。"就去问孟子:"老先生去任国见了季子,去齐国却不见储子,是因为储子是国相吗?"

孟子说:"不是。《尚书》里说:'向天子进献礼品有多种仪式,仪式赶不上礼品等于不进献,因为他把心没用在进献上。'就是因为它没有完成进献。"

屋庐子高兴了。有人问他为什么,屋庐子说:"因为季子不能亲自去邹城,储子能够亲自去平陆。"

12.6　淳于髡曰:"先名实者,为人也;[1]后名实者,自为也。夫子在三卿之中,名实未加于上下而去之,仁者固如此乎?"[2]

孟子曰:"居下位,不以贤事不肖者,伯夷也;五就汤,五就桀者,伊尹也;不恶污君,不辞小官者,柳下惠也。[3]三子者不同道,其趋一也。一者何也?曰:仁也。君子亦仁而已矣,何必同?"

曰:"鲁缪公之时,公仪子为政,子柳、子思为臣,鲁之削也滋甚。[4]若是乎贤者之无益于国也?"

曰:"虞不用百里奚而亡,秦穆公用之而霸。不用贤则亡,削何可得与?"

曰:"昔者王豹处于淇,而河西善讴;[5]绵驹处于高唐,而齐右善歌;[6]华周、杞梁之妻善哭其夫,而变国俗。[7]有诸内,必形诸外。为其事而无其功者,髡未尝睹之也。是故无贤者也,有则髡必识之。"

曰:"孔子为鲁司寇,不用,从而祭,燔肉不至,不税冕而行。[8]不知者以为为肉也。其知者以为为无礼也。乃孔子则欲以微罪行,不欲为苟去。君子之所为,众人固不识也。"

【校注】

[1] 淳于髡:齐国辩士。名:名誉;实:实际、功业。　[2] 三卿:战国时代诸侯国三位最高大臣。　[3] 污君:品行污浊之君。　[4] 公仪子:即公仪休。子柳:即泄柳。　[5] 王豹:卫国人,以善讴名。淇:卫国地名,在今河南省北部。讴:唱歌。　[6] 绵驹:齐国人。高唐:地名,在今山东禹城县西南。　[7] 华周、杞梁:皆齐国武士,死于伐莒。　[8] 燔肉:祭祀用的肉,也作"膰肉"。税:读为"脱",借字。

【译文】

淳于髡说:"把名誉和功业放在前面的,是为他人;把名誉和功业放在后面的,是为自己。老先生在齐国三卿之中,于国于民都没有建立名誉和功业就要离开,难道仁者本来就是这样吗?"

孟子说:"身居下位而不以贤人的身份事奉不贤之人的,是伯夷;五次去汤那里五次去桀那里的,是伊尹;不讨厌品行污浊的国君,不辞其小官的,是柳下惠。三个人主张不同,而方向是一致的。这一致是什么呢?是仁。君子只要仁就够了,何必相同?"

淳于髡说:"鲁穆公时候,公仪子执政,泄柳、子思为大臣,而鲁国却削弱得更加厉害。贤者就是这样无益于国家吗?"

孟子说:"虞国不用百里奚而灭亡,秦穆公任用他而称霸。不用贤人就会灭亡,削弱还谈不上。"

淳于髡说:"从前王豹住在淇河边上,整个黄河以西都善于唱歌;绵驹住在高唐,整个齐国西部都善于唱歌;华周和杞梁的妻子善于哭她们的丈夫,就改变了整个齐国的习俗。心里有什么,一定会表现在外面。做那种事却没有那方面功效的,我还不曾见过。所以那是没有贤人,如果有我一定会发现他。"

孟子上:"孔子做鲁国的司寇,不被信任。有一次跟着去祭祀,祭肉不到,他不脱冕就走了。不知道的以为他是为了肉,知道的以为他是因为不合礼仪。而孔子却宁愿获小罪而走,也不想被认为是随便离开。君子的所作所为,众人本来就不理解。"

12.7　孟子曰:"五霸者,三王之罪人也;[1]今之诸侯,五霸之罪人也;今之大夫,今之诸侯之罪人也。天子适诸侯曰巡狩,诸侯朝于天子曰述职。[2]春省耕而补不足,秋省敛而助不给。[3]入其疆,土地辟,田野治,养老尊贤,俊杰在位,则有庆,庆以地。[4]入其疆,土地荒芜,遗老失贤,掊克在位,则有让。[5]一不朝,则贬其爵;再不朝,则削其地;三不朝,则六师移之。[6]是故天子讨而不伐,诸侯伐而不讨。五霸者,搂诸侯以伐诸侯者也。[7]故曰:五霸者,三王之罪人也。五霸,桓公为盛。葵丘之会,诸侯束牲、载书而不歃血。[8]初命曰:'诛不孝,无易树子,无以妾为妻。'[9]再命曰:'尊贤育才,以彰有德。'三命曰:'敬老慈幼,无忘宾旅。'四命曰:'士无世官,官事无摄,取士必得,无专杀大夫。'[10]五命曰:'无曲防,无遏籴,无有封而不告。'[11]曰:'凡我同盟之人,既盟之后,言归于好。'今之诸侯皆犯此五禁,故曰今之诸侯,五霸之罪人也。长君之恶其罪小,逢君之恶其罪大。[12]今之大夫皆逢君之恶,故曰今之大夫,今之诸侯之罪人也。"

【校注】

[1] 五霸：指春秋时齐桓公、晋文公、秦穆公、宋襄公、楚庄王。三王：指夏禹、商汤、周文王。 [2] 适：往，到。朝：来朝而见，所谓朝见。 [3] 省：省察、考察。给：供给。 [4] 庆：赏也。《礼记·射义》："数与于祭而君有庆，数不与于祭而君有让。数有庆而益地，数有让而削地。" [5] 掊（音抔）克：聚敛剥削。让：读上声，责备。 [6] 六师：天子军队的代称。 [7] 搂：强拉。 [8] 葵丘：春秋时宋地，在今河南省考城县东。束：束缚。载，载于车上。歃（音煞）血：涂血于嘴。 [9] 命：盟约之辞。易：改变。树子：已立的太子。 [10] 摄：代理。 [11] 曲：遍也。防：堤坝。遏：阻止。籴：音狄，买进粮食。 [12] 长：助长。逢：逢迎。

【译文】

孟子说："五霸，是三王的罪人；如今的诸侯，是五霸的罪人；如今的大夫，是如今诸侯的罪人。天子去往诸侯国叫巡狩，诸侯朝见天子叫述职。春季视察耕种而补助不足，秋季视察收获而补助欠缺。一进入其疆界，发现土地开辟，田野治理，养老尊贤，俊杰之人在位，就有赏赐；赏赐用土地。一进其疆界，发现土地荒芜，遗弃老人，失掉贤人，善于聚敛之人做官，就有责罚。一次不朝见，就贬低他的爵位；两次不朝见，就削减他的领地；三次不朝见，天子的大军就开进去。所以天子叫征讨而不叫攻伐，诸侯叫攻伐而不叫征讨。五霸，是强拉着诸侯攻伐诸侯的。所以说：五霸，是三王的罪人。五霸里面，齐桓公最厉害。葵丘会盟的时候，诸侯们捆着牲口、载着盟书，而不举行歃血的仪式。第一道约定说：'诛杀不孝，不能改立太子，不能以妾为妻。'第二道约定说：'尊贤育才，以表彰有德之人。'第三道约定说：'敬老爱幼，不忘来宾和旅客。'第四道约定说：'士不能世代为官，公事不能代理，取士必须得当，不能独断地杀害大夫。'第五道约定说：'不能拦截河流，不能阻止(灾民)买粮，不能有封赏而不报告。'最后说：'凡是我同盟之人，订立盟约之后，一切回归友好。'现在的诸侯都犯这五禁，所以说现今的诸侯是五霸的罪人。助长国君的恶行罪过小，逢迎国君的恶行罪过大。如今的大夫都逢迎国君的恶行，所以说如今的大夫是如今诸侯的罪人。"

12.8　鲁欲使慎子为将军。[1]孟子曰："不教民而用之，谓之殃民。[2]殃民者不容于尧舜之世。一战胜齐，遂有南阳，然且不可。"[3]

慎子勃然不悦曰："此则滑厘所不识也。"

曰："吾明告子：天子之地方千里；不千里，不足以待诸侯。诸侯之地方百里；不百里，不足以守宗庙之典籍。周公之封于鲁，为方百里也;地非不足,而俭于百里。"[4] 太公之封于齐也,亦为方百里也;地非不足也,而俭于百里。今鲁方百里者五,子以为有王者作,则鲁在所损乎?在所益乎?徒取诸彼以与此,然且仁者不为,况于杀人以求之乎?君子之事君也,务引其君以当道,志于仁而已。"[5]

【校注】

[1] 慎子:当时鲁国一善于用兵之人,名滑(音骨)厘,非慎到。　[2] 殃:残害。　[3] 南阳:指汶阳,在泰山之南,故名。　[4] 俭:犹少。　[5] 务:致力、追求。

【译文】

鲁国想让慎子做将军。孟子说:"不教导人民而使用他们,叫做殃民。殃民的人,在尧舜时代是不被宽容的。(让慎子做将军)即使一战打败齐国,占有了汶阳,也不可以。"

慎子大怒,不高兴地说:"这就是我所不知道的了。"

孟子说:"我明白地告诉你:天子的领地方圆一千里;不够一千里,不足以接待诸侯。诸侯的领地方圆一百里;不够百里,不足以守护宗庙里的典籍。周公被封在鲁国,本应是方圆一百里;当时并非土地不足,而实际上少于一百里。姜太公被封在齐国,本应也是方圆百里;当时并非土地不足,而实际上也少于一百里。如今鲁国的领地有五个方圆一百里,你以为如果有明王出现,鲁国的领地在消减的行列呢,还是在增加的行列?平白无故地从别人那里取来给另外一个人,仁者尚且不为,何况通过杀人以求取?君子事奉国君,应该致力于引导他的国君行正道,立志于仁而已。"

12.9　孟子曰:"今之事君者曰:'我能为君辟土地,充府库。'今之所谓良臣,古之所谓民贼也。君不乡道,不志于仁,而求富之,是富桀也。[1] '我能为君约与国,战必克。'[2] 今之所谓良臣,古之所谓民贼也。君不乡道,不志于仁,而求为之强战,是辅桀也。由今之道,无变今之俗,虽与之天下,不能一朝居也。"[3]

【校注】

[1] 乡:用同"向"。　[2] 约:约定。与国:同盟国家。　[3] 由:经由、通过。居:坐也。

【译文】

孟子说:"如今事奉国君的人都说:'我能为国君开拓土地,充实府库。'(被认为是良臣。其实)如今所说的良臣,正是古代所说的民贼。国君不接近正确的主张,不立志行仁,却想方设法让他富有,这等于是去让夏桀富有。又说:'我能够替国君邀约盟国,打仗一定取胜。'(也被认为是良臣。其实)如今所说的这种良臣,也是古代所说的民贼。国君不接近正确的主张,不立志行仁,却想方设法替他勉强打仗,这等于是在辅助夏桀。经由这样的道路走下去,不改变如今的习俗,即使把整个天下给他,他也坐不了一早晨。"

12.10　白圭曰:"吾欲二十而取一,何如?"[1]

孟子曰:"子之道,貉道也。[2]万室之国,一人陶,则可乎?"

曰:"不可,器不足用也。"

曰:"夫貉,五谷不生,惟黍生之。[3]无城郭、宫室、宗庙、祭祀之礼,无诸侯币帛饔飧,无百官有司,故二十取一而足也。[4]今居中国,去人伦,无君子,如之何其可也?陶以寡,且不可以为国,况无君子乎?欲轻之于尧舜之道者,大貉小貉也;欲重之于尧舜之道者,大桀小桀也。"

【校注】

[1] 白圭:名丹,当时魏国执政,善于理财,入《史记·货殖列传》。
[2] 貉:音禾,当时北方一少数民族。　　[3] 黍:一种谷类植物,今称糜子。
[4] 饔飧:音雍孙,用饮食招待客人。有司:负责专门事务的官员。

【译文】

白圭问:"我想一律按照二十抽一的比例征税,怎么样?"

孟子说:"你的方法,是北方貉人的方法。一万户人家的国家,一个人制造陶器,可以吗?"

曰:"不可以,器皿会不够用。"

曰:"那貉人地面,五谷不生,只长糜子,而且没有城郭、房子、宗庙及祭祀的礼仪,也没有诸侯间的聘问与招待,以及各类官员,所以二十抽一就足够了。你现在身居中国,而去掉人伦,没有上层君子,怎么可以呢?制陶的人太少尚且不可以成国家,何况没有上层君子呢?想轻于尧舜的征税比例,那只是大貉与小貉的区别;想重于尧舜征税比例,那更是大桀与小桀的区别。"

12.11　白圭曰:"丹之治水也愈于禹。"[1]

孟子曰:"子过矣。禹之治水,水之道也。是故禹以四海为壑,今吾子以邻国为壑。[2]水逆行谓之洚水。[3]洚水者,洪水也,仁人之所恶也。吾子过矣!"

【校注】

[1] 丹:白圭之名。　　[2] 壑:沟壑、排水口。　　[3] 洚:音降,大水泛滥。

【译文】

白圭说:"让我治水的话,会胜过大禹。"

孟子说:"你错了。大禹治水,是按照水的流向,所以他以四海为排水口。如今您是以邻国为排水口。水倒流叫做洚水。洚水,就是洪水,是仁人所厌恶的。您错了!"

12.12　孟子曰:"君子不亮,恶乎执?"[1]

【校注】

[1] 亮:借为"谅",诚信。恶:读务音。恶乎:于何、从哪里。执:持、靠。

【译文】

孟子说:"君子不诚信,他还靠什么呢?"

12.13　鲁欲使乐正子为政。[1]孟子曰:"吾闻之,喜而不寐。"[2]

公孙丑曰:"乐正子强乎?"[3]

曰:"否。"

"有知虑乎?"[4]

曰:"否。"

"多闻识乎?"

曰:"否。"

"然则奚为喜而不寐?"

曰:"其为人也好善。"

"好善足乎?"

曰:"好善优于天下,而况鲁国乎?[5]夫苟好善,则四海之内,皆将轻千里而来告之以善。夫苟不好善,则人将曰:'訑訑,予既已知之矣。'[6]訑訑之声音颜色,距人于千里之外。士止于千里之外,则谗谄面谀之人至矣。[7]与谗谄面谀之人居,国欲治,可得乎?"

【校注】

[1] 乐正子：鲁人，名克。　　[2] 寐：睡觉。　　[3] 强：刚强、坚强。　　[4] 知虑：智谋。　　[5] 优：优裕。"优于"下省"治"字。　　[6] 訑訑：音移移，形容自得。　　[7] 谗：说人坏话。谄：奉承、巴结。谀：讨好。

【译文】

鲁国想让乐正子执政。孟子说："我听到这事，高兴得睡不着觉。"

公孙丑问："乐正子性格刚强吗？"

孟子说："不刚强。"

公孙丑又问："有智谋吗？"

孟子说："没有。"

公孙丑又问："见识多吗？"

孟子说："不多。"

公孙丑说："既然这样，您为什么高兴得睡不着觉呢？"

孟子说："因为他为人好善。"

公孙丑问："好善就够了吗？"

孟子说："好善治理天下都有余，何况一个鲁国？如果好善，四海之内都将不远千里来报告他善。如果不好善，人就会说：'是的，我已经知道了。''是的'的声音和脸色，会把人拒绝在千里之外。把士拒绝在千里之外，那些说人坏话、奉承巴结、当面讨好的人就到了。与那些人在一起，想治理好国家，可能吗？"

12.14　陈子曰："古之君子何如则仕？"[1]

孟子曰："所就三，所去三。[2] 迎之致敬以有礼，言将行其言也，则就之；礼貌未衰，言弗行也，则去之。其次，虽未行其言也，迎之致敬以有礼，则就之；礼貌衰，则去之。[3] 其下，朝不食，夕不食，饥饿不能出门户。君闻之，曰：'吾大者不能行其道，又不能从其言也，使饥饿于我土地，吾耻之。'周之，亦可受也，免死而已矣。"[4]

【校注】

[1] 陈子：陈国人陈臻，孟子弟子。仕：任事、出门干事。　　[2] 就：就近、靠近。　　[3] 礼貌：行礼的形貌。　　[4] 周：谓周济、救济。

【译文】

陈子问："古代的君子在什么样的情况下才出门干事？"

孟子说："他们去任职有三种情况，离职也有三种情况。第一种情况是：迎接致敬有礼貌,并且将实行他的言论,就去任职;礼貌虽未衰减,言论不被实行,就离职。其次一种情况是:虽然不准备实行他的言论,而迎接致敬却有礼貌,就去任职;如果礼貌衰减,就离职。最后一种情况是:早上没饭吃,晚上没饭吃,饿得出不了门,国君听到后说:'我上不能实行他的主张,又不能听从他的言论,而使他在我的土地上挨饿,是我的耻辱。'于是就周济他,这种情况也可以接受,免于饿死罢了。"

12.15　孟子曰:"舜发于畎亩之中,傅说举于版筑之间,胶鬲举于鱼盐之中,管夷吾举于士,孙叔敖举于海,百里奚举于市。[1]故天将降大任于是人也,必先苦其心志,劳其筋骨,饿其体肤,空乏其身,行拂乱其所为,所以动心忍性,曾益其所不能。[2]人恒过,然后能改;[3]困于心,衡于虑,而后作;[4]征于色,发于声,而后喻。[5]入则无法家拂士,出则无敌国外患者,国恒亡。[6]然后知生于忧患,而死于安乐也。"

【校注】

[1] 发:兴起。傅说:商王武丁的辅臣。举:举荐。版筑:筑墙。胶鬲(音隔):商纣王的大臣,后辅佐周武王。管夷吾:即管仲。士:任事之人。孙叔敖:楚国的令尹(宰相)。百里奚:秦穆公的谋臣。　[2] 拂:音扶,违背。忍:使坚韧。曾益:同"增益"。　[3] 恒:经常。　[4] 衡:同"横",充塞。作:起也。　[5] 征:表征、迹象。喻:明白。　[6] 法家:依法行事之人。拂:音必,借为"弼",辅弼。

【译文】

孟子说:"舜从田野里兴起,傅说从筑墙的工人中举荐,胶鬲从卖鱼盐的小贩中举荐,管仲从普通士人中举荐,孙叔敖从海边举荐,百里奚从市场上举荐。所以,上天将要把重任降到谁身上,一定要先使他的意志受到磨炼,使他的筋骨受到劳动,使他的身体忍受饥饿,使他一无所有,不去扰乱他所做的事,以震动他的心,坚韧他的性格,增长他的智能。人经常犯错误,然后才能改正;心里困惑,思虑充塞,然后才能奋起;反映在脸色上,表达在声音中,然后才能明白。进门没有依法行事的大臣和辅佐的士臣,出外没有敌对的国家和外患的,国家常常会灭亡。这才可以知道,活在忧患里,死在安乐中。"

12.16　孟子曰:"教亦多术矣。[1]予不屑之教诲也者,是亦教诲之而已矣。"[2]

【校注】

［1］术：方法、手段。　　［2］不屑：不值得、看不起。

【译文】

孟子说:"教育也有多种方式。我不屑于教育他,这也是在教育他罢了。"

尽 心 上

13.1　孟子曰:"尽其心者,知其性也。知其性,则知天矣。存其心,养其性,所以事天也。[1]夭寿不贰,修身以俟之,所以立命也。"[2]

【校注】

[1] 存:保存、保持。　　[2] 夭:夭折、短命。俟:等待。

【译文】

孟子说:"能充分运用自己心灵的人,是知道其本性的人。知道其本性,就知道天命了。保持其心灵,涵养其本性,就是为了为天命服务。无论短命还是长寿都保持不变,修养自身以等待天命,就是为了树立天命。"

13.2　孟子曰:"莫非命也,顺受其正。是故知命者不立乎岩墙之下。[1]尽其道而死者,正命也。[2]桎梏死者,非正命也。"[3]

【校注】

[1] 其:犹"则"。岩墙:危墙也。　　[2] 道:主张。　　[3] 桎梏:音至固,木质刑具,枷锁之类。

【译文】

孟子说:"一切都是命,人应该顺受其正命。所以知命的人不站在危墙旁边。尽力实行自己的主张而死的人,属于正命。犯罪受刑而死的人,不属于正命。"

13.3　孟子曰:"求则得之,舍则失之,是求有益于得也,求在我者也。求之有道,得之有命,是求无益于得也,求在外者也。"[1]

【校注】

[1] 道:正确的方法、正当的途径。命:天命、自然缘分。

【译文】

孟子说:"寻求就能得到,放弃就会失去,说明寻求有助于得到,这种求在我自身。寻求有一定的方法,而能否得到则在于天命,又说明寻求无益于得到,这种求是外在的。"

13.4　孟子曰:"万物皆备于我矣。[1]反身而诚,乐莫大焉。[2]强恕而行,求仁莫近焉。"[3]

【校注】

[1] 备:具备。　[2] 反身:反躬自问。而:犹"若"。　[3] 强:勉强、努力。恕:音术,推己及人。

【译文】

孟子说:"所有的东西我都具备了,在这种情况下反躬自问,如果一切都诚实无欺,便是最大的快乐。努力按推己及人的办法做事,是最近的求仁之道。"

13.5　孟子曰:"行之而不著焉,习矣而不察焉,终身由之而不知其道者,众也。"[1]

【校注】

[1] 著:明也。习:熟悉。察:细看。由:行也。众:群众、普通人。

【译文】

孟子说:"做事却不明白在做什么,已经熟悉却不曾细看它,一辈子在走却不知道走的什么路,这是普通人。"

13.6　孟子曰:"人不可以无耻。无耻之耻,无耻矣。"[1]

【校注】

[1] 耻:耻辱、羞耻。

【译文】

孟子说:"人不能不知羞耻。从不知羞耻到知道羞耻,就没有羞耻了。"

13.7　孟子曰:"耻之于人,大矣。为机变之巧者,无所用耻焉。不耻不若人,何若人有?"[1]

【校注】

[1] 机变:随机应变。若:如也。

【译文】

孟子说:"羞耻对于人,是大事。随机应变、投机取巧的人,是不知道羞耻的。如果不以自己不如别人为羞耻,怎么会赶得上别人?"

13.8 孟子曰:"古之贤王好善而忘势,古之贤士何独不然?[1]乐其道而忘人之势。故王公不致敬尽礼,则不得亟见之。[2]见且由不得亟,而况得而臣之乎?"[3]

【校注】

[1] 势:权势。　　[2] 亟:屡次、多次。　　[3] 由:借为"犹"。

【译文】

孟子说:"古代的贤君喜欢善言而忘记自己的权势,古代的贤士又何尝不是这样?他们乐于自己的主张而忘记他人的权势,所以即使是王公贵人,如果不对他表达敬意尽到礼数,也不能够多次见他。见面尚且不能多,何况要他做臣下呢?"

13.9 孟子谓宋句践曰:"子好游乎?[1]吾语子游。人知之,亦嚣嚣;[2]人不知,亦嚣嚣。"

曰:"何如斯可以嚣嚣矣?"[3]

曰:"尊德乐义,则可以嚣嚣矣。故士穷不失义,达不离道。[4]穷不失义,故士得己焉;[5]达不离道,故民不失望焉。古之人,得志,泽加于民;[6]不得志,修身见于世;穷则独善其身,达则兼善天下。"[7]

【校注】

[1] 宋句践:人名,孟子弟子。游:指游说。　　[2] 嚣嚣:傲慢、自得的样子。　　[3] 斯:犹"则"。　　[4] 义:合理、应该。穷:不得志;达:通达、得志。　　[5] 得己:自得也。　　[6] 泽:恩泽、好处。　　[7] 兼:同时进行。

【译文】

孟子对宋句践说:"你喜欢四处游说吗?我告诉你怎样游说:别人理解,你要安详自得;别人不理解,也要安详自得。"

宋句践问:"怎样才能做到安详自得呢?"

孟子说:"尊崇德,喜爱义,就可以安详自得了。所以士人不得志的时候不失义,得志的时候不离道。不得志的时候不失义,所以士人安详自得;得志的时候不离道,所以老百姓不失望。古代的人,得志的时候恩泽施于百姓,不得志的时候修养自己以显身于世;不得志就独善自身,得志就兼善天下。"

13.10 孟子曰:"待文王而后兴者,凡民也。[1]若夫豪杰之士,虽无文王犹兴。"[2]

【校注】

[1] 兴:起来。凡民:普通人。　　[2] 豪杰:卓越、杰出人才。

【译文】

孟子说:"一定要等周文王那样的人物出现以后才起来的,是普通人。至于杰出人才,即使没有周文王那样的人物出现,自己也能起来。"

13.11 孟子曰:"附之以韩魏之家,如其自视欿然,则过人远矣。"[1]

【校注】

[1] 韩魏:晋国的韩氏、魏氏,后为两个国家。家:卿大夫的领地。欿:借为"坎"。欿然:不满足的样子。

【译文】

孟子说:"把晋国韩、魏两家的财富附加给他,如果他还不满足,那他就超过常人很远了。"

13.12 孟子曰:"以佚道使民,虽劳不怨;[1]以生道杀民,虽死不怨杀者。"[2]

【校注】

[1] 佚:安逸。道:方法。　　[2] 生:活着。

【译文】

孟子说:"用求安逸的方法使役百姓,百姓即使辛劳也不怨恨;用求活路的方法杀百姓,百姓即使死了也不怨杀他的人。"

13.13 孟子曰:"霸者之民,欢虞如也;[1]王者之民,皞皞如也。[2]杀之而不怨,利之而不庸,民日迁善而不知为之者。[3]夫君子所过者化,所存者神,上下与天地同流,岂曰小补之哉?"[4]

【校注】

[1] 虞:借为"娱"。欢虞:指欢欣娱乐。　　[2] 皞皞:同"浩浩",形容心

胸舒畅的样子。　　［3］庸：雇佣的代价、佣金。迁：移向。　　［4］过：经过。化：被感化。存：在也。神：神化、非人力可为也。

【译文】

孟子曰："霸主的百姓，一副欢娱自得的样子；王者的百姓，一副心胸舒畅的样子。杀了他却不怨恨，得到好处却不回报，老百姓天天向善却不知道是谁带来的。那君子所经过的地方人民受到感化，君子存在的地方有如神化，上上下下与天地一同流转向前，岂能说是小补他呢？"

13.14　孟子曰："仁言，不如仁声之入人深也。[1]善政，不如善教之得民也。[2]善政民畏之，善教民爱之；善政得民财，善教得民心。"

【校注】

［1］仁：谓行仁、关爱他人。声：声誉。　　［2］政：政治、政务。

【译文】

孟子说："行仁的言语，不如行仁的声誉深入人心。良好的政务，不如良好的教育得取民心。良好的政治百姓怕它，良好的教育百姓爱它；良好的政务能得民财，良好的教育能得民心。"

13.15　孟子曰："人之所不学而能者，其良能也；[1]所不虑而知者，其良知也。[2]孩提之童，无不知爱其亲者；[3]及其长也，无不知敬其兄也。亲亲，仁也；敬长，义也。无他，达之天下也。"[4]

【校注】

［1］良能：最基本的能力。　　［2］良知：最基本的知识。　　［3］孩提：小孩子刚会笑需人提抱。　　［4］达：通也。

【译文】

孟子说："人不用学习就能做的，是良能；不用思考就知道的，是良知。刚会笑需要人抱的孩子，没有不知道爱其父母的；等到他长大了，没有不知道敬他兄长的。爱父母是仁，敬兄长是义。没有其他原因，因为这两种品德是天下通行的。"

13.16　孟子曰："舜之居深山之中，与木石居，与鹿豕游，其所以异于深山之野人者几希。[1]及其闻一善言，见一善行，若决江河，沛然莫之能御也。"[2]

【校注】

[1] 几:几乎。希:同"稀",稀少。 [2] 沛然:大水奔流的样子。御:阻挡、抵挡。

【译文】

孟子说:"舜居住在深山里,与草木和石头为伴,与野鹿和野猪同游,与深山里的普通人不同的地方很少。而等它听到一句好话,看到一桩善行,就像江河决了口,奔腾向前的势头没有人能够阻挡。"

13.17 孟子曰:"无为其所不为,无欲其所不欲,如此而已矣。"[1]

【校注】

[1] 无:犹不,不要。欲:想也。

【译文】

孟子说:"不做自己不想做的事,不要自己不想要的东西,这样就够了。"

13.18 孟子曰:"人之有德慧术知者,恒存乎疢疾。[1]独孤臣孽子,其操心也危,其虑患也深,故达。"[2]

【校注】

[1] 德:道德;慧:智慧;术:技术;知:知识。疢(音趁)疾:疾病。[2] 孤臣:孤立之臣。孽子:即庶子,非嫡出之子。操心:即操行。危:高也。达:通达。

【译文】

孟子说:"有道德、智慧、技术、知识的人,往往出现在有疾病的人之中。被孤立的大臣和贱妾所生的儿子,他们操行高,虑患深,所以能够通达。"

13.19 孟子曰:"有事君人者,事是君则为容悦者也。[1]有安社稷臣者,以安社稷为悦者也。有天民者,达可行于天下而后行之者也。[2]有大人者,正己而物正者也。"[3]

【校注】

[1] 事:事奉。容悦:高兴。 [2] 天民:上天之民。 [3] 正:端正。物:指人。

【译文】

孟子说:"有事奉君主的人,就是事奉哪个君主就能使哪个君主高兴的人。有安定国家的臣,就是以国家安定为喜悦的臣。有天民,就是主张能通行于天下才去实行的民。有大人,就是端正自己而外人也随之端正的人。"

13.20　孟子曰:"君子有三乐,而王天下不与存焉。父母俱存,兄弟无故,一乐也。[1]仰不愧于天,俯不怍于人,二乐也。[2]得天下英才而教育之,三乐也。君子有三乐,而王天下不与存焉。"

【校注】

[1] 故:事故,灾患病丧之类。存:在也。　[2] 仰:昂头、上。俯:低头、下。怍:音作,惭愧。

【译文】

孟子说:"君子有三大快乐,为王天下不在里面。父母健在、兄弟平安,是第一大快乐;上不愧对于天,下不愧对于人,是第二大快乐;得到天下优秀的人才而教育他们,是第三大快乐。君子有三大快乐,为王天下不在里面。"

13.21　孟子曰:"广土众民,君子欲之,所乐不存焉。中天下而立,定四海之民,君子乐之,所性不存焉。[1]君子所性,虽大行不加焉,虽穷居不损焉,分定故也。[2]君子所性,仁义礼智根于心,其生色也睟然见于面,盎于背,施于四体,四体不言而喻。"[3]

【校注】

[1] 性:本性、信仰。　[2] 大行:谓主张得以实现。损:减损。分:本分。[3] 睟(音翠)然:明显的样子。盎:用同"映"。施:延也。四体:四肢。

【译文】

孟子说:"拥有广阔的土地和众多的人民,是君子所想望的,而其乐趣却不在里面;立身天地中央,安定四海百姓,是君子所快乐的,而其所信仰的却不在里面。君子所信仰的,即使其主张全部实现也不会增加,即使其穷居乡里也不会减少,因为本分已经固定。君子所信仰的,就是仁义礼智扎根在内心,生气勃勃,呈现于面部,映照在肩背,延伸到四肢;四肢不言语,别人也能明白。"

13.22　孟子曰:"伯夷辟纣,居北海之滨,闻文王作,兴曰:'盍归乎来!吾闻西伯善养老者。'[1]太公辟纣,居东海之滨,闻文王作,兴曰:'盍归乎来!吾闻西伯善养老者。'[2]天下有善养老,则仁人以为己归矣。[3]五亩之宅,树墙下以桑,匹妇蚕之,则老者足以衣帛矣。[4]

五母鸡,二母彘,无失其时,老者足以无失肉矣。[5]百亩之田,匹夫耕之,八口之家足以无饥矣。所谓西伯善养老者,制其田里,教之树畜,导其妻子使养其老。五十非帛不暖,七十非肉不饱。[6]不暖不饱,谓之冻馁。[7]文王之民无冻馁之老者,此之谓也。"

【校注】

[1] 北海:渤海。盍:何不。　　[2] 太公:即所谓姜太公吕尚。[3] 归:归属、依靠。　　[4] 匹妇:一个普通妇女。　　[5] 彘:音稚,猪也。失其时:谓耽误其繁殖。　　[6] 帛:丝棉。《礼记·王制》:"六十非肉不饱,七十非帛不暖。"　　[7] 馁:音累,挨饿。

【译文】

孟子说:"伯夷避商纣王,住在渤海边上,听说文王起事,高兴地说:'何不回他那里!我听说西伯侯是善于养老的人。'姜太公躲避商纣王,住在东海边上,听说周文王起事,高兴地说:'何不回他那里!我听说西伯侯是善于养老的人。'可见如果天下有善于养老的人,仁人就会把他看成自己的归宿。五亩大的宅地,墙外种上桑树,一个普通妇女养蚕织布,老人就足以穿丝绸了。五只母鸡,两口母猪,只要不耽误它的繁殖,老人就足以有肉吃了。一百亩的土地,一个普通男人耕种,八口之家就足以不挨饿了。所谓的西伯善养老,就是指制定土地与居民管理制度,教他们种植和畜牧,引导他们的妻子儿女奉养自己的老人。五十岁的人没有丝棉不暖和,七十岁的人没有肉吃不饱。不暖和吃不饱,叫做冻馁。所谓周文王的百姓中没有冻馁的老人,说的就是这个。"

13.23　孟子曰:"易其田畴,薄其税敛,民可使富也。[1]食之以时,用之以礼,财不可胜用也。[2]民非水火不生活。[3]昏暮叩人之门户求水火,无弗与者,至足矣。[4]圣人治天下,使有菽粟如水火。[5]菽粟如水火,而民焉有不仁者乎?"

【校注】

[1] 易:治也。田畴:已经耕作的土地。薄:犹轻。　　[2] 胜:读平声,尽也。　　[3] 水火:水与火,水以饮、火以熟也。生活:生存。　　[4] 昏暮:黄昏时分。叩:敲也。至:至为、极其。矣:用同"也"。　　[5] 菽:豆类。粟:米也。菽粟:指代粮食。

【译文】

孟子说:"搞好土地政策,减轻税收,可以使老百姓富足。按时食用,以礼消费,财物就用不完。老百姓离开水与火就活不了,而黄昏时分敲别人家的门去讨,没有不给的,因为水火极其充足。圣人治理天下,就要使百姓的粮食像水火一样充足。粮食像水火一样充足了,老百姓怎么会有不仁的呢?"

13.24　孟子曰:"孔子登东山而小鲁,登太山而小天下。[1]故观于海者难为水,游于圣人之门者难为言。[2]观水有术,必观其澜。[3]日月有明,容光必照焉。[4]流水之为物也,不盈科不行;[5]君子之志于道也,不成章不达。"[6]

【校注】

[1] 东山:即蒙山。太山:即泰山。　[2] 为:成为。　[3] 澜:波澜。　[4] 容光:能够容下光明的地方。　[5] 盈:满也。科:借为"坑"。　[6] 章:本指音乐章节,所谓"乐竟为章",引申指完整的段落、阶段。达:通达。

【译文】

孟子说:"孔子登上蒙山就觉得鲁国变小了,登上泰山就觉得整个天下都变小了。所以,在看过大海的人眼里,其他的水都不算水;在圣人门下学习过的人,其他的言论都不算言论。观看水有一定的方法,一定要观看它的波澜。太阳月亮有光辉,凡是能容下光的地方一定会照进去;流动的水,不把坑填满不向前流。君子立志于道,不到完整的阶段不会通达。"

13.25　孟子曰:"鸡鸣而起,孳孳为善者,舜之徒也。[1]鸡鸣而起,孳孳为利者,跖之徒也。[2]欲知舜与跖之分,无他,利与善之间也。"[3]

【校注】

[1] 孳孳:借为"孜孜",不知疲倦的样子。　[2] 跖:音治,春秋时的大盗。　[3] 间:读去声,间隔、区别。

【译文】

孟子说:"鸡叫便起床,孜孜不倦行善的人,是舜的门徒;鸡叫便起床,孜孜不倦求利的人,是盗跖的门徒。要想知道舜和盗跖的区别,没有别的,就是利和善的区别。"

13.26　孟子曰:"杨子取为我,拔一毛而利天下,不为也。[1]墨子兼爱,摩顶放踵利天下,为之。[2]子莫执中,执中为近之。[3]执中无权,犹执一也。[4]所恶执一者,为其贼'道'也,举一而废百也。"[5]

【校注】

[1] 杨子:战国思想家杨朱,魏国人,主张"为我",《列子》有《杨朱篇》。取:犹主,主张。　　[2] 墨子:名翟,春秋战国之际的思想家,宋国人,墨家学派的创始人,主张兼爱。摩:磨伤。顶:头顶。古人以头顶物,故易磨伤。放:谓裂开。踵:脚后跟。　　[3] 子莫:鲁国贤人,或即《说苑·修文》所载颛孙子莫。执中:持中道、无过无不及也。　　[4] 权:权变、变通。　　[5] 贼:害也。

【译文】

孟子说:"杨朱主张为自己,即使拔一根汗毛以利天下,他也不干。墨子主张兼爱,即便是头顶被磨伤、脚跟裂开,只要是对天下有利,他都干。子莫主张持中。持中比较好;但如果持中而不知道权变,那就和执一一样了。为什么讨厌执一呢?因为它会损害'道',等于是举一个而废一百。"

13.27　孟子曰:"饥者甘食,渴者甘饮,是未得饮食之正也,饥渴害之也。[1]岂惟口腹有饥渴之害?人心亦皆有害。人能无以饥渴之害为心害,则不及人不为忧矣。"

【校注】

[1] 甘:以为甘甜、味美。

【译文】

孟子说:"饥饿的人觉得任何食物都可口,干渴的人觉得任何饮料都甜美。这是他们没有得到饮料和食物的正味,而是饥饿和干渴害的。难道只有嘴巴和肚子有饥饿和干渴的妨害吗?人心也有妨害。一个人能够不让饥饿和干渴那样的妨害去妨害心灵,那不如别人,就不会成为自己的忧虑了。"

13.28　孟子曰:"柳下惠不以三公易其介。"[1]

【校注】

[1] 三公:国家职位最高的三位官员。介:在中间传达宾主对话的人。

【译文】

孟子说:"柳下惠不因对方是三公就换自己的传话人。"

13.29　孟子曰:"有为者辟若掘井。[1]掘井九轫而不及泉,犹为弃井也。"[2]

【校注】

[1] 辟：同"譬"。掘井：挖井、打井。　　[2] 轫：借为"仞"，一人身高之度。弃：废弃。

【译文】

孟子曰："有作为的人做事好像挖井（挖不出水不罢休），即使挖了九人身高深的井却没有挖到泉水，还是废井。"

13.30　孟子曰："尧、舜，性之也；[1]汤、武，身之也；[2]五霸，假之也。[3]久假而不归，恶知其非有也？"[4]

【校注】

[1] 性：本性。　　[2] 身：亲身。　　[3] 假：借也。　　[4] 恶：音悟，哪里、怎么。

【译文】

孟子说："尧、舜，是靠本性；商汤和周武王，是靠自身；五霸，是靠借用。借久了而不归还，怎么能知道不是他自己的呢？"

13.31　公孙丑曰："伊尹曰：'予不狎于不顺。'[1]放太甲于桐，民大悦。[2]太甲贤，又反之，民大悦。'贤者之为人臣也，其君不贤，则固可放与？"

孟子曰："有伊尹之志，则可；无伊尹之志，则篡也。"[3]

【校注】

[1] 狎：习惯。此《尚书·太甲上》文。　　[2] 放：流放。太甲：商汤孙，后立为商王。桐：地名，在今河北省临漳县境。　　[3] 篡：篡夺、篡位。

【译文】

公孙丑问："伊尹说：'我不习惯人不顺从。'于是就把太甲流放到桐，老百姓大为高兴。等太甲变贤了，又让他反位，老百姓也大为高兴。贤人做臣下，他的君主不贤，本来就可以流放吗？"

孟子说："有伊尹的心志，就可以；没有伊尹的心志，就是篡位。"

13.32　公孙丑曰："《诗》曰：'不素餐兮。'[1]君子之不耕而食，何也？"[2]

孟子曰："君子居是国也，其君用之，则安富尊荣；其子弟从之，则孝弟忠信。[3]'不素餐兮',孰大于是?"

【校注】

[1] 素:白也。餐:吃饭。此《诗经·魏风·伐檀》句。　[2] 君子:指品格高尚的人。　[3] 是:此。孝弟:同"孝悌"。

【译文】

公孙丑问:"《诗经》里说:'不白吃饭啊!'君子们不种庄稼却能得食,为什么呢?"

孟子说:"君子居住在这个国家,国君用他,就会安定富足,尊贵荣耀;弟子们跟随他,就会孝敬父母,顺从兄长,忠诚而守信用。'不白吃饭',还有谁比这贡献更大呢?"

13.33　王子垫问曰:"士何事?"[1]

孟子曰:"尚志。"[2]

曰:"何谓尚志?"

曰:"仁义而已矣。杀一无罪,非仁也;非其有而取之,非义也。居恶在?[3]仁是也;路恶在?义是也。居仁由义,大人之事备矣。"[4]

【校注】

[1] 王子垫:齐王的儿子,名垫。事:从事。　[2] 尚:崇尚、以为上。志:心意、志气。　[3] 恶:读悟音,古"于何"合音。　[4] 由:行也。

【译文】

王子垫问:"士做什么事呢?"

孟子说:"首先使自己的心志高尚。"

王子垫问:"什么叫使心志高尚?"

孟子说:"就是崇尚仁义罢了。杀一个无罪的人是不仁,不是自己的东西而占有是不义。安居在哪儿?仁便是。道路在哪里?义便是。安居于仁而行走于义,大人的事就齐备了。"

13.34　孟子曰:"仲子,不义,与之齐国而弗受,人皆信之,是舍箪食豆羹之义也。[1]人莫大焉亡亲戚、君臣、上下。[2]以其小者信其大者,奚可哉?"[3]

【校注】

[1] 仲子:齐国人,即《滕文公下》(6.10)之陈仲子,虽以廉洁著称,又耻其兄

为齐卿,而避兄离母。　　[2]人:指人之不义。焉:犹"于"。亡:无也。
[3]奚:何也。

【译文】

孟子上:"陈仲子这个人,如果不义,即使把整个齐国给他他也不接受,人们都相信他。其实,这只是舍弃一篮子饭和一杯汤的义。人的不义没有比心里没有亲属、君臣、上下更大的。以他的小节而相信他的大节,怎么可以呢?"

13.35　桃应问曰:"舜为天子,皋陶为士,瞽瞍杀人,则如之何?"[1]

孟子曰:"执之而已矣。"[2]

"然则舜不禁与?"

曰:"夫舜恶得而禁之? 夫有所受之也。"

"然则舜如之何?"

曰:"舜视弃天下,犹弃敝蹝也。[3]窃负而逃,遵海滨而处,终身䜣然,乐而忘天下。"[4]

【校注】

[1]桃应:孟子弟子。　　[2]皋陶(音遥):舜的大臣,掌刑狱。士:指士师,执法官。　　[3]敝蹝(音徙):破鞋子。　　[4]负:背着。遵:沿着。䜣(音欣)然:欢欣的样子。

【译文】

桃应问:"舜做天子,皋陶做法官,假如舜的父亲瞽瞍杀了人,那怎么办?"

孟子说:"把他抓起来就是了。"

桃应问:"难道舜不阻止吗?"

孟子说:"舜怎么能阻止呢? 皋陶有自己所受的职责。"

桃应又问:"这样的话,舜该怎么办呢?"

孟子说:"舜会把抛弃天下,看得像抛弃破鞋子一样。他会偷偷地背着父亲逃走,沿着海滨住下来,一辈子欢欢喜喜,快乐地把做天子的事情忘掉。"

13.36　孟子自范之齐,望见齐王之子,喟然叹曰:[1]"居移气,养移体,大哉居乎![2]夫非尽人之子与?"

孟子曰:"王子宫室、车马、衣服多与人同,而王子若彼者,其居使之然也;况居天下之广居者乎?[3]鲁君之宋,呼于垤泽之门。[4]守者曰:'此非吾君也,何其声之似我君也?'此无他,居相似也。"

【校注】

[1] 范:地名。在今山东范县东南。　　[2] 居:指所处的地位。移:改变。　　[3] 广:大也。　　[4] 垤(音迭)泽:宋国城门名。

【译文】

孟子从范地到齐国,远远地望见了齐王的儿子,长叹一声说:"地位改变人的气度,生活改变人的体质,地位多么重要啊!不都是人的儿子吗?"

孟子说:"王子的房子、车马、衣服多半与人相同,而王子现在那个样子,是他的地位使然,何况处在天下最高地位上的人呢?鲁国的国君去宋国,在宋国的城门下呼喊。守门的人说:'这人不是我们的国君,为什么他的声音这么像我们的国君呢?'这没有别的,就是因为所处的环境相似。"

13.37　孟子曰:"食而弗爱,豕交之也;[1]爱而不敬,兽畜之也。[2]恭敬者,币之未将者也。[3]恭敬而无实,君子不可虚拘。"[4]

【校注】

[1] 食:读去声,养也。豕:猪也。交:交往、打交道。　　[2] 畜:养也。　　[3] 币:礼物。将:送也。　　[4] 拘:执、行也。

【译文】

孟子说:"(对于父母)只养活而不爱,等于把他们当猪对待;只爱而不敬,等于把他们当禽兽畜养。恭敬,相当于即将送出的礼物。恭敬却没有实际行动(等于是虚行),君子不可以虚行。"

13.38　孟子曰:"形色,天性也。[1]惟圣人,然后可以践形。"[2]

【校注】

[1] 形色:形体与容貌。　　[2] 践:实践、不虚。

【译文】

孟子说:"人的形貌,是天生的。只有圣人,才能够对得起自己的形貌。"

13.39　齐宣王欲短丧,[1]公孙丑曰:"为期之丧,犹愈于已乎?"[2]

孟子曰:"是犹或纩其兄之臂,子谓之姑徐徐云尔,亦教之孝悌而已矣。"

王子有其母死者,其傅为之请数月之丧。[3]公孙丑曰:"若此者何如也?"

曰:"是欲终之而不可得也。虽欲加一日愈于已,谓夫莫之禁而弗为者也。"

【校注】

[1] 丧:读三声。短丧:缩短丧期。　[2] 期:音机,一年。　[3] 王子:齐宣王之子。

【译文】

齐宣王想要缩短服丧的期限,公孙丑问孟子:"服一年的丧,也比取消服丧好吧?"

孟子说:"这好比有人扭转你哥哥的胳膊,你告诉他姑且慢慢扭(性质是一样的。所以不管丧期长短,)你只有教他孝悌就行了。"

有个王子死了母亲,他的师傅为他请求几个月的丧期。公孙丑问孟子:"像这样的,怎么样?"

孟子说:"那是想服完三年丧而做不到。即使想增加一天也胜过取消,是指那些没有人禁止却不做的人。"

13.40　孟子曰:"君子之所以教者五:有如时雨化之者,有成德者,有达财者,有答问者,有私淑艾者。[1]此五者,君子之所以教也。"

【校注】

[1] 成:成全。达:通也。财:借为"才"。淑:善也。艾:借为"爱"。

【译文】

孟子说:"君子用来教育人的方式有五种:有像及时雨一样化育的,有成全品德的,有通其才能的,有回答所问的,有私爱其人的。这五种,都是君子用来教育人的。"

13.41　公孙丑曰:"道则高矣,美矣,宜若登天然,似不可及也;[1]何不使彼为可几及而日孳孳也?"[2]

孟子曰:"大匠不为拙工改废绳墨,羿不为拙射变其彀率。[3]君子引而不发,跃如也;[4]中道而立,能者从之。"[5]

【校注】

[1] 道:最好的主张、真理,这里指君子之道。　[2] 几及:几乎可及。

孳孳：同"孜孜"，不倦的样子。　　[3] 绳墨：律直的墨绳。彀（音够）率：拉弓的标准。　　[4] 引：拉开、拉着。跃如：跃跃欲试的样子。　　[5] 中道：道路中央。

【译文】

公孙丑说："'道'既高又美，（可是要攀上去，）就像登天一样，似乎不可到达。为什么不让它成为几乎可以攀上去而叫人天天去努力呢？"

孟子说："高明的工匠不因为拙劣的工人而改变或者废弃律直的墨绳，羿不因为拙劣的射手而改变他拉弓的标准。君子拉满弓而不发箭，做出要射的样子；他站在道路中央，有能力的人便跟着他学。"

13.42　孟子曰："天下有道，以道殉身；[1]天下无道，以身殉道。未闻以道殉乎人者也。"

【校注】

[1] 有道：有正确的政治主张。殉：为之而死、做殉葬品。

【译文】

孟子说："天下有正确的政治主张，就用这种主张做自己的殉葬品；天下没有正确的政治主张，就以自身做正确政治主张的殉葬品。还没听说过用正确的政治主张给别人殉葬的。"

13.43　公都子曰："滕更之在门也，若在所礼，而不答，何也？"[1]

孟子曰："挟贵而问，挟贤而问，挟长而问，挟有勋劳而问，挟故而问，皆所不答也。[2]滕更有二焉。"

【校注】

[1] 滕更：当时滕国国君的弟弟，从孟子学。　　[2] 挟：持、仗也。

【译文】

公都子问："滕更在您门下，似乎应该在以礼相待之列，可是您不回答他的问题，为什么呢？"

孟子说："倚仗自己的尊贵来问，倚仗自己贤能来问，倚仗自己年长来问，倚仗自己有功劳来问，倚仗自己是老交情来问，都是我所不回答的。滕更占其中的两种。"

13.44　孟子曰："于不可已而已者，无所不已。[1]于所厚者薄，无所不薄也。其进锐者,其退速。"[2]

【校注】

[1] 已:停止。　　[2] 锐:锐利、快速。

【译文】

孟子说:"对于不应该停止的却停止,那他就没有什么不可以停止了。对于应该厚待的却薄待,那他就没有什么不可以薄待了。前进太快的,他后退也快。"

13.45　孟子曰:"君子之于物也,爱之而弗仁;[1]于民也,仁之而弗亲。[2]亲亲而仁民,仁民而爱物。"

【校注】

[1] 物:万物。仁:谓关爱。　　[2] 亲:亲爱。

【译文】

孟子说:"君子对于万物,爱惜它但不关爱;对于百姓,关爱他但不亲爱。亲爱亲人而关爱百姓,关爱百姓而爱惜万物(是君子的作风)。"

13.46　孟子曰:"知者无不知也,当务之为急;[1]仁者无不爱也,急亲贤之为务。尧、舜之知而不遍物,急先务也;[2]尧、舜之仁不遍爱人,急亲贤也。不能三年之丧,而缌、小功之察;[3]放饭、流歠,而问无齿决,是之谓不知务。"[4]

【校注】

[1] 当:当下、当前。务:致力、从事。　　[2] 遍:普遍。　　[3] 缌:音思,服丧三个月的孝服。小功:服丧五个月的孝服。　　[4] 问:询问、讲究。放饭:放开吃饭、不定量。流歠(音绰):像流水一样地饮水。齿决:用牙齿啃断。《礼记·曲礼上》曰:"毋放饭,毋流歠。濡肉齿决,干肉不齿决。"

【译文】

孟子说:"聪明人没有不该知道的,但当下应该做的事情为最急;仁爱的人没有不该爱的,但急于爱贤人。以尧舜的智慧却不知道所有的事物,因为他们急于知道应该先做的事情;以尧舜的仁德却不能够爱所有的人,因为他们急于亲爱贤人。不能服三年的丧,却对三个月、五个月的丧服细加考察;在尊长者面前大吃猛喝,却讲究不用牙齿啃肉,这就叫做'不知务'。"

尽 心 下

14.1 孟子曰:"不仁哉梁惠王也!仁者以其所爱及其所不爱,不仁者以其所不爱及其所爱。"

公孙丑问曰:"何谓也?"

"梁惠王以土地之故,糜烂其民而战之,大败。[1]将复之,恐不能胜,故驱其所爱子弟以殉之,是之谓以其所不爱及其所爱也。"

【校注】

[1] 糜烂:指死伤。

【译文】

孟子说:"梁惠王真不仁啊!仁爱的人把他所爱的推广到他所不爱的人身上,不仁的人把他所不爱的推广到他所爱的人身上。"

公孙丑问:"为什么这么说呢?"

孟子说:"梁惠王因为土地的缘故,糟蹋百姓的性命使他们去打仗,结果大败。准备再打,担心不能取胜,所以又驱使他所爱的子弟去为他送死,这就叫把他所不爱的推广到他所爱的人身上。"

14.2 孟子曰:"春秋无义战。[1]彼善于此,则有之矣。征者,上伐下也,敌国不相征也。"[2]

【校注】

[1] 义:合理、正义。　　[2] 敌国:势均力敌、地位平等之国。

【译文】

孟子说:"春秋时代没有正义的战争。不过那一次比这一次好一点,却还是有的。所谓征,是指上边的讨伐下边的,地位平等的国家是不能相互征讨的。"

14.3 孟子曰:"尽信《书》,则不如无《书》。[1]吾于《武成》,取二三策而已矣[2]。仁人无敌于天下,以至仁伐至不仁,而何其血之流杵也?"[3]

【校注】

[1]《书》:即《尚书》。《武成》:《尚书》篇名,记武王伐纣事。 [2] 策:竹简。当时的书都写在竹简上。 [3] 杵:一头粗一头细的圆木棒,捣衣用。今《尚书·武成》载:"甲子昧爽,受(纣)率其旅若林,会于牧野。罔有敌于我师,前徒倒戈攻于后,以北,血流漂杵。"

【译文】

孟子说:"完全相信《尚书》,不如没有《尚书》。我对于《尚书》中的《武成》篇,就只取其中两三支简罢了。因为仁人在天下没敌手。以最仁的人讨伐最不仁的人,怎么会使血流得把棒槌都漂起来呢?"

14.4 孟子曰:"有人曰:'我善为陈,我善为战。'[1]大罪也。国君好仁,天下无敌焉。南面而征,北狄怨;东面而征,西夷怨,曰:'奚为后我?'[2]武王之伐殷也,革车三百两,虎贲三千人。[3]王曰:'无畏!宁尔也,非敌百姓也。'[4]若崩厥角稽首。[5]征之为言正也。各欲正己也,焉用战?"

【校注】

[1] 陈:借为"阵",布阵。 [2] 奚为:为何。 [3] 革车:战车。虎贲:如虎之奔,勇士也。 [4] 宁:安也。尔:你们。 [5] 崩:崩裂。厥:犹"其"。角:动物的犄角。

【译文】

孟子说:"有人说:'我善于布阵,我善于打仗。'这是大罪。国君爱好仁,就会天下无敌。商汤征伐南方,北方的人埋怨;征伐东方,西方的人埋怨。埋怨说:'为什么把我们放在后边?'武王伐商的时候,一共有战车三百辆、勇士三千人。武王对商朝的百姓说:'不要害怕,我是来安抚你们的,不是来同百姓为敌的。'商朝的百姓像被打掉犄角似的磕头,嘣嘣作响。'征'说的就是'正'。如果各国都想端正自己,哪还用得着打仗?"

14.5 孟子曰:"梓匠轮舆能与人规矩,不能使人巧。"[1]

【校注】

[1] 梓匠:木匠。轮舆:车轮和车厢,此指造车的人。

【译文】

孟子说:"木匠和车匠能把画圆画方的方法教给人,却不能使人技术精巧。"

14.6 孟子曰:"舜之饭糗茹草也,若将终身焉;[1]及其为天子也,被袗衣,鼓琴,二女果,若固有之。"[2]

【校注】

[1]饭:吃也。糗(音球三声):干粮。茹:《说文》:"饭牛也。"本指以草喂牛,引申泛指吃草。草:野菜也。 [2]袗(音枕)衣:单衣。果:读为"婐(音我)",侍女。

【译文】

孟子说:"舜在吃干粮嚼野菜的时候,就像打算一辈子这么过日子似的;等他做了天子,穿着单衣,弹着琴,尧的两个女儿侍候着,又像本来就享有这种生活似的。"

14.7 孟子曰:"吾今而后知杀人亲之重也:[1]杀人之父,人亦杀其父;杀人之兄,人亦杀其兄。然则非自杀之也,一间耳。"[2]

【校注】

[1]重:严重、关系重大。 [2]间:间隔、缝隙。

【译文】

孟子说:"我现在才知道杀害别人亲人的严重性:杀了人家的父亲,人家也会杀你的父亲;杀了人家的哥哥,人家也会杀你的哥哥。虽然不是自己杀了自己的父亲和哥哥,但也只是一条缝隙的间隔。"

14.8 孟子曰:"古之为关也,将以御暴;今之为关也,将以为暴。"[1]

【校注】

[1]关:关卡。以:用以、用来。御:抵御。

【译文】

孟子说:"古时候设立关卡,是准备用它抵御残暴;而现在设立关卡,却是准备用它施行残暴。"

14.9 孟子曰:"身不行道,不行于妻子;[1]使人不以道,不能行于妻子。"

【校注】

［1］身：自身。道：指正道、正确的方法。妻子：妻和子。

【译文】

孟子说："自己不行正道，正道也行不到妻子儿女身上；使唤人不按正道，正道也到不了妻子儿女身上。"

14.10　孟子曰："周于利者凶年不能杀,周于德者邪世不能乱。"[1]

【校注】

［1］周：周遍、富裕。邪世：邪恶不正之世。

【译文】

孟子说："财产富裕的人荒年饿不死他,道德富裕的人邪世不能使他迷乱。"

14.11　孟子曰："好名之人,能让千乘之国。苟非其人,箪食豆羹见于色。"[1]

【校注】

［1］羹：菜汤。见：同"现"。

【译文】

孟子说："爱名声的人,能把拥有一千辆兵车的国家让给人。如果不是这样的人,即使让出一篮子饭一杯汤,他脸色也会不高兴。"

14.12　孟子曰："不信仁贤,则国空虚;无礼义,则上下乱;无政事,则财用不足。"

【译文】

孟子说："不信任仁人贤士,国家就会空虚;没有礼义,上下关系就会混乱;没有政事,财用就会不足。"

14.13　孟子曰："不仁而得国者,有之矣;不仁而得天下者,未之有也。"

【译文】

孟子说："不仁而得到一个国家的人,有过;不仁而得到整个天下的人,还没有过。"

14.14　孟子曰:"民为贵,社稷次之,君为轻。[1]是故得乎丘民而为天子,得乎天子为诸侯,得乎诸侯为大夫。[2]诸侯危社稷,则变置。[3]牺牲既成,粢盛既洁,祭祀以时,然而旱干水溢,则变置社稷。"[4]

【校注】

[1]社稷:国君所尊奉的土、谷之神,象征国家政权。　[2]得:谓得其心。丘民:指民众。　[3]变置:改立。　[4]牺牲:祭祀用的牲口。粢盛(音程):祭祀用的粮食。旱干:即干旱。溢:横溢。

【译文】

孟子说:"老百姓最重要,国君政权为其次,国君最轻下。所以得到民众的心就能做天子,得到天子的心就能做诸侯,得到诸侯的心就能做大夫。诸侯危害国家政权,就改立诸侯。祭祀用的牲口已经很肥壮,祭祀用的粮食已经很清洁,而且又是按时祭祀,但还是有旱涝灾害,那就变更国家政权。"

14.15　孟子曰:"圣人,百世之师也,伯夷、柳下惠是也。故闻伯夷之风者,顽夫廉,懦夫有立志;[1]闻柳下惠之风者,薄夫敦,鄙夫宽。[2]奋乎百世之上,百世之下闻者莫不兴起也。[3]非圣人而能若是乎?而况于亲炙之者乎?"[4]

【校注】

[1]顽:贪。廉:不贪、廉洁。　[2]敦:厚道。鄙夫:庸俗之人。[3]奋:发奋。　[4]炙:谓感染、熏陶之。

【译文】

孟子说:"圣人,是百世的师表。伯夷和柳下惠,就是这样的人。所以,听说过伯夷风范的,贪婪者会变廉洁,懦夫会变得意志坚定;听说过柳下惠风范的,刻薄人会变得厚道,庸俗者会变得心胸宽广。百代之前奋发有为,百代之后听说他们事迹的人,没有不振作起来的。不是圣人,能像这样吗?百代以后尚且这样,更何况当时亲身受过他们熏陶的人呢?"

14.16　孟子曰:"仁也者,人也。合而言之,道也。"

【译文】

孟子说:"所谓仁,就是人。把人和仁结合起来说,就是道。"

14.17 孟子曰:"孔子之去鲁,曰:'迟迟吾行也,去父母国之道也。'去齐,接淅而行,去他国之道也。"[1]

【校注】

[1] 接:接连不断。淅:音析,淘米水。接淅:谓米尚未淘好。

【译文】

孟子说:"孔子离开鲁国时,说:'我要慢慢地走啊,这是离开自己祖国的正确做法。'离开齐国时,不等把米淘好就走,这是离开别的国家时的正确做法。"

14.18 孟子曰:"君子之厄于陈蔡之间,无上下之交也。"[1]

【校注】

[1] 厄:穷困,受灾难。

【译文】

孟子说:"孔子被困在陈国和蔡国之间,是因为他跟这两国的君臣都没有交往的缘故。"

14.19 貉稽曰:"稽大不理于口。"[1]

孟子曰:"无伤也。士憎兹多口。《诗》云:'忧心悄悄,愠于群小。'[2]孔子也。'肆不殄厥愠,亦不殒厥问。'[3]文王也。"

【校注】

[1] 貉(音禾)稽:人名。理:顺也。　[2] 悄悄:音巧巧,忧愁的样子。愠:音运,恼怒。此《诗经·邶风·柏舟》五章之句。　[3] 肆:故、因此。殄:灭也。殒:落、绝也。此《诗经·大雅·绵》八章之句。

【译文】

貉稽说:"我被人家说了许多坏话。"

孟子说:"没有关系。干事的人讨厌那种多嘴多舌。《诗经》里说:'忧郁藏在心,群小都怨恨。'孔子就是这样的人。又说:'所以不灭其恼怒,也不绝其问。'文王就是这样的人。"

14.20 孟子曰:"贤者以其昭昭使人昭昭,今以其昏昏使人昭昭。"[1]

【校注】

[1] 昭昭:明白的样子。昏昏:糊涂的样子。

【译文】

孟子说:"贤明的人用自己的明白使别人明白,现在的人想用自己的糊涂使人明白。"

14.21 孟子谓高子曰:"山径之蹊,间介然用之而成路;[1]为间不用,则茅塞之矣。[2]今茅塞子之心矣。"

【校注】

[1] 蹊:音奚,新走出的路。间、介:皆间断义,所谓同义词复用。
[2] 茅:茅草。

【译文】

孟子对高子说:"山里的小径,断断续续去走就成了路;长时间不走,茅草就会堵塞它。现在,'茅草'堵塞你的心了。"

14.22 高子曰:"禹之声尚文王之声。[1]"

孟子曰:"何以言之?"

曰:"以追蠡。"[2]

曰:"是奚足哉?城门之轨,两马之力与?"

【校注】

[1] 声:指音乐。尚:上、高过。　[2] 追:音堆,钟钮;蠡(音离):欲绝、要断的样子。

【译文】

高子说:"禹的音乐胜过文王的音乐。"

孟子问:"凭什么这么说?"

高子说:"凭禹的钟钮都快断了。"

孟子说:"这哪里能说明问题呢?城门下的车轨,是一两匹马的力量造成的吗?"

14.23 齐饥,陈臻曰:"国人皆以夫子将复为发棠,殆不可复?"[1]

孟子曰:"是为冯妇也。[2]晋人有冯妇者,善搏虎,卒为善士。[3]则之野,有众逐虎。虎负嵎,莫之敢撄。[4]望见冯妇,趋而迎之。冯妇攘臂下车,众皆悦之,其为士者笑之。"[5]

【校注】

[1] 发：打开。棠：地名，这里指棠地之仓。棠地在今山东即墨南。[2] 冯妇：人名。　[3] 搏：徒手打斗。卒：终也。　[4] 嵎：山角。攖：谓靠近。朱熹《集注》曰："攖，触也。"　[5] 攘臂：挽起袖子。

【译文】

齐国闹饥荒，陈臻问："国都里的人都认为先生会再次劝说齐王打开棠邑的粮仓救济百姓，恐怕不会再这么做了吧？"

孟子说："这样就成冯妇了。晋国有个叫冯妇的人，善于徒手打虎，后来又成了很好的文士。有一次去野外，可见有许多人在追老虎，老虎背靠山的角落，没有人敢靠近。人们远远看见了冯妇，就跑上去迎他。冯妇便挽起袖子下了车。大家都喜欢他，可是那些做文士的却讥笑他。"

14.24　孟子曰："口之于味也，目之于色也，耳之于声也，鼻之于臭也，四肢之于安佚也，性也，有命焉；[1]君子不谓性也。仁之于父子也，义之于君臣也，礼之于宾主也，知之于贤者也，圣人之于天道也，命也，有性焉；[2]君子不谓命也。"

【校注】

[1] 臭：音嗅，气味。性：天性。命：命运。　[2] 知：同"智"。

【译文】

孟子说："口喜欢美味，眼睛喜欢美色，耳朵喜欢美声，鼻子喜欢香气，四肢喜欢安逸，都属于天性；但能否得到，其中却有命运，所以君子在这些方面不讲天性。仁对于父子，义对于君臣，礼对于宾主，智慧对于贤者，圣人对于天道，都属于命运；但能否得到，其中却有天性，所以在这些方面君子不讲命运。"

14.25　浩生不害问曰："乐正子何人也？"[1]

孟子曰："善人也，信人也。"[2]

"何谓善？何谓信？"

曰："可欲之谓善，有诸己之谓信，充实之谓美，充实而有光辉之谓大，大而化之之谓圣，圣而不可知之之谓神。[3]乐正子，二之中、四之下也。"

【校注】

[1] 浩生不害：复姓浩生，名不害，齐国人。　[2] 信：诚实。

[3] 化：化育。

【译文】

浩生不害问："乐正子是怎样一个人？"

孟子说："是个和善的人、诚信的人。"

又问："什么叫'善'？什么叫'信'？"

孟子说："值得喜爱叫'善'，自己具有叫'信'，'善''信'充实叫'美'，既充实又有光辉叫'大'，既'大'又能化育万物叫'圣'，'圣'到妙不可知叫'神'。乐正子是在'善'和'信'二者之中，'美''大''圣''神'四者之下的人。"

14.26 孟子曰："逃墨必归于杨，逃杨必归于儒。[1]归，斯受之而已矣。[2]今之与杨、墨辩者，如追放豚，既入其苙，又从而招之。"[3]

【校注】

[1] 逃：逃离、离开。墨：墨子。杨：杨朱。 [2] 斯：犹"则"。
[3] 放：谓因释放而走失。入：读"纳"。苙：音立，猪圈。招：谓羁绊其足。

【译文】

孟子说："逃离墨子一派，必归杨朱一派；逃离杨朱一派，必归儒家一派。既然来归，接纳他就是了。而现在与杨朱、墨子辩论的人，好像追跑掉的猪，追回猪圈以后，还接着把它的脚拴住，'未免太过分了'。"

14.27 孟子曰："有布缕之征，粟米之征，力役之征。[1]君子用其一，缓其二。用其二而民有殍，用其三而父子离。"[2]

【校注】

[1] 缕：丝线。布缕：即布帛。征：谓赋税。 [2] 殍：音瓢，饿死的人。

【译文】

孟子说："有布帛的赋税，有粮食的赋税，有人力的赋税。君子征收其中一种，缓征其他两种。如果同时征收两种，百姓就会有饿死的；同时征收三种，百姓就会父子分离。"

14.28 孟子曰："诸侯之宝三：土地，人民，政事。宝珠玉者，殃必及身。"[1]

【校注】

[1] 宝珠玉：以珠玉为宝。殃：灾祸。身：自身、本人。

【译文】

孟子说:"诸侯的宝物有三样:土地,人民,政事。把珍珠美玉当宝物的,灾祸必定降到他身上。"

14.29 盆成括仕于齐。[1]孟子曰:"死矣,盆成括!"

盆成括见杀。门人问曰:"夫子何以知其将见杀?"

曰:"其为人也小有才,未闻君子之大道也,则足以杀其躯而已矣。"

【校注】

[1] 盆成括:复姓盆成,名括。

【译文】

盆成括在齐国干事。孟子说:"快死了,盆成括!"

盆成括果然被杀。学生问道:"先生怎么会知道他将被杀?"

孟子说:"他为人小有才气,而没听说过君子的大道,就足以杀害自己的身躯了。"

14.30 孟子之滕,馆于上宫。[1]有业屦于牖上,馆人求之弗得。[2]或问之曰:"若是乎从者之廋也?"[3]

曰:"子以是为窃屦来与?"

曰:"殆非也。夫子之设科也,往者不追,来者不拒。[4]苟以是心至,斯受之而已矣。"[5]

【校注】

[1] 上宫:滕国馆阁名。　　[2] 业屦(音居):未成之屦。屦:鞋子。[3] 廋:音搜,藏也。　　[4] 科:条例。　　[5] 苟:如果。

【译文】

孟子到了滕国,住在一个叫上宫的旅店里。有一双还没织好的草鞋放在窗台上,旅馆里的人找不见了。有人问孟子:"跟您来的人就这样乱藏人家东西吗?"

孟子说:"你以为这些人是为了偷鞋子而来的吗?"

那人说道:"恐怕不是的。不过老先生订的条例是,走的不去追,来的不拒绝。如果是以这种思想而来的,你也会接收他。(所以难免会有手脚不干净的人混进来。)"

14.31 孟子曰:"人皆有所不忍,达之于其所忍,仁也;[1]人皆有所不为,达之于其所为,义也。人能充无欲害人之心,而仁不可胜用也;[2]人能充无穿逾之心,而义不可胜用也;[3]人能充无受尔汝之实,无所往而不为义也。[4]士未可以言而言,是以言餂之也;[5]可以言而不言,是以不言餂之也,是皆穿逾之类也。"

【校注】

[1]达:通、推广。 [2]充:充实。 [3]逾:借为"窬",墙也。穿逾:在墙上打洞,以行窃也。 [4]尔、汝:皆第二人称的卑贱称呼。 [5]餂:音舔,尝试、试探。

【译文】

孟子说:"人人都有不忍心干的事,把它推广到他所忍心干的事上面,就是仁;人人都有不肯干的事,把它推广到他所肯干的事上面,就是义。一个人如果能充实不想害人的心理,仁就用不尽了;一个人如果能充实不挖洞行窃的心理,义就用不尽了;一个人如果能充实不愿受人轻蔑的心理,不管到哪里就都能符合义了。一个士本不可以与他交谈而去交谈,这是用言语试探他;可以交谈却不去交谈,这是用沉默试探他,这些都属于挖洞行窃一类。"

14.32 孟子曰:"言近而指远者,善言也;[1]守约而施博者,善道也。[2]君子之言也不下带,而道存焉;[3]君子之守修其身,而天下平。[4]人病舍其田,而芸人之田。[5]所求于人者重,而所以自任者轻。"[6]

【校注】

[1]指:指向、意思。 [2]守:守持。约:简单。施:行也。博:广也。 [3]带:腰带。不下带:本谓眼光不低于腰带,用指目前常见之事。 [4]守:操持。 [5]芸:借为"耘",耕耘、锄草。 [6]任:负担。

【译文】

孟子说:"言语浅近而意思深远,就是善言;守持简单而施行广博,就是善道。君子讲话,虽然讲的是眼前常见之事,大道却蕴存在里面;君子操持的是修养自身,却能使天下太平。人的毛病是舍弃自家的地,而耕别人家的地;要求别人负得担重,而自己却负担得轻。"

14.33 孟子曰:"尧、舜,性者也;[1]汤、武,反之也。动容周旋中礼者,盛德之至也。[2] 哭死而哀,非为生者也。经德不回,非以干禄也。[3] 言语必信,非以正行也。君子行法,以俟命而已矣。"[4]

【校注】

[1] 性:本性。　　[2] 动容:动作容貌。周旋:环转。中:符合。[3] 经:行也。回:借为"违",违背。干:求也。　　[4] 法:社会法度。俟:等待。

【译文】

孟子说:"尧、舜的行为,是出自本性;商汤、周武王的行为,是回归本性。动作容貌全都符合礼,是盛德的极致。哭死了的人哭得悲哀,不是为了活人。遵循道德而不违背,不是为了求得俸禄。言语讲求诚信,不是为了修正自己的品行。君子遵行法度,以等待命运而已。"

14.34　孟子曰:"说大人,则藐之,勿视其巍巍然。[1] 堂高数仞,榱题数尺,我得志,弗为也。[2] 食前方丈,侍妾数百人,我得志,弗为也。般乐饮酒,驱骋田猎,后车千乘,我得志,弗为也。[3] 在彼者,皆我所不为也;在我者,皆古之制也,吾何畏彼哉?"[4]

【校注】

[1] 说:音税,游说。巍巍然:高大的样子。　　[2] 仞:一人身高之度。榱(音崔)题:房子的椽头。　　[3] 般乐:同"盘乐",盘桓游乐。　　[4] 制:《说文》:"裁也。"引申指制度。

【译文】

孟子说:"游说大人物,要藐视他,不要看他高高大大的样子。殿堂几人高,椽头几尺长,我如果得志了,不那么干。面前摆满美味佳肴,侍妾几百人,我如果得志了,不那么干。盘桓游乐,驰骋打猎,成千辆车子跟在后面,我如果得志了,也不那么干。在他们的,都是我所不做的;而在我的,都是古代的制度,我为什么要怕他们呢?"

14.35　孟子曰:"养心莫善于寡欲。[1] 其为人也寡欲,虽有不存焉者,寡矣;[2] 其为人也多欲,虽有存焉者,寡矣。"

【校注】

[1] 寡:少;欲:欲望。　　[2] 存:指善心说。善心:养心所致也。

【译文】

孟子说:"养心没有比减少欲望更好的。一个人如果欲望少,即使善心有丧失的,也很少;一个人如果欲望多,即使善心有保存的,也很少。"

14.36 曾晳嗜羊枣,而曾子不忍食羊枣。[1]公孙丑问曰:"脍炙与羊枣孰美?"[2]

孟子曰:"脍炙哉!"

公孙丑曰:"然则曾子何为食脍炙而不食羊枣?"

曰:"脍炙所同也,羊枣所独也。讳名不讳姓,姓所同也,名所独也。"[3]

【校注】

[1] 曾晳:曾参之父。羊枣:俗所谓软枣,成熟后色黑,大小、颜色皆似羊屎,故称羊枣,其树可嫁接为柿树。　[2] 脍炙:脍谓切细的肉,炙谓烤肉。[3] 讳:避讳。

【译文】

曾晳生前爱吃软枣,死后儿子曾参就不忍心吃软枣。公孙丑问孟子:"烤肉与软枣,哪个味道好?"

孟子说:"当然是烤肉!"

公孙丑又问:"那么曾子为什么吃烤肉而不吃软枣?"

孟子说:"因为烤肉是大家都爱吃的,软枣是曾晳个人的嗜好。就像避讳只避名不避姓,因为姓是大家共用的,而名是个人独有的。"

14.37 万章问曰:"孔子在陈,曰:'盍归乎来!吾党之小子狂简,进取,不忘其初。'[1]孔子在陈,何思鲁之狂士?"

孟子曰:"孔子'不得中道而与之,必也,狂狷乎!狂者进取,狷者有所不为也'。[2]孔子岂不欲中道哉?不可必得,故思其次也。"

"敢问何如斯可谓狂矣?"

曰:"如琴张、曾晳、牧皮者,孔子之所谓狂矣。"[3]

"何以谓之狂也?"

曰:"其志嘐嘐然,曰'古之人,古之人'。[4]夷考其行,而不掩焉者也。[5]狂者又不可得,欲得不屑不洁之士而与之,是獧也,是又其次也。[6]孔子曰:'过我门而不入我室,我不憾焉者,其惟乡原乎!乡原,德之贼也。'[7]

曰："何如斯可谓之乡原矣？"

曰："'何以是嘐嘐也？言不顾行，行不顾言，则曰"古之人，古之人"。''行何为踽踽凉凉？'[8]生斯世也，为斯世也，善斯可矣。'阉然媚于世也者，是乡原也。"[9]

万子曰："一乡皆称原人焉，无所往而不为原人，孔子以为德之贼，何哉？"[10]

曰："非之无举也，刺之无刺也，同乎流俗，合乎污世，居之似忠信，行之似廉洁，众皆悦之，自以为是，而不可与入尧舜之道，故曰'德之贼'也。孔子曰：恶似而非者：恶莠，恐其乱苗也；恶佞，恐其乱义也；[11]恶利口，恐其乱信也；恶郑声，恐其乱乐也；[12]恶紫，恐其乱朱也；[13]恶乡原，恐其乱德也。君子反经而已矣。[14]经正，则庶民兴；庶民兴，斯无邪慝矣。"

【校注】

[1]党：指故乡。狂简：狂妄自大。此引《论语·公冶长》文，今本"盍归乎来"作"归欤归欤"，"进取，不忘其初"作"斐然成章，吾不知所以裁之"，当是原语。 [2]中道：《论语》作"中行"，指行为动作居中，性子不急不缓之人。狂狷：做事疯狂、狷急之人。此引《论语·子路》文。《论语》之"狂狷"与"狂者"义不同，孟子将二者相混淆。 [3]琴张：即《论语》之子张，卫人，名牢，字子开；曾皙：曾参之父，即《论语》"子路、曾皙、冉有、公西华侍坐"者；牧皮：马叙伦疑即《论语·雍也》篇之孟子反。 [4]嘐嘐（音霄霄）然：了不起的样子。 [5]夷：平也。夷考：犹推考。 [6]獧：音倦，同"狷"，性子急。 [7]乡原：《论语》"原"作"愿"，皆借为"傆"，狡黠。"乡原，德之贼也"，见《论语·阳货》。 [8]踽踽：音举举，独行不进的样子。凉凉：冷清的样子 [9]阉：借为"嫣"。阉然：笑容美好的样子。媚：讨好。 [10]原人：即"傆人"，狡黠之人。 [11]佞：音宁去声，奸佞。 [12]郑声：春秋时郑国的音乐，与雅乐相对，相当于流行音乐。 [13]按《论语·阳货》篇载有子曰："恶紫之夺朱，恶郑声之乱雅乐，恶利口之覆邦家者。" [14]反：同"返"。经：常也。

【译文】

万章问："孔子在陈国，说：'为什么不回鲁国去呢！我乡里的那帮小子个个狂妄自大，一心想进取，而不忘当初。'孔子在陈国，为什么还要想着鲁国的狂士？"

孟子说："孔子说过，'找不到行为适中的人与他一起共事，而又必须要有，那就与疯狂和性子急的人吧。因为疯狂的人有进取心，性子急的人有他所不做的事'。孔子难道不想与性格适中的人共事吗？因为不一定能找到,所以只能求其次了。"

万章又问:"请问怎么样就可以称为疯狂了？"

孟子说:"像琴张、曾皙、牧皮那样的,就是孔子所说的疯狂的人。"

万章又问:"为什么说他们疯狂呢？"

孟子说:"因为他们志向远大,经常说'古代的人如何,古代的人如何',而考察他们的行动,却不符合他们的言论。这种疯狂的人找不到,就想找不屑于干肮脏事的人与他共事,这种人就是所谓性子急的人,这是又次一等的。孔子说:'路过我门口而不进我屋子,而我不感到遗憾,大概只有乡原吧！乡原是害德的贼。'"

万章问:"怎样的人就能称为乡原了？"

孟子说:"乡原指责做事疯狂的人说:'为什么志向那么大？说的不顾做的,做的不顾说的,却还说什么"古代的人如何,古代的人如何"。'又批评性子急的人说:'为什么那样孤独凄凉？生在这个世上,为这个社会做事,只要被人认为好就行了。'一副笑脸献媚讨好的人,就是乡原。"

万章问:"一乡的人都称他原人,所到之地无不称他原人,孔子认为他是败坏道德的贼,为什么？"

孟子说:"因为要批评他却举不出具体事例,要指责他却又没什么可指责的；他的行为与世俗相同,又与污世相合；平时似乎忠厚老实,行为似乎廉洁；大家都喜欢他,他也自以为是,却又不能同他一起走上尧舜之道,所以说是'败坏道德的贼'。孔子说过,要憎恶似是而非的东西:憎恶莠草,是怕它乱禾苗；憎恶奸佞,是怕它乱义；憎恶能说会道,是怕它乱事实；憎恶郑国音乐,是怕它乱雅乐；憎恶紫色,是怕它乱红色；憎恶乡原,是怕他乱道德。君子要回归常道罢了。常道端正了,老百姓就会奋发起来；老百姓奋发起来,就不会有邪恶了。"

14.38 孟子曰:"由尧、舜至于汤,五百有余岁,若禹、皋陶,则见而知之；若汤,则闻而知之。由汤至于文王,五百有余岁,若伊尹、莱朱,则见而知之；[1]若文王,则闻而知之。由文王至于孔子,五百有余岁,若太公望、散宜生,则见而知之；[2]若孔子,则闻而知之。由孔子而来至于今,百有余岁,去圣人之世若此其未远也,近圣人之居若此其甚也,然而无有乎尔,则亦无有乎尔！"

【校注】

[1] 莱朱:商汤的贤臣。　　[2] 散宜生:姓散宜,名生,周文王的"四友"

之一。

【译文】

孟子说:"从尧、舜到商汤,有五百多年,像禹和皋陶,是亲眼见到过并知道尧、舜的;至于商汤,则是听了传说才知道尧、舜的。从商汤到周文王,有五百多年,像伊尹和莱朱,是亲眼见过并知道商汤的;至于周文王,则是听了传说才知道商汤的。从文王到孔子,又有五百多年,像太公望和散宜生,是亲眼见过并知道周文王的;至于孔子,则是听了传说才知道周文王的。从孔子到现在有一百多年,离圣人的时代是这样的近,离圣人的故居也是这样的近,然而没有继承他的人,那也就不会有继承他的人了!"

索　引

凡例

一，本索引针对《孟子》原文之基本词汇编制，凡原文之纯数词、常见虚词一般不出检，若需知之，可通过其所在句子中其它实词查检；

二，常见词或出现次数过多之词一般不出检，若需知之，可通过其所在句子中之其它实词查得；

三，索引以词汇首字之笔画为序而排列，词汇之下逐次为该词汇所在文句，文句后数字为其所在篇章之代码；

四，出现次数较少而其中又含多音词者，皆在其所含单音词下出现，其多音词下加横线以示区别；

五，同词或同词所在相同文句在同篇之相近位置多次出现者，一般只出其首句，并于其所在篇章代码后之括号内注明出现次数，读者可自行检知；

六，索引在节省篇幅之前提下，尽量出其全句；原句过长者则加省略；

七，由于原文语义复杂，读者检得一句后须核知其上下原文，切勿直接引用。

二　画

几

壮者散而之四方者几千人矣 2.12

几千人矣 4.4

隐几而卧 4.11

子来几日矣 7.24

人之所以异于禽兽者几希 8.19

而不相泣者几希矣 8.33

其好恶与人相近也者几希 11.8

其所以异于深山之野人者几希 13.16

何不使彼为可几及而日孳孳也 13.41

入

数罟不入洿池 1.3

斧斤以时入山林 1.3

入以事其父兄 1.5

然后敢入 2.2

乐正子入见 2.16

今人乍见孺子将入于井 3.6
三过其门而不入 5.4
入揖于子贡 5.4
未闻下乔木而入于幽谷者 5.4
赤子匍匐将入井 5.5
入则孝，出则悌 6.4
入门 8.7
三过其门而不入 8.29
象往入舜宫 9.2
入云则入，坐云则坐 10.3
犹欲其入而闭之门也 10.7
入其疆，土地辟 12.7(2)
入则无法家拂士 12.15
仁言不如仁声之入人深也 13.14
既入其苙，又从而招之 13.26
过我门而不入我室 14.37
而不可与入尧舜之道 14.37

力

吾力足以举百钧 1.7
为不用力焉 1.7
人力不至于此 2.10
以力假仁者霸 3.3
以力服人者非心服也，力不赡也 3.3
去则穷日之力而后宿哉 4.12
子力行之 5.3
譬则力也 10.1
其至，尔力也 10.1
其中，非尔力也 10.1
力不能胜一匹雏，则为无力人矣 12.2
则为有力人矣 12.2
城门之轨，两马之力与 14.22
力役之征 14.27

三　画

之（略）

之为

流水之为物也 13.24
贤者之为人臣也 13.31
当务之为急 13.46
急亲贤之为务 13.46
征之为言正也 14.4

义

苟为后义而先利 1.1
未有义而后其君者也 1.1
申之以孝悌之义 1.3、1.7
贼义者谓之残 2.8
其为气也，配义与道 3.2(5)
羞恶之心，义之端也 3.6
无礼、无义，人役也 3.7
彼以其爵，我以吾义 4.2
夫岂不义而曾子言之 4.2
天下之通义也 5.4
君臣有义 5.4
不见诸侯，何义 6.7
如知其非义，斯速已矣 6.8
以兄之禄为不义之禄而不食也 6.9(2)
君子犯义 7.1
事君无义 7.1
吾身不能居仁由义 7.10、13.34
义，人之正路也 7.10
君义莫不义 7.20、8.5
义之实，从兄是也 7.27
非义之义，大人弗为 8.5
惟义所在 8.11

其义则丘窃取之矣 8.21
于桐处仁迁义 9.6
其义一也 9.5、10.3
非其义也 9.7(2)
孔子进以礼,退以义 9.8
是无义无命也 9.8
其所取之者义乎,不义乎 10.4(3)
充类至义之尽也 10.4
受之何义也 10.6、10.7
往役,义也;往见,不义也 10.7
夫义,路也 10.7、11.11
义,犹杯棬也 11.1
义,外也 11.4(4)
何以谓义内也 11.4
羞恶之心,义也 11.6
谓理也,义也 11.7
故理义之悦我心 11.7
义,亦我所欲也 11.10
舍生而取义者也 11.10
尊德乐义,则可以嚣嚣矣 13.9
故士穷不失义 13.9(2)
敬长,义也 11.15
非其有而取之,非义也 13.33
路恶在？义是也 13.33
仲子,不义与之齐国而弗受 13.34
是舍箪食豆羹之义也。13.34
春秋无义战 14.2
义之于君臣也 14.24
达之于其所为,义也 14.31(3)
恶佞,恐其乱义也 14.37

三王
五霸者,三王之罪人也 12.7(2)
周公思兼三王 8.20

三公
柳下惠不以三公易其介 13.28

三代
三代共之 5.2
学则三代共之 5.3
三代之得天下也以仁 7.3

三圣
以承三圣者 6.9

三苗
杀三苗于三危 9.3

三危
杀三苗于三危 9.3

三卿
夫子在三卿之中 12.4

万
万取千焉 1.1
虽万镒,必使玉人雕琢之 2.9
辞十万而受万 4.10
万室之国 12.10
万物皆备于我矣 13.4
万子曰：一乡皆称原人焉 14.37

万章
万章问曰：宋,小国也 6.5
万章问曰：舜往于田 9.1(2)
万章问曰：《诗》云 9.2(3)
万章问曰：象日以杀舜为事(2)
万章曰：尧以天下与舜 9.5
万章问曰：人有言 9.6、9.7
万章问曰：或谓孔子于卫主痈疽 9.8
万章问曰：或曰 9.9
万章问曰：敢问友 10.3

万章问曰：敢问交际 10.4
万章曰：今有御人于国门之外者 10.3
万章曰：士之不托诸侯 10.6
万章曰：敢问不见诸侯 10.7
万章曰：庶人 10.7
万章曰：孔子 10.7
孟子谓万章曰：一乡之善士 10.8
万章问曰：孔子在陈 14.37

万钟
养弟子以万钟 4.10
兄戴，盖禄万钟 6.10
万钟则不辨礼义而受之 11.10(2)

万乘
万乘之国 1.1
以万乘之国伐万乘之国 2.9(4)
万乘之国行仁政 3.1
亦不受于万乘之君 3.2(2)

干
干戈戚扬 2.7
则是干泽也 4.12
仓廪父母，干戈朕 9.2
曾不知以食牛干秦穆公之为污也 9.9
然而旱干水溢，则变置社稷 14.14
非以干禄也 14.33

丈夫
有贱丈夫焉 4.10
自此贱丈夫始矣 4.10
予岂若是小丈夫然哉 4.12
彼丈夫也，我丈夫也 5.1
丈夫之冠也 6.2
丈夫生而愿为之有室 6.3

上士
上士一位 10.2

大夫倍上士，上士倍中士 10.2(6)

上农夫
上农夫食九人，上次食八人 10.2

上位
后举而加诸上位 10.6

上世
盖上世尝有不葬其亲者 5.5

上刑
故善战者服上刑 7.14

上者
上者为营窟 6.9

上帝
惟曰其助上帝 2.3
上帝既命 7.7
则可以祀上帝 8.25

上宫
馆于上宫 14.30

下士
下士一位 10.2
中士倍下士 10.2(2)
下士与庶人在官者同禄 10.2(2)

下民
今此下民，或敢侮予 3.4

下位
居下位而不获于上 7.12
居下位，不以贤事不肖者 12.6

下带
君子之言也不下带 14.32

亿
商之孙子，其丽不亿 7.7

久
如彼其久也 3.1

天下归殷久矣 3.1(2)
纣之去武丁未久也 3.1
故久而后失之也 3.1
可以久则久 3.2
久于齐,非我志也 3.4
天下之生久矣 6.9
施泽于民久 9.6
施泽于民未久 9.6
舜、禹、益相去久远 9.6
可以久而久 10.1
久假而不归 13.30

乞
乞其余(8.33)
乞人不屑也(8.33)

于(同邗)
侵于之疆,则取于残 6.5

刃
兵刃既接 1.3
杀人以梃与刃 1.4
以刃与政,有以异乎 1.4

千
万取千焉,千取百焉 1.1
几千人矣 4.4
地之相去也千有余里 8.1
世之相后也千有余岁 8.1
千岁之日至 8.26

千万
虽千万人,吾往矣 3.2
或相千万 5.4

千里
叟不远千里而来 1.1
海内之地方千里者九 1.7

未闻以千里而畏人者 2.11
地未有过千里者也 3.1
千里而见王 4.12(2)
地方千里 10.2
天子之地方千里 12.8
不千里,不足以待诸侯 12.8
皆将轻千里而来告之以善 12.13
距人于千里之外 12.13(2)

千乘
弑其君者必千乘之家 1.1
千乘之国弑其君者必百乘之家 1.1
古千乘之国以友士 10.7
千乘之君求与之友而不可得也 10.7
能让千乘之国 14.11
后车千乘 14.34

千驷
系马千驷 9.7

口
数口之家可以无饥矣 1.3
为肥甘不足于口与 1.7
八口之家可以无饥矣 1.7
此所谓养口体者也 7.19
口之于味,有同耆也 11.7
易牙先得我口之所耆者也 11.7(5)
稽大不理于口 14.19
士憎兹多口 14.19
口之于味也 14.24

口体
此所谓养口体者也 7.19

口腹
则口腹岂适为尺寸之肤哉 11.15
岂惟口腹有饥渴之害 13.27

土

无使土亲肤 4.7

普天之下,莫非王土 9.4

率土之滨,莫非王臣 9.4

广土众民,君子欲之 13.21

土地

欲辟土地 1.7

狄人之所欲者,吾土地也 2.15

辟草莱、任土地者次之 7.14

此所谓率土地而食人肉 7.14

入其疆,土地辟 12.7

入其疆,土地荒芜 12.7

我能为君辟土地 12.7

使饥饿于我土地 12.14

梁惠王以土地之故 14.1

土地、人民、政事 14.28

土芥

君之视臣如土芥 8.3

士

士、庶人曰何以利吾身 1.1

惟士为能 1.7

士师不能治士 2.6

前以士,后以大夫 2.16

莫如贵德而尊士 3.4

则天下之士皆悦 3.5

子之持戟之士 4.4

夫士也 4.8

士则兹不悦 4.12

士诚小人也 4.12

彼所谓豪杰之士也 5.4

士之失位也 6.3

惟士无田 6.3

士之仕也 6.3

士无事而食 6.4

善士也 6.6

大夫有赐于士 6.7

于齐国之士 6.10

士、庶人不仁 7.3

无罪而杀士,则大夫可以去 8.4

无罪而戮民,则士可以徙 8.4

天下之士多就之者 9.1

天下之士悦之 9.1

盛德之士 9.4

士之尊贤者也 10.3

士之不托诸侯 10.6

士之托于诸侯 10.6

庶人以旃,士以旂 10.7

以士之招招庶人 10.7

是三军之士乐罢而悦于利也 12.4(2)

士无世官 12.7

取士必得 12.7

士止于千里之外 12.13

管夷吾举于士 12.15

入则无法家拂士 12.15

故士穷不失义 13.9

故士得己焉 13.9

若夫豪杰之士 13.10

士何事 13.33

皋陶为士 13.35

士憎兹多口 14.19

其为士者笑之 14.23

士未可以言而言 14.31

欲得不屑不洁之士而与之 14.37

士女

绥厥士女 6.5

士臣

危士臣 1.1

士师

子之辞灵丘而请士师 4.5

为士师,则可以杀之 4.8

卫

郑人使子濯孺子侵卫 8.24(3)

子思居于卫 8.31

或谓孔子于卫主痈疽 9.8(4)

于卫灵公,际可之仕也 10.4

于卫孝公,公养之仕也 10.4

夕

夕不食 12.14

大人

惟大人为能格君心之非 7.20

大人弗为 8.6

大人者,言不必信 8.11

大人者,不失其赤子之心者也 8.12

或为大人 11.15

此为大人而已矣 11.15

有大人者 13.19

大人之事备矣 13.33

说大人,则藐之 14.34

大丈夫

岂不诚大丈夫哉 6.2

是焉得为大丈夫乎 6.2

大王

昔者大王好色 2.5

昔者大王居邠 2.14

昔者大王居邠 2.15

大国

竭力以事大国 2.15

霸必有大国 3.3

虽大国必畏之矣 3.4

今也小国师大国而耻受命焉 7.7

大国五年 7.7

大国地方百里 10.2

虽大国之君亦有之 10.3

以其郊于大国也 11.8

大悦

吊者大悦 5.2

陈相见许行而大悦 5.4

民大悦 6.5

天下大悦 6.9

天下大悦 7.28

放太甲于桐,民大悦 13.31(2)

大欲

将以求吾所大欲也 1.7

王之所大欲,可得闻与 1.7(2)

女

予及女偕亡 1.2

姑舍女所学而从我 2.9(2)

我使掌与女乘 6.1

女子之嫁也 6.2、6.3

往之女家 6.2

女有余布 6.4

涕出而女于吴 7.7

帝使其子九男二女 9.1(2)

二女女焉 10.6

二女果 14.6

习

习矣而不察焉 13.5

子之

子之不得受燕于子哙 4.8

子父

子父责善而不相遇也 8.30

子母

岂不欲有夫妻子母之属哉 8.30

子贡

宰我、子贡善为说辞 3.2

昔者子贡问于孔子曰 3.2

宰我、子贡、有若智足以知圣人 3.2

子贡曰 3.2

入揖于子贡 5.4

子贡反 5.4

子叔疑

异哉子叔疑 4.10

子思

昔者鲁缪公无人乎子思之侧 4.11

则不能安子思 4.11

而不及子思 4.11

子思居于卫 8.31

子思曰 8.31

曾子、子思同道 8.31

子思,臣也 8.31

曾子、子思易地则皆然 8.31

吾于子思,则师之矣 10.3

缪公之于子思也 10.6

子思不悦 10.6

子思以为鼎肉使己仆仆尔亟拜也 10.6

缪公亟见于子思 10.7

子思不悦 10.7

子思之不悦也 10.7

子柳、子思为臣 12.6

子柳

子柳、子思为臣 12.6

子夏

子夏、子游、子张皆有圣人之一体 3.2

子夏、子张、子游以有若似圣人 5.4

子产

昔者有馈生鱼于郑子产 9.2

子产使校人畜之池 9.2

子产曰得其所哉 9.2

孰谓子产智 9.2

子张

子夏、子游、子张皆有圣人之一体 3.2

子敖

乐正子从于子敖之齐 7.24

子之从于子敖来 7.25

子敖以我为简 8.27

子游

子夏、子游、子张皆有圣人之一体 3.2

子都

至于子都 11.7

不知子都之姣者 11.7

子路

吾子与子路孰贤 3.1

子路,人告之以有过则喜 3.8

子路曰:未同而言 6.7

弥子之妻与子路之妻,兄弟也 9.8

弥子谓子路曰 9.8

子路以告 9.8

子哙

子哙不得与人燕 4.8

子襄

曾子谓子襄曰 3.2

子濯孺子

郑人使子濯孺子侵卫 8.24

索引 三画

子濯孺子曰 8.24
子遗
靡有孑遗 9.4
寸
今交九尺四寸以长 9.4
小人
养其小者为小人 11.14
或为小人 11.15
从其小体为小人 11.15
其为人也小有才 14.29
小丈夫
予岂若是小丈夫然哉 4.12
小功
而缌小功之察 13.46
小弁
《小弁》12.3(3)
尸
弟为尸,则谁敬 11.5
山
激而行之可使在山 11.2
此岂山之性也哉 11.8
山林
斧斤以时入山林 1.3
山溪
固国不以山溪之险 4.1
山泽
益烈山泽而焚之 5.4
山径
山径之蹊 14.21
川
为下必因川泽 7.1
工
工不信度 7.1

工师
为巨室则必使工师求大木 2.9
工师得大木则王喜 2.9
干
曾不知以食牛干秦穆公之为污也 9.9
然而旱干水溢,则变置社稷 14.14
非以干禄也 14.33
干戈
干戈戚扬 2.5
干戈朕 9.2
弓人
由弓人而耻为弓 3.7
弓矢
弓矢斯张 2.5
才
吾何以识其不才而舍之 2.7
才也养不才 8.7(2)
非才之罪也 11.6
不能尽其才者也 11.6
非天之降才尔殊也 11.7
而以为未尝有才焉者 11.8
尊贤育才 12.7
其为人也小有才 14.29
飞
凤凰之于飞鸟 3.2
驱飞廉于海隅而戮之 6.9
广
居天下之广居 6.2
令闻广誉施于身 11.17
广土众民 13.21
况居天下之广居者乎 13.36
门
三过其门而不入 5.4、8.29

往送之门 6.2
则往拜其门 6.8
摽使者出诸大门之外 10.6
犹欲其入而闭之门也 10.7(3)
愿留而受业于门 12.2
游于圣人之门 13.24
呼于垤泽之门 13.36
滕更之在门也 13.43
过我门而不入我室 14.37

门人
门人治任将归 5.4
门人问曰：14.29

门户
饥饿不能出门户 12.14
昏暮叩人之门户 13.23

乡
死徙无出乡，乡田同井 5.3
乡邻有斗者 8.29
一乡之善士，斯友一乡之善士 10.8
莫知其乡 11.8
乡为身死而不受 11.10(3)
君不乡道 12.9(2)
一乡皆称原人焉 14.37

乡人
思与乡人立 3.9
我由未免为乡人也 8.28
思与乡人处 10.1(2)
乡人长于伯兄一岁 11.5(3)

乡党
非所以要誉于乡党朋友也 3.6
乡党莫如齿 4.2
乡党自好者不为 9.9

乡原
其惟乡原乎 14.37(5)

四　画

斗
今有同室之人斗者 8.29(2)
好勇斗很，以危父母 8.30

王命
昔者有王命 4.2
闻王命而遂不果 4.2
亦无王命而私受之于子 4.8

云
天油然作云 1.2
若大旱之望云霓也 2.11
《云汉》之诗曰 9.4

不（略）

不入
数罟不入洿池 1.3
三过其门而不入 5.4
三过其门而不入 8.29
过我门而不入我室 14.37

不义
不义乎 10.4
其取诸民之不义也 10.4
往见，不义也 10.7
仲子，不义与之齐国而弗受 13.34

不王
然而不王者，未之有也 1.3
故王之不王，不为也 1.7
故王之不王，非挟太山以超北海之类
　也 1.7
王之不王，是折枝之类也 1.7

然而不王者,未之有也 2.4
然而不王者,未之有也 3.5
不日
不日成之 1.2
不见
就之而不见所畏焉 1.3
而不见舆薪 1.7
百姓之不见保 1.7
君奚为不见孟轲也 2.16
不见诸侯 6.1
不见诸侯 6.6
古者不为臣不见 6.7
岂得不见 6.7
敢问不见诸侯,何义也 10.6
不见储子 12.5
之齐不见储子 12.5
不仁
不仁则辱 3.2
今恶辱而居不仁 3.2
矢人岂不仁于函人哉 3.7
莫之御而不仁,是不智 3.7
不仁、不智、无礼、无义 3.7
知而使之,是不仁也 4.9
为富不仁矣,为仁不富矣 5.3
不仁而在高位 7.1
仁与不仁而已矣 7.2
其失天下也以不仁 7.3
天子不仁,不保四海 7.3
诸侯不仁,不保社稷 7.3
卿大夫不仁,不保宗庙 7.3
士、庶人不仁,不保四体 7.3
恶死亡而乐不仁 7.3

不仁者可与言哉 7.8
不仁而可与言 7.8
君仁莫不仁,君义莫不义 8.5
我必不仁也 8.28
诛不仁也 9.3
象至不仁 9.3
仁之胜不仁也 11.18
此又与于不仁之甚者也 11.18
而民焉有不仁者乎 13.23
不仁哉梁惠王也 14.1
不仁者以其所不爱及其所爱 14.1
以至仁伐至不仁 14.3
不仁而得国者有之矣 14.13
不仁而得天下者未之有也 14.13
不行
不行王政云尔 6.5
势不行也 7.18
以正不行,继之以怒 7.18
兆足以行矣,而不行 10.4
而道不行,耻也 10.5
身不行道,不行于妻子 14.9
不为
不为也,非不能也 1.7
不为者与不能者之形何以异 1.7
吾不为是也 1.7
无不为已 1.7
而况不为管仲者乎 4.2
齐卿之位,不为小矣 4.6
齐滕之路,不为近矣 4.6
无不为已 5.3
多取之而不为虐 5.3
以粟易械器者不为厉陶冶 5.4

孰不为事 7.19
孰不为守 7.19
人有不为也 8.8
仲尼不为已甚者 8.9
乡党自好者不为 9.9
我知其不为蒉也 11.7
故不为苟得也 11.10
何不为也 11.10
由是则可以辟患而有不为也 11.10
然且仁者不为 12.8
拔一毛而利天下，不为也 13.26
大匠不为拙工改废绳墨 13.41
羿不为拙射变其彀率 13.41
人皆有所不为 14.30
无所往而不为义也 14.30
皆我所不为也 14.34
无所往而不为原人 14.37

不以

君子不以其所以养人者害人 2.15
不以天下俭其亲 4.7
不以急乎 6.3
不以泰乎 6.4
不以为泰 6.4
又不以祀 6.5
不以规矩，不能成方员 7.1
不以六律，不能正五音 7.1
不以仁政，不能平治天下 7.1
不以舜之所以事尧事君 7.2
不以尧之所以治民治民 7.2
今也欲无敌于天下而不以仁 7.7
是犹执热而不以濯也 7.7
逝不以濯 7.7

故说诗者不以文害辞，不以辞害志 9.4
一介不以与人，一介不以取诸人 9.6
不以四方之食供簿正 10.4
不以君命将之 10.6
欲见贤人而不以其道 10.7
不以礼食，则得食 12.1
亲迎，则不得妻 12.1
不亲迎，则得妻 12.1
不以贤事不肖者伯夷也 12.6
柳下惠不以三公易其介 13.28
使人不以道 14.9

不与

不与民同乐也 2.1
为民上而不与民同乐者亦非也 2.4
不立于恶人之朝，不与恶人言 3.9
巍巍乎有天下而不与焉 5.4
孟子不与右师言 8.27
孟子独不与驩言 8.27
有不与被尧舜之泽者 10.1
则不与之友矣 10.3

不可得

前日愿见而不可得 4.10
不可得矣 6.6
亦不可得矣 6.6
不可得已 7.9
民不可得而治也 7.10
千乘之君求与之友而不可得也 10.7
狂者又不可得 14.35

不至于

人力不至于此 2.9

不免于

行政不免于率兽而食人 1.4

凶年不免于死亡 1.7

不行

则何为不行 2.5

今又倍地而不行仁政 2.11

君不行仁政而富之 7.14

谏则不行 8.3

不失

不失其驰 6.1

不失其身而能事其亲者 7.19

不失其赤子之心者也 8.12

故士穷不失义，达不离道 13.9

穷不失义 13.9

故民不失望焉 13.9

不有

故仲尼不有天下 9.6

故益、伊尹、周公不有天下 9.6

周公之不有天下 9.6

不同

贫富不同也 2.16

圣人之行不同也 9.7

卿不同乎 10.9

曰：不同 10.9

虽有不同 11.7

若犬马之与我不同类也 11.7

三子者不同道 12.6

不亦

不亦宜乎 2.1(2)

不亦宜乎 7.24

不亦异乎 8.27

不动心

我四十不动心 3.2

告子先我不动心 3.2

不动心有道乎 3.2

敢问夫子之不动心与告子之不动心 3.2

不如

不如乘势 3.1

不如待时 3.1

又不如曾子之守约也 3.2

天时不如地利 4.1

地利不如人和 4.1

仁言不如仁声之入人深也 13.14

善政不如善教之得民也 13.14

尽信《书》则不如无《书》14.2

不言

王笑而不言 1.7

四体不言而喻 13.21

可以言而不言，是以不言话之也 14.30

不忘

不愆不忘 7.1

武王不泄迩，不忘远 8.20

喜而不忘 9.1

于心终不忘 5.2

志士不忘在沟壑，6.1

勇士不忘丧其元 6.1

志士不忘在沟壑 10.7

勇士不忘丧其元 1.07

不告

不告于王而私与之吾子之禄爵 4.8

舜不告而娶 7.26

舜之不告而娶 9.2(2)

是以不告也 9.2

帝之妻舜而不告 9.2

无有封而不告 12.7

不足

而不足以举一羽 1.7

为肥甘不足于口与 1.7
轻暖不足于体与 1.7
抑为采色不足视于目与 1.7
声音不足听于耳与 1.7
便嬖不足使令于前与 1.7
仰不足以事父母 1.7
俯不足以畜妻子 1.7
春省耕而补不足 2.4
于是始兴发补不足 2.4
管仲、晏子犹不足为与 3.1
则文王不足法与 3.1
苟不充之,不足以事父母 3.6
不如是不足与有为也 4.2
粪其田而不足 5.3
亦不足吊乎 6.3
徒善不足以为政 7.1
人不足与适也,政不足间也 7.20
日亦不足矣 8.2
养生者不足以当大事 8.13
不足,又顾而之他 8.33
则其夜气不足以存 11.8
夜气不足以存 11.8
春省耕而补不足 12.7
地非不足,而俭于百里 12.8

不识
不识有诸 1.7
不识王之不可以为汤武 4.12
不识可使寡人得见乎 4.2
不识舜不知象之将杀己与 9.2
不识此语诚然乎哉 9.4
不识可常继乎 10.6
不识舜不知象之将杀己与 9.2

不识长马之长也 11.4
众人固不识也 12.6
此则滑厘所不识也 12.8

不受
不受于褐宽博 3.2
亦不受于万乘之君 3.2
不受也 3.9
不受也者,是亦不屑就已 3.9
王馈兼金一百而不受 4.3
前日之不受是,则今日之受非也 4.3
则前日之不受非也 4.3
予何为不受 4.3(2)
谏于其君而不受 4.12
仕而不受禄,古之道乎 4.12
不欲变,故不受也 4.12
赐之则不受 10.6
北面稽首再拜而不受 10.6
乡为身死而不受 11.10(3)

不爱
秦人之弟则不爱也 11.4
无尺寸之肤不爱焉 11.14
仁者无不爱也 13.46
仁者以其所爱及其所不爱 14.1

不孝
不孝有三 7.26
通国皆称不孝焉 8.30
世俗所谓不孝者五 8.30
一不孝也 8.30
二不孝也 8.30
三不孝也 8.30
四不孝也 8.30
五不孝也 8.30

孝弟而已矣 10.2
愈疏,不孝也 12.3
不可矶,亦不孝也 12.3
诛不孝 12.7
不肖
前日不知虞之不肖 4.7
则贤不肖之相去,其间不能以寸 8.7
丹朱之不肖,舜之子亦不肖 9.6
其子之贤不肖,皆天也 9.6
予不屑之教诲也者 12.16
不知
狗彘食人食而不知检 1.3
涂有饿莩而不知发 1.3
今日不知其亡也 2.7
则吾不知也 4.5
前日不知虞之不肖 4.7
曰:不知也 4.9
则不知足之蹈之、手之舞之也 7.27
惠而不知为政 8.2
则吾不知也 9.1
奚而不知也 9.2
曾不知以食牛干秦穆公之为污也 9.9
不知其人,可乎 10.8
不知足而为屦 11.7
天下莫不知其姣也 11.7
不知子都之姣者 11.7
放其心而不知求 11.11(2)
养其一指而失其肩背而不知也 11.14
不知者以为为肉也 12.6
终身由之而不知其道者 13.5
人不知,亦嚣嚣 13.9
民日迁善而不知为之者 13.13

无不知爱其亲者 13.15
无不知敬其兄也 13.15
知者无不知也 13.46
是之谓不知务 13.46
不忍
吾不忍其觳觫若无罪而就死地 1.7
臣固知王之不忍也 1.7
见其生,不忍见其死 1.7
闻其声,不忍食其肉 1.7
人皆有<u>不忍</u>人之心 3.6
先王有<u>不忍</u>人之心 3.6
斯有<u>不忍</u>人之政矣 3.6
以不忍人之心行<u>不忍</u>人之政 3.6
所以谓人皆有<u>不忍</u>人之心者 3.6
继之以<u>不忍</u>人之政 7.1
我不忍以夫子之道反害夫子 8.24
不忍居也 10.1
由由然不忍去也 10.1
而曾子不忍食羊枣 14.36
不好
民惟恐王之不好勇也 2.1
而不好臣其所受教 4.2
不听
夫子卧而不听 4.11
言则不听 8.3
耳不听恶声 10.1
反覆之而不听 10.9
反覆之而不听,则去 10.9
不悦
取之而燕民不悦,则勿取 2.9
曾西艴然不悦 3.1
客不悦曰 4.11

士则兹不悦 4.12
孔子不悦于鲁卫 9.8
子思不悦 10.6
子思不悦 10.7
子思之不悦也 10.7
楚王不悦 12.4
慎子勃然不悦曰 12.8

不怨
不怨胜己者 3.7
遗佚而不怨 3.9
君子不怨天，不尤人 4.12
劳而不怨 9.1
遗佚而不怨 10.1
《凯风》何以不怨 12.3
亲之过大而不怨 12.3
虽劳不怨 13.12
虽死不怨杀者 13.12
杀之而不怨 13.13

不若
不若与人 2.1
不若与众 2.1
为指之不若人也 11.12
指不若人则知恶之 11.12
心不若人则不知恶 11.12
岂爱身不若桐梓哉 11.13

不恭
伯夷隘，柳下惠不恭 3.9
隘与不恭，君子不由也 3.9
却之却之为不恭 10.4
以是为不恭 10.4
以为不恭也 10.6

不善
王谁与为不善 6.6

言人之不善 8.9
人性之无分于善不善也 11.2
人无有不善 11.2
人之可使为不善 11.2
人无有不善 11.2
人之可使为不善 11.2
性无善无不善也 11.6
可以为不善 11.6
有性不善 11.6
若夫为不善 11.6
所以考其善不善者 11.14

不屑
是亦不屑就已 3.9
是亦不屑去已 3.9
乞人不屑也 11.10

不智
莫之御而不仁，是不智也 3.7
不仁、不智、无礼、无义 3.7
不知而使之，是不智也 4.9
可谓不智乎 9.9(2)
不可谓不智也 9.9
无或乎王之不智也 11.8

不然
今也不然 2.4
吾何为独不然 4.7
不然也 9.6
孟子曰：否，不然 9.7
孟子曰：否，不然也 9.8
孟子曰：否，不然 9.9

不豫
吾王不豫 2.4
夫子若有不豫色然 4.12

吾何为不豫哉 4.12
不至于
而功不至于百姓者 1.7
而功不至于百姓者
不饥不寒
黎民不饥不寒 1.3
黎民不饥不寒,然而不王者 1.7
历
朝廷不历位而相与言 8.27
尧、禹之相舜也历年多 9.6
益之相禹也历年少 9.6
丑
丑见王之敬子也 4.2
今天下地丑德齐 4.2
中国
莅中国而抚四夷也 1.7
我欲中国而授孟子室 4.10
兽蹄鸟迹之道交于中国 5.4
然后中国可得而食也 5.4
北学于中国 5.4
泛滥于中国 6.9
得志行乎中国 8.1
夫然后之中国 9.5
今居中国 12.10
中道
中道而立 13.41
孔子不得中道而与之 14.37
孔子岂不欲中道哉 14.37
币
事之以皮币 2.15
汤使人以币聘之 9.7(2)
以币交,受之而不报 12.5(2)

无诸侯币帛饔飧 12.10
恭敬者,币之未将者也 13.37
仆
问其仆曰 8.24(3)
使己仆仆尔亟拜也 10.6
丹
丹朱之不肖 9.6
丹之治水也愈于禹 12.11
与国
我能为君约与国 12.9
书
《书》曰:天降下民 2.3
《书》曰:汤一征 2.11
《书》曰:徯我后 2.11
《书》曰:若药不瞑眩 5.1
《书》曰葛伯仇饷 6.5
《书》曰:徯我后 6.5
《书》曰:洚水警余 6.9
《书》曰:丕显哉,文王谟 6.9
《书》曰:祗载见瞽瞍 9.4
颂其诗,读其书 10.8
《书》曰:享多仪 12.5
诸侯束牲载书而不歃血 12.7
尽信《书》则不如无《书》14.3
予
予及女偕亡 1.2
予忖度之 1.7
臧氏之子焉能使予不遇哉 2.16
尔何曾比予于管仲 3.1(2)
予助苗长矣 3.2
以予观于夫子 3.2
或敢侮予 3.4

予将有远行 4.3(4)
予何言哉 4.6
如使予欲富 4.10
夫尹士恶知予哉 4.12(13)
予何人也 5.1
予岂好辩哉 6.9(3)
予未得为孔子徒也 8.22
予于大舜见之矣 9.1
汝其于予治 9.2(2)
予,天民之先觉者也 9.7(3)
予,天民之先觉者也 10.1(2)
其三人则予忘之矣 10.3
予既已知之矣 12.13
予不屑之教诲也者 12.16
予不狎于不顺 13.31

云尔
其心曰是何足与言仁义也云尔 4.2
不行王政云尔 6.5
薄乎云尔 8.4
子谓之姑徐徐云尔 13.39

五音
不能正五音 7.1
继之以六律正五音 7.1

五谷
五谷不登 5.4
树艺五谷,五谷熟而民人育 5.4
五谷多寡同,则贾相若 5.4
夫貉,五谷不生 12.10

五世
君子之泽五世而斩 8.22
小人之泽五世而斩 8.22

五亩
五亩之宅,树之以桑 1.7(2)

五亩之宅,树墙下以桑 13.22

五霸
五霸 12.7(6)
五霸,假之也 13.30

井
今人乍见孺子将入于井 3.6
乡田同井 5.3
方里而井,井九百亩 5.3
赤子匍匐将入井 5.5
井上有李 6.10
使浚井 9.2
有为者辟若掘井 13.29
掘井九轫而不及泉,犹为弃井也 13.29

井地
毕战问井地 5.3
井地不均 5.3

气
平旦之气 11.8
则其夜气不足以存 11.8(2)
居移气 13.36
孟施舍之守气 3.2(16)

从
然后从而刑之 1.7、5.3
故民之从之也轻 1.7
从流下而忘反谓之流 2.4(3)
姑舍女所学而从我 2.9(2)
从之者如归市 2.15
必从吾言矣 3.2
舍己从人 3.8
又从为之辞 4.9
故从而征之 4.10
丧祭从先祖 5.2

又从而振德之 5.4
从许子之道 5.4(2)
如枉道而从彼 6.1
逾墙相从 6.3
从者数百人 6.4
乐正子从于子敖之齐 7.24
子之从于子敖来 7.25
义之实,从兄是也 7.27
又从而礼貌之 8.30
从耳目之欲 8.30
从先生者七十人 8.31
施从良人之所之 8.33(2)
出,从而掩之 9.2
天下之民从之 9.6(3)
从其白于外也 11.4
则天下何耆皆从易牙之于味也 11.7
牛羊又从而牧之 11.8
从其大体为大人 11.15(5)
从而祭 12.6
又不能从其言也 12.14
其子弟从之 13.32
能者从之 13.41
又从而招之 14.26
若是乎从者之廋也 14.30

什

其实皆什一也.53
国中什一使自赋 5.3
或相什百 5.4
什一,去关市之征 6.8

仁

未有仁而遗其亲者也 1.7
今王发政施仁 1.7

文王发政施仁 2.5
教不倦,仁也 3.1
仁且智,夫子既圣矣 3.1
仁则荣,不仁则辱 3.4
恻隐之心,仁之端也 3.6
夫仁,天之尊爵也 3.7
我以吾仁 4.2
王自以为与周公孰仁且智 4.9
仁智,周公未之尽也 4.9
为天下得人者谓之仁 5.4
今有仁心仁闻而民不被其泽 7.1
而仁覆天下矣 7.1
仁与不仁而已矣 7.2
三代之得天下也以仁 7.3
爱人不亲反其仁 7.4
仁不可为众也 7.7
今也欲无敌于天下而不以仁 7.7
民之归仁也 7.9
仁,人之安宅也 7.10
君仁莫不仁 7.20
仁之实,事亲是也 7.27
君仁莫不仁 8.5
其自反而仁矣 8.28
非仁无为也 8.28
仁,内也 11.4
何以谓仁内义外也 11.4
恻隐之心,仁也 11.6
仁,人心也 11.11
仁之胜不仁也,犹水胜火 11.18
今之为仁者 11.18
夫仁,亦在乎熟之而已矣 11.19
亲亲,仁也 12.3

曰：仁也 12.6
君子亦仁而已矣 12.6
志于仁而已 12.8
不志于仁 12.9(2)
仁言，不如仁声之入人深也 13.14
亲亲，仁也 13.15
杀一无罪，非仁也 13.33
居恶在？仁是也 13.33
爱之而弗仁 13.45
于民也，仁之而弗亲 13.45
亲亲而仁民，仁民而爱物 13.45
尧、舜之仁不遍爱人 13.46
不信仁贤 14.12
仁也者，人也 14.16
仁之于父子也 14.24
达之于其所忍，仁也 14.31
而仁不可胜用也 14.31

仁人
焉有仁人在位，罔民而可为也 1.7
仁人也，不可失也 2.15
焉有仁人在位 5.3
则孝子仁人之掩其亲 5.5
仁人固如是乎 9.3
仁人之于弟也 9.3
仁人之所恶也 12.11
则仁人以为己归矣 13.22
仁人无敌于天下 14.3

仁义
亦有仁义而已矣 1.1
王亦曰仁义而已矣 1.1
齐人无以仁义与王言者 4.2
岂以仁义为不美也 4.2

其心曰是何足与言仁义也云尔 4.2
子何尊梓匠轮舆而轻为仁义者哉 6.4
充塞仁义也 6.9
仁义充塞 6.9
由仁义行，非行仁义也 8.19
以人性为仁义 11.1
则亦将戕贼人以为仁义与 11.1
率天下之人而祸仁义者 11.1
仁义礼智，非由外铄我也 11.6
岂无仁义之心哉 11.8
仁义忠信 11.16
言饱乎仁义也 11.17
仁义 12.14(8)
仁义礼智根于心 13.21
仁义而已矣 13.33

仁政
王如施仁政于民 1.5
今又倍地而不行仁政 2.11
君行仁政 2.14
行仁政而王 3.1
万乘之国行仁政 3.1
子之君将行仁政 5.3
夫仁政 5.3
远方之人闻君行仁政 5.4
不以仁政，不能平治天下 7.1
君不行仁政而富之 7.14

仁者
仁者无敌 1.8
惟仁者为能以大事小 2.3
仁者如射 3.7
是以惟仁者宜在高位 7.1
仁者爱人 8.28

仁者固如此乎 12.6
然且仁者不为 12.8
仁者无不爱也 13.46
仁者以其所爱及其所不爱 14.1

化
且比化者 4.7
瞽瞍厎豫而天下化 7.28
夫君子所过者化 13.13
有如时雨化之者 13.40
大而化之之谓圣 14.25

仇
《书》曰葛伯仇饷 6.5
为匹夫匹妇复仇也 6.5

今日
今日不知其亡也 2.7
今日病矣 3.2
今日吊,或者不可乎 4.2
昔者疾,今日愈 4.2
则今日之受非也 4.3
今日之受是 4.3
今日我疾作 8.24(2)
今日之事 8.24

乌获
然则举乌获之任,是亦为乌获而已矣 12.2

今有
今有璞玉于此 2.9
今有同室之人斗者 8.29
今有御人于国门之外者 10.4
今有受人之牛羊而为之牧者 4.4
今有杀人者 4.8
今有人日攘其邻之鸡者 6.8

今有仁心仁闻而民不被其泽 7.1

劝
劝齐伐燕,有诸 4.8
何为劝之哉 4.8

介
一介不以与人,一介不以取诸人 9.7
柳下惠不以三公易其介 13.28
间介然用之而成路 14.21

允若
瞽瞍亦允若 9.4

元
勇士不忘丧其元 6.1
勇士不忘丧其元 10.7
元士受地视子、男 10.2

内
内无怨女 2.5
内则父子 4.2
若己推而内之沟中 9.7
若己推而内之沟中 10.1
仁,内也,非外也 11.4
义,外也,非内也 11.4
何以谓仁内义外也 11.4
故谓之内 11.4
何以谓义内也 11.5
故谓之内也 11.5
非由内也 11.5(2)
有诸内,必形诸外 12.6

公
昔者公刘好货 2.5
公孙衍张仪岂不诚大丈夫哉 6.2
公输子之巧 7.1
公行子有子之丧 8.27

公明高 9.2(3)

公一位 10.2

公侯皆方百里 10.2

有公养之仕 10.4

公养之仕也 10.4

公卿大夫,此人爵也 11.1

公仪子为政 12.6

公孙丑

公孙丑问曰 3.1、3.2

公孙丑曰 4.2、4.6、4.14

公孙丑问曰 6.3

公孙丑曰:君子之不教子 7.18

公孙丑问曰 12.3

公孙丑曰:乐正子强乎 12.13

公孙丑曰:伊尹曰 12.31

公孙丑曰:《诗》曰 12.32

公明仪

公明仪 5.1

公明仪曰 6.3

公明仪曰:庖有肥肉 6.9

公明仪曰:宜若无罪焉 8.24

公都子

公都子以告 4.5

公都子曰 6.7、8.30

孟季子问公都子曰 11.5

公都子不能答 11.5

公都子曰 11.5

公都子曰 11.6

公都子问曰 11.15

公田

雨我公田 5.3

惟助为有公田 5.3

同养公田 5.3

公事

公事毕,然后敢治私事 5.3

六律

不以六律不能正五音 7.1

继之以六律正五音 7.1

六师

三不朝,则六师移之 12.7

风

不可以风 4.2

君子之德,风也 5.2

草尚之风,必偃 5.2

故闻伯夷之风者 10.1、14.15

故闻柳下惠之风者 10.1、14.15

凶

河内凶,则移其民于河东 1.3

河东凶亦然 1.3

凶年 1.7(2)

凶年饥岁 2.12

凶年饥岁 4.4

凶年粪其田而不足 5.3

凶岁子弟多暴 11.7

于利者凶年不能杀 14.10

分

分田制禄可坐而定也 5.3

分人以财谓之惠 5.4

分定故也 13.21

欲知舜与跖之分,无他 13.25

勿

经始(治)勿亟 1.2

百亩之田勿夺其时 1.3

王请勿疑 1.5

勿夺其时 2.1
则勿毁之矣 2.5
左右皆曰不可,勿听 2.7(4)
取之而燕民不悦则勿取 2.10
效死勿去 2.15
勿求于心 3.2(4)
心勿忘,勿助长也 3.2
请勿复敢见矣 4.11
所恶勿施尔也 7.9
王勿异也 10.9
贤者能勿丧耳 11.10
勿视其巍巍然 14.34

讥
关市讥而不征 2.5
关讥而不征 3.5

匹
力不能胜一匹雏 12.2

匹夫、匹妇
此匹夫之勇 2.3
君所为轻身以先于匹夫者 2.16
为匹夫匹妇复雠也 6.5
身为天子,弟为匹夫 9.3
匹夫而有天下者 9.6
匹夫匹妇有不被尧舜之泽者 9.7
匹夫匹妇有不与被尧舜之泽者 10.1
是天子而友匹夫也 10.3
匹夫耕之 13.22
匹妇蚕之 13.22

瓦
毁瓦画墁 6.4

友
托其妻子于其友而之楚游 2.6

非其友不友 3.9
出入相友 5.3
不信于友,弗获于上矣 7.12
信于友有道 7.12
弗信于友矣 7.12
其取友必端矣 8.24
万章问曰:敢问友 10.3(下言友凡7)
古千乘之国以友士何如 10.7
岂曰友之云乎 10.7
何敢与君友也 10.7
奚可以与我友 10.7
求与之友而不可得也 10.7
斯友一乡之善士 10.8
斯友一国之善士 10.8
斯友天下之善士 10.8
以友天下之善士为未足 10.8
是尚友也 10.8

反覆
反覆之而不听 10.9(2)
梏之反覆 11.8

天地
则塞于天地之间 3.2
上下与天地同流 13.13

天时
天时不如地利 4.1
必有得天时者矣 4.1
天时不如地利也 4.1

天吏
为天吏,则可以伐之 4.8

天命
天命靡常 7.7

天爵
有天爵者 11.16

此天爵也 11.16
古之人修其天爵 11.16
今之人修其天爵 11.16
而弃其天爵 11.16

太丁
太丁未立 9.6

太山
挟太山以超北海 1.6
非挟太山以超北海之类也 1.6
太山之于丘垤 2.4
登太山而小天下 13.24

太公
太公辟纣 7.14
太公之封于齐也 12.8
太公辟纣 13.22
若太公望、散宜生 14.38

太王
故太王事獯鬻 2.3

太甲
《太甲》曰：天作孽 3.4
《太甲》曰：天作孽 7.8
太甲颠覆汤之典刑 9.6
三年，太甲悔过 9.6
放太甲于桐 13.31
太甲贤，又反之 13.31

太师
召太师曰 2.4

太誓
《太誓》曰：我武惟扬 6.5
《太誓》曰：天视自我民视 9.5

夫人
夫人蚕缫 6.3

夫子
夫子之谓也 1.7
夫子言之 1.7
愿夫子辅吾志 1.7
夫子当路于齐 3.1
夫子加齐之卿相 3.2
则夫子过孟贲远矣 3.2
吾尝闻大勇于夫子矣 3.2
敢问夫子之不动心与告子之不动心 3.2
敢问夫子恶乎长 3.2
然则夫子既圣矣 3.2
夫子圣矣乎 3.2
夫子既圣矣 3.2
以予观于夫子 3.2
未有夫子也 3.2
夫子必居一于此矣 4.3
夫子卧而不听 4.11
夫子若有不豫色然 4.13
前日虞闻诸夫子曰 4.13
无违夫子 6.2
外人皆称夫子好辩 6.9
夫子之不援 7.17
夫子教我以正 7.18
夫子未出于正也 7.18
夫子曰吾生 8.24
夫子何为不执弓 8.24
尹公之他学射于夫子 8.24
我不忍以夫子之道反害夫子 8.24
夫子与之游 8.24
王使人瞯夫子 8.32
夫子之任见季子 12.5
夫子在三卿之中 12.6

国人皆以夫子将复为发棠 14.23
夫子何以知其将见杀 14.29
夫子之设科也 14.30

夫妇
夫妇有别 5.4

夫妻
岂不欲有夫妻子母之属哉 8.30

孔子
孔子曰：德之流行 3.2
孔子兼之 3.2
昔者子贡问于孔子曰 3.2
孔子曰：圣则吾不能 3.2
夫圣,孔子不居 3.2
可以速则速,孔子也 3.2
伯夷、伊尹于孔子 3.2
未有孔子也 3.2
未有盛于孔子也 3.2
如七十子之服孔子也 3.3
孔子曰：为此诗者 3.4
孔子曰：里仁为美 3.7
孔子曰：君薨 5.2
孔子曰：大哉 5.4
昔者孔子没 5.4
欲以所事孔子事之 5.4
孔子奚取焉 6.1
孔子三月无君则皇皇如也 6.3
阳货欲见孔子而恶无礼 6.7
阳货瞰孔子之亡也而馈孔子蒸豚 6.7
孔子亦瞰其亡也 6.7
孔子惧,作《春秋》6.9
是故孔子曰：知我者 6.9
孔子之道不著 6.9

孔子成《春秋》6.9
孔子曰：道二 7.2
孔子曰：仁不可为众也 7.7
孔子曰：小子听之 7.8
孔子曰：求非我徒也 7.14
皆弃于孔子者也 7.14
孔子曰：其义则丘窃取之矣 8.21
予未得为孔子徒也 8.22
孔子贤之 8.29(2)
孔子曰：于斯时也 9.4
孔子曰：天无二日
孔子曰：唐、虞禅 9.6
或谓孔子于卫主痈疽 9.8
孔子主我,卫卿可得也 9.8
孔子曰：有命 9.8
孔子进以礼,退以义 9.8
孔子不悦于鲁卫 9.8
是时孔子当厄 9.8
若孔子主痈疽与侍人瘠环 9.8
何以为孔子 9.8
孔子之去齐 10.1
孔子也 10.1
孔子,圣之时者也 10.1
孔子之谓集大成 10.1
斯孔子受之矣 10.4
孔子之仕于鲁也 10.4
孔子亦猎较 10.4
然则孔子之仕也 10.4
孔子先簿正祭器 10.4
孔子有见行可之仕 10.4
孔子尝为委吏矣 10.5
孔子奚取焉 10.7

孔子,君命召,不俟驾而行 10.7
然则孔子非与 10.7
孔子当仕有官职 10.7
孔子曰:为此诗者 11.6
孔子曰:操则存 11.8
孔子曰:舜其至孝矣 12.3
孔子为鲁司寇 12.6
乃孔子则欲以微罪行 12.6
孔子登东山而小鲁 13.24
孔子之去鲁 14.17
孔子也 14.19
孔子在陈 14.37(2)
孔子不得中道而与之 14.37
孔子岂不欲中道哉 14.37
孔子之所谓狂矣 14.37
孔子曰:过我门而不入我室 14.37
孔子以为德之贼 14.37
孔子曰:恶似而非者 14.37
由文王至于孔子 14.38
若孔子,则闻而知之 14.38
由孔子而来至于今 14.38

孔距心
知其罪者,惟孔距心 4.4

艾
犹七年之病求三年之艾也 7.9
自怨自艾 9.6
有私淑艾者 13.40

尤
畜君何尤 2.4
君无尤焉 2.12
君子不怨天,不尤人 4.13

尹士
尹士语人曰 4.12

夫尹士恶知予哉 4.12
尹士闻之,曰 4.12

尹公
<u>尹公之他</u> 8.24(5)

尺
尺地莫非其有也 3.1
枉尺而直寻 6.1
夫枉尺而直寻者 6.1
则枉寻直尺而利 6.1
榱题数尺 14.34

尺寸
无尺寸之肤不爱焉 11.14
则无尺寸之肤不养也 11.14
则口腹岂适为尺寸之肤哉 11.14

引
则天下之民皆引领而望之矣 1.6
引而置之庄、岳之间数年 6.6
则引之而已矣 11.15
务引其君以当道 12.8
君子引而不发 13.41

户
绸缪牖户 3.4
虽闭户可也 8.29

手
以齐王,由反手也 3.1
嫂溺则援之以手乎 7.17
嫂溺援之以手者,权也 7.17
嫂溺,援之以手 7.17
子欲手援天下乎 7.17
则不知足之蹈之、手之舞之也 7.27
君之视臣如手足 8.3

文
礼之实,节文斯二者是也 7.7

其文则史 8.21
故说诗者不以文害辞 9.4
文王
文王以民力为台为沼 1.2
文王之囿方七十里 2.2(2)
文王事昆夷 2.3
此文王之勇也 2.3
文王一怒而安天下之民 2.3
昔者文王之治岐也 2.5
文王发政施仁 2.5
文王是也 2.10
且以文王之德 3.1
则文王不足法与 3.1
文王何可当也 3.1
然而文王犹方百里起 3.1
文王以百里 3.3
文王,我师也 5.1
文王之谓也 5.3
丕显哉文王谟 6.90
莫若师文王 7.7
师文王,大国五年 7.7
闻文王作 7.12
诸侯有行文王之政者 7.12
文王生于岐周 8.1
文王视民如伤 8.20
交闻文王十尺 12.2
待文王而后兴者 13.10
虽无文王犹兴 13.10
闻文王作,兴曰 13.22(2)
文王之民无冻馁之老者 13.22
文王也 14.19
禹之声尚文王之声 14.22

由汤至于文王五百有余岁 14.38
若文王,则闻而知之 14.38
由文王至于孔子五百有余岁 14.38
文公
踵门而告文公曰 5.4
文公与之处 5.4
文武
是故文武兴则民好善 11.6
文绣
所以不愿人之文绣也 11.17
方
地方百里而可以王 1.5
海内之地方千里者九 1.7
文王之囿方七十里 2.2(2)
寡人之囿方四十里 2.2
臣闻郊关之内有囿方四十里 2.2
则是方四十里 2.2
方命虐民 2.4
然而文王犹方百里起 3.1
方里而井 5.3
周公方且膺之 5.4
天之方蹶 7.1
立贤无方 8.20
故君子可欺以其方 9.2
地方千里 10.2
公侯皆方百里 10.2
大国地方百里 1.02
次国地方七十里 10.1
小国地方五十里 10.2
方寸之木可使高于岑楼 12.1
天子之地方千里 12.8
诸侯之地方百里 12.8

周公之封于鲁为方百里也 12.8
亦为方百里也 12.8
今鲁方百里者五 12.8
食前方丈 14.34

方员
不以规矩不能成方员 7.1
以为方员平直 7.1
规矩,方员之至也 7.2

日
不日成之 1.2
时日害丧 1.2
予日望之 4.12
去则穷日之力而后宿哉 4.12
虽日挞而求其齐也 6.6
虽日挞而求其楚 6.6
今有人日攘其邻之鸡者 6.8
丧无日矣 7.1
日亦不足矣 8.2
去之日遂收其田里 8.3
夜以继日 8.20
象日以杀舜为事 9.3
天无二日 9.4
至于日至之时皆熟矣 11.7
民日迁善而不知为之者 13.13
何不使彼为可几及而日孳孳也 13.41

日月
日月之食 4.9
日月有明 13.24

日至
千岁之日至可坐而致也 8.26

日夜
是其日夜之所息 11.8
其日夜之所息 11.8

月
今既数月矣 4.5
请损之,月攘一鸡 6.8
其傅为之请数月之丧 13.40

木
犹缘木而求鱼也 1.7
缘木求鱼 1.7
木若以美然 4.7
毁伤其薪木 8.31
牛山之木尝美矣 11.8
亦犹斧斤之于木也 11.8
方寸之木可使高于岑楼 12.1
与木石居 13.16

止
或百步而后止,或五十步而后止 1.3
归市者不止 2.11
止其重器 2.11
则犹可及止也 2.11
止或尼之 2.16
行止,非人所能也 2.16

比
愿比死者壹洒之 1.5
吾何修而可以比于先王观也 2.4
比其反也 2.6
尔何曾比予于管仲 3.1
尔何曾比予于是 3.1
且比化者 4.7
子比而同之 5.4
御者且羞与射者比 6.1
比而得禽兽 6.1
将比今之诸侯而诛之乎 10.4

取食之重者与礼之轻者而比之 12.1
取色之重者与礼之轻者而比之 12.1
比干
王子比干 3.1
而有微子启、王子比干 11.6
毛
拔一毛而利天下 13.26
水火
避水火也 2.10
民以为将拯己于水火之中也 2.11
救民于水火之中 6.5
民非水火不生活 13.23
昏暮叩人之门户求水火 13.23
使有菽粟如水火 13.23
菽粟如水火 13.23
火
如火益热 2.10
若火之始然 3.6
舜使益掌火 5.4
犹水胜火 11.18
犹以一杯水救一车薪之火也 11.18
则谓之水不胜火 11..18
父
父召无诺 4.2
父命之 6.2
子弑其父者有之 6.9
是无父也 6.9
无父无君,是禽兽也 6.9
无父无君,是周公所膺也 6.9
是天下之父归之也 7.13
天下之父归之 7.13
瞽瞍厎豫而天下之为父子者定 7.28

故人乐有贤父兄也 8.7
子父责善而不相遇也 8.30
父子责善 8.30
为得罪于父 8.30
父不得而子 9.4
为天子父 9.4
是为父不得而子也 9.4
以瞽瞍为父而有舜 11.5
为人子者怀利以事其父 12.4
是君臣、父子、兄弟终去仁义 12.4
为人子者怀仁义以事其父 12.4
是君臣、父子、兄弟去利 12.4
杀人之父,人亦杀其父 14.7
父子
父子不相见 2.1(2)
内则父子 4.5
父子主恩 4.5
父子有亲 5.4
则是父子相夷也 7.18
父子相夷,则恶矣 7.18
父子之间不责善 7.18
仁之于父子也 14.24
用其三而父子离 14.27
父兄
入以事其父兄 1.5
若杀其父兄 2.11
父兄百官皆不欲 5.2
今也父兄百官不我足也 5.2
曾子,师也,父兄也 8.30
父母
为民父母 1.4
恶在其为民父母也 1.4

使不得耕耨以养其父母 1.5
父母冻饿 1.5
必使仰足以事父母 1.7
仰不足以事父母 1.7
幼而无父曰孤 2.5
然后可以为民父母 2.7
则邻国之民仰之若父母矣 3.5
率其子弟攻其父母 3.5
非所以纳交于孺子之父母也 3.5
不足以事父母 3.5
为民父母 5.3
不得以养其父母 5.3
恶在其为民父母也 5.3
父母之心,人皆有之 6.3
不待父母之命、媒妁之言 6.3
则父母国人皆贱之 6.3
不顾父母之养 8.30(3)
以为父母戮 8.30
以危父母 8.30
父母爱之 9.1
父母恶之 9.1
于父母,则吾不知也 9.1
父母之不我爱于我何哉 9.1
为不顺于父母 9.1
惟顺于父母可以解忧 9.1
则慕父母 9.1
大孝终身慕父母 9.1
必告父母 9.2
以怼父母 9.2
父母使舜完廪 9.2
牛羊父母 9.2
仓廪父母 9.2

而不得养父母也 9.4
去父母国之道也 10.1
父母俱存 13.20
去父母国之道也 14.17

牛
牛何之 1.7
见牛未见羊也 1.7
然则犬之性犹牛之性 11.3
牛之性犹人之性与 11.3

牛山
牛山之木尝美矣 11.8

牛羊
则牛羊何择焉 1.7
今有受人之牛羊而为之牧之者 4.4
汤使遗之牛羊 6.5
百官牛羊仓廪备 9.1
牛羊父母 9.2
曰牛羊茁壮长而已矣 10.5
百官牛羊仓廪备 10.6
牛羊又从而牧之 11.8

犬
然则犬之性犹牛之性 11.3

犬马
事之以犬马 2.15
君之视臣如犬马 8.3
今而后知君之犬马畜伋 10.6
若犬马之与我不同类也 11.7

车
百姓闻王车马之音 2.1(2)
犹以一杯水救一车薪之火也 11.18
王子宫室车马衣服多与人同 13.36
革车三百两 14.4

后车千乘 14.34

王

然而不王者，未之有也 1.7

今言王若易然 3.1

行仁政而王 3.1

等百世之王 3.2

以德行仁者王，王不待大 3.3

然而不王者，未之有也 3.5

故不劳而王 4.2

大则以王 6.1

子欲子之王之善与 6.6

使之居于王所 6.6

在于王所者 6.6

在王所者 6.6

王谁与为善 6.6

虽欲无王，不可得已 7.9

今之欲王者 7.9

天下不心服而王者未之有也 8.16

王使人瞯夫子 8.32

伊尹相汤以王于天下 9.6

秦楚之王 12.4(3)

然而不王者，未之有也 12.4

而王天下不与存焉 13.20(2)

(武)王曰：无畏 14.4

王公

非王公之尊贤也 10.3

王公之尊贤者也 10.6

故王公不致敬尽礼 13.8

王土、王臣

莫非王土、莫非王臣 9.4

王事

劳于王事 9.4

此莫非王事 9.4

王者

后世子孙必有王者矣 2.14

且王者之不作 3.1

五百年必有王者兴 4.13

有王者起，必来取法 5.3

是为王者师也 5.3

王者之迹熄而《诗》亡 8.21

子以为有王者作 10.4

子以为有王者作 12.8

王者之民 13.13

王子

而有微子启、王子比干 11.6

王子垫问曰 13.33

王子宫室、车马、衣服 13.36

而王子若彼者 13.36

王子有其母死者 13.39

王良

昔者赵简子使王良与嬖奚 6.1

或以告王良，良曰 6.1

谓王良，良不可 6.1

王豹

昔者王豹处于淇 12.6

王顺

王顺、长息则事我者也 10.3

王师

以迎王师 2.10

王政

王欲行王政，则勿毁之矣 2.5

今将行王政 6.5

不行王政云尔 6.5

苟行王政 6.5

王道
王道之始也 1.3
王驩
王使盖大夫王驩为辅行 4.6
王驩朝暮见 4.6
仓
乃积乃仓 2.5(2)
仓廪
而君之仓廪实 2.12
今也滕有仓廪府库 5.4
百官牛羊仓廪备 9.1、10.6
仓廪父母 9.2

五　画

业
有业屦于牖上 14.30
丕显
丕显哉 6.9(2)
世
直好世俗之乐耳 2.1
仕者世禄 2.5
有世臣之谓也 2.7
世守也 2.15
辅世长民莫如德 4.2
其间必有名世者 4.13
当今之世 4.13
夫世禄，滕固行之矣 5.2
世衰道微 6.9
仲子，齐之世家也 6.10
在夏后之世 7.2
世之相后也 8.1
世俗所谓不孝者五 8.30

是以论其世也 10.8
士无世官 11.7
不容于尧舜之世 12.8
修身见于世 13.9
生斯世也，为斯世也 14.37
阉然媚于世也者 14.37
去圣人之世若此其未远也 14.38
世子
滕文公为世子 5.1
世子自楚反 5.1
世子疑吾言乎 5.1
世子谓然友曰 5.2
是在世子 5.2
世子曰：然 5.2
冯妇
是为冯妇也 14.23(4)
丘
太山之于丘垤 3.2
虽若丘陵 6.1
为高必因丘陵 7.1
其义则丘窃取之矣 8.21
是故得乎丘民而为天子 14.14
术
是乃仁术也 1.7
故术不可不慎也 3.7
教亦多术矣 12.16
人之有德慧术知者 13.18
观水有术 13.24
主
父子主恩，君臣主敬 4.2
使之主祭而百神享之 9.7
使之主事而事治 9.7

或谓孔子于卫主痈疽 9.8
于齐主侍人瘠环 9.8
于卫主颜雠由 9.8
孔子主我 9.8
而主痈疽与侍人瘠环 9.8
主司城贞子 9.8
以其所为主 9.8
以其所主 9.8
若孔子主痈疽与侍人瘠环 9.8

旧
《诗》云周虽旧邦 5.3
不愆不忘,率由旧章 7.1
《礼》：为旧君有服 8.3

夭寿
夭寿不贰 13.1

乍见
今人乍见孺子将入于井 3.6

仕
使天下仕者皆欲立于王之朝 1.7
仕者世禄 2.5
可以仕则仕 3.12
有仕于此 4.8
仕而不受禄 4.11
古之君子仕乎 6.3
孟子曰：仕 6.3
士之仕也 6.3
晋国亦仕国也,未尝闻仕如此其急 6.3
仕如此其急也,君子之难仕何也 6.3
古之人未尝不欲仕也 6.3
仕则慕君 9.1
可以仕而仕,孔子也 10.1
孔子之仕于鲁也 10.4

然则孔子之仕也非事道与 10.4
孔子有见行可之仕 10.4
有际可之仕,有公养之仕 10.4
见行可之仕也 1.04
际可之仕也 10.4
公养之仕也 10.4
仕非为贫也 10.5
孔子当仕有官职 10.7
古之君子何如则仕 12.14
盆成括仕于齐 14.29

仪
享多仪,仪不及物曰不享 12.5

他
他人有心,予忖度之 1.7
不可以他求者也 5.2
又顾而之他 8.33
在他人则诛之 9.3
而以他辞无受 10.4
岂有他哉 11.14
去他国之道也 14.17

他日
他日王谓时子曰 4.10
吾他日未尝学问 5.2
他日子夏、子张 5.4
他日又求见孟子 5.5
他日过之 5.5
他日归,则有馈其兄生鹅者 6.10
他日,其母杀是鹅 6.10
而赋粟倍他日 7.14
他日由邹之任 12.5

仞
堂高数仞 14.34

代
暴君代作 6.9
禄足以代其耕也 10.2(3)

丛
为丛驱爵者,鹯也 7.9

令
便嬖不足使令于前与 1.7
王速出令 2.11
既不能令 7.7
令闻广誉施于身 11.17

刍
刍荛者往焉 2.2
则必为之求牧与刍矣 4.4(2)
昔沈犹有负刍之祸 8.31
犹刍豢之悦我口 11.7

务
务引其君以当道 12.8
当务之为急 13.46(4)

处
择不处仁 3.7
处于於陵 6.10
齐人有一妻一妾而处室者 8.33
于陵处仁迁义 9.6
我岂若处畎亩之中 9.7(2)
思与乡人处 10.1(4)
逾东家墙而搂其处子 10.1
季任为任处守 12.5
处于平陆 12.5
昔者王豹处于淇 12.6
绵驹处于高唐 12.6
遵海滨而处 13.35

台
文王以民力为台为沼 1.2

谓其台曰灵台 1.2
虽有台池鸟兽 1.2
盖自是台无馈也 10.6

饥
凶年饥岁 2.12、4.4
民有饥色 6.9
以礼食,则饥而死 12.1
八口之家足以无饥矣 13.22
饥渴害之也 13.27(3)
齐饥 14.27

饥者
饥者弗食 2.2
饥者易为食 3.1
稷思天下有饥者,由己饥之也 8.29
饥者甘食 13.23

饥饿
饥饿不能出门户 12.14
使饥饿于我土地 12.14

叹
喟然叹曰：居移气 13.36

号
先生之号则不可 12.4
号泣于旻天 9.1(3)

兄
管叔,兄也 4.9
信以为人之亲其兄之子 5.5
兄戴,盖禄万钟 6.10
以兄之禄为不义之禄 6.10(2)
辟兄离母 6.10
则有馈其兄生鹅者 6.10(2)
以兄之室则弗居 6.10
从兄是也 7.27

彼以爱兄之道来 9.2
敬兄 11.5
庸敬在兄 11.5
以纣为兄之子且以为君 11.6
纷兄之臂而夺之食 12.1
其兄关弓而射之 12.3
为人弟者怀利以事其兄 12.4(2)
无不知敬其兄也 13.15
是犹或纷其兄之臂 13.9
杀人之兄，人亦杀其兄 14.7
兄弟
兄弟妻子离散 1.5
刑于寡妻，至于兄弟 1.7
兄弟妻子离散 2.1(2)
子之兄弟事之数十年 5.4
兄弟也 9.8
不挟兄弟而友 10.3
兄弟终去仁义 12.4
是君臣、父子、兄弟去利 12.4
兄弟无故 13.20
充
府库充 2.12
气，体之充也 3.2
知皆扩而充之矣 3.6
苟能充之 3.6(2)
充仲子之操 6.10
是尚为能充其类也乎 6.10
蚓而后充其操者也 6.10
充类至义之尽也 10.4
充府库 12.9
人能充无欲害人之心 14.31
人能充无穿逾之心 14.31

人能充无受尔汝之实 14.31
充实
充实之谓美 14.25
充实而有光辉之谓大 14.25
充虞
充虞请曰 4.7
充虞路问曰 4.13
充塞
充塞仁义也 6.9
仁义充塞 6.9
冉牛
冉牛、闵子 3.2(2)
冬日
冬日则饮汤 11.5
出入
出入是门也 10.7
出入无时 11.8
功
而功不至于百姓者 1.7(2)
管仲、晏子之功可复许乎 3.1
功烈，如彼其卑也 3.1
功必倍之 3.1
子不通功易事 6.4
其有功于子 6.4
为其事而无其功者 12.7
加
邻国之民不加少 1.3
寡人之民不加多 1.3
言举斯心加诸彼而已 1.3
夫子加齐之卿相 3.2
后举而加诸上位 10.6
万钟于我何加焉 11.10

名实未加于上下而去之 12.6
泽加于民 13.9
虽大行不加焉 13.21
虽欲加一日愈于已 13.39
北
自南自北 3.3
北学于中国 5.4
北方
北方之学者 5.4
北面
尧帅诸侯北面而朝之 9.4(2)
北面稽首再拜而不受 10.6
北海
挟太山以超北海 1.7(2)
居北海之滨 10.1
居北海之滨 13.22
北狄
南面而征北狄怨 2.11
南面而征北狄怨 6.5
南面而征北狄怨 14.4
北宫
北宫黝之养勇也 3.2(2)
北宫锜问曰 10.2
厉
则是厉民而以自养也 1.7
以粟易械器者不为厉陶冶 1.7
岂为厉农夫哉 1.7
名之曰幽、厉 7.2
幽、厉兴则民好暴 11.6
汉
决汝、汉 5.4
江、汉以濯之 5.4

江、淮、河、汉是也 6.9
半
故事半古之人 3.1
蟊食实者过半矣 6.10
专
如彼其专也 3.1
不专心致志 11.9(2)
无专杀大夫 12.7
去
望望然去之 3.9
是亦不屑去已 3.9
委而去之 4.1
则去之否乎 4.4
致为臣而去 4.5
不得其职则去 4.5
不得其言则去 4.5
孟子去齐 4.11
孟子去齐 4.12
不遇故去 4.12
去则穷日之力而后宿哉 4.12
孟子去齐 4.13
不遇故去 4.14
退而有去志 4.14
去关市之征 6.8
知斯二者弗去是也 7.27
地之相去也千有余里 8.1
有故而去 8.3(2)
去三年不反 8.3
去之日 8.3
则大夫可以去 8.4
则贤不肖之相去 8.7
庶民去之 8.19

去其金 8.24
盍去诸 8.31(2)
寇至则先去以为民望 8.31
如伋去 8.31
舜、禹、益相去久远 9.6
或去或不去 9.7
知虞公之不可谏而去 9.9
知虞公之将亡而先去之 9.9
由由然不忍去也 10.1
孔子之去齐 10.1
去鲁——去父母国之道也 1.01
而皆去其籍 10.2
奚不去也 10.4
而后去 10.4
反覆之而不听则去 10.9
是君臣、父子、兄弟终去仁义 12.4
是君臣、父子、兄弟去利 12.4
名实未加于上下而去之 12.6
不欲为苟去 12.6
去人伦 12.10
所去三 12.10
言弗行也，则去之 12.10
礼貌衰，则去之 12.14
孔子之去鲁 14.17
去父母国之道也 14..17
去齐,接淅而行,去他国之道也 14.17
去圣人之世若此其未远也 14.38

古

古之人与民偕乐 1.2
古之人所以大过人者无他焉 1.7
犹古之乐也 2.1
古之人有行之者 2.10(2)
故事半古之人 3.1
皆古圣人也 3.2
古者棺椁无度 4.7
古之人皆用之 4.7
古圣人也 4.9
且古之君子 4.9
古之君子 4.9
古之为市也 4.10
古之道乎 4.14
古之人若保赤子 5.5
古之君子仕乎 6.3
古之人三月无君则吊 6.3
古之人未尝不欲仕也 6.3
古者不为臣不见 6.7
古者易子而教之 7.18
我不意子学古之道 7.25
古千乘之国以友士 10.7
古之人有言曰 10.7
又尚论古之人 10.8
古之人修其天爵 11.16
古之所谓民贼也 12.9(2)
古之君子何如则仕 12.14
古之贤王好善而忘势 13.8
古之贤士何独不然 13.8
古之人,得志 13.9
古之为关也 14.8
皆古之制也 14.34
曰古之人,古之人 14.37(2)

古公

古公亶父 2.5

叩

昏暮叩人之门户求水火 13.23

召

召太师曰 2.4
父召无诺,君命召不俟驾 4.2
必有所不召之臣 4.2
则不敢召 4.2
管仲且犹不可召 4.2
召之役则往役 10.7
召之则不往见之 10.7
则天子不召师 10.7
则吾未闻欲见贤而召之也 10.7
而况可召与 10.7
君命召,不俟驾而行 10.7
而以其官召之也 10.7

可

如之何则可 1.5
可使制梃 1.5
天下可运于掌 1.7
然则王之所大欲可知已 1.7(2)
曰:可 1.7
何由知吾可也 1.7
罔民而可为也 1.7
可不慎与 2.7
未可也 2.7(2)
左右皆曰可杀 2.7
诸大夫皆曰可杀 2.7
国人皆曰可杀 2.7
见可杀焉 2.7
臣弑其君,可乎 2.8
如之何其可也 2.11
则犹可及止也 2.11
如之何则可 2.12
则是可为也 2.13

如之何则可 2.14
为可继也 2.14
如之何则可 2.15
管仲、晏子之功可复许乎 3.1
文王何可当也 3.1
勿求于气,可 3.2
勿求于心,不可 3.2
天作孽,犹可违 3.4
治天下可运之掌上 3.6
不识可使寡人得见乎 4.2
燕可伐与 4.8
孟子曰:可 4.8
则可乎 4.8
沈同问燕可伐与 4.8
吾应之曰可 4.8
或问之曰人可杀与,则将应之曰可 4.8
以其时考之则可矣 4.13
可谓孝矣 5.1
百官族人可 5.2
罔民而可为也 5.2
分田制禄可坐而定也 5.3
然则治天下独可耕且为与 5.4
宜若可为也 6.1(2)
强而后可 6.1
良不可,曰 6.1
可食而食之矣 6.4
则蚓而后可者也 6.0
不仁者可与言哉 6.10
可谓智乎 7.1
不仁者可与言哉 7.8(2)
犹可违 7.8
小子鸣鼓而攻之可也 7.14

则可谓养志也 7.19
事亲若曾子者，可也 7.19
生则恶可已 7.27(2)
行辟人可也 8.2
何如斯可为服矣 8.3
可立而待也 8.18
可坐而致也 8.26
可传于后世 8.28
是则可忧也 8.28
虽被发缨冠而救之可也 8.29
虽闭户可也 8.29
故君子可欺以其方 9.2
可谓亲爱之乎 9.3
可谓智乎 9.9
可谓不智乎 9.9(2)
知穆公之可与有行也而相之 9.9
可传于后世 9.9
斯可受御与 10.4
猎较犹可 10.4
不识可常继乎 10.6
可谓悦贤乎 10.6
如何斯可谓养矣 10.6
而况可召与 10.7
不知其人，可乎 10.8
可使过颡 11.2
激而行之，可使在山 11.2
人之可使为不善 11.2
方寸之木可使高于岑楼 12.6
如何则可 12.2
一人陶，则可乎 12.10
如之何其可也 12.10
亦可受也 12.14

达可行于天下而后行之者也 13.19
民可使富也 13.23
则固可放与 13.31
有伊尹之志，则可 13.31
奚可哉 13.34
何不使彼为可几及而日孳孳也 13.41
可欲之谓善 14.25
可以言而不言 14.31
敢问何如斯可谓狂矣 14.37
何如斯可谓之乡原矣 14.37
善斯可矣 14.37

可以
五十者可以衣帛矣 1.3
七十者可以食肉矣 1.3
数口之家可以无饥矣 1.3
地方百里而可以王 1.5
德何如，则可以王矣 1.7
可以保民乎哉 1.7
然则小固不可以敌大 1.7(3)
五十者可以衣帛矣 1.7(3)
吾何修而可以比于先王观也 2.4
然后可以爰方启行 2.5
可以仕则仕，可以止则止 3.2
可以久则久，可以速则速，孔子也 3.2
焉有君子而可以货取乎 4.3
为其可以言也 4.5
未可以言与 4.5
孰可以伐之 4.8
为天吏，则可以伐之 4.8
彼如曰孰可以杀之 4.8
则将应之曰为士师则可以杀之 4.8
犹可以为善国 5.1

吾今则可以见矣 5.5
斯可以见矣 6.7
则君子之所养可知已矣 6.7
可以濯我缨 7.8
可以濯我足 7.8
则大夫可以去 8.4
则士可以徙 8.4
而后可以有为 8.8
惟送死可以当大事 8.13
可立而待也 8.18
可以取可以无取 8.23(3)
则可以祀上帝 8.25
可以解忧 9.1
性可以 13.9
为善,可以为不善 11.6
则可以为善矣 11.6
可以为美乎 11.8(2)
由是则可以辟患而有不为也 11.8
可以假馆 12.2
何如斯可以嚣嚣矣 13.9(2)
则可以嚣嚣矣 13.9
然后可以践形 13.38
可得
可得闻乎 1.7
可得闻与 1.7(2)、2.1、3.2
王政可得闻与 2.5
然后中国可得而食也 5.4
卿可得也 9.8
削何可得与 12.6
国欲治,可得乎 12.10
史
其文则史 8.21

左右
王顾左右而言他 2.6
左右皆曰贤,未可也 2.7(3)
左右曰:待先生 8.31
以左右望 4.10
则取之左右逢其原 8.14
右
而齐右善歌 12.6
右师
右师往吊 8.27(6)
司徒
使契为司徒 5.4
司城
主司城贞子 9.8
司寇
孔子为鲁司寇 12.6
四方
宠之四方 2.3
壮者散而之四方者 2.12、4.4
四方来观之 5.2
不以四方之食供簿正 10.4
四寸
今交九尺四寸以长 12.2
四支(肢)
惰其四支 8.30
四肢之于安佚也 14.24
四境
四境之内不治 2.6
而达乎四境 3.1
四海
故推恩足以保四海 1.7、3.6
四海之内皆曰 6.5(2)、12.13

不保四海 7.3
故沛然德教溢乎四海 7.6
放乎四海 8.18
四海遏密八音 9.4
是故禹以四海为壑 12.11
定四海之民 13.21

四端
人之有是四端也 3.6
有是四端而自谓不能者 3.6(2)

四体
犹其有四体也 3.6
不保四体 7.3
施于四体,四体不言而喻 13.21

四夷
莅中国而抚四夷也 1.7

外
外无旷夫 2.5
以其外之也 3.2
外则君臣 4.2
禹八年于外 5.4
三年之外 5.4
外人皆称夫子好辩 6.9
其兄自外至 6.10
施施从外来 8.33
外丙二年 9.6
由射于百步之外也 10.1
今有御人于国门之外者 10.4
摽使者出诸大门之外 10.6
仁,内也,非外也 11.4
义,外也 11.4
何以谓仁内义外也 11.4
从其白于外也,故谓之外也 11.4

故谓之外也 11.4
然则耆炙亦有外与 11.4
果在外 11.5(2)
然则饮食亦在外也 11.5
非由外铄我也 11.6
有诸内,必形诸外 12.6
距人于千里之外 12.14
士止于千里之外 12.14
出则无敌国外患者国恒亡 12.15
求在外者也 13.3

灭国
灭国者五十 6.9

失
鸡豚狗彘之畜无失其时 1.3
无失其时 1.7
不可失也 2.15
故久而后失之也 3.1
失道者寡助 4.1
一日而三失伍 4.4(2)
相向而哭,皆失声 5.4
士之失位也,犹诸侯之失国家也 6.4
其失天 11.14
其失天下也以不仁 7.3
桀、纣之失天下也,失其民也 7.9
失其民者,失其心也 7.9
不失其身而能事其亲者吾闻之矣 7.19
失其身而能事其亲者 7.19
诸侯失国 10.6
舍则失之 11.6
苟失其养 11.8
此之谓失其本心 11.10
养其一指而失其肩背而不知也 11.14

为其养小以失大也 11.14
饮食之人无有失也 11.14
遗老失贤 12.7
舍则失之 13.3
无失其时,老者足以无失肉矣 13.22

尼
止或尼之 2.16

巧
公输子之巧 7.1
智,譬则巧也 10.1
为机变之巧者 13.7
不能使人巧 14.5

巨
为巨室,则必使工师求大木 2.9
巨屦小屦同贾 5.4
吾必以仲子为巨擘焉 6.10
不得罪于巨室 7.6(2)

市
商贾皆欲藏于王之市 1.7
若挞之于市朝 3.2
市廛而不征 3.5
而愿藏于其市矣 3.5
古之为市也 4.10
而罔市利 4.10
则市贾不贰 5.4
虽使五尺之童适市 5.4
归市者弗止 6.5
在国曰市井之臣 10.7
百里奚举于市 12.15

布
廛无夫里之布 3.5
布帛长短同,则贾相若 5.4

女有余布 6.4
有布缕之征 14.27

平
夫天未欲平治天下也 4.13(2)
谷禄不平 5.3
当尧之时,天下犹未平 5.4
然后人得平土而居之 6.9
昔者禹抑洪水,而天下平 6.9
不能平治天下 7.1
以为方员平直 7.1
而天下平 7.11、14.32
君子平其政 8.2
禹、稷当平世 8.29
平旦之气 11.8

平陆
孟子之平陆 4.4
处于平陆 12.5(3)

幼
幼吾幼,以及人之幼 1.7
幼而无父曰孤 2.5
夫人幼而学之 2.9
敬老慈幼 12.7

节
节文斯二者是也 7.27

宁
驱猛兽,而百姓宁 6.9
无畏！宁尔也 14.4

发
涂有饿莩而不知发 1.3
今王发政施仁 1.7
于是始兴发补不足 2.4
文王发政施仁 2.5

发于其政 3.2
射者正己而后发 3.7(2)
发乘矢而后反 8.24
虽被发缨冠而救之 8.29(2)
舜发于畎亩之中 12.15
发于声 12.15
君子引而不发 13.41
国人皆以夫子将复为发棠 14.23

旦
坐以待旦 8.20
旦旦而伐之 11.8
平旦之气 11.8
则其旦昼之所为 11.8

未
犹未洽于天下 3.1
纣之去武丁未久也 3.1
迨天之未阴雨 3.4
曰：未也 4.8
夫天未欲平治天下也 4.13
天下犹未平 5.4
子未学《礼》乎 6.2
未同而言 6.7
夫子未出于正也 7.18
舍馆未定 7.24
民未病涉也 8.2
我由未免为乡人也 8.28
施泽于民未久 9.6
太丁未立 9.6
以友天下之善士为未足 10.8
名实未加于上下而去之 12.6
礼貌未衰 12.14
虽未行其言也 12.14

币之未将者也 13.37
去圣人之世若此其未远也 14.38

未之
未之有也 1.3
臣未之闻也 1.7
未之有也 1.7
未之有也 2.4
未之有也 3.5
周公未之尽也 4.9
吾未之学也 5.2
未之有也 7.1
未之有也 7.12
吾未之闻也 7.19
未之有也 8.16
望道而未之见 8.20
而良人未之知也 8.33
未之有也 12.4(2)
未之有也 14.13

未见
见牛未见羊也 1.7
未见所以敬王也 4.2

未有
未有仁而遗其亲者也 1.1
未有义而后其君者也 1.1
未有不嗜杀人者也 1.6
暴未有以对也 2.1
地未有过千里者也 3.1
未有疏于此时者也 3.1
未有甚于此时者也 3.1
未有孔子也 3.2
未有夫子也 3.2
未有盛于孔子也 3.2

未有能济者也 3.5
则未有处也 4.3
未有命戒 5.2
未有能直人者也 6.1
未有能动者也 7.12
未有能服人者也 8.16
未有与焉 8.31
未有能生者也 11.9

未可
左右皆曰贤,未可也 2.7
诸大夫皆曰贤,未可也 2.7
未可以言与 4.5
是未可知也 6.10
士未可以言而言 14.31

未闻
未闻弑君也 2.8
未闻以千里而畏人者 2.11
未闻道也 5.4
未闻变于夷者也 5.4
未闻下乔木而入于幽谷者 5.4
吾未闻枉己而正人者也 9.7
未闻以割烹也 9.7
则吾未闻欲见贤而召之也 10.7
未闻以道殉乎人者也 13.42
未闻君子之大道也 14.29

未知
有司未知所之 2.16
未知其孰贤 3.2

未尝
告子未尝知义 3.2
未尝与之言行事也 4.6
反之而未尝与言行事 4.6

吾他日未尝学问 5.2
未尝闻仕如此其急 6.3
古之人未尝不欲仕也 6.3
而未尝有显者来 8.33
未尝不饱 10.3
是以未尝有所终三年淹也 10.4
以为未尝有材焉 11.8
而以为未尝有才焉者 11.8
髡未尝睹之也 12.6

未得
予未得为孔子徒也 8.20
是未得饮食之正也 13.27

未能
吾未能有行焉 3.2
未能或之先也 5.4
今兹未能 6.8

末
明足以察秋毫之末 1.7
不揣其本而齐其末 12.1

本
盍亦反其本矣 1.7(2)
使之一本,而夷子二本故也 5.5
天下之本在国,国之本在家 7.5
家之本在身 7.5
事亲,事之本也 7.19
守身,守之本也 7.19
有本者如是 8.18
苟为无本 8.18
故者以利为本 8.26
立乎人之本朝 10.5
此之谓失其本心 11.10
不揣其本而齐其末 12.1

正

必有事焉而勿正 3.2
射者正己而后发 3.7
经界既正 5.3
以顺为正者 6.2
立天下之正位 6.2
咸以正无缺 6.9
我亦欲正人心 6.9
不能正五音 7.1
继之以六律正五音 7.1
其身正而天下归之 7.4
义,人之正路也 7.10(2)
胸中正则眸子了焉 7.15
教者必以正 7.18(4)
君正莫不正 7.20
一正君而国定矣 7.20
未闻枉己而正人者也 9.7
况辱己以正天下者乎 9.7
臣不敢不以正对 10.9
正己而物正者也 13.19
是未得饮食之正也 13.27
征之为言正也 14.4
各欲正己也 14.4
非以正行也 14.33
经正,则庶民兴 14.37

归

民归之,由水之就下 1.6
归市者不止 2.11
从之者如归市 2.15
天下归殷久矣 3.1
芒芒然归 3.2
请必无归 4.2
孟子致为臣而归 4.10(2)
予然后浩然有归志 4.12
门人治任将归 5.4(3)
盖归反虆梩而掩之 5.5
归市者弗止 6.5
不归杨则归墨 6.9
他日归,则有馈其兄生鹅者 6.10
其身正,而天下归之 7.4
民之归仁也,犹水之就下 7.9
盍归乎来 7.13(2)、14.37
而归之 7.13(3)
天下大悦,而将归己 7.28(2)
其妻归,告其妾曰 8.33
如穷人无所归 9.1
复归于亳 9.6
归洁其身而已矣 9.7
子归而求之 12.2
言归于好 12.7
盍归乎来 13.22(2)
则仁人以为己归矣 13.22
久假而不归 13.30
逃墨必归于杨,逃杨必归于儒 14.26(3)

圣

然则夫子既圣矣 3.2(5)
圣王不作,诸侯放恣 6.9
闲先圣之道 6.9
以承三圣者,岂好辩哉 6.9
先圣后圣,其揆一也 8.1
伯夷,圣之清者也 10.1(5)
圣,譬则力也 10.1
大而化之之谓圣 14.25
圣而不可知之之谓神 14.25

圣人

圣人复起,必从吾言矣 3.2(5)
古圣人也 4.9
闻君行圣人之政,是亦圣人也 5.4(6)
尧舜既没,圣人之道衰 6.9(3)
圣人既竭目力焉 7.1
圣人,人伦之至也 7.2
圣人之行不同也 9.7
圣人,与我同类者 11.7
圣人先得我心之所同然耳 11.7
圣人治天下,使有菽粟如水火 13.23
游于圣人之门者难为言 13.24
惟圣人,然后可以践形 13.38
圣人,百世之师也 14.15
非圣人而能若是乎 14.15
圣人之于天道也,命也 14.24
去圣人之世若此其未远也 14.38
近圣人之居若此其甚也 14.38

母

母命之,往送之门 6.1
辟兄离母 6.10
其母杀是鹅也 6.10
以母则不食 6.10
五母鸡,二母彘 13.22
王子有其母死者 13.39

永

《诗》云:永言配命 3.4、7.4
《诗》曰:永言孝思 9.4

犯

君子犯义,小人犯刑 7.1
今之诸侯皆犯此五禁 12.7

礼

见其礼而知其政 3.2
辞让之心,礼之端也 3.6
不仁、不智、无礼、无义,人役也 3.7
《礼》曰:父召无诺 4.2
宜与夫礼若不相似然 4.2
生,事之以礼 5.2(4)
是故贤君必恭俭礼下 5.3
子未学《礼》乎 6.2
《礼》曰:诸侯耕助 6.3
阳货欲见孔子而恶无礼 6.7
上无礼,下无学 7.1
事君无义,进退无礼 7.1
礼人不答反其敬 7.4
男女授受不亲,礼与 7.11(3)
礼之实,节文斯二者是也 7.27
《礼》:为旧君有服 8.3
此之谓三有礼焉 8.3
非礼之礼 8.6
礼,朝廷不历位而相与言 8.28(7)
孔子进以礼,退以义 9.8
其接也以礼 10.4
其馈也以礼 10.4
苟善其礼际矣 10.4
而后托于诸侯,礼也 10.6(2)
不敢见于诸侯,礼也 10.7
礼,门也 10.7
恭敬之心,礼也 11.6
仁义礼智,非由外铄我也 11.6
礼与食孰重 12.1(9)
其知者以为为无礼也 12.6
无城郭、宫室、宗庙、祭祀之礼 12.10
迎之致敬以有礼 12.14(2)
故王公不致敬尽礼,则 13.8

仁义礼智根于心 13.21
食之以时,用之以礼 13.21
若在所礼而不答 13.43
礼之于宾主也 14.24
动容周旋中礼者 14.33
礼义
奚暇治礼义哉 1.7
礼义由贤者出 2.16
言非礼义 7.10
万钟则不辨礼义而受之 11.10
无礼义,则上下乱 14.12
礼貌
礼貌未衰 12.14(2)
又从而礼貌之,敢问何也
玄黄
篚厥玄黄 6.15
其君子实玄黄于篚 6.5
玉
必使玉人雕琢 2.9
则何以异于教玉人雕琢玉哉 2.9
金声而玉振之也 10.1
玉振之也者 10.1
甘
饥者甘食,渴者甘饮 13.27
生民
自有生民以来 3.2、3.5
自生民以来 3.2(2)
田
粪其田而不足 5.3
分田制禄可坐而定也 5.3
惟士无田 6.3
弃田以为园囿 6.9

舜往于田 9.1
齐景公田 10.7
易其田畴 13.23
人病舍其田而芸人之田 14.32
田里
然后收其田里 8.3
制其田里 13.22
田野
田野不辟 7.1
田野治 12.7
田猎
今王田猎于此 2.1(2)
吾王之好田猎 2.1
何以能田猎也 2.1
驱骋田猎 14.34
由是
由是观之 3.6、6.7
其横逆由是也 8.28(2)
由是以乐尧舜之道哉 9.7(2)
由是则生而有不用也 11.10
由是则可以辟患而有不为也 11.10
由由然
由由然与之偕而不自失焉 3.9
由由然不忍去也 10.1
甲
弃甲曳兵而走 1.3
以挞秦楚之坚甲利兵矣 1.5
抑王兴甲兵危士臣 1.7
申
申之以孝悌之义 1.3
申之以孝悌之义 1.7
泄柳、申详无人乎缪公之侧 4.11

白

白鸟鹤鹤 1.2

犹白之谓白与 11.3

白羽之白也,犹白雪之白 11.3

白雪之白,犹白玉之白与 11.3

犹彼白而我白之 11.4

从其白于外也 11.4

白马之白也 11.4

无以异于白人之白也 11.4

白圭

白圭曰:吾欲二十而取一 12.10

白圭曰:丹之治水也愈于禹 12.11

皮

事之以皮币 2.15

五羊之皮 9.9

以皮冠 10.7

目

抑为采色不足视于目与 1.7

不目逃 3.2

目无见也 6.10

目有见 6.10

圣人既竭目力焉 7.1

伯夷目不视恶色 10.1

惟目亦然 11.7

无目者也 11.7

目之于色也 11.7

目之于色也 14.24

矢

矢人岂不仁于函人哉 3.7

矢人唯恐不伤人 3.7

矢人而耻为矢也 3.7

舍矢如破 6.1

抽矢扣轮 8.24

发乘矢而后反 8.24

其直如矢 10.7

石

孟子遇于石丘 12.4

与木石居 13.16

示

以行与事示之而已矣 9.5(2)

以行与事示之者如之何 9.5

凤凰

凤凰之于飞鸟 3.2

穴

钻穴隙相窥 6.3

与钻穴隙之类也 6.3

立

王立于沼上 1.2

使天下仕者皆欲立于王之朝 1.7

而愿立于其朝矣 3.5

不立于恶人之朝 3.9

立于恶人之朝 3.9

思与乡人立 3.9

抑亦立而视其死与 4.4

立天下之正位 6.2

可立而待也 8.18

立贤无方 8.20

遍国中无与立谈者 8.33

立为天子 9.3

舜南面而立 9.4

太丁未立 9.6

懦夫有立志 10.1

立乎人之本朝 10.5

先立乎其大者 11.15

所以立命也 13.1
中天下而立 13.21
中道而立 13.41
懦夫有立志 14.15
丝
麻缕丝絮轻重同则贾相若 5.4
训
以听伊尹之训己也 9.6
让
搭克在位,则有让 12.7
好名之人,能让千乘之国 14.11
议
处士横议 6.9
讨
三年讨其君 6.9
是故天子讨而不伐 12.8
诸侯伐而不讨 12.8
讪
与其妾讪其良人 8.33
鸟
虽有台池鸟兽 1.2
兽蹄鸟迹之道交于中国 5.4
鸟兽之害人者消 6.9
发
涂有饿莩而不知发 1.3
今王发政施仁 1.7
于是始兴发补不足 2.4
文王发政施仁 2.5
发于其政 3.2
射者正己而后发 3.7(2)
发乘矢而后反 8.24
虽被发缨冠而救之,可也 8.29(2)

舜发于畎亩之中 12.15
征于色,发于声 12.15
君子引而不发 13.41
国人皆以夫子将复为发棠 14.23
击
抱关击柝 10.5、10.6
长
长子死焉 1.5
出以事其长上 15
疾视其长上之死 2.12
死其长矣 2.12
敢问夫子恶乎长 3.2
勿助长也 3.2(5)
辅世长民莫如德 4.2
绝长补短 5.1
长幼卑尊 6.2
亲其亲、长其长 7.10
长息问于公明高曰 9.1、10.3
不挟长 10.3
牛羊茁壮长 10.5
彼长而我长之 11.4(14)
乡人长于伯兄一岁 11.5
所长在彼 11.5
无物不长 11.8
今交九尺四寸以长 12.2
长君之恶其罪小 12.7
及其长也 13.15
敬长,义也 13.15
挟长而问 13.43
长者
为长者折枝 1.7
子为长者虑 4.11(3)

然后求见长者乎 7.24
徐行后长者谓之弟 12.2(2)
长短
度,然后知长短 1.7
布帛长短同 5.4
龙
而独于富贵之中有私龙断焉 4.10(2)
龙子曰:治地莫善于助 5.3
蛇龙居之 6.9(2)
故龙子曰:不知足而为屦 11.7
东
东败于齐 1.5
东面而征西夷怨 2.11、6.5、14.4
自西自东 3.3
出吊于东郭氏 4.2
东征,绥厥士女 6.5
东夷之人也 8.1
卒之东郭墦间 8.33
决诸东方则东流 11.2
犹水之无分于东西也 11.2(2)
逾东家墙而搂其处子 12.1
居东海之滨 7.13、13.22
孔子登东山而小鲁 13.24

六　画

交
上下交征利而国危矣 1.1
交邻国有道乎 2.3
非所以纳交于孺子之父母也 3.6
何为纷纷然与百工交易 5.4
兽蹄鸟迹之道交于中国 5.4
敢问交际,何心也 10.4

其交也以道 10.4(2)
物交物则引之而已矣 11.15
以币交 12.5(2)
豕交之也 13.37
无上下之交也 14.18
亥唐
晋平公之于亥唐也 10.3
齐
东败于齐 1.5
齐集有其一 1.7
则齐其庶几乎 2.1
间于齐、楚 2.13
事齐乎?事楚乎 2.13
夫子当路于齐 3.1(6)
夫子加齐之卿相 3.2
今天下地丑德齐 4.2
前日于齐 4.3
若于齐,则未有处也 4.3
孟子为卿于齐 4.6(4)
孟子自齐葬于鲁,反于齐 4.7
孟子去齐,宿于昼 4.11
孟子去齐,尹士语人曰 4.12
则岂徒齐民安 4.12
孟子去齐,充虞路问曰 4.13
孟子去齐,居休 4.14(2)
三年之丧,齐疏之服 5.2
夫物之不齐,物之情也 5.4
齐楚恶而伐之 6.5(2)
欲其子之齐语也,则使齐人傅诸 6.6(4)
仲子,齐之世家也 6.10
乐正子从于子敖之齐 7.24
其事则齐桓、晋文 8.21

齐戒沐浴,则可以祀上帝 8.25
子思居于卫,有齐寇 8.31
齐东野人之语也 9.4
夔夔齐栗 9.4
于齐主侍人瘠环 9.8
孔子之去齐,接淅而行 10.1
人事之不齐也 11.7
不揣其本而齐其末 12.1
由平陆之齐 12.5(2)
而齐右善歌 12.6
一战胜齐 12.8
太公之封于齐也 12.8
孟子自范之齐,望见齐王之子 13.36
去齐,接淅而行 14.17
齐饥,陈臻曰 14.23
盆成括仕于齐 14.29

齐人
齐人伐燕,胜之 2.10
齐人伐燕,取之 2.11
齐人将筑薛 2.14
齐人无以仁义与王言者 4.2(2)
齐人曰:所以为蚳蛙 4.5
齐人伐燕,或问曰 4.8(2)
齐人有一妻一妾而处室者 8.33

齐国
齐国虽褊小 1.7
则齐国其庶几乎 2.1
于齐国之士 6.10
不义,与之齐国而弗受 13.34

齐宣王
齐宣王问曰:齐桓、晋文 1.7
齐宣王问曰:文王之囿 2.2

齐宣王问曰:交邻国 2.3
齐宣王见孟子于雪宫 2.4
齐宣王问曰:人皆谓我 2.5
孟子谓齐宣王曰 2.6
孟子见齐宣王曰:所谓 2.7
齐宣王问曰:汤放桀 2.8
孟子见齐宣王,曰:为巨室 2.9
孟子告齐宣王曰:君之视臣 8.3
齐宣王问卿 10.9
齐宣王欲短丧 13.39

齐景公
昔者齐景公问于晏子曰 2.4
成覸谓齐景公曰:彼丈夫也 5.1
昔齐景公田 6.1
齐景公曰:既不能令 7.7
齐景公田 10.7

应
吾应之曰可 4.8(4)
不应,隐几而卧 4.11
往应之曰:绐兄之臂 12.1

当
彼恶敢当我哉 2.3
当是时也 2.5
夫子当路于齐 3.1
文王何可当也 3.1
当今之时 3.1
当在宋也,4.3
当今之世,舍我其谁也 4.13
当尧之时,天下犹未平 5.4
当是时也,禹八年于外 5.4
当是时,阳货先 6.7
当尧之时,水逆行 6.9

当如后患何 8.9
养生者不足以当大事 8.13(2)
不祥之实,蔽贤者当之 8.17
禹、稷当平世 8.29
颜子当乱世 8.29
是时孔子当陷阱 9.8
当纣之时,居北海之滨 10.
曰会计当而已矣 10.5
孔子当仕有官职 10.7
务引其君以当道 12.8
当务之为急 13.46

厌
我学不厌而教不倦也 3.2(2)
从兽无厌谓之荒,乐酒无厌谓之亡 2.4

尽
寡人之于国也,尽心焉耳矣 1.3
尽心力而为之 1.7
非直为观美也然后尽于人心 4.7
仁智,周公未之尽也 4.9
亲丧,固所自尽也 5.2
恐其不能尽于大事 5.2
尽弃其学而学焉 5.4
欲为君,尽君道 7.2
欲为臣,尽臣道 7.2
舜尽事亲之道 7.28
逢蒙学射于羿,尽羿之道 8.24
则尽富贵也 8.33(2)
充类至义之尽也 10.4
不能尽其才者也 11.6
尽其心者,知其性也 13.1
尽其道而死者 13.2
故王公不致敬尽礼,则 13.8

夫非尽人之子与 13.36
尽信《书》则不如无《书》14.3

尧
当尧之时,天下犹未平 5.4(5)
如其道,则舜受尧之天下 6.4
当尧之时,水逆行 6.9
不以舜之所以事尧事君 7.2(2)
《尧典》曰 9.4
尧帅诸侯北面而朝之 9.4(5)
尧以天下与舜 9.5(10)
若尧崩之后不从尧之子而从舜也
　9.6(3)
尧之于舜也 10.6
是故以尧为君而有象 11.6
子服尧之服,诵尧之言 12.2(4)

尧舜
贤于尧舜远矣 3.2
我非尧舜之道 4.2
言必称尧舜 5.1
尧舜之治天下 5.4
尧舜既没 6.9
尧舜之道 7.1
二者皆法尧舜而已矣 7.2
尧舜与人同耳 8.32
而乐尧舜之道焉 9.5(7)
匹夫匹妇有不与被尧舜之泽者 10.1
人皆可以为尧舜 12.2(2)
不容于尧舜之世 12.8
欲轻之于尧舜之道者 12.10(2)
尧舜,性之也 13.30
尧舜之知而不遍物 13.46
尧舜之仁不遍爱人 13.46

尧舜,性者也 14.33
而不可与入尧舜之道 14.378
由尧舜至于汤五百有余岁 14.38
决
决汝、汉 5.4
决诸东方则东流 11.2(2)
若决江河 13.16
论
又尚论古之人 10.8
是以论其世也 10.8
壮者
壮者以暇日修其孝悌忠信 1.5
会
虑胜而后会 3.2
曰会计当而已矣 10.5
葵丘之会 12.7
众
寡固不可以敌众 1.7
与众乐乐 2.1
不若与众 2.1
谋于燕众 2.11
汤使亳众往为之耕 6.5
众楚人咻之 6.6
是播其恶于众也 7.1
仁不可为众也 7.7
众人固不识也 12.6
终身由之而不知其道者众也 13.5
广土众民 13.21
有众逐虎 14.23
众皆悦之 14.23、14.37
创业
君子创业垂统 2.14

托
王之臣有托其妻子于其友 2.6
士之不托诸侯 10.6(3)
优
好善优于天下 12.13
伪
国中无伪 5.4
相率而为伪者也 5.4
然则舜伪喜者与 9.2
故诚信而喜之,奚伪焉 9.2
仰
必使仰足以事父母 1.7
仰不足以事父母 1.7
则邻国之民仰之若父母矣 3.5
民皆仰之 4.10
仰而思之 8.20
所仰望而终身也 8.33
仰不愧于天 13.20
仲尼
仲尼曰：始作俑者 1.4
仲尼之徒无道桓、文之事者 1.7
悦周公、仲尼之道 5.4
仲尼不为已甚者 8.10
仲尼亟称于水 8.18
故仲尼不有天下 9.6
仲壬
仲壬四年 9.6
仲子
陈仲子、仲子 6.10(7)
仲子,不义与之齐国而弗受 13.34
任
以为能胜其任也 2.9

以为不胜其任矣 2.9
门人治任将归 5.4
任土地者次之 7.15
伊尹,圣之任者也 10.1
然则举乌获之任 12.2
季任为任处守 12.5
他日由邹之任见季子 12.5
夫子之任见季子 12.5
任人有问屋庐子曰 12.1

伤
无伤也 1.7、14.19
矢人唯恐不伤人,函人唯恐伤人 3.7
是何伤哉 6.10
文王视民如伤 8.20
可以取可以无取,取伤廉 8.23(3)

伊尹
伯夷、伊尹何如 3.2
治亦进乱亦进,伊尹也 3.2
伯夷、伊尹于孔子 3.2
故汤之于伊尹 3.2
汤之于伊尹 4.2
故益、伊尹、周公不有天下 9.6
伊尹相汤以王于天下 9.6
伊尹放之于桐 9.6
以听伊尹之训己也 9.6
犹益之于夏、伊尹之于殷也 9.7
人有言伊尹以割烹要汤 9.7
伊尹耕于有莘之野 9.7
伊尹曰:何事非君 10.1
伊尹,圣之任者也 10.1
五就汤五就桀者,伊尹也 12.6
伊尹曰:予不狎于不顺 13.31

有伊尹之志,则可 13.31
无伊尹之志,则篡也 13.31
若伊尹、莱朱 14.38

伊训
《伊训》曰 9.7

伋
如伋去,君谁与守 8.31
今而后知君之犬马畜伋 10.6

伍
一日而三失伍 4.4
然则子之失伍也亦多矣 4.4

伏
麋鹿攸伏 1.2

伐
武王伐纣,有诸 2.8
齐人伐燕,胜之 2.10
以万乘之国伐万乘之国 2.10(2)
齐人伐燕,取之 2.11
诸侯多谋伐寡人者 2.11
齐人伐燕 4.8(7)
齐楚恶而伐之 6.5
诛纣伐奄 6.9
国必自伐,而后人伐之 7.8
故就汤而说之以伐夏救民 9.7
假道于虞以伐虢 9.9
斧斤伐之 11.8
旦旦而伐之 11.8
天子讨而不伐,诸侯伐而不讨 1.7
搂诸侯以伐诸侯者也 12.7
征者,上伐下也 14.2
以至仁伐至不仁 14.3
武王之伐殷也 14.4

休
吾何以休 2.4
孟子去齐,居休 4.14
绍我周王见休 6.5

伦
人之大伦也 4.2、9.2(2)
皆所以明人伦也 5.3
教以人伦 5.4
人伦之至也 7.2
察于人伦 8.18
去人伦 12.10

华周
华周、杞梁之妻善哭其夫 12.6

师
作之君,作之师 2.3
师行而粮食 2.4
继而有师命 4.14
文王,我师也 5.1
是为王者师也 5.3
师死而遂倍之 5.4
子倍子之师而学之 5.4
今也小国师大国而耻受命焉 7.7(4)
人之患,在好为人师 7.23
曾子,师也 8.31
吾于子思,则师之矣 10.3
则天子不召师 10.7
有余师 12.2
以罢三军之师 12.4(2)
三不朝,则六师移之 12.7
圣人,百世之师也 14.15

师旷
师旷之聪 7.1

天下期于师旷 11.7

扩
知皆扩而充之矣 3.6

负
负耒耜而自宋之滕 5.4
迁于负夏 8.1
昔沈犹有负刍之祸 8.31
窃负而逃 13.35
虎负嵎 14.23

兆
为之兆也 10.4
兆足以行矣 10.4

先
苟为后义而先利 1.1
必先斯四者 2.5
君所为轻身以先于匹夫者 2.16
告子先我不动心 3.2
先之也 5.2
未能或之先也 5.4
当是时,阳货先 6.7
又先于其所往 8.3
寇至则先去以为民望 8.31
知虞公之将亡而先去之 9.9
孔子先簿正祭器 10.4
酌则谁先 11.5
先酌乡人 11.5
易牙,先得我口之所耆者也 11.7
圣人先得我心之所同然耳 11.7
先立乎其大者 11.15
疾行先长者谓之不弟 12.2
先名实者,为人也 12.6
必先苦其心志 12.15

急先务也 13.46
先子
吾先子之所畏也 3.1
先王
寡人非能好先王之乐也 2.1
吾何修而可以比于先王观也 2.4
先王无流连之乐 2.4
先王有不忍人之心 3.6
非先王之道 5.4
守先王之道 5.4
不行先王之道也 7.1
遵先王之法而过者 7.1
为政不因先王之道,可谓智乎 7.1
言则非先王之道者 7.1
先生
先生何为出此言也 7.24
待先生如此其忠且敬也 8.31
从先生者七十人 8.31
先生将何之 12.4
先生之志则大矣,先生之号则不可 12.4
先生以利说秦楚之王 12.4
先生以仁义说秦楚之王 12.4
先知
使先知觉后知 9.7、10.1
先觉
使先觉觉后觉 9.7、10.1
予,天民之先觉者也 9.7、10.1
先师
是犹弟子而耻受命于先师也 7.7
先君
吾宗国鲁先君莫之行 5.2

吾先君亦莫之行也 5.2
先祖
丧祭从先祖 5.2
先圣
闲先圣之道 6.9
先圣后圣,其揆一也 8.1
乔木
非谓有乔木之谓也 2.7
吾闻出于幽谷迁于乔木者 5.4(2)
权
权,然后知轻重 1.7
嫂溺援之以手者,权也 7.17
执中无权 13.26
机变
为机变之巧者 13.7
庆
俊杰在位则有庆,庆以地 12.6
光
思戢用光 2.5
于汤有光 6.5
容光必照焉 13.24
充实而有光辉之谓大 14.25
关
抱关击柝 10.5
抱关击柝者 10.6
越人关弓而射之 12.3(2)
古之为关也,将以御暴 14.8(2)
全
有求全之毁 7.21
共
三代共之 5.2
学则三代共之 5.3

共为子职而已矣 9.1
弗与共天位也 10.3
共工
舜流共工于幽州 9.3
再
北面稽首再拜而不受 10.6
再拜稽首而受 10.6
再不朝,则削其地 12.7
再命曰 12.7
刑
刑于寡妻 1.7
然后从而刑之 1.7
然后从而刑之 5.3
小人犯刑 7.1
刑罚
省刑罚 1.5
匠
匠人斲而小之 2.9
使虞敦匠事 4.7
匡
匡之直之 5.4
匡章
匡章曰:陈仲子 6.10
匡章,通国皆称不孝焉 8.30
导
则使人导之出疆 8.3
导其妻子使养其老 13.22
寻
枉尺而直寻 6.1(2)
则枉寻直尺而利 6.1
讳
讳名不讳姓 14.36

危
上下交征利而国危矣 1.1
抑王兴甲兵危士臣 1.7
不甚,则身危国削 7.1
安其危而利其菑 7.8
以危父母 8.30
其操心也危 13.18
诸侯危社稷则变置 14.14
各
各欲正己也 14.4
合
此心之所以合于王者何也 1.7
若合符节 8.1
合而言之 14.16
合乎污世 14.37
同乐
不与民同乐也 2.1
与民同乐也 2.1
今王与百姓同乐,则王矣 2.1
为民上而不与民同乐者 2.4
同井
乡田同井 5.3
同室
今有同室之人斗者 8.29
同朝
得侍同朝 4.10
同道
禹、稷、颜回同道 8.29
曾子、子思同道 8.31
同盟
凡我同盟之人 12.7
同流
上下与天地同流 13.13

名

其间必有名世者 4.13

荡荡乎民无能名焉 5.4

名之曰幽厉 7.2

好名之人 14.121

讳名不讳姓 14.36

名所独也 14.36

名世

其间必有名世者 4.13

名实

先名实者，为人也 12.6

后名实者，自为也 12.6

名实未加于上下而去之 12.6

后稷

后稷教民稼穑 5.4

吏

天子使吏治其国 9.3

因

因无恒心 1.7

时子因陈子而以告孟子 4.10

因徐辟而求见孟子 5.5

为高必因丘陵 7.1

为下必因川泽 7.1

为政不因先王之道 7.1

在位

焉有仁人在位 1.7

贤者在位 3.4

俊杰在位 3.5

焉有仁人在位，罔民而可为也 5.3

俊杰在位，则有庆 12.7

掊克在位，则有让 12.7

在官

下士与庶人在官者同禄 10.2(3)

庶人在官者其禄以是为差 10.2

圭田

卿以下必有圭田 5.3

圭田五十亩 5.3

圹

犹水之就下、兽之走圹也 7.9

地

西丧地于秦七百里 1.5

地方百里而可以王 1.5

海内之地方千里者九 1.7

今又倍地而不行仁政 2.11

地未有过千里者也 3.1

而齐有其地矣 3.1

地不改辟矣 3.1

得百里之地而君之 3.2

今天下地丑德齐 4.2

水由地中行 6.9

地之相去也，千有余里 8.1

天子之制地方千里 10.2

大国地方百里 10.2

次国地方七十里 10.2

小国地方五十里 10.2

其地同 11.7

则地有肥硗 11.7

庆以地 12.7

地非不足，而俭于百里 12.8

地非不足也 12.8

地利

天时不如地利，地利不如人和 4.1

是天时不如地利也 4.1

是地利不如人和也 4.1

动

是动天下之兵也 2.11

则动心否乎 3.2(9)
至诚而不动者 7.12
未有能动者也 7.2
所以动心忍性 12.15
动容周旋中礼者 14.33
夷
吾闻用夏变夷者 5.3
未闻变于夷者也 5.3
继之以怒,则反夷矣 7.18
则是父子相夷也 7.18
父子相夷 7.18
夷考其行 14.37
夷之
墨者夷之 5.5
夷子
夷子 5.5(10)
夷狄
周公兼夷狄 6.9
吊
诛其君而吊其民 2..11
明日,出吊于东郭氏 4.2
今日吊,或者不可乎 4.2
今日愈,如之何不吊 4.2
出吊于滕 4.6
吊者大悦 5.2
古之人三月无君则吊 6.3
三月无君则吊 6.3
亦不足吊乎 6.3
吊其民 6.5
右师往吊 8.27
好
好臣其所教 4.2

好驰马试剑 5.2
上有好者 5.2
在好为人师 7.23
禹恶旨酒而好善言 8.20
博弈好饮酒 8.30
好货财 8.30
好勇斗很 8.30
好事者为之也 9.8(2)
是故文武兴则民好善 11.6
幽厉兴则民好暴 11.6
好是懿德 11.6
故好是懿德 11.6
言归于好 12.7
子好游乎 13.9
好名之人 14.11
好仁
夫国君好仁,天下无敌 7.7
今天下之君有好仁者 7.9
国君好仁 13.9
好色
好色,人之所欲 9.1(3)
好恶
其好恶与人相近也者几希 11.8
好辩
外人皆称夫子好辩 6.9
予岂好辩哉 6.9
岂好辩哉 6.9
好善
好善 12.13(5)
古之贤王好善而忘势 13.8
如
王如知此 1.3

王如施仁政于民 1.5
如有不嗜杀人者 1.6
杀其麋鹿者如杀人之罪 2.2
王如善之 2.5
王如好货 2.5
王如好色 2.5
如不得已 2.7
如水益深,如火益热 2.10
君如彼何哉 2.14
从之者如归市 2.15
如七十子之服孔子 3.3
如恶之 3.3
如耻之,莫如为仁 3.7
仁者如射 3.7
如以朝衣朝冠坐于涂炭 3.9
寡人如就见者也 4.2
彼如曰孰可以伐之 4.8(2)
如日月之食 4.9
如使予欲富 4.10
王如改诸 4.12
王如用予 4.12
如欲平治天下 4.13
如必自为而后用之 5.4
如不待其招而往 6.1
如以利 6.1
舍矢如破 6.1
如枉道而从彼 6.1
如其道 6.4
子如通之 6.4
如时雨降 6.5
独如宋王何 6.6
如知其非义 6.8

如耻之 7.7
君之视臣如某某 8.3(3)
则臣视君如某某 8.3(3)
如中也弃不中 8.7
当如后患何 8.9
有本者如是 8.18
文王视民如伤 8.20
如智者若禹之行水也 8.26
如智者亦行其所无事 8.26
如有一朝之患 8.28
如伋去,君谁与守 8.31
如穷人无所归 9.1
如告,则废人之大伦 9.2
百姓如丧考妣 9.4
如以辞而已矣 9.4
如以朝衣朝冠坐于涂炭也 10.1
周道如厎,其直如矢 10.7
如将戕贼杞柳而以为杯棬 11.1
如使口之于味也 11.7
吾如有萌焉何哉 11.9
如使人之所欲莫甚于生 11.10
如有能信之者 11.12
如何则可 12.2
如其自视欿然 13.11
菽粟如水火 13.23(2)
如追放豚 14.26
如琴张、曾皙、牧皮者 14.37
如彼
如彼其专也 3.1
如彼其久也 3.1
如彼其卑也 3.1
如是
其如是 1.6

诚如是也 1.6
是以如是其急也 8.29
仁人固如是乎 9.3
如何
忧之如何 8.28
敢问瞽瞍之非臣如何 9.4
暴之于民而民受之如何 9.5
如何斯可谓养矣 10.6
妃
昔者大王好色,爱厥妃 2.5
妾
妾妇之道也 6.2
齐人有一妻一妾者 8.33(6)
无以妾为妻 12.7
存
犹有存者 3.1
国之所存者幸也 7.1
国之所以废兴存亡者亦然 7.3
顺天者存 7.7
存乎人者,莫良于眸子 7.15
君子存之 8.19
存心 8.28(3)
虽存乎人者 11.8
夜气不足以存 11.8(2)
孔子曰:操则存 11.8
存其心 13.1
所存者神 13.13
恒存乎疢疾 13.18
而王天下不与存焉 13.20(2)
父母俱存 13.20
所乐不存焉 13.21
所性不存焉 13.21

而道存焉 14.32
虽有不存焉者 14.35
虽有存焉者 14.35
异
是何异于刺人而杀之 1.3
有以异乎 1.4(4)
王无异于百姓之以王为爱也 1.7
何以异 1.7
何以异于邹敌楚哉 1.7
则何以异于教玉人雕琢玉哉 2.9
不异矣 3.2
敢问其所以异 3.2
何以异于是 4.8
异哉子叔疑 4.10
亦异于曾子矣 5.4
人之所以异于禽兽者几希 8.19
不亦异乎 8.27
君子所以异于人者 8.28
果有以异于人乎 8.32(2)
有异姓之卿 10.9(2)
王勿异也 10.9
无以异于白人之白也 11.4(3)
其所以异于深山之野人者几希 13.16
闭
泄柳闭门而不纳 6.7
陈善闭邪谓之敬 7.1
虽闭户可也 8.29
犹欲其入而闭之门也 10.7
动
是动天下之兵也 2.11
如此,则动心否乎 3.2(9)
至诚而不动者 7.12

未有能动者也 7.12
所以动心忍性 12.15
动容周旋中礼者 14.33

宅
五亩之宅 1.3、1.7、13.22

宇
聿来胥宇 2.5

守
巡所守也 2.4
与民守之 2.13
然而孟施舍守约也 3.2
孟施舍之守气 3.2
又不如曾子之守约也 3.2
守望相助 5.3
守先王之道 6.4
守,孰为大?守身为大 7.19
孰不为守?守身,守之本也 7.19
君谁与守 8.31
季任为任处守 12.5
不足以守宗庙之典籍 12.8
守者曰 13.36
守约而施博者,善道也 14.32
君子之守修其身 14.32

安
寡人愿安承教 1.4
一怒而安天下之民 2.3(3)
敢问所安 3.2
人之安宅也 3.7
则不能安子思 4.11
则不能安其身 4.11
则岂徒齐民安 4.12
天下之民举安 4.12

安居而天下熄 6.2
民无所安息 6.9
安其危而利其菑 7.8
仁,人之安宅也 7.10
旷安宅而弗居 7.10
自得之,则居之安 8.14
居之安,则资之深 8.14
百姓安之 9.5
而死于安乐也 12.15
有安社稷臣者 13.19
以安社稷为悦者也 13.19
其君用之,则安富尊荣 13.32
四肢之于安佚也 14.24

年
禹八年于外 5.4
子之兄弟事之数十年 5.4
三年之外 5.4
独居三年,然后归 5.4
引而置之庄、岳之间数年 6.6
三年讨其君 6.9
大国五年,小国七年 7.7
犹七年之病求三年之艾也 7.9
七年之内 7.13
去三年不反 8.3
三年,四海遏密八音 9.4
又帅天下诸侯以为尧三年丧 9.4
三年之丧毕 9.5
十有七年,舜崩 9.6
三年之丧毕 9.6(2)
七年,禹崩 9.6
舜之相尧、禹之相舜也历年多 9.6
益之相禹也历年少 9.6

外丙二年,仲壬四年 9.6
三年,太甲悔过 9.6
三年,以听伊尹之训己也 9.6
之秦,年已七十矣 9.9
是以未尝有所终三年淹也 10.4
不能三年之丧 13.46

庄
庄暴见孟子 2.1
王尝语庄子以好乐 2.1
引而置之庄、岳之间数年 6.6

忖
予忖度之 1.7

夺
不夺不餍 1.1
百亩之田勿夺其时 1.3、1.7
彼夺其民时 1.5
要其有酒食黍稻者夺之 6.5
杀而夺之 6.5
俭者不夺人 7.16(2)
则其小者弗能夺也 11.15
紾兄之臂而夺之食 12.1

戎狄
戎狄是膺 5.4、6.9

岁
非我也,岁也 1.3
王无罪岁 1.3
七百有余岁矣 4.13
挍数岁之中以为常 5.3
将终岁勤动 5.3
千有余岁 8.1
岁十一月徒杠成 8.2
乡人长于伯兄一岁则谁敬 11.5

由尧、舜至于汤五百有余岁 14.38(4)

收
然后收其田里 8.3
遂收其田里 8.3

旨
禹恶旨酒而好善言 8.20

旬
五旬而举之 2.10

农
不违农时 1.3
则天下之农皆悦 3.5
则农有余粟 6.4

农夫
岂为厉农夫哉 5.4(2)
犹农夫之耕也 6.3(2)
上农夫食九人 10.2

曲
无曲防 12.7

曳
弃甲曳兵而走 1.3

有司
吾有司死者三十三人 2.12
有司莫以告 2.12
则必命有司所之 2.16
有司未知所之 2.16
有司者治之耳 4.10
百官有司莫敢不哀 5.2
无百官有司 12.10

有若
有若智足以知圣人 3.2
有若曰 3.2
子夏、子张、子游以有若似圣人 5.4

朱
恶紫,恐其乱朱也 14.37

次
气次焉 3.2(2)
连诸侯者次之 7.14
辟草莱、任土地者次之 7.14
次国地方七十里 10.2
上次食八人 10.2
中次食六人 10.2
其次,虽未行其言也 12.14
社稷次之 14.14
故思其次也 14.37
是又其次也 14.37

死
人死,则曰非我也 1.3
如之何其使斯民饥而死也 1.4
长子死焉 1.5
愿比死者壹洒之 1.5
觳觫若无罪而就死地 1.7(3)
不忍见其死 1.7(2)
凶年免于死亡 1.7(2)
吾有司死者三十三人 2.12
而民莫之死也 2.12(3)
效死而民弗去 2.13
效死勿去 2.15
抑亦立而视其死与 4.4
死,葬之以礼 5.2
死徙无出乡 5.3
师死而遂倍之 5.4
其亲死,则举而委之于壑 5.5
恶死亡而乐不仁 7.3
以陷于死亡 7.9

罪不容于死 7.14
曾晳死,曾元养曾子 7.19
惟送死可以当大事 8.13
可以死可以无死,死伤勇 8.23
吾死矣夫 8.24
虞人死不敢往 10.7
死亦我所恶 11.10(8)
以礼食,则饥而死 12.1
而死于安乐也 12.15
虽死不怨杀者 13.12
王子有其母死者 13.39
死矣,盆成括 14.29
哭死而哀 14.33

污
污不至阿其所好 3.2
柳下惠不羞污君 3.9
是故暴君污吏必慢其经界 5.3
坏宫室以为污池 6.9
园囿、污池、沛泽多而禽兽至 6.9
曾不知以食牛干秦穆公之为污也 9.9
柳下惠不羞污君 10.1
不恶污君 12.6
合乎污世 14.37

汝
予及女(汝)偕亡 1.2
姑舍女(汝)所学而从我 2.9(2)
我使掌与女(汝)乘 6.1
决汝、汉 5.4
往之女(汝)家 6.2
是非汝所知也 8.31
汝其于予治 9.2
人能充无受尔汝之实 14.31

江

排淮、泗而注之江 5.4
江、汉以濯之 5.4
江、淮、河、汉是也 6.9
若决江河 13.16

池

虽有台池鸟兽 1.2
数罟不入洿池 1.3
凿斯池也 2.13
池非不深也 4.1

达

而达乎四境 3.1
泉之始达 3.6
天下有达尊三 4.2
自天子达于庶人 4.7、5.2
中心达于面目 5.5
则人之所以求富贵利达者 8.33
不达于天子 10.2
达不离道 13.9(2)
达则兼善天下 13.9
无他,达之天下也 13.15
其虑患也深,故达 13.18
达可行于天下而后行之者也 13.19
不成章不达 13.24
有达财者 13.40
达之于其所忍,仁也 14.31
达之于其所为,义也 14.31

百

千取百焉 1.1
或百步而后止 1.3(3)
王馈兼金一百而不受 4.3
七百有余岁矣 4.13

其始播百谷 5.2
使之主祭而百神享之 9.5
由射于百步之外也 10.1
今日举百钧 12.2
举一而废百也 13.26
革车三百两 14.4
由尧、舜至于汤五百有余岁 14.38(3)

百工

何为纷纷然与百工交易 5.4(3)

百亩

百亩之田勿夺其时 1.3
井九百亩 5.3
八家皆私百亩 5.3
周人百亩而彻 5.3
夫以百亩之不易 5.4
一夫百亩 10.2(2)
百亩之田 13.22

百官

父兄百官皆不欲 5.2(4)
百官牛羊仓廪备 9.1
百官牛羊仓廪备 10.6
无百官有司 12.10

百世

由百世之后,等百世之王 3.2
百世不能改也 7.2
百世之师也 14..15(3)

百乘

弑其君者必百乘之家 1.1
百乘之家也 10.2(2)

百里

西丧地于秦七百里 1.5(2)
然而文王犹方百里起 3.1

得百里之地而君之 3.2
文王以百里 3.3
公侯皆方百里 10.2
大国地方百里 10.2
诸侯之地方百里 12.8(7)

百里奚
百里奚自鬻于秦养牲者 9.9(3)
虞不用百里奚而亡 12.6
百里奚举于市 12.15

百姓
百姓皆以王为爱也 1.7(9)
百姓闻王钟鼓之声 2.1(5)
与百姓同之 2.5(2)
则百姓亲睦 5.3
而百姓宁 6.9
百姓如丧考妣 9.4
百姓安之 9.5
非敌百姓也 14.4

百年
百年而后崩 3.1
五百年必有王者兴 4.13

讼狱
讼狱者不之尧之子而之舜 9.5
朝觐讼狱者不之益而之启 9.6

訢然
终身訢然 13.36

设
设为庠、序、学校以教之 5.3
其设心以为不若是 8.30
夫子之设科也 14.30

讴
昔者王豹处于淇,而河西善讴 12.6

讴歌
讴歌者不讴歌尧之子而讴歌舜 9.5
讴歌者不讴歌益而讴歌启 9.6

刚
至大至刚 3.2

执
是犹执热而不以濯也 7.7(2)
有故而去,则君搏执之,8.3
汤执中 8.20
不可以执弓 8.24(3)
君子不亮,恶乎执 12.12
子莫执中 13.26(3)
执中无权,犹执一也 13.26(2)
执之而已矣 13.35

约
将以反说约也 8.15
我能为君约与国 12.9

纣
武王伐纣 2.8(2)
纣之去武丁未久也 3.1
及纣之身 6.9(2)
桀纣之失天下也 7.9(2)
伯夷辟纣 7.13、13.22
太伯辟纣 7.13、13.22
必若桀纣者也 9.6
当纣之时 10.1
以纣为兄之子且以为君 11.6

过
有牵牛而过堂下者 1.7
地未有过千里者也 3.1
则夫子过孟贲远矣 3.2
人告之以有过,则喜 3.8

然则圣人且有过与 4.9(5)
以其数,则过矣 4.13
过宋而见孟子 5.1
三过其门而不入 5.4、8.29
他日过之 5.5
子过矣 6.1
蟊食实者过半矣 6.10
遵先王之法而过者 7.1
故声闻过情,君子耻之 8.18
则人皆掩鼻而过之 8.25
太甲悔过 9.6
微服而过 9.8
君有过则谏 10.9
可使过颡 11.2
亲之过小者也 12.3(2)
亲之过大者也 12.3(2)
子过矣 12.11
吾子过矣 12.11
人恒过,然后能改 12.15
则过人远矣 13.11
夫君子所过者化 13.13
过我门而不入我室 14.37

米
米粟非不多也 4.1
粒米狼戾 5.3
粟米之征 14.27

羊
以羊易之 1.7(5)
五羊之皮 9.9
曾皙嗜羊枣 14.36(5)

羽
而不足以举一羽 1.7(2)

见羽旄之美 2.1(2)
殛鲧于羽山 9.3
金重于羽者 12.1
岂谓一钩金与一舆羽之谓哉 12.1

老
老吾老,以及人之老 1.7
老而无妻曰鳏 2.5
老而无夫曰寡 2.5
老而无子曰独 2.5
子之民老羸转于沟壑 4.4
使老稚转乎沟壑 5.3
二老者,天下之大老也 7.13
尧老而舜摄也 9.4
养老尊贤 12.7
遗老失贤 12.7
敬老慈幼 12.7
天下有善养老 13.22

老弱
君之民老弱转乎沟壑 2.12
老弱馈食 6.5

老者
老者衣帛食肉 1.7
吾闻西伯善养老者 7.13(2)
吾闻西伯善养老者 13.22(5)
导其妻子使养其老 13.22

考
所以考其善不善者 11.14
夷考其行 14.37
百姓如丧考妣 9.4

耒
负耒耜而自宋之滕 5.4
农夫岂为出疆舍其耒耜哉 6.3

耳

声音不足听于耳与 1.7
三日不食，耳无闻 6.10
然后耳有闻 6.10
既竭耳力焉 7.1
从耳目之欲 8.30
尧舜与人同耳 8.32
耳不听恶声 10.1
惟耳亦然 11.7（2）
是天下之耳相似也 11.7
耳之于声也，有同听焉 11.7
耳目之官不思 11.15
耳之于声也 14.24

肉

七十者可以食肉矣 1.3、1.7
七十者衣帛食肉 1.3
闻其声，不忍食其肉 1.7
老者衣帛食肉 1.7
有童子以黍肉饷 6.5
是鶂鶂之肉也 6.10
此所谓率土地而食人肉 7.14
亟馈鼎肉 10.6
子思以为鼎肉 10.6
不知者以为为肉也 12.6
老者足以无失肉矣 13.22
七十非肉不饱 13.22

臣

臣未之闻也 1.7
臣闻之胡龁曰 1.7
臣固知王之不忍也 1.7
臣请为王言乐 2.1
臣始至于 2.2

臣闻郊关之内有囿方四十里 2.2
王之臣有托其妻子于其友而之楚游者 2.6
王无亲臣矣 2.7
臣弑其君，可乎 2.8
臣闻七十里为政者，汤是也 2.11
一民莫非其臣也 3.1
必有所不召之臣 4.2
学焉而后臣之 4.2
学焉而后臣之 4.2
好臣其所教 4.2
而不好臣其所受教 4.2
臣知五人焉 4.4
致为臣而去 4.5
孟子致为臣而归 4.10
有攸不惟臣 6.5
惟臣附于大邑周 6.5
古者不为臣不见 6.7
臣弑其君者有之 6.9
欲为臣，尽臣道 7.2
君之视臣如手足 8.3（3）
则臣视君如腹心 8.3（3）
今也为臣 8.3
子思，臣也 8.31
惟兹臣庶 9.2
君不得而臣 9.4
舜之不臣尧 9.4
率土之滨，莫非王臣 9.4
敢问瞽瞍之非臣 9.4
为陈侯周臣 9.8
吾闻观近臣以其所为主 9.8
观远臣以其所主 9.8

庶人不传质为臣 10.7
我,臣也 10.7
王问臣,臣不敢不以正对 10.9
为人臣者怀利以事其君 12.4(2)
子柳、子思为臣 12.6
而况得而臣之乎 13.8
有安社稷臣者 13.19
贤者之为人臣也 13.31

自

汤一征自葛始 2.11
自反而不缩 3.2
自反而缩 3.2
自有生民以来未有孔子也 3.2
自生民以来未有夫子也 3.2
自生民以来未有盛于孔子也 3.2
自西自东,自南自北 3.3
是自求祸也 3.4
无不自己求之者 3.4
自求多福 3.4
自作孽,不可活 3.4
自有生民以来 3.5
有是四端而自谓不能者,自贼者也 3.6
故由由然与之偕而不自失焉 3.9
所以自为,则吾不知也 4.6
孟子自齐葬于鲁 4.7
自天子达于庶人 4.7
王自以为与周公孰仁且智 4.9
征商,自此贱丈夫始矣 4.10
世子自楚反 5.1
固所自尽也 5.1
自天子达于庶人 5.1
夫仁政必自经界始 5.3

国中什一使自赋 5.3
自楚之滕 5.4(2)
则是厉民而以自养也 5.4
自织之与 5.4
许子奚为不自织 5.4
自为之与 5.4
如必自为而后用之 5.4
使自得之 5.4
汤始征,自葛载 6.5
其兄自外至 6.10
徒法不能以自行 7.1
自求多福 7.4
自取之也 7.8
夫人必自侮然后人侮之 7.8
家必自毁而后人毁之 7.8
国必自伐而后人伐之 7.8
自作孽,不可活 7.8
自暴者不可与有言也 7.10
言非礼义谓之自暴也 7.10
吾身不能居仁由义谓之自弃也 7.10
欲其自得之也 8.4(3)
君子必自反也 8.28(6)
天视自我民视,天听自我民听 9.5
自怨自艾 9.6
其自任以天下之重如此 9.7
天诛造攻自牧宫,朕载自亳 9.7
百里奚自鬻于秦养牲者 9.9
自鬻以成其君,乡党自好者不为 9.9
其自任以天下之重也 10.1
盖自是台无馈也 10.6
后名实者,自为也 12.6
如其自视欿然 13.11

孟子自范之齐 13.36
然则非自杀之也 14.7
自以为是 14.37
而所以自任者轻 14.32

向
相向而哭 5.4

至
斯天下之民至焉 1.3
恶声至 3.2
志至焉，气次焉 3.2(2)
至大至刚 3.2
自耕、稼、陶、渔以至为帝 3.8
是故诸侯虽有善其辞命而至者 3.9
寡助之至 4.1
多助之至 4.1
我不识能至否乎 4.2
然且至，则是干泽也 4.12
及至葬，四方来观之 5.2
园囿、污池、沛泽多而禽兽至 6.9
其兄自外至 6.10
方员之至也 7.2
人伦之至也 7.2
至诚而不动者，未之有也 7.12
庾公之斯至 8.24
此物奚宜至哉 8.28
寇至 8.31(3)
象至不仁 9.3
孝子之至 9.4
尊亲之至 9.4
尊之至也 9.4
养之至也 9.4
莫之致而至者 9.6

其至，尔力也 10.1
充类至义之尽也 10.4
吾退而寒之者至矣 11.9
一心以为有鸿鹄将至 11.9
舜其至孝矣 12.3
则谗谄面谀之人至矣 12.13
至足矣 13.23
以至仁伐至不仁 14.3
苟以是心至 14.30
盛德之至也 14.33

至于（略）

杀
是何异于刺人而杀之 1.3
杀人以梃与刃 1.3
不嗜杀人者能一之 1.6(3)
杀其麋鹿者如杀人之罪 2.2
左右皆曰可杀 2.7(6)
杀其父兄 2.11
杀一不辜而得天下 3.2
今有杀人者 4.8(4)
不至，将杀之 6.1、10.7
牲杀器皿衣服不备 6.3
不授者杀之 6.5(3)
杀伐用张 6.5
其母杀是鹅也 6.10
杀人盈野 7.14(2)
无罪而杀士 8.4
于是杀羿 8.24
不识舜不知象之将杀己与 9.2
象日以杀舜为事 9.3
杀三苗于三危 9.3
遭宋桓司马将要而杀之 9.8

杀越人于货 10.4
无专杀大夫 12.7
况于杀人以求之乎 12.8
以生道杀民，虽死不怨杀者 13.12
杀之而不怨 13.13
杀一无罪，非仁也 13.33
瞽瞍杀人则如之何 13.34
吾今而后知杀人亲之重也 14.7(6)
周于利者凶年不能杀 14.10
盆成括见杀 14.29(3)

舌
南蛮䛪舌之人 5.4

色
观其色赧赧然 6.7
王勃然变乎色 10.9
王色定 10.9
食、色，性也 11.4
目之于色也 11.7、14.24
色与礼孰重 12.1
取色之重者与礼之轻者而比之 12.1
奚翅色重 12.1
征于色 12.15
箪食豆羹见于色 14.11

艾
犹七年之病求三年之艾也 7.9
知好色则慕少艾 9.1
自怨自艾 9.6
有私淑艾者 13.40

血
载书而不歃血 12.7
而何其血之流杵也 14.3

行（略）

衣
谓棺椁衣衾之美也 2.16
皆衣褐 5.4(2)
许子必织布而后衣乎 5.4
饱食、暖衣 5.4
夫人蚕缫以为衣服 6.3
衣服不备 6.3(2)
使民不得衣食 6.9
车马、衣服多与人同 13.36

衣帛
五十者可以衣帛矣 1.3、1.7
七十者衣帛食肉 1.3
老者衣帛食肉 1.7
则老者足以衣帛矣 13.22

西
西丧地于秦七百里 1.5
率西水浒 2.5
自西自东 3.3
西子蒙不洁 8.25
决诸西方则西流 11.2

西夷
东面而征西夷怨 2.11、6.5、14.4
西夷之人也 8.1

西伯
吾闻西伯善养老者 7.13(2)
闻西伯善养老者 13.22(2)
所谓西伯善养老者 13.22

孙
虽孝子慈孙百世不能改也 7.2
商之孙子，其丽不亿 7.7
孙叔敖举于海 12.15

欢
而民欢乐之 1.2

霸者之民,欢虞如也 13.13

观
吾欲观于转附、朝儛 2.4
吾何修而可以比于先王观也 2.4
以予观于夫子 3.2
由是观之,无恻隐之心 3.6
非直为观美也然后尽于人心 4.7
及至葬,四方来观之 5.2
由此观之,虽周亦助也 5.3
观其色赧赧然 6.7(2)
由此观之 7.14
观其眸子 7.15
由君子观之 8.33
吾闻观近臣,以其所为主 9.8
观远臣,以其所主 9.8
故观于海者难为水 13.24(3)

迁
迁其重器 2.11
吾闻出于幽谷迁于乔木者 5.4
迁于负夏 8.1
帝将胥天下而迁之焉 9.1
于桐处仁迁义 9.6
民日迁善而不知为之者 13.13

巡守
天子适诸侯曰巡狩 2.4
巡狩者,巡所守也 2.4
天子适诸侯曰巡狩 12.7

轨
城门之轨 14.22

兴
则苗浡然兴之矣 1.6
抑王兴甲兵危士臣 1.7

于是始兴发补不足 2.4
五百年必有王者兴 4.13
贼民兴 7.1
国之所以废兴存亡者亦然 7.3
兴曰: 盍归乎来 7.13(2)、13.22(2)
是故文武兴则民好善,幽厉兴则民好
　暴 11.6
待文王而后兴者 13.10(2)
百世之下闻者莫不兴起也 14.15
经正,则庶民兴 14.37(2)

七　画

弃
弃甲曳兵而走 1.3
王曰: 弃之 2.6
今又弃寡人而归 4.10
弃田以为园囿 6.9
自弃者,不可与有为也 7.10(2)
皆弃于孔子者也 7.14
如中也弃不中,才也弃不才 8.7
而弃其天爵 11.16
犹为弃井也 13.29
舜视弃天下,犹弃敝蹝也 13.35
尽弃其学而学焉 5.4

启
爰方启行 2.5(2)
佑启我后人 6.9
朝觐讼狱者不之益而之启 9.6(3)

冻
父母冻饿 1.5
则冻馁其妻子 2.6
不暖不饱谓之冻馁 13.22(2)

况

而况不为管仲者乎 4.2

而况于王乎 4.9

况于为之强战 7.14

况辱己以正天下者乎 9.7

而况受其赐乎 10.4

而况诸侯乎 10.7

而况可召与 10.7

况乎以不贤人之招招贤人乎 10.7

况于杀人以求之乎 12.8

况无君子乎 12.10

而况鲁国乎 12.13

而况得而臣之乎 13.8

况居天下之广居者乎 13.36

而况于亲炙之者乎 14.15

乱

乱则退 3.2、10.1

乱亦进 3.2、10.1

是乱天下也 5.4

一治一乱 6.9

天下又大乱 6.9

而乱臣贼子惧 6.9

颜子当乱世 8.29

行拂乱其所为 12.15

周于德者邪世不能乱 12.10

无礼义则上下乱 12.12

恐其乱苗也、恐其乱义也 14.37(6)

体

轻暖不足于体与 1.7

气,体之充也 3.2

子夏、子游、子张皆有圣人之一体 3.2

冉牛、闵子、颜渊则具体而微 3.2

犹其有四体也 3.6

不保四体 7.3

此所谓养口体者也 7.19

体有贵贱,有小大 11.14

从其大体为大人,从其小体为小人 11.15(2)

劳其筋骨,饿其体肤 12.15

施于四体 13.21(2)

居移气,养移体 13.36

传

是以后世无传焉 1.7

于传有之 2.2、2.8

速于置邮而传命 3.1

《传》曰:孔子三月无君 6.3

以传食于诸侯 6.4

可传于后世 8.28、9.9

不传于贤而传于子 9.6

庶人不传质为臣 10.7

伯

伯一位 10.1

伯七十里 10.2

大夫受地视伯 10.2

乡人长于伯兄一岁 11.5

伯夷

伯夷、伊尹何如 3.2(3)、3.9(2)、6.10(2)、10.1(3)

不以贤事不肖者,伯夷也 12.6

伯夷辟纣 13.22

西伯善养老者 13.22(3)

伯夷、柳下惠是也 14.15

故闻伯夷之风者 14.15

似

孟施舍似曾子,北宫黝似子夏 3.2

子之辞灵丘而请士师,似也 4.5
子夏、子张、子游以有若似圣人 5.4
何其声之似我君也 13.36
似不可及也 13.41
居之似忠信,行之似廉洁 14.37
恶似而非者 14.37

佑
佑启我后人 6.9

位
有就右师之位而与右师言者 8.27
朝廷不历位而相与言 8.27
践天子位焉 9.5
天子一位,公一位,侯一位 10.2(11)
位卑而言高 10.5
以位,则子,君也 10.7
反覆之而不听,则易位 10.9

何以
王曰何以利吾国 1.1
大夫曰何以利吾家 1.1
士、庶人曰何以利吾身 1.1
不为者与不能者之形何以异 1.7
何以异于邹敌楚哉 1.7
何以能鼓乐也 2.1
何以能田猎也 2.1
吾何以休 2.4
吾何以助 2.4
吾何以识其不才而舍之 2.7
则何以异于教玉人雕琢玉哉 2.9
何以待之 2.11
何以异于是 4.8
子何以其志为哉 6.4
何以异于人哉 8.32

我何以汤之聘币为哉 9.7
何以为孔子 9.8
敢问招虞人何以 10.7
何以谓仁内义外也 11.4
何以谓义内也 11.5
何以言之 12.3
《凯风》何以不怨 12.3
何以言之 14.22
夫子何以知其将见杀 14.29
何以谓之狂也 14.37
何以是嘐嘐也 14.37

何如(略)

佚
以佚道使民 13.12

作
始作俑者 1.4
天油然作云 1.6
作之君,作之师 2.3
民乃作慝 2.4
为我作君臣相说之乐 2.4
贤圣之君六七作 3.1
天作孽,犹可违 3.4
自作孽,不可活 3.4
暴君代作 6.9
邪说暴行又作 6.9
邪说暴行有作 6.9
作《春秋》 6.9
圣王不作 6.9
邪说者不得作 6.9
作于其心 6.9
作于其事 6.9
闻文王作 7.13

《诗》亡然后《春秋》作 8.21
今日我疾作 8.24(2)
子以为有王者作 10.4、12.8
困于心衡于虑而后作 12.15
闻文王作 13.22(2)

作孽
天作孽,犹可违 7.8
自作孽,不可活 7.8

佞
恶佞,恐其乱义也 14.37

彻
彻彼桑土 3.4
周人百亩而彻 5.3
彻者,彻也 5.3
将彻,必请所与 7.19(2)

余
《书》曰:洚水警余 6.9

条
始条理也 10.1(2)
终条理也 10.1(2)

克
克告于君 2.15
克有罪 7.24
战必克 12.9

张
弓矢斯张 2.5
公孙衍、张仪,岂不诚大丈夫哉 6.2
杀伐用张 6.5

怀
为人臣者怀利以事其君 12.4(4)
为人臣者怀仁义以事其君 12.4(4)

忧
忧民之忧者,民亦忧其忧 2.4(6)

有采薪之忧 4.2
尧独忧之 5.4(5)
终身忧辱 7.9
是故君子有终身之忧 8.28(4)
人不堪其忧 8.29
象忧亦忧 9.2
然后知生于忧患而死于安乐也 12.15

怃然
夷子怃然为间 5.5

免
凶年免于死亡 1.4
不得免焉 2.15(4)
免死而已矣 12.14

兵
兵刃既接,弃甲曳兵而走 1.3
非我也,兵也 1.3
是动天下之兵也 2.11
闻戒,故为兵馈之 4.3
兵甲不多 7.1

兵革
兵革非不坚利也 4.1
威天下不以兵革之利 4.1

岳
引而置之庄、岳之间数年 6.6

初
初命曰 12.7
不忘其初 14.37

时
彼一时,此一时也 4.13
以其时考之 4.13
当尧之时 5.4、6.9
当是时也 5.4

如时雨降 6.5
当是时,阳货先 6.7
于斯时也 9.4
是时孔子当陷阱 9.8
时举于秦 9.9
当纣之时 10.1
孔子,圣之时者也 10.1
而有时乎为贫 10.5
而有时乎为养 10.5
树之时又同 11.7
至于日至之时皆熟矣 11.7
出入无时 11.8
鲁缪公之时 12.6
无失其时 13.22
食之以时 13.23
有如时雨化之者 13.40
祭祀以时 14.14

时子
王谓时子曰 4.10(4)

别
所以别野人也 5.3
夫妇有别 5.4

利
亦将有以利吾国乎 1.1(6)
以挞秦楚之坚甲利兵矣 1.5
兵革非不坚利也 4.1
威天下不以兵革之利 4.1
以利言也 6.1
如以利,则枉寻直尺而利 6.1
而利其菑 7.8
故者以利为本 8.26
则人之所以求富贵利达者 8.33

先生以利说秦楚之王 12.4(9)
利之而不庸 13.13
孳孳为利者 13.25
利与善之间也 13.26
拔一毛而利天下,不为也 13.26
摩顶放踵利天下 13.26
周于利者凶年不能杀 14.10
恶利口 14.37

助
惟曰其助上帝 2.3
秋省敛而助不给 2.4
吾何以助 2.4
勿助长也 3.2
助之长者,揠苗者也 3.2
耕者助而不税 3.5
得道者多助,失道者寡助 4.1
寡助之至,亲戚畔之 4.1
多助之至,天下顺之 4.1
殷人七十而助 5.3
助者,藉也 5.3
治地莫善于助 5.3
惟助为有公田 5.3
虽周亦助也 5.3
请野九一而助 5.3
守望相助 5.3
诸侯耕助 6.3
秋省敛而助不给 12.7

严
无严诸侯 3.2
严,虞不敢请 4.7

氐
瞽瞍氐豫 7.28(3)

周道如厎 10.7

君子

君子之于禽兽也 1.7

是以君子远庖厨也 1.7

君子创业垂统,为可继也 2.14

君子不以其所以养人者害人 2.16

故君子莫大乎与人为善 3.8

隘与不恭,君子不由也 3.9

故君子有不战,战必胜矣 4.1

焉有君子而可以货取乎 4.3

君子不以天下俭其亲 4.7

古之君子 4.9(2)、6.3、12.14

今之君子 4.9(2)

君子不怨天不尤人 4.13

君子之德,风也 5.2

将为君子焉 5.3

无野人莫养君子 5.3

君子之难仕 6.3

君子之为道也 6.4

其君子实玄黄于篚以迎其君子 6.5

则君子之所养可知已矣 6.7

是非君子之道 6.8

君子犯义 7.1

君子之不教子,何也 7.18

君子以为犹告也 7.26

君子平其政 8.2

君子深造之以道 8.14

故君子欲其自得之也 8.14

君子耻之 8.18

君子存之 8.19

君子之泽五世而斩 8.22

君子所以异于人者 8.28(8)

由君子观之,则 8.33

故君子可欺以其方 9.2

此非君子之言 9.4

斯君子受之 10.4

敢问国君欲养君子 10.6

非养君子之道也 10.6

惟君子能由是路 10.7

君子所履 10.7

君子亦仁而已矣 12.6

君子之所为 12.6

君子之事君也 12.8

无君子如之何其可也 12.10

况无君子乎 12.10

君子不亮,恶乎执 12.12

夫君子所过者化 13.13

君子有三乐 13.20(2)

君子欲之 13.21

君子乐之 13.21

君子所性 13.21(2)

君子之志于道也 13.24

君子之不耕而食,13.32

君子居是国也 13.32

君子不可虚拘 13.37

君子之所以教 13.40(2)

君子引而不发 13.41

君子之于物也 13.45

君子之厄于陈蔡之间 14.18

君子不谓性也 14.24

君子不谓命也 14.24

君子用其一,缓其二 14.27

未闻君子之大道也 14.29

君子之言也不下带 14.32

吠
鸡鸣狗吠相闻 3.1
否（略）
吴
句践事吴 2.3
涕出而女于吴 7.7
劳
劳者弗息 2.4
故不劳而王 4.2
故不劳而霸 4.2
或劳心，或劳力 5.4(2)
劳之来之 5.4
劳而不怨 9.1
劳于王事 9.4
我独贤劳也 9.4
劳其筋骨 12.15
虽劳不怨 13.12
吾（略）
告
有司莫以告 2.12
乃属其耆老而告之曰 2.15
或告寡人曰 2.16
克告于君 2.16
人告之以有过 3.8
公都子以告 4.5
时子因陈子而以告孟子 4.10
陈子以时子之言告孟子 4.10
高子以告 4.12
踵门而告文公曰 5.4

君子之守修其身 14.32
君子行法 14.33
君子反经而已矣 14.37

徐子以告夷子 5.5(2)
徐子以告孟子 5.5
或以告王良 6.1
我明告子 6.6
或告之曰是非君子之道 6.8
舜不告而娶 7.26
君子以为犹告也 7.26
孟子告齐宣王曰 8.3
其妻告其妾曰 8.33
其妻归，告其妾曰 8.33
娶妻如之何？必告父母 9.2(8)
明日之邹以告孟子 12.1
皆将轻千里而来告之以善 12.13
告子
告子先我不动心 3.16(4)
子路以告 9.8
告子曰 11.1、11.2、11.3、11.4、11.5、11.6
医
王使人问疾，医来 4.2
困
困于心 12.15
坐
王坐于堂上 1.7
如以朝衣朝冠坐于涂炭 3.9、10.1
坐而言 4.11
坐！我明语子 4.11
分田制禄可坐而定也 5.3
坐以待旦 8.20
可坐而致也 8.26
坐云则坐 10.3
识
不识有诸 1.7

吾何以识其不才而舍之 2.7
不识可使寡人得见乎 4.2
我不识能至否乎 4.2
不识可以继此而得见乎 4.10
不识王之不可以为汤武 4.12
识其不可,然且至 4.12
不识舜不知象之将杀己与 9.2
不识此语诚然乎哉 9.4
不识可常继乎 10.6
不识长马之长也 11.4
所识穷乏者得我与 11.10(2)
有则髡必识之 12.6
众人固不识也 12.6
此则滑厘所不识也 12.8
多闻识乎 12.13

韧
掘井九轫而不及泉 13.29

却
却之却之为不恭 10.4(5)

即
即不忍其觳觫若 1.7
即位而哭 5.2

声
闻其声,不忍食其肉 1.7
声音不足听于耳与 1.7
百姓闻王钟鼓之声 2.1(2)
恶声至,必反之 3.2
非恶其声而然也 3.6
相向而哭,皆失声 5.4
恭俭岂可以声音笑貌为哉 7.16
故声闻过情,君子耻之 8.18
耳不听恶声 10.1

金声而玉振之也 10.1(2)
至于声,天下期于师旷 11.7
耳之于声也 11.7
讹讹之声音颜色 12.14
发于声,而后喻 12.14
不如仁声之入人深也 13.14
何其声之似我君也 13.36
禹之声尚文王之声 14.22
耳之于声也 14.24
恶郑声 14.37

孝
可谓孝矣 5.2
入则孝 6.4
此之谓大孝 7.28
大孝终身慕父母 9.1
永言孝思,孝思维则 9.4
舜其至孝矣 12.3

孝子
则孝子仁人之掩其亲 5.5
虽孝子慈孙,百世不能改也 7.2
夫公明高以孝子之心 9.1
孝子之至莫大乎尊亲 9.4

孝悌
申之以孝悌之义 1.3、1.7
壮者以暇日修其孝悌忠信 1.5
则孝弟(悌)忠信 13.32
亦教之孝悌而已矣 13.39

宋
无若宋人然 3.2
宋人有闵其苗之不长 3.2
于宋,馈七十镒而受 4.3
当在宋也 4.3

过宋而见孟子 5.1
昔者孟子尝与我言于宋 5.2
负耒耜而自宋之滕 5.4
宋,小国也 6.5
独如宋王何 6.6
遭宋桓司马将要而杀之 9.8
微服而过宋 9.8
宋牼将之楚 12.4
孟子谓宋勾践曰 13.9
鲁君之宋 13.36

完
城郭不完 7.1
父母使舜完廪 9.2

坚
以挞秦楚之坚甲利兵矣 1.5
兵革非不坚利也 4.1

岌岌
天下殆哉,岌岌乎 9.4

岐
昔者文王之治岐也 2.5
至于岐下 2.5
文王生于岐周 8.1

岐山
去之岐山之下居焉 2.14
邑于岐山之下居焉 2.15

岑
方寸之木可使高于岑楼 12.1

违
不违农时 1.3
莫之能违也 3.2
天作孽,犹可违 3.4、7.8
无违夫子 6.2

则其违禽兽不远矣 11.8

远
叟不远千里而来 1.1
是以君子远庖厨也 1.7
若是,则夫子过孟贲远矣 3.2
贤于尧、舜远矣 3.2
予将有远行 4.3
远方之人闻君行仁政 5.4
险阻既远 6.9
驱虎豹犀象而远之 6.9
殷鉴不远 7.2
道在迩而求诸远 7.11
武王不泄迩,不忘远 8.20
星辰之远也 8.26
舜、禹、益相去久远 9.6
圣人之行不同也,或远或近 9.7
观远臣,以其所主 9.8
则其违禽兽不远矣 11.8
则不远秦楚之路 11.12
则过人远矣 13.11
言近而指远者 14.32
去圣人之世若此其未远也 14.38

进
不能进于是矣 1.7
昔者所进 2.7
国君进贤 2.7
量敌而后进 3.2
治则进,乱则退 3.2、10.1
治亦进,乱亦进 3.2、10.1
进不隐贤 3.9、10.1
则吾进退岂不绰绰然有余裕哉 4.5
进退无礼 7.1

将以复进也 7.19
盈科而后进 8.18
有进而与右师言者 8.27
子进以礼 9.8
其进锐者其退速 13.44
进取,不忘其初 14.37(2)

贡
夏后氏五十而贡 5.3(3)
而纳其贡税焉 9.3
不及贡 9.3

巫匠
巫匠亦然 3.7

序
谨庠序之教 1.3、1.7
设为庠、序、学校以教之 5.3
序者,射也.53
夏曰校,殷曰序 5.3
长幼有序 5.4

弟
周公,弟也 4.9
陈良之徒陈相与其弟辛 5.4
在弟则封之 9.3
仁人之于弟也 9.3
弟为匹夫 9.3
吾弟则爱之 11.4
秦人之弟则不爱也 11.4
敬弟乎 11.5
弟为尸,则谁敬 11.5
彼将曰敬弟 11.5
敬弟则敬 11.5
徐行后长者谓之弟 12.2
为人弟者怀利以事其兄 12.4

为人弟者怀仁义以事其兄 12.4

弟子
若是,则弟子之惑滋甚 3.1
养弟子以万钟 4.10
弟子斋宿而后敢言 4.11
是犹弟子而耻受命于先师也 7.7

形
不为者与不能者之形何以异 1.7
有诸内必形诸外 12.6
形色,天性也 13.38
惟圣人然后可以践形 13.38

役
人役也 3.7
人役而耻为役 3.7
小德役大德,小贤役大贤 7.7
小役大,弱役强 7.7
召之役则往役 10.7
往役,义也 10.7
惟不役志于享 12.5

诐辞
诐辞知其所蔽 3.2

忍
所以动心忍性 12.15
达之于其所 14.31

志
愿夫子辅吾志 1.7
天下曷敢有越厥志 2.3
夫志,气之帅也 3.2(7)
予然后浩然有归志 4.12
退而有去志 4.14
非我志也 4.14
且《志》曰 5.2、6.1

其志将以求食也 6.4(7)
苟不志于仁 7.9
不以辞害志 9.4
以意逆志 9.4
羿之教人射必志于彀 11.20
学者亦必志于彀 11.20
先生之志则大矣 12.4
惟不役志于享 12.5
志于仁而已 12.8
不志于仁 12.9(2)
君子之志于道也 13.24
有伊尹之志 13.31(2)
其志嘐嘐然 14.37

志士
志士不忘在沟壑 6.1、10.7

忘
从流下而忘反谓之流 2.4
从流上而忘反谓之连 2.4
于心终不忘 5.2
志士不忘在沟壑 6.1、10.7
勇士不忘丧其元 6.1、10.7
不愆不忘 7.1
不忘远 8.20
喜而不忘 9.1
其三人则予忘之矣 10.3
无忘宾旅 12.7
古之贤王好善而忘势 13.8
乐其道而忘人之势 13.8
乐而忘天下 13.35
不忘其初 14.37

快
然后快于心与 1.7

吾何快于是 1.7

忸怩
象曰：郁陶思君尔。忸怩 9.2

听
声音不足听于耳与 1.7
左右皆曰不可，勿听 2.7(4)
夫子卧而不听 4.11
君薨，听于冢宰 5.2
小子听之 7.8
听其言也 7.15
子产听郑国之政 8.2
谏行言听 8.3
言则不听 8.3
天听自我民听 9.5
以听伊尹之训己也 9.6
耳不听恶声 10.1
反覆之而不听 10.9(2)
耳之于声也，有同听焉 11.7
惟弈秋之为听 11.9
一人虽听之 11.9

成
不日成之 1.2
若夫<u>成功</u> 2.14
<u>成</u>覵谓齐景公曰 5.1
孔子成《春秋》6.9
不以规矩，不能成方员 7.1
岁十一月徒杠成，十二月舆梁成 8.2
自鬻以成其君 9.9
为其不成享也 12.5
不<u>成章</u>不达 13.24
有<u>成德</u>者 13.40
牺牲既成 14.14

间介然用之而成路 14.21

我

则曰非我也 1.3(2)
我非爱其财而易之以羊也 1.7(8)
夫何使我至于此极也 2.1(2)
彼恶敢当我哉 2.3
惟我在 2.3
为我作君臣相说之乐 2.4
人皆谓我毁明堂 2.5
姑舍女所学而从我 2.9(2)
奚为后我 2.11(2)
我将去之 2.15
而子为我愿之乎 3.1
我四十不动心 3.2(5)
凡有四端于我者 3.6
尔为尔,我为我 3.9
虽袒裼裸裎于我侧 3.9
尔焉能浼我哉 3.9
我不识能至否乎 4.2(5)
我无官守,我无言责也 4.5
我欲中国而授孟子室 4.10(2)
我明语子 4.11
舍我其谁也 4.13
非我志也 4.14
彼丈夫也,我丈夫也 5.1
文王,我师也 5.1
昔者孟子尝与我言于宋 5.2(4)
雨我公田,遂及我私 5.3
我且往见 5.5
我且直之 5.5
我使掌与女乘 6.1(3)
奚为后我 6.5(4)

我明告子 6.6
佑启我后人 6.9
知我者,其惟《春秋》乎 6.9
罪我者,其惟《春秋》乎 6.9
杨氏为我 6.9
我亦欲正人心 6.9
可以濯我缨 7.8
可以濯我足 7.8
求非我徒也 7.14
夫子教我以正 7.18
我不意子学古之道 7.25
子亦来见我乎 8.24(7)
我欲行礼,子敖以我为简 8.27
其待我以横逆 8.28(5)
无寓人于我室 8.31(3)
我竭力耕田 9.1(3)
谟盖都君咸我绩 9.2
我独贤劳也 9.4
天视自我民视,天听自我民听 9.5
我何以汤之聘币为哉 9.7(3)
孔子主我 9.8
尔为尔,我为我 10.1(4)
则事我者也 10.3
我,臣也 10.7(3)
彼长而我长之 11.4(4)
非由外铄我也,我固有之也 11.6
与我同类者 11.7(7)
鱼,我所欲也 11.10(9)
此天之所与我者 11.15
我将见楚王说而罢之 12.4(4)
凡我同盟之人 12.7
我能为君辟土地 12.9(2)

使饥饿于我土地 12.14
求在我者也 13.3
万物皆备于我矣 13.4
杨子取为我 13.26
何其声之似我君也 13.36
我善为陈，我善为战 14.4
奚为后我 14.4
我得志 14.34(3)
皆我所不为也 14.34
在我者 14.34

戒
戒之戒之 2.12
予有戒心 4.3
辞曰闻戒 4.3
未有命戒 5.2
戒之曰：往之女家必敬必戒 6.2

报
受之而不报 12.5(2)

抚
莅中国而抚四夷也 1.7
夫抚剑疾视曰 2.3

扶持
疾病相扶持 5.3

抑
抑王兴甲兵危士臣 1.7
抑为采色不足视于目与 1.7
抑亦立而视其死与 4.4
昔者禹抑洪水 6.9
抑亦盗跖之所筑与 6.10
抑亦盗跖之所树与 6.10

折枝
为长者折枝 1.7

是折枝之类也 1.7

芸
芸者不变 6.5
人病舍其田而芸人之田 14.32

苏
后来其苏 2.11

纳
非所以纳交于孺子之父母也 3.6
泄柳闭门而不纳 6.7
而纳其贡税焉 9.3

纷纷
何为纷纷然与百工交易 5.4

攸
麀鹿攸伏 1.2
圣人有攸之 5.4
有攸不惟臣 6.5
攸然而逝 9.2

改
地不改辟矣，民不改聚矣 3.1
过则改之 4.9
王庶几改之 4.12(3)
百世不能改也 7.2
无能改于其德 7.14
颜子不改其乐 8.29
既而幡然改曰 9.7
其教之不改而后诛之乎 10.4
然后能改 12.15
大匠不为拙工改废绳墨 13.41

攻
庶民攻之 1.2
率其子弟攻其父母 3.5
环而攻之而不胜 4.1(4)

小子鸣鼓而攻之可也 7.14
天诛造攻自牧宫 9.7
旷
外无旷夫 2.5
旷安宅而弗居 7.10
旱
七八月之间旱 1.6
若大旱之望云霓也 2.11
若大旱之望雨也 6.5
然而旱干水溢，则变置社稷 14.14
财
我非爱其财而易之以羊也 1.7
无财，不可以为悦 4.7
得之为有财 4.7
分人以财谓之惠 5.4
善政得民财 13.14
财不可胜用也 13.23
有达财者 13.40
则财用不足 14.12
更
及其更也，民皆仰之 4.9
李
井上有李 6.10
材
材木不可胜用 1.3(2)
以为未尝有材焉 11.8
杞
犹杞柳也 11.1(5)
华周、杞梁之妻善哭其夫 12.6
束
诸侯束牲载书而不歃血 12.7
杠
岁十一月徒杠成 8.2

系
系累其子弟 2.11
系马千驷 9.7
步
或五十步而后止 1.3
以五十步笑百步 1.3
每
故为政者每人而悦之 8.2
求
反而求之 1.7
将以求吾所大欲也 1.7
以若所为求若所欲 1.7(2)
犹缘木而求鱼也 1.7(2)
则必使工师求大木 2.9
勿求于心 3.2(4)
是自求祸也 3.4(2)
无不自己求之者 3.4
则必为之求牧与刍矣 4.4(2)
必求龙断而登之 4.10
因徐辟而求见孟子 5.5(2)
其志将以求食也 6.4(3)
虽日挞而求其齐也不可得矣 6.6
虽日挞而求其楚亦不可得也 6.6
犹七年之病求三年之艾也 7.9
道在迩而求诸远 7.11
事在易而求之难 7.11
求也为季氏宰 7.14
求非我徒也 7.14
有求全之毁 7.21
然后求见长者乎 7.24
苟求其故 8.26
则人之所以求富贵利达者 8.33

千乘之君求与之友而不可得也 10.7
求则得之 11.6
求其放心而已矣 11.11
子归而求之 12.2
况于杀人以求之乎 12.8
而求富之 12.9
而求为之强战 12.9
求则得之 13.3(6)
求仁莫近焉 13.4
昏暮叩人之门户求水火 13.23
馆人求之弗得 14.30
所求于人者重 14.32

场
筑室于场 5.4
今有场师 11.14(2)

泛滥
泛滥于天下 5.4
泛滥于中国 6.9

沧浪
沧浪之水清兮 7.8(2)

沟
沟浍皆盈 8.18
若己推而内之沟中 9.7、10.1

沟壑
君之民老弱转乎沟壑 2.12
子之民老羸转于沟壑 4.4
使老稚转乎沟壑 5.3
志士不忘在沟壑 6.1
志士不忘在沟壑 10.7

沐浴
齐戒沐浴,则可以祀上帝 8.24

沈
沈同以其私问曰 4.8

沈同问燕可伐与 4.8
沈犹行曰 8.33
昔沈犹有负刍之祸 8.33

汤
《汤誓》曰 1.2
是故汤事葛 2.3
汤放桀 2.8
臣闻七十里为政者,汤是也 2.11
汤一征,自葛始 2.11
由汤至于武丁 3.1
汤以七十里 3.3
汤之于伊尹 4.2(2)
不识王之不可以为汤武 4.12
汤居亳 6.5(7)
为汤、武驱民者 7.9
汤执中 8.20
伊尹相汤以王于天下 9.6(3)
伊尹以割烹要汤 9.7(6)
冬日则饮汤 11.5
汤九尺 12.2
五就汤 12.6
汤、武,身之也 13.30
汤、武,反之也 14.33
由尧、舜至于汤五百有余岁 14.38(3)

没
昔者孔子没 5.4
尧舜既没 6.9

沛然
沛然下雨 1.6
沛然谁能御之 1.6
故沛然德教溢乎四海 7.6
沛然莫之能御也 13.16

灵

经始灵台 1.2(2)
王在灵囿 1.2
王在灵沼 1.2(2)
子之辞灵丘而请士师 4.5

灾

虽不得鱼,无后灾 1.7
后必有灾 1.7
非国之灾也 7.1

尝

我虽不敏,请尝试之 1.7
王尝语庄子以好乐 2.1
吾尝闻大勇于夫子矣 3.2
昔者孟子尝与我言于宋 5.2
吾尝闻之矣 5.2
盖上世尝有不葬其亲者 5.5
然而轲也尝闻其略也 10.2
孔子尝为委吏矣 10.5
尝为乘田矣 10.5
牛山之木尝美矣 11.8

牣

於牣鱼跃 1.2

狂简

吾党之小子狂简 14.37(8)

狄人

狄人侵之 2.14、2.15
狄人之所欲者 2.15

男

男女授受不亲 7.17(2)
帝使其子九男二女 9.1
男女居室 9.2
子、男同一位 10.2(3)

使其子九男事之 10.6

私

沈同以其私问曰 4.8(3)
而独于富贵之中有私龙断焉 4.11
遂及我私 5.3
八家皆私百亩 5.3
然后敢治私事 5.3
予私淑诸人也 8.22
好货财,私妻子 8.30
有私淑艾者 13.40

罕

吾见亦罕矣 11.9

良

天下之良工也 6.1
莫良于眸子 7.15
其良人出 8.33(7)
其所以放其良心者 11.8
非良贵也 11.17
今之所谓良臣 12.9(2)
其良能也 13.15(2)

芒芒

芒芒然归 3.2

补

春省耕而补不足 2.4、12.7
于是始兴发补不足 2.4
绝长补短,将五十里也 5.1
以羡补不足 6.4
岂曰小补之哉 13.13

角

盖《徵招》《角招》是也 2.4
若崩厥角稽首 14.4

言(略)

谷

谷不可胜食也 1.3

谷与鱼鳖不可胜食 1.3

其始播百谷 5.3

谷禄不平 5.3

五谷不登 5.4(4)

树艺五谷,五谷熟而民人育 5.4

谷者,种之美者也 11.19

夫貉,五谷不生 12.10

穷

天下之穷民而无告者 2.5

遁辞知其所穷 3.2

厄穷而不悯 3.9

去则穷日之力而后宿哉 4.12

如穷人无所归 9.1

厄穷而不悯 10.1

所识穷乏者得我与 11.10(2)

故士穷不失义 13.9(2)

穷则独善其身 13.9

虽穷居不损焉 13.21

矶

是不可矶也 12.7(2)

豆

一箪食,一豆羹 11.10

是舍箪食豆羹之义也 13.34

箪食豆羹见于色 14.11

运

天下可运于掌 1.7

亦运而已矣 2.10

犹运之掌也 3.1

治天下可运之掌上 3.6

迟迟

曰迟迟吾行也 10.1、14.17

豕

与鹿豕游 13.16

豕交之也 13.37

赤子

古之人若保赤子 5.5(4)

不失其赤子之心者也 8.12

走

弃甲曳兵而走 1.3

是亦走也 1.3

来朝走马 2.5

麒麟之于走兽 3.2

犹水之就下、兽之走圹也 7.9

足

王由足用为善 4.18

今也父兄百官不我足也 5.2

可以濯我足 7.8

浊斯濯足矣 7.8

则不知足之蹈之 7.27

不知足而为屦 11.7

天下之足同也 11.7

故二十取一而足也 12.10

好善足乎 12.13

至足矣 13.23

是奚足哉 14.22

足以

是心足以王矣 1.7(8)

必使仰足以事父母,俯足以畜妻子 1.7

智足以知圣人 3.2

足以保四海 3.6

禄足以代其耕也 10.2(4)

兆足以行矣 10.4

则老者足以衣帛矣 13.22(3)

则足以杀其躯而已矣 14.29
身
何以利吾身 1.1
及寡人之身 1.5
非身之所能为也 2.15
则不能安其身 4.11
至于子之身而反之 5.2
且一人之身 5.4
及纣之身,天下又大乱 6.9
彼身织屦 6.10
暴其民甚则身弑国亡 7.2
不甚则身危国削 7.2
其身正,而天下归之 7.4
家之本在身 7.5
反身不诚 7.12
诚身有道 7.12
不明乎善,不诚其身矣 7.12
不失其身而能事其亲者 7.19
失其身而能事其亲者 7.19
身为天子弟为匹夫 9.3
归洁其身而已矣 9.8
乡为身死而不受 11.10(3)
至于身 11.13
岂爱身不若桐梓哉 11.13
人之于身也 11.14
令闻广誉施于身 11.17
空乏其身 12.15
修身以俟之 13.1
穷则独善其身 13.9
汤、武,身之也 13.30
以身殉道 13.42
身不行道 14.9

殃必及身 14.28
君子之守修其身 14.32
辛
陈良之徒陈相与其弟辛 5.4
迎
以迎王师 2.10、2.10
以迎其君子 6.5
以迎其小人 6.5
迎之致敬以有礼 12.14(2)
趋而迎之 14.23
近
齐滕之路不为近矣 4.6
则近于禽兽 5.4
不得近 8.30
或远或近 9.7
吾闻观近臣以其所为主 9.8
其好恶与人相近也者几希 11.8
求仁莫近焉 13.4
执中为近之 13.26
言近而指远者 14.32
近圣人之居若此其甚也 14.38
连
从流上而忘反谓之连 2.4
连诸侯者次之 7.14
连得间矣 12.5
阶
不逾阶而相揖也 8.27
捐阶 9.2
阳
阳虎曰:为富不仁矣 5.3
秋阳以暴之 5.4
阳货欲见孔子而恶无礼 6.7(3)

禹避舜之子于阳城 9.6
阴
迨天之未阴雨 3.4
益避禹之子于箕山之阴 9.6
邑
邑于岐山之下居焉 2.15
惟臣附于大邑周 6.5
邠
昔者大王居邠 2.14
昔者大王居邠 2.15(3)
邪
放辟邪侈 1.7
邪辞知其所离 3.2
邪说暴行又作 6.8(5)
陈善闭邪谓之敬 7.1
周于德者邪世不能乱 14.10
斯无邪慝矣 14.37
间
七八月之间旱 1.6
间于齐、楚 2.13
则塞于天地之间 3.2
其间必有名世者 4.13
夷子怃然为间 5.5
引而置之庄、岳之间数年 6.6
父子之间不责善 7.18
政不足间也 7.20
其间不能以寸 8.7
七八月之间雨集 8.18
卒之东郭墦间 8.33
连得间矣 12.5
傅说举于版筑之间 12.15
利与善之间也 13.25

一间耳 14.7
君子之厄于陈蔡之间 14.18
间介然用之而成路 14.21
为间不用 14.21
闲
国家闲暇 3.4(2)
闲先圣之道 6.9
闵
宋人有闵其苗之不长而揠之者 3.2
冉牛、闵子、颜渊善言德行 3.2(2)
闵不畏死 10.4
园囿
弃田以为园囿 6.9(2)
里
西丧地于秦七百里 1.5
地方百里而可以王 1.5
文王之囿方七十里 2.2(2)
寡人之囿方四十里 2.2(3)
臣闻七十里为政者汤是也 2.11
汤以七十里，文王以百里 3.3
廛无夫里之布 3.5
里仁为美 3.7
三里之城，七里之郭 4.1
绝长补短将五十里也 5.1
伯七十里，子、男五十里 10.2(8)
厄
厄穷而不悯 3.9、10.1
君子之厄于陈蔡之间 14.18
庐
五月居庐 5.2
防
无曲防 12.7

饮

渴者易为饮 3.1
下饮黄泉 6.10
一瓢饮 8.29
冬日则饮汤,夏日则饮水 11.5
渴者甘饮 13.27

饮食

饮食若流 2.4
其妻问所与饮食者 8.33(2)
然则饮食亦在外也 11.5
饮食之人,则人贱之矣 11.14(2)
是未得饮食之正也 13.27

饮酒

博弈好饮酒 8.30
般乐饮酒 14.34

饭

放饭流歠 13.46
舜之饭糗茹草也 14.6

驱

然后驱而之善 1.7
吾为之范我驰驱 6.1
驱蛇龙而放之菹 6.9
驱飞廉于海隅而戮之 6.9
驱虎豹犀象而远之 6.9
周公兼夷狄,驱猛兽 6.9
故为渊驱鱼者,獭也 7.9(4)
故驱其所爱子弟以殉之 14.1
驱骋田猎 14.34

鸡

鸡豚狗彘之畜无失其时 1.3、1.7
鸡鸣狗吠相闻 3.1
今有人日攘其邻之鸡者 6.8
请损之,月攘一鸡 6.8

人有鸡犬放则知求之 11.11
鸡鸣而起 13.25(2)

丽

商之孙子,其丽不亿 7.7

严

无严诸侯 3.2
严,虞不敢请 4.7

驱

然后驱而之善 1.7
吾为之范我驰驱 6.1
驱蛇龙而放之菹 6.9
驱飞廉于海隅而戮之 6.9
驱虎豹犀象而远之 6.9
驱猛兽,而百姓宁 6.9
故为渊驱鱼者,獭也 7.9(4)
故驱其所爱子弟以殉之 14.1
驱骋田猎 14.34

余

岂不绰绰然有余裕哉 4.5
七百有余岁矣 4.13
余夫二十五亩 5.3
则农有余粟,女有余布 6.4
问有余,必曰有 7.19(2)
地之相去也,千有余里 8.1
世之相后也,千有余岁 8.1
之祭者,乞其余 8.33
周余黎民,靡有孑遗 9.4
有余师 12.2
由尧、舜至于汤五百有余岁 14.38(4)

八 画

画墁

毁瓦画墁 6.4

丧

时日害丧 1.2

是使民养生丧死无憾也 1.3(2)

西丧地于秦七百里 1.5

而孟子之后丧逾前丧 1.7(2)

亲丧,固所自尽也 5.2

三年之丧 5.2(2)

丧祭从先祖 5.2

墨之治丧也 5.5

勇士不忘丧其元 6.1、10.7

丧无日矣 7.1

公行子有子之丧 8.27

百姓如丧考妣 9.4

又帅天下诸侯以为尧三年丧 9.4

三年之丧毕 9.5、9.6(2)

贤者能勿丧耳 11.10

齐宣王欲短丧 13.39(3)

不能三年之丧 13.46

事(略)

亟

经始(治)勿亟 1.2

亟其乘屋 5.3

仲尼亟称于水 8.18

缪公之于子思也,亟问 10.6(3)

缪公亟见于子思 10.7

则不得亟见之 13.8

见且由不得亟 13.8

享

使之主祭而百神享之 9.5

《书》曰：享多仪 12.5(4)

京

裸将于京 7.7

变

王变乎色曰：寡人非能 2.1

耕者不变 2.11

久则难变也 3.1

退而有去志,不欲变 4.14

吾闻用夏变夷者,未闻变于夷者也 5.4

芸者不变 6.5

王勃然变乎色 10.9

而变国俗 12.6

无变今之俗 12.9

羿不为拙射变其彀率 13.41

诸侯危社稷,则变置 14.14(2)

来

叟不远千里而来 1.1

庶民子来 1.2

来朝走马 2.5

聿来胥宇 2.5

君为来见也 2.16

君是以不果来也 2.16

王使人来曰 4.2

医来 4.2

由周而来 4.13

四方来观之 5.2

必来取法 5.3

劳之来之 5.4

以待来年 6.8(3)

盍归乎来 7.13(2)

子亦来见我乎 7.24

子来几日矣 7.24

子之从于子敖来 7.25

而未尝有显者来 8.33

施施从外来 8.33

索引 八画

彼以爱兄之道来 9.2
故源源而来 9.3
皆将轻千里而来告之以善 12.13
盍归乎来 13.22(2)
子以是为窃屦来与 14.30
来者不拒 14.30
盍归乎来 14.37
由孔子而来至于今百有余岁 14.38

侍人
得侍同朝 4.10
于齐主侍人瘠环 9.3(3)
侍妾数百人 14.14

供
王之诸臣皆足以供之 1.7
以供粢盛 6.3
无以供牺牲也 6.5(2)
不以四方之食供簿正 10.4

侧
虽袒裼裸裎于我侧 3.9、10.1
鲁缪公无人乎子思之侧 4.11
泄柳、申详无人乎缪公之侧 4.11

弥子
弥子之妻与子路之妻,兄弟也 9.8

免
凶年免于死亡 1.7
免死而已矣 12.14

备
而百工之所为备 5.4
衣服不备,不敢以祭 6.3
牲杀器皿衣服不备 6.3
百官牛羊仓廪备 9.1、10.6
万物皆备于我矣 13.4

大人之事备矣 13.33

两
革车三百两 14.3
两马之力与 14.22

具体
具体而微 3.2

典
太甲颠覆汤之典刑 9.6
不足以守宗庙之典籍 12.8

函人
矢人岂不仁于函人哉 3.7
函人唯恐伤人 3.7

规矩
不以规矩 7.1
继之以规矩准绳 7.1
规矩,方员之至也 7.2
大匠诲人必以规矩 11.20(2)
梓匠轮舆能与人规矩 14.5

制
可使制梃 1.5
是故明君制民之产 1.7
今也制民之产 1.7
取于民有制 5.3
分田制禄可坐而定也 5.3
天子之制 10.2
制其田里 13.22
皆古之制也 14.34

刺
是何异于刺人而杀之 1.3
视刺万乘之君,若刺褐夫 3.2
刺之无刺也 14.37

卑
将使卑逾尊 2.7

如彼其卑也 3.1
不卑小官 3.9
长幼卑尊 6.6(2)
辞尊居卑 10.4(2)
位卑而言高 10.4

鱼

於牣鱼跃 1.2
乐其有麋鹿鱼鳖 1.2
鱼鳖不可胜食也 1.3(2)
犹缘木而求鱼也 1.7(3)
故为渊驱鱼者，獭也 7.9
昔者有馈生鱼于郑子产 9.2
鱼，我所欲也 11.10
舍鱼而取熊掌者也 11.10
胶鬲举于鱼盐之中 12.15

卒

卒然问曰 1.6
卒于鸣条 8.1
卒于毕郢 8.1
卒之东郭墦间 8.33
于卒也，摽使者 10.6
卒为善士 14.23

叔父

敬叔父乎 11.5(4)

取

万取千焉，千取百焉 1.1
或谓寡人勿取 12.10(8)
齐人伐燕，取之 2.11
非择而取之 2.14
非义袭而取之也 3.2
乐取于人以为善 3.8(3)
焉有君子而可以货取乎 4.3

取于民有制 5.3(5)
舍皆取诸其宫中而用之 5.4
彼有取尔也 5.5
孔子奚取焉？取非其招不往也 6.1
取其残而已矣 6.5
则取于残 6.5
自取之也 7.8
则取之左右逢其原 8.14
何取于水也 8.18
是之取尔 8.18
其义则丘窃取之矣 8.21
可以取可以无取，取伤廉 8.23
其取友必端矣 8.24
一介不以取诸人 9.7
其所取之者义乎 10.4(4)
孔子奚取焉？取非其招不往也 10.7
舍鱼而取熊掌者也 11.10
舍生而取义者也 11.10
于己取之而已矣 11.14
取食之重者与礼之轻者而比之 12.1
取色之重者与礼之轻者而比之 12.1
取士必得 12.7
徒取诸彼以与此 12.8
吾欲二十而取一 12.10(2)
杨子取为我 13.26
非其有而取之 13.34
取二三策而已矣 14.3
进取 14.37(2)

受

而不好臣其所受教 4.2
于宋，馈七十镒而受 4.3(4)
今有受人之牛羊而为之牧之者 4.4

辞十万而受万 4.10
吾有所受之也 5.2
愿受一廛而为氓 5.4
则舜受尧之天下 6.4
今也小国师大国而耻受命焉 7.7(2)
昔者尧荐舜于天而天受之 9.5(3)
暴之于民而民受之 9.5(3)
天子之卿受地视侯 10.2(3)
(义)而后受之 10.4(9)
君馈之粟,则受之乎 10.6(8)
行道之人弗受 11.10
万钟则不辨礼义而受之 11.10
愿留而受业于门 12.2
受之而不报 12.5(2)
亦可受也 12.14
不义与之齐国而弗受 12.34
夫有所受之也 13.35
斯受之而已矣 14.26、14.30
人能充无受尔汝之实 14.31

周

以笃周祜 2.3
夏后、殷、周之盛 3.1
由周而来 4.13
周人百亩而彻 5.3
虽周亦助也 5.3
周曰庠 5.3
《诗》云周虽旧邦 5.3
周霄问曰 6.3
绍我周王见休 6.5
惟臣附于大邑周 6.5
侯于周服 7.9
侯服于周 7.7

周余黎民 9.4
是周无遗民也 9.4
夏后、殷、周继 9.6
为陈侯周臣 9.8
周室班爵禄也如之何 10.2
周受殷,所不辞也 10.4
君之于氓也固周之 10.6(2)
周道如厎 10.7
周于利者凶年不能杀 14.10
周于德者邪世不能乱 14.10
动容周旋中礼者 14.33

周公

武王、周公继之 3.1
王自以为与周公孰仁且智 4.9(7)
周公岂欺我哉 5.1
悦周公、仲尼之道 5.4
周公方且膺之 5.4
周公相武王 6.9(3)
周公思兼三王 8.20
故益、伊尹、周公不有天下 9.6
周公之封于鲁 12.8
周之,亦可受也 12.14

味

口之于味 11.7(5)
所以不愿人之膏粱之味也 11.17
口之于味也 14.24

呼

呼尔而与之 11.10
呼于垤泽之门 13.36

命

方命虐民 2.4
则必命有司所之 2.16

速于置邮而传命 3.1
永言配命 3.4
然友反命 5.2(2)
未有命戒 5.2
其命惟新 5.3
曰：命之矣 5.5
不待父母之命 6.3
永言配命 7.4
上帝既命 7.7
则吾既得闻命矣 9.1、9.2、9.4
谆谆然命之乎 9.5
莫之致而至者，命也 9.6
初命曰、再命曰、三命曰云 12.7(5)
得之有命 13.3
圣人之于天道也，命也 14.24
君子不谓命也 14.24

和
地利不如人和 4.1
是地利不如人和也 4.1
柳下惠，圣之和者也 10.1

鸣
小子鸣鼓而攻之可也 7.14
卒于鸣条 8.1

呼尔
呼尔而与之 11.11

固
臣固知王之不忍也 1.7
然则小固不可以敌大 1.7(3)
天下固畏齐之强也 2.11
固国不以山溪之险 4.1
固将朝也 4.2
固所愿也 4.10

固所自尽也 5.2
滕固行之矣 5.3
固不可耕且为也 5.4
吾固愿见 5.5
仁人固如是乎 9.3
固周之 10.6
我固有之也 11.6
固哉 12.3
固矣夫 12.3
仁者固如此乎 12.6
众人固不识也 12.6
则固可放与 13.31
若固有之 14.6

垂
君子创业垂统 2.14
晋人以垂棘之璧 9.9
则己垂涕泣而道之 12.2

夜
夜以继日 8.20
则其夜气不足以存 11.8
夜气不足以存 11.8

废
则废衅钟与 1.7
何可废也 1.7
国之所以废兴存亡者亦然 7.3
我不敢废 8.24
如告，则废人之大伦 9.2
天之所废 9.6
举一而废百也 13.26
大匠不为拙工改废绳墨 13.41

奄
诛纣伐奄 6.9

奉
妻妾之奉 11.10(2)

妻妾
骄其妻妾 8.33(2)
妻妾之奉 11.10(2)

始
王道之始也 1.3
始作俑者 1.4
臣始至于境 2.2
于是始兴发补不足 2.4
自葛始 2.11
若火之始然,泉之始达 3.6
自此贱丈夫始矣 4.10
其始播百谷 5.3
必自经界始 5.3
施由亲始 5.5
汤始征,自葛载 6.5
始舍之圉圉焉 9.2
始条理也 10.1
始条理者 10.1

姑
姑舍女所学而从我 2.9(2)
姑舍是 3.21
蝇蚋姑嘬之 5.5
子谓之姑徐徐云尔 13.39

姓
讳名不讳姓,姓所同也 14.36

委
委而去之 4.1
则举而委之于壑 5.5
孔子尝为委吏矣 10.5

孟
孟子(遍全书,凡 292 见)

君奚为不见孟轲也 2.16
则夫子过孟贲远矣 3.2
孟施舍之所养勇也 3.2(4)
孟仲子 4.2
孟献子 10.3
孟季子 11.5
赵孟之所贵,赵孟能贱之 11.17

季
季孙曰:异哉子叔疑 4.10
求也为季氏宰 7.14
于季桓子,见行可之仕也 10.4
季子闻之,曰 11.5
季任为任处守 12.5
他日由邹之任,见季子 12.5(3)

孤
幼而无父曰孤 2.5
独孤臣孽子其操心也危 13.18

孥
罪人不孥 2.5

实
而君之仓廪实 2.12
其君子实玄黄于篚以迎其君子 6.5
螬食实者过半矣 6.10
仁之实,事亲是也 7.27
义之实,从兄是也 7.27
智之实,知斯二者弗去是也 7.27
礼之实,节文斯二者是也 7.27
乐之实,乐斯二者乐则生矣 7.27
言无实不祥 8.17
不祥之实,蔽贤者当之 8.17
先名实者,为人也 12.6(3)
恭敬而无实 13.37

人能充无受尔汝之实 14.31
宗庙
毁其宗庙 2.11
不保宗庙 7.3
不足以守宗庙之典籍 12.8
无城郭、宫室、宗庙、祭祀之礼 12.10
宝
诸侯之宝三 14.28
宝珠玉者,殃必及身 14.28
宗国
吾宗国鲁先君莫之行 5.2
官
有官守者 5.4
我无官守 4.5
下士与庶人在官者同禄 10.2(4)
孔子当仕有官职,而以其官召之也 10.7
耳目之官不思 11.15
心之官则思 11.15
官事无摄 12.7
定
天下恶乎定 1.6
定于一 1.6
定为三年之丧 5.2
分田制禄可坐而定也 5.3
民无所定 6.9
一正君而国定矣 7.20
舍馆未定 7.24
舍馆定,然后求见长者乎 7.24
瞽瞍厎豫而天下之为父子者定 7.28
王色定 10.9
定四海之民 13.21
分定故也 13.21

宜
宜乎百姓之谓我爱也 1.7
不亦宜乎 2.2(2)、4.9、7.24
宜与夫礼若不相似然 4.2
宜若小然 6.1(2)
是以惟仁者宜在高位 7.1
宜若无罪焉 8.24
此物奚宜至哉 8.28
宜莫如舜 9.2
恶乎宜乎 10.5
宜若登天然 13.41
宠
宠之四方 2.3
尚
莫能相尚 4.2
草尚之风必偃 5.2
皜皜乎不可尚已 5.4
今吾尚病 5.5
是尚为能充其类也乎 6.10
舜尚见帝 10.3
又尚论古之人 10.8
是尚友也 10.8
孟子曰:尚志 13.33
何谓尚志 13.33
禹之声尚文王之声 14.22
居
故居者有积仓 2.5
昔者大王居邠 2.14、2.15
去之岐山之下居焉 2.14
邑于岐山之下居焉 2.15
夫圣,孔子不居 3.2
今恶辱而居不仁 3.4

是犹恶湿而居下也 3.4
夫子必居一于此矣 4.3
孟子去齐,居休 4.14
五月居庐 5.2
居天下之广居 6.2
汤居亳 6.5
蛇龙居之 6.9
然后人得平土而居之 6.9
居於陵 6.10(5)
吾身不能居仁由义 7.10
旷安宅而弗居 7.10
居下位而不获于上 7.12
居东海之滨 7.12
居北海之滨 7.13、10.1、13.22
居东海之滨 7.13、13.22
自得之,则居之安 8.14
居之安,则资之深 8.14
居于陋巷 8.29
曾子居武城 8.31
子思居于卫 8.31
男女居室 9.2
而居尧之宫 9.5
不忍居也 10.1
辞尊居卑,辞富居贫 10.5(2)
孟子居邹 12.5
居下位 12.6
不能一朝居也 12.9
今居中国 12.10
与谗谄面谀之人居 12.13
舜之居深山之中,与木石居 13.16
君子居是国也 13.32
居恶在?仁是也 13.33

居仁由义 13.33
居移气 13.36(6)
居之似忠信 14.37
近圣人之居若此其甚也 14.38

屈

威武不能屈 6.2
屈产之乘 9.9
今有无名之指屈而不信 11.12

茕独

哀此茕独 2.5

帛

五十非帛不暖 13.22

幸

不幸而有疾 4.2
今也不幸至于大故 5.2
国之所存者幸也 7.1
幸而得之 8.20

庖

庖有肥肉 1.4
是以君子远庖厨也 1.7
庖有肥肉 6.9
庖人继肉 10.6

府库

充府库 2.12、12.9
今也滕有仓廪府库 5.4

弤

琴朕,弤朕 9.2

彼(略)

往(略)

征

上下交征利而国危矣 1.1
王往而征之 1.5

关市讥而不征 2.5
汤一征,自葛始 2.11(4)
市廛而不征 3.5
关讥而不征 3.5
故从而征之 4.10
征商,自此贱丈夫始矣 4.10
为其杀是童子而征之 5.5(6)
去关市之征 6.8
征于色,发于声 12.15
征者,上伐下也 14.2
敌国不相征也 14.2
南面而征北狄怨,东面而征西夷怨 14.4
征之为言正也 14.4
有布缕之征,粟米之征,力役之征 14.27

徂
以遏徂莒 2.3
放勋乃徂落 9.4

凯风
《凯风》何以不怨 12.4(2)

忠
壮者以暇日修其孝悌忠信 1.5
教人以善谓之忠 5.4
我必不忠 8.28
自反而忠矣 8.28
待先生如此其忠且敬也 8.31
仁义忠信 11.16
则孝弟忠信 13.32
居之似忠信 14.37

败
东败于齐 1.5
则何亡国败家之有 7.8
大败 14.1

斩
君子之泽五世而斩 8.22
小人之泽五世而斩 8.22

怍
俯不怍于人 13.20

性
孟子道性善 5.1
天下之言性也 8.26
性,犹杞柳也 11.1(3)
性犹湍水也 11.2(5)
生之谓性 11.3(6)
食、色,性也 11.4
性无善无不善也 11.6(5)
其性与人殊 11.7
此岂山之性也哉 11.8
所以动心忍性 12.15
尽其心者,知其性也 13.1(3)
所性不存焉 13.21(3)
尧、舜,性之也 13.20
形色,天性也 13.38
四肢之于安佚也,性也 14.24(3)

怵惕
皆有怵惕恻隐之心 3.6

恶(略)

戕贼
将戕贼杞柳而后以为杯棬也 11.1(3)

承
寡人愿安承教 1.4
丕承哉,武王烈 6.9(3)
能敬承继禹之道 9.6

抱关
抱关击柝 10.5

抱关击柝者 10.6

抽矢
抽矢扣轮 8.24

拂
行拂乱其所为 12.15
入则无法家拂士 12.15

拒
来者不拒 14.30

拔
拔乎其萃 3.2
拔一毛而利天下 13.26

拘
君子不可虚拘 13.37

拙
大匠不为拙工改废绳墨 13.41
羿不为拙射变其彀率 13.41

招
招虞人以旌 6.1(3)
招虞人以旌 10.7(7)
又从而招之 14.26

经
经始(治)灵台 1.2(2)
经之营之 1.2
必自经界始 5.3(3)
经德不回 14.33
君子反经而已矣 14.37
经正,则庶民兴 14.37

放
放辟邪侈 1.7、5.3
放于琅邪 2.4
汤放桀 2.8
放勋曰 5.4

葛伯放而不祀 6.5
驱蛇龙而放之菹 6.9
诸侯放恣 6.9
放淫辞 6.9(2)
放乎四海 8.18
立为天子,则放之 9.3(5)
放勋乃徂落 9.4
伊尹放之于桐 9.6
其所以放其良心者 11.8
放其心而不知求 11.11(4)
摩顶放踵利天下 13.26
放太甲于桐 13.31
则固可放与 13.31
放饭流歠 13.46
如追放豚 14.26

政
察邻国之政无如寡人之用心者 1.3
以刃与政 1.4
今王发政施仁 1.7
文王发政施仁 2.5
臣闻七十里为政者,汤是也 2.11
害于其政；发于其政 3.2
及是时明其政刑 3.4
斯有不忍人之政矣 3.6(2)
使己为政 4.10
闻君行圣人之政 5.4
害于其政 6.9
徒善不足以为政 7.1(2)
继之以不忍人之政 7.1
为政不难 7.6
必为政于天下矣 7.7
诸侯有行文王之政者 7.13

必为政于天下矣 7.13
政不足间也 7.20
子产听郑国之政 8.2(4)
以政接于有庳 9.3
公仪子为政 12.6
鲁欲使乐正子为政 12.13
无政事则财用不足 14.12
土地、人民、政事 14.28

斧
斧斤以时入山林 1.3
斧斤伐之 1.8
亦犹斧斤之于木也 11.8

於
於牣鱼跃 1.2
居於陵 6.10
以於陵则居之 6.10

旻天
号泣于旻天 9.1(2)

昆夷
文王事昆夷 2.3

明
明足以察秋毫之末 1.7
为不用明焉 1.7
明以教我 1.7
是故明君制民之产 1.7
及是时明其政刑 3.4
明日,出吊于东郭氏 4.2
我明语子 4.11
则是不明也 4.12
皆所以明人伦也 5.3
人伦明于上 5.3
我明告子 6.6

离娄之明 7.1
不明乎善 7.12
舜明于庶物 8.19
明日之邹以告孟子 12.1
吾明告子 12.8
日月有明 13.24

明堂
人皆谓我毁明堂 2.5(2)

昏暮
昏暮叩人之门户求水火 13.23

易
深耕易耨 1.5
以羊易之 1.7(5)
今言王若易然 3.7(4)
以其所有易其所无者 4.11
以粟易之 5.4(7)
夷子思以易天下 5.5
子不通功易事 6.4
不易吾言矣 6.9
以易之也 6.10
事在易而求之难 7.11
古者易子而教之 7.18
人之易其言也 7.22
禹、稷、颜子易地则皆然 8.29
曾子、子思易地则皆然 8.31
反覆之而不听则易位 10.9
易牙,先得我口之所耆者也 11.7(3)
虽有天下易生之物也 11.9
无易树子 12.7
易其田畴 13.23
柳下惠不以三公易其介 13.28

昔
昔齐景公田 6.1

索引 八画

昔沈犹有负刍之祸 8.32

昔者

昔者齐景公问于晏子曰 2.4

昔者文王之治岐也 2.5(3)

昔者所进 2.7

昔者大王居邠 2.14、2.15

昔者曾子谓子襄曰 3.2

昔者子贡问于孔子曰 3.2

昔者窃闻之：子夏 3.2

昔者辞以病 4.2(3)

昔者鲁缪公无人乎子思之侧 4.11

昔者孟子尝与我言于宋 5.2

昔者孔子没 5.4

昔者赵简子使王良与嬖奚乘 6.1

昔者禹抑洪水 6.9

曰：昔者 7.24

昔者，则我出此言也 7.24

昔者有馈生鱼于郑子产 9.3

昔者尧荐舜于天而天受之 9.5

昔者舜荐禹于天 9.6

昔者王豹处于淇 12.6

朋友

非所以要誉于乡党朋友也 3.6

朋友有信 5.4

责善，朋友之道也 8.30

服

以一服八 1.7

以力服人者，非心服也 3.3(6)

齐疏之服 5.2

侯于周服 7.7

故善战者服上刑 7.14

为旧君有服 8.3(4)

以善服人者 8.16(4)

四罪而天下咸服 9.3

子服尧之服 12.2

子服桀之服 12.2

范

吾为之范我驰驱 6.1

孟子自范之齐 13.36

构

构怨于诸侯 1.7

吾闻秦楚构兵 12.4

杯

义，犹杯棬也 11.1(5)

犹以一杯水救一车薪之火也 11.18

杵

而何其血之流杵也 14.3

枉

枉尺而直寻 6.1(5)

吾未闻枉己而正人者也 9.7

杨

杨朱、墨翟之言盈天下 6.9(6)

杨子取为我 13.26

逃墨必归于杨 14.26(3)

极

夫何使我至于此极也 2.1(2)

又极之于其所往 8.3

环

环而攻之而不胜 4.1(2)

果

君是以不果来也 2.16

闻王命而遂不果 4.2

行不必果 8.11

果有以异于人乎 8.32

果在外,非由内也 11.5(2)
二女果 14.6

欣欣
举欣欣然有喜色 2.1(2)

饱
乐岁终身饱 1.7
饱食、暖衣、逸居而无教 5.4
未尝不饱,盖不敢不饱也 10.3
既饱以德 11.17
言饱乎仁义也 11.17
七十非肉不饱 13.22
不暖不饱,谓之冻馁 13.22

武
我武惟扬 6.5
曾子居武城 8.31
吾于《武成》14.3

武王
武王耻之 2.3(3)
武王伐纣 2.8(2)
武王是也 2.10
武王、周公继之 3.1
周公相武王 6.9(2)
武王不泄迩 8.20
武王之伐殷也 14.4

武丁
由汤至于武丁 3.1(3)

试
请尝试之 1.7
好驰马试剑 5.2

诗
《诗》云:经始(治)灵台 1.2
《诗》云:他人有心 1.7

《诗》云:刑于寡妻 1.7
《诗》云:畏天之威 2.3
《诗》云:王赫斯怒 2.3
其诗曰:畜君何尤 2.4
《诗》云:哿矣富人 2.5
《诗》云:乃积乃仓 2.5
《诗》云:古公亶父 2.5
《诗》云:自西自东 3.3
《诗》云:迨天之未阴雨 3.4
为此诗者,其知道乎 3.4
《诗》云:永言配命 3.4
《诗》云:昼尔于茅 5.3
《诗》云:雨我公田 5.3
《诗》云周虽旧邦 5.3
《诗》云:不失其驰 6.1
《诗》云:戎狄是膺 6.9
《诗》云:不愆不忘 7.1
《诗》曰:天之方蹶 7.1
《诗》云:殷鉴不远 7.2
《诗》云:永言配命 7.4
《诗》云:商之孙子 7.7
《诗》云:谁能执热 7.7
《诗》云:其何能淑 7.9
王者之迹熄而《诗》亡 8.21(2)
《诗》云:娶妻如之何 9.2
《诗》云:普天之下 9.4
是诗也,非是之谓也 9.4
故说诗者不以文害辞 9.4
《云汉》之诗曰周余黎民 9.4
《诗》曰:永言孝思 9.4
《诗》云:周道如厎 10.8
颂其诗,读其书 10.9

《诗》曰：天生蒸民 11.6
为此诗者 11.6
《诗》云：既醉以酒 11.17
《小弁》，小人之诗也 12.3(3)
《诗》曰：不素餐兮 13.32(2)
《诗》云：忧心悄悄 14.19
诡遇
为之诡遇 6.1
详
博学而详说之 8.15
其详不可得闻也 10.2
轲也请无问其详 12.4
诛
闻诛一夫纣矣 2.8
诛其君而吊其民 2.11
诛之则不可胜诛 2.12(3)
诛其君，吊其民 6.5
诛纣伐奄 6.9
诛不仁也 9.3
在他人则诛之 9.3
天诛造攻自牧宫 9.7
是不待教而诛者也 10.4(3)
诛不孝 12.7
氓
而愿为之氓矣 3.5
愿受一廛而为氓 3.4
愿为圣人氓 3.4
君之于氓也 10.6
浍
沟浍皆盈 8.18
泽
泽梁无禁 2.5

今有仁心仁闻而民不被其泽 7.1
君子之泽五世而斩 8.22
小人之泽五世而斩 8.22
有不被尧舜之泽者 9.7
得志，泽加于民 13.9
沮
嬖人有臧仓者沮君 2.16
河
河内凶，则移其民于河东 1.3(2)
河海之于行潦 3.2
禹疏九河 5.4
江、淮、河、汉是也 6.9
而河西善讴 12.6
油然
天油然作云 1.6
治
奚暇治礼义哉 1.7
昔者文王之治岐也 2.5
士师不能治士 2.6
四境之内不治 2.6
治则进 3.2、10.1
治亦进 3.2、10.1
夫既或治之 4.6
有司者治之耳 4.10
治地莫善于助 5.3
无君子莫治野人 5.3
然后敢治私事 5.3
饔飧而治 5.4
劳心者治人 5.4(4)
尧舜之治 5.4
门人治任将归 5.4
墨之治丧也 5.5

一治一乱 6.9
使禹治之 6.9
不以尧之所以治民治民 7.2
治人不治反其智 7.4
民不可得而治也 7.12
二嫂使治朕栖 9.2
汝其于予治 9.2
天子使吏治其国 9.3
使之主事而事治 9.5
弗与治天职也 10.3
田野治 12.7
丹之治水也愈于禹 12.11（2）
国欲治，可得乎 12.13

治天下
圣人治天下 13.23
治天下可运之掌上 3.6
夫天未欲平治天下也 4.13（2）
然则治天下独可耕且为与 5.4
不能平治天下 7.1

治国家
至于治国家 2.9
能治其国家 3.4

沼
王立于沼上 1.2（5）

泄迩
武王不泄迩 8.20

泄柳
泄柳、申详无人乎缪公之侧 4.11
泄柳闭门而不纳 6.7

泄泄
无然泄泄 7.1
泄泄，犹沓沓也 7.1

法
则文王不足法与 3.1
法而不廛 3.5
不可法于后世者 7.1（4）
二者皆法尧舜而已矣 7.2
舜为法于天下 8.28
君子行法 14.33

法家
入则无法家拂士 12.15

泗
排淮、泗而注之江 5.4

泚
其颡有泚 5.5（3）

泣
而相泣于中庭 8.33
而不相泣者几希矣 8.33
号泣于旻天 9.1（3）
则已垂涕泣而道之 12.3

注
瀹济、漯而注诸海 5.4
排淮、泗而注之江 5.4
禹掘地而注之海 6.9

沓沓
泄泄，犹沓沓也 7.1（2）

择
则牛羊何择焉 1.7
非择而取之 2.14
君请择于斯二者 2.15
择不处仁，焉得智 3.7
如此则与禽兽奚择哉 8.28

炙
耆秦人之炙 11.4（3）

而况于亲炙之者乎 14.15
争
争地以战 7.14
争城以战 7.14
床
舜在床琴 9.1
视
抑为采色不足视于目与 1.7
夫抚剑疾视曰 2.3
不诛则疾视其长上之死而不救 2.12
视刺万乘之君 3.2
视不胜犹胜也 3.2
其子趋而往视之 3.2
将视朝 4.2
抑亦立而视其死与 4.4
睨而不视 5.5
视天下悦而归己犹草芥也 7.28
君之视臣如手足 8.3(6)
文王视民如伤 8.20
天视自我民视 9.5
弗视也 9.7
目不视恶色 10.1
天子之卿受地视侯 10.2(3)
小人所视 10.7
如其自视欿然 13.11
舜视弃天下 13.35
勿视其巍巍然 14.34
版筑
傅说举于版筑之间 12.15
牧
今夫天下之人牧 1.6
今有受人之牛羊而为之牧之者 4.4(3)

天诛造攻自牧宫 9.7
乐正裘、牧仲 10.3
牛羊又从而牧之 11.8
牧皮 14.37
物
物皆然 1.7
夫物之不齐,物之情也 5.4
且天之生物也 5.5
是绝物也 7.7
此物奚宜至哉 8.28
夫物则亦有然者也 11.4
有物有则 11.6
故有物必有则 11.6
无物不长 11.8
无物不消 11.8
虽有天下易生之物也 11.9
耳目之官不思而蔽于物 11.15
物交物则引之而已矣 11.15
仪不及物曰不享 12.5
万物皆备于我矣 13.4
狐狸
狐狸食之 5.5
狗
鸡豚狗彘之畜无失其时 1.3(2)
鸡豚狗彘之畜 1.7
鸡鸣狗吠相闻 3.1
直
直不百步耳 1.3
直好世俗之乐耳 2.1
以直养而无害 3.2
非直为观美也 4.7
匡之直之 5.4

不直则道不见,我且直之 5.5
枉尺而直寻 6.1(4)
其直如矢 10.7
知(略)
社稷
不保社稷 7.3
有安社稷臣者 13.19(2)
社稷次之 14.14(3)
祀
葛伯放而不祀 6.5(4)
则可以祀上帝 8.25
秉彝
民之秉彝 11.6(2)
空
空乏其身 12.15
则国空虚 14.12
罔
是罔民也 1.7(2)
而罔市利 4.10
是罔民也 5.3(2)
难罔以非其道 9.2
凡民罔不谖 10.4
肢
四肢之于安佚也,性也 14.24
肥
庖有肥肉,厩有肥马 1.4、6.9
为肥甘不足于口与 1.7
则地有肥硗 11.7
肩
胁肩谄笑 6.7
养其一指而失其肩背 11.14
育
五谷熟而民人育 5.4

尊贤育才 12.7
肤
不肤挠 3.2
无使土亲肤 4.7
殷士肤敏 7.7
无尺寸之肤不爱焉 11.14(3)
卧
隐几而卧 4.11
夫子卧而不听 4.11
舍
王曰:舍之 1.7
出舍于郊 2.4
吾何以识其不才而舍之 2.7
姑舍女所学而从我 2.9(2)
以为无益而舍之者 3.2
姑舍是 3.2
舍己从人 3.8
岂舍王哉 4.12
舍我其谁也 4.13
舍皆取诸其宫中而用之 5.4
舍矢如破 6.1
农夫岂为出疆舍其耒耜哉 6.3
舍正路而不由 7.10
舍馆未定 7.24(2)
不舍昼夜 8.18
始舍之圉圉焉 9.2
舍则失之 11.6、13.3
舍则亡 11.8
舍鱼而取熊掌者也 11.10
舍生而取义者也 11.10
舍其路而弗由 11.11
舍其梧檟 11.14

是舍箪食豆羹之义也 13.34

人病舍其田 14.32

苗

王知夫苗乎 1.6(3)

宋人有闵其苗之不长而揠之者 3.2(6)

杀三苗于三危 9.3

恐其乱苗也 14.37

苟（略）

若（略）

若夫

若夫成功 2.14

若夫润泽之 5.3

若夫君子所患则亡矣 8.28

若夫为不善 11.6

苦

乐岁终身苦 1.7

必先苦其心志 12.15

英才

得天下英才而教育之 13.20

苗壮

牛羊茁壮长 10.5

范

吾为之范我驰驱 6.1

孟子自范之齐 13.36

茅

昼尔于茅 5.3

则茅塞之矣 14.21(2)

虎

驱虎豹犀象而远之 6.9

虎贲三千人 14.4

晋人有冯妇者善搏虎 14.23(3)

绍

绍我周王见休 6.5

织

捆屦、织席以为食 5.4

许子必织布而后衣乎 5.4

自织之与 5.4(2)

彼身织屦 6.10

畛

畛兄之臂而夺之食 12.1(3)

是犹或畛其兄之臂 13.39

终

于心终不忘 5.2

将终岁勤动 5.3

终日而不获一禽 6.1(2)

终条理也 10.1(2)

然终于此而已矣 10.3

是以未尝有所终三年淹也 10.4

终亦必亡而已矣 11.16

亦终必亡而已矣 11.18

终去仁义 12.4

是欲终之而不可得也 13.39

终身

乐岁终身饱 1.7(2)

终身不得、终身忧辱 7.9

是故君子有终身之忧 8.28

终身不养焉 8.30

所仰望而终身也 8.33

大孝终身慕父母 9.1

终身由之而不知其道者 13.5

终身䜣然 13.35

若将终身焉 14.6

籴

无曲防，无遏籴 12.7

采

抑为采色不足视于目与 1.7

有采薪之忧 4.2
学
夫人幼而学之 2.9(3)
我学不厌而教不倦也 3.2(3)
学焉而后臣之 4.2(2)
吾未之学也 5.2(2)
设为庠、序、学校以教之 5.3
学则三代共之 5.3
尽弃其学而学焉 5.4
北学于中国 5.4(4)
子未学《礼》乎 6.2
以待后之学者 6.4
上无礼，下无学 7.1
我不意子学古之道 7.25
逢蒙学射于羿 8.24(5)
虽与之俱学 11.9
学问之道无他 11.11
学者亦必志于彀 11.20(2)
人之所不学而能者 13.15
岩墙
知命者不立乎岩墙之下 13.2
金
抽矢扣轮，去其金 8.24
金声而玉振之也 10.1(2)
金重于羽者 12.1
一钩金 12.1
势
虽有智慧，不如乘势 3.1
势不行也 7.18
其势则然也 11.2
古之贤王好善而忘势 13.8
乐其道而忘人之势 13.8

迨
迨天之未阴雨 3.4
迫
迫，斯可以见矣 6.7
迭
迭为宾主 10.3
述职
诸侯朝于天子曰述职 2.4(3)、12.7
迩
道在迩而求诸远 7.11
武王不泄迩 8.20
贫
贫富不同也 2.16
贫贱不能移 6.2
仕非为贫也 10.5(5)
货
寡人好货 2.5(3)
是货之也 4.3
焉有君子而可以货取乎 4.3
货财不聚 7.1
好货财 8.30
杀越人于货 10.4
贯
我不贯与小人乘 6.1
责
责难于君谓之恭 7.1
父子之间不责善 7.18(2)
无责耳矣 7.22
子父责善而不相遇也 8.30(3)
陈
不敢以陈于王前 4.2
为陈侯周臣 9.8

陈

陈臻问曰 4.3、14.23
陈贾曰：王无患焉 4.9
时子因陈子而以告孟子 4.10(2)
陈良之徒陈相与其弟辛 5.4(2)
陈代曰：不见诸侯 6.1
陈仲子岂不诚廉士哉 6.10
陈善闭邪谓之敬 7.1
为陈侯周臣 9.8
陈子曰：古之君子 12.14
我善为陈 14.4
君子之厄于陈蔡之间 14.17
孔子在陈 14.37(2)

阿

污不至阿其所好 3.2

附

吾欲观于转附、朝儛 2.4
惟臣附于大邑周 6.5
附于诸侯，曰附庸 10.2
附之以韩魏之家 13.11

际

敢问交际，何心也 10.4
苟善其礼际矣 10.4
有际可之仕 10.4(2)

邻

信以为人之亲其兄之子为若亲其邻 5.5
汤居亳，与葛为邻 6.5
今有人日攘其邻之鸡者 6.8

邻国

邻国之政无如寡人之用心者 1.3(3)
交邻国有道乎 2.3
则邻国之民仰之若父母矣 3.5
今吾子以邻国为壑 12.11

邮

速于置邮而传命 3.1

邹

邹人与楚人战 1.7
何以异于邹敌楚哉 1.7
邹与鲁鬨 2.12
然友之邹问于孟子 5.20
然友复之邹问孟子 5.20
明日之邹以告孟子 12.1
交得见于邹君 12.2
孟子居邹 12.5(3)

贤

国君进贤 2.7(5)
以为贤乎 2.16
吾子与子路孰贤 3.1(2)
贤圣之君六七作 3.1
未知其孰贤 3.2
贤于尧、舜远矣 3.2
尊贤使能 3.5
进不隐贤 3.9
是故贤君必恭俭礼下 5.3
滕君，则诚贤君 5.4
恶得贤 5.4
故人乐有贤父兄也 8.7
则贤不肖之相去其间不能以寸 8.7
蔽贤者当之 8.17
汤执中，立贤无方 8.18
孔子贤之 8.29(2)
我独贤劳也 9.4
不传于贤而传于子 9.6(5)
不贤而能之乎 9.9
进不隐贤 10.1

为其多闻也,为其贤也 10.7
为其贤也,则吾未闻欲见贤而召 10.7
不以贤事不肖者 12.6(5)
古之贤王好善而忘势 13.8
古之贤士何独不然 13.8
太甲贤 13.31(2)
挟贤而问 13.43
贤人
王子比干、箕子、胶鬲,皆贤人也 3.1
况乎以不贤人之招招贤人乎 10.7(3)
贤者
贤者亦乐此乎 1.2(3)
贤者亦有此乐乎 2.4
礼义由贤者出 2.16
贤者在位,能者在职 3.4
贤者与民并耕而食 5.4
而谓贤者为之乎 9.9
非独贤者有是心也 11.10(2)
若是乎贤者之无益于国也 12.6(2)
贤者之为人臣也 13.31
贤者以其昭昭使人昭昭 14.20
知之于贤者也 14.24
质
出疆必载质 6.3(2)
庶人不传质为臣 10.7
贬
一不朝则贬其爵 12.7
驾
今乘舆已驾矣 2.16
君命召不俟驾 4.2
君命召,不俟驾而行 10.7
驷
系马千驷 9.7

轮
则梓匠轮舆皆得食于子 6.4(3)
抽矢扣轮 8.24
梓匠轮舆能与人规矩 14.5
奋
奋乎百世之上 14.15
雨
沛然下雨 1.6
迨天之未阴雨 3.4
雨我公田 5.4
若大旱之望雨也 6.5
七八月之间雨集 8.18
有如时雨化之者 13.40
雨露
雨露之养 11.7
雨露之所润 11.8
齿
爵一,齿一,德一 4.2
朝廷莫如爵,乡党莫如齿 4.2
放饭流歠,而问无齿决 13.46
纩
彼身织屦,妻辟纩 6.10
非(略)

九 画

亮
君子不亮,恶乎执 12.12
兹
士则兹不悦 4.12
今兹未能 6.8
惟兹臣庶 9.2
士憎兹多口 14.19

将(略)
将军
鲁欲使慎子为将军 12.8
侮
或敢侮予 3.4
谁敢侮之 3.4
夫人必自侮,然后人侮之 7.8
侵
狄人侵之 2.14、2.15
侵于之疆 6.5
郑人使子濯孺子侵卫 8.24
便嬖
便嬖不足使令于前与 1.7
俊杰
俊杰在位 3.5、12.7
俑
始作俑者 1.4
俭
君子不以天下俭其亲 4.7
俭者不夺人 7.16
地非不足,而俭于百里 12.8(2)
俗
无变今之俗 12.9
保
保民而王 1.7(2)
百姓之不见保 1.7
不推恩无以保妻子 1.7
足以保四海 1.7、3.6、
乐天者保天下,畏天者保其国 2.3
于时保之 2.3
乐天者保天下 2.3(3)
若保赤子 5.5

不保四海 7.3(4)
俟
君命召不俟驾 4.2
不俟驾而行 10.7
修身以俟之 13.1
以俟命而已矣 14.233
信
天下信之 2.11
信能行此五者 3.5
朋友有信 5.4
信以为人之亲其兄之子 5.5
朝不信道,工不信度 7.1
不信于友 7.12(3)
言不必信 8.11
信斯言也 9.2、9.4
信乎 9.9
水信无分于东西 11.2
今有无名之指屈而不信 11.12(2)
人皆信之 13.34
以其小者信其大者 13.34
尽信《书》则不如无《书》14.3
不信仁贤则国空虚 14.12
信人也 14.25(3)
言语必信 14.33
恐其乱信也 14.37
修
壮者以暇日修其孝悌忠信 1.5
吾何修而可以比于先王观 2.4
修我墙屋 8.31
古之人修其天爵 11.16(2)
修身
修身以俟之 13.1

修身见于世 13.9
君子之守修其身 14.32
复
有复于王者曰 1.7
管仲、晏子之功可复许乎 3.1
圣人复起 3.2
请勿复敢见矣 4.11
复见孟子 5.1
然友复之邹问孟子 5.2
请复之 6.1
为匹夫匹妇复雠也 6.5
复归于亳 9.6
将复之 14.1
国人皆以夫子将复为发棠 14.23(2)
冠
其冠不正 3.9
许子冠乎 5.4(4)
丈夫之冠也 6.2
前
便嬖不足使令于前与 1.7
而孟子之后丧逾前丧 2.16(4)
不敢以陈于王前 4.2
食前方丈 14.34
前日
前日于齐 4.3(3)
前日不知虞之不肖 4.7
前日愿见而不可得 4.10
前日虞闻诸夫子曰 4.13
剑
夫抚剑疾视曰 2.3
好驰马试剑 5.2
削
不甚,则身危国削 7.2

鲁之削也滋甚 12.6
削何可得与 12.6
再不朝,则削其地 12.8
勃然
王勃然变乎色 10.9
慎子勃然不悦曰 12.8
勋
挟有勋劳而问 13.43
勇
寡人好勇 2.3(5)
北宫黝之养勇也 3.2(5)
勇士不忘丧其元 6.1、10.7
死伤勇 8.23
勉
子必勉之 5.3
匍匐
赤子匍匐将入井 5.5
匍匐往将食之 6.10
挟
挟太山以超北海 1.7
不挟长,不挟贵 10.3(4)
挟贵而问,挟贤而问 13.43(5)
南
南辱于楚 1.5
遵海而南 2.4
自南自北 3.3
南蛮鴃舌之人 5.4
舜避尧之子于南河之南 9.5
遂有南阳 12.8
南面
舜南面而立 9.4
南面而征北狄怨 2.11、6.5、14.4

既

兵刃既接 1.3

既曰志至焉 3.2

然则夫子既圣矣 3.2

夫子既圣矣 3.2

经界既正 5.3

今既数月矣 5.4

夫既或治之 5.4

险阻既远 6.9

尧舜既没 6.9

圣人既竭目力焉 7.1(3)

既不能令 7.7

上帝既命 7.7

则吾既得闻命矣 9.1、9.2

予既烹而食之 9.2

舜既为天子矣 9.4(2)

则吾既得闻命矣 9.4

既而幡然改曰 9.7

既得人爵 11.6

既醉以酒,既饱以德 11.7

既盟之后 12.7

予既已知之矣 12.14

牺牲既成,粢盛既洁 14.14

既入其苙 14.26

昼

昼尔于茅 5.3

不舍昼夜 8.18

则其旦昼之所为 11.8

宿于昼 4.11

三宿而后出昼 4.12(3)

厚

然而夷子葬其亲厚 5.5

于所厚者薄 13.44

咸

咸以正无缺 6.9

谟盖都君咸我绩 9.2

四罪而天下咸服 9.3

咻

众楚人咻之 6.6

咽

三咽然后耳有闻 6.10

哀

哀此茕独 2.5

百官有司莫敢不哀 5.2

哭泣之哀 5.2

舍正路而不由,哀哉 7.10

放其心而不知求,哀哉 11.11

哭死而哀 14.33

哇

出而哇之 6.10

苢

以遏徂苢 2.3

囿

文王之囿方七十里 2.2(4)

垣

段干木逾垣而辟之 6.7

垤

太山之于丘垤 3.2

呼于垤泽之门 13.36

契

使契为司徒 5.4

牵牛

有牵牛而过堂下者 1.7

姜女

爰及姜女 2.5

姣
天下莫不知其姣也 11.7(2)
威
畏天之威 2.3
威天下不以兵革之利 4.1
威武不能屈 6.2
孩提
孩提之童 13.15
客
客不悦曰 4.11
宾
迭为宾主 10.3
无忘宾旅 12.7
礼之于宾主也 14.24
室
我欲中国而授孟子室 4.10
筑室于场 5.4
丈夫生而愿为之有室 6.3
仲子所居之室 6.10(4)
无寓人于我室 8.31
齐人有一妻一妾而处室者 8.33
万室之国 12.10
过我门而不入我室 14.37
封
域民不以封疆之界 4.1
封之也 9.3(4)
无有封而不告 12.7
周公之封于鲁 12.8
太公之封于齐也 12.8
屋
亟其乘屋 5.3
修我墙屋 8.31

任人有问屋庐子曰 12.1(2)
屋庐子喜曰 12.5(3)
巷
居于陋巷 8.29
帝
自耕、稼、陶、渔以至为帝 3.8
帝使其子九男二女 9.1(3)
帝之妻舜而不告 9.2
帝亦知告焉则不得妻也 9.2
舜尚见帝,帝馆甥于贰室 10.3
战
王好战,请以战喻 1.3
邹人与楚人战 1.7
故君子有不战,战必胜矣 4.1
况于为之强战 7.14(4)
一战胜齐,遂有南阳 12.8
我能为君约与国,战必克 12.9
而求为之强战 12.9
糜烂其民而战之 14.1
春秋无义战 14.2
我善为战 14.4
各欲正己也,焉用战 14.4
轻
权,然后知轻重 1.7
轻暖不足于体与 1.7
故民之从之也轻 1.7
君所为轻身以先于匹夫者 2.16
麻缕丝絮轻重同则贾相若 5.4
子何尊梓匠轮舆而轻为仁义者哉 6.4
请轻之,以待来年 6.8
取食之重者与礼之轻者而比之 12.1(2)
欲轻之于尧舜之道者 12.10

皆将轻千里而来告之以善 12.13
君为轻 14.14
而所以自任者轻 14.32

种
许子必种粟而后食乎 1.7
播种而耰之 11.7
谷者,种之美者也 11.19

神
有为神农之言者许行 5.4
所存者神 13.13
圣而不可知之之谓神 14.25

幽
吾闻出于幽谷迁于乔木者 5.4(2)
名之曰幽厉 7.2
舜流共工于幽州 9.3

庠
谨庠、序之教 1.3、1.7
设为庠、序、学校以教之 5.3
庠者,养也 5.3
殷曰序,周曰庠 5.3

度
他人有心,予忖度之 1.7(3)
一游一豫,为诸侯度 2.4
古者棺椁无度 4.7
工不信度 7.1

羿
逢蒙学射于羿 8.24(5)
羿之教人射必志于彀 11.20
羿不为拙射变其彀率 13.41

待
何以待之 2.11
不如待时 3.1

王不待大 3.3
不待三 4.4
如不待其招而往 6.1
不待父母之命 6.3
以待后之学者 6.4
以待来年 6.8(3)
可立而待也 8.18
坐以待旦 8.20
其待我以横逆 8.28
待先生如此其忠且敬也 8.31
以待天下之清也 10.1
是不待教而诛者也 10.4
不千里不足以待诸侯 12.8
待文王而后兴者 13.10

很
好勇斗很 8.30

语
语人曰:望之不似人君 1.6
语人曰我不能 1.7(2)
王语暴以好乐 2.1(2)
坐!我明语子 4.11
孟子去齐,尹士语人曰 4.12
欲其子之齐语也 6.6
语云:盛德之士 9.4
不识此语诚然乎哉 9.4
齐东野人之语也 9.4
吾语子游 13.9

诚
士诚小人也 4.12
是诚在我 5.2
则诚贤君也 5.4
掩之诚是也 5.5

岂不诚大丈夫哉 6.2
陈仲子岂不诚廉士哉 6.10
反身不诚，不悦于亲矣 7.12(7)
故诚信而喜之 9.2
不识此语诚然乎哉 9.4
反身而诚 13.4

读
颂其诗，读其书 10.8

诬
是邪说诬民 6.9

诵
为王诵之 4.4
诵尧之言 12.2
诵桀之言 12.2

诲
使弈秋诲二人弈 11.9
大匠诲人必以规矩 11.20

说
王说曰：《诗》云 1.7
景公说，大戒于国 2.4
为我作君臣相说之乐 2.4
宰我、子贡善为说辞 3.2
是邪说诬民 6.9
博学而详说之，将以反说约也 8.15
故说诗者不以文害辞 9.4
故就汤而说之以伐夏救民 9.7
敢问何说也 10.4
我将见楚王说而罢之 12.4(5)
说大人，则藐之 14.34

怒
王赫斯怒 2.3
文王一怒而安天下之民 2.3(3)

匠人斫而小之则王怒 2.9
谏于其君而不受则怒 4.12
一怒而诸侯惧 6.2
继之以怒 7.18(2)
不藏怒焉 9.3

思（略）

怠
及是时般乐怠敖 3.4
杨、墨之道不怠 6.9

急
三月无君则吊，不以急乎 6.3(3)
是以如是其急也 8.29
当务之为急 13.46(3)

怨
构怨于诸侯 1.7
内无怨女 2.5
东面而征西夷怨 2.11(2)、6.5(2)、
　14.4(2)
不怨胜己者 3.7
遗佚而不怨 3.9
君子不怨天 4.13
怨慕也 9.1(3)
不宿怨焉 9.3
自怨自艾 9.6
遗佚而不怨 10.1
曰：怨 12.3(3)
虽劳不怨 13.12
虽死不怨杀者 13.12
杀之而不怨 13.13

恒
有恒产者有恒心 5.3(2、3)
人有恒言 7.5

爱人者人恒爱之 8.28(2)
人恒过 12.15
国恒亡 12.15
恒存乎疢疾 13.18

恔
于人心独无恔乎 4.7

拜
禹闻善言,则拜 3.8
则往拜其门 6.7
而往拜之 6.7
北面稽首再拜而不受 10.6(3)

拯
民以为将拯己于水火之中也 2.11

拱把
拱把之桐梓 11.13

指
今有无名之指屈而不信 11.12
养其一指而失其肩背 11.14
愿闻其指 12.4
言近而指远者 14.32

挍
挍数岁之中以为常 5.3

故(略)

贰
夭寿不贰 13.1

施
王如施仁政于民 1.5
今王发政施仁 1.7
文王发政施仁 2.5
施由亲始 5.5
所恶勿施尔也 7.9
以施四事 8.20
施从良人之所之 8.33
施施从外来 8.33
施泽于民久 9.6(2)
令闻广誉施于身 11.17
施于四体 13.21
守约而施博者 14.32

星辰
星辰之远也 8.26

春
春省耕而补不足 2.4、12.7
作《春秋》6.9(5)、8.21(2)
春秋无义战 14.2

昭昭
贤者以其昭昭使人昭昭(3)

是(略)

曷
天下曷敢有越厥志 2.3

显
晏子以其君显 3.1
而未尝有显者来 8.33
相秦而显其君于天下 9.9

树
树之以桑 1.3、1.7
树艺五谷 5.4
伯夷之所树与?抑亦盗跖之所树与 6.10
树之时又同 11.7
无易树子 12.7
树墙下以桑 13.22
教之树畜 13.22

挞
可使制梃以挞秦楚之坚甲利兵矣 1.5

若挞之于市朝 3.2
虽日挞而求其齐也 6.6(2)
柝
抱关击柝 10.5、10.6
柳下惠
柳下惠不羞污君 3.9(2)
柳下惠不羞污君 10.1(3)
不辞小官者,柳下惠也 12.6
柳下惠不以三公易其介 13.28
伯夷、柳下惠是也 14.15(2)
荣
仁则荣,不仁则辱 3.4
其君用之,则安富尊荣 13.32
殃
必有天殃 2.10
谓之殃民 12.8(2)
殃必及身 14.28
畛
肆不殄厥愠 14.19
段干木
段干木逾垣而辟之 6.7
荐
天子能荐人于天 9.5(5)
昔者舜荐禹于天 9.6(3)
药
若药不瞑眩 5.1
泉
泉之始达 3.6
掘井九轫而不及泉 13.29
洋洋
少则洋洋焉 9.2
洁
粢盛不洁 6.3

西子蒙不洁 8.25
归洁其身而已矣 9.7
粢盛既洁 14.14
欲得不屑不洁之士而与之 14.37
济
未有能济者也 3.5
瀹济、漯而注诸海 5.4
以其乘舆济人于溱洧 8.2(2)
洒
愿比死者壹洒之 1.5
洚水
洚水警余 6.9(2)
洚水者,洪水也 6.9、12.11
洪水
洪水横流 5.4
洚水者,洪水也 6.9、12.11
昔者禹抑洪水 6.9
昔者禹抑洪水 6.9
活
自作孽,不可活 3.4、7.8
民非水火不生活 13.23
洽
犹未洽于天下 3.1
洿池
数罟不入洿池 1.3
浊
沧浪之水浊兮 7.8
浊斯濯足矣 7.8
忝
则废人之大伦,以忝父母 9.2
爰
爰整其旅 2.3

爰方启行 2.5(2)
爰及姜女 2.5
牲
牲杀器皿衣服不备 6.3
百里奚自鬻于秦养牲者 9.9
诸侯束牲载书而不歃血 12.7
独
岂能独乐哉 1.2
而功不至于百姓者,独何与 1.7(2)
独乐乐,与人乐乐,孰乐 2.1
老而无子曰独 2.5
哿矣富人,哀此茕独 2.5
吾何为独不然 4.7
于人心独无恔乎 4.7
而独于富贵之中有私龙断焉 4.10
然则治天下独可耕且为与 5.4
尧独忧之 5.4
独居三年,然后归 5.4
不得志,独行其道 6.2
一薛居州,独如宋王何 6.6
孟子独不与驩言 8.27
我独贤劳也 9.4
何独至于人而疑之 11.7
独无所同然乎 11.7
非独贤者有是心也 11.10
古之贤士何独不然 13.8
穷则独善其身 13.9
独孤臣孽子其操心也危 13.18
羊枣所独也 14.36
名所独也 14.36
甚(略)
贵
莫如贵德而尊士 3.4

岂以为非是而不贵也 5.5
贵,人之所欲 9.1
贵为天子 9.1
亲之欲其贵也 9.3
不挟贵 10.3
用下敬上,谓之贵贵 10.3
贵贵、尊贤,其义一也 10.3
有贵戚之卿 10.9(2)
体有贵贱 11.14
无以贱害贵 11.14
欲贵者,人之同心也 11.17(5)
挟贵而问 13.43
民为贵 14.14
贱
有贱丈夫焉 4.10(2)
人皆以为贱 4.10
则是以所贱事亲也 5.5
天下之贱工也 6.1
则父母国人皆贱之 6.3
无以贱害贵 11.14(4)
赵孟之所贵,赵孟能贱之 11.17
罚
后来其无罚 6.5
界
必自经界始 5.3(4)
域民不以封疆之界 4.1
畅茂
草木畅茂 5.4
畎亩
以事舜于畎亩之中 9.1
我岂若处畎亩之中 9.7(2)
以养舜于畎亩之中 10.6

舜发于畎亩之中 12.15
畏
就之而不见所畏焉 1.6
畏天者也 2.3(3)
未闻以千里而畏人者 2.11
天下固畏齐之强也 2.11
吾先子之所畏也 3.1
是畏三军者也 3.2
虽大国必畏之矣 3.4
吾何畏彼哉 5.1
何畏焉 6.5
闵不畏死 10.4
善政民畏之 13.14
王曰：无畏 14.4
吾何畏彼哉 14.34
钟
将以衅钟 1.7(2)
百姓闻王钟鼓之声 2.1(2)
养弟子以万钟 4.10
兄戴，盖禄万钟 6.10
万钟则不辨礼义而受之 11.10(2)
钧
钧是人也 11.15(2)
疢疾
恒存乎疢疾 13.18
皇皇
孔子三月无君则皇皇如也 6.3
盆成括
盆成括仕于齐 14.29(3)
盈
则必取盈焉 5.3
杨朱、墨翟之言盈天下 6.9

杀人盈野 7.14
杀人盈城 7.14
盈科而后进 8.18
沟浍皆盈 8.18
不盈科不行 13.24
相（略）
盻盻
使民盻盻然 5.3
省
省刑罚 1.5
春省耕而补不足 2.4、12.7
秋省敛而助不给 2.4、12.7
眊
则眸子眊焉 7.15
矜式
皆有所矜式 4.10
祗
祗载见瞽瞍 9.4
禹
禹闻善言，则拜 3.8
禹疏九河 5.4(3)
使禹治之 6.9(3)
禹恶旨酒而好善言 8.20
如智者若禹之行水也 8.26(2)
禹、稷当平世 8.29(4)
至于禹而德衰 9.6(11)
丹之治水也愈于禹 12.11(3)
禹之声尚文王之声 14.22
若禹、皋陶，则见而知之 14.38
秋
明足以察秋毫之末 1.7
秋阳以暴之 5.4

秋省敛而助不给 2.4、12.7
科
盈科而后进 8.18
不盈科不行 13.24
夫子之设科也 14.31
穿逾
人能充无穿逾之心 14.31(2)
绥
绥厥士女 6.5
绝
子绝长者乎？长者绝子乎 4.11
绝长补短,将五十里也 5.1
是绝物也 7.7
给
秋省敛而助不给 2.4、12.7
统
君子创业垂统 2.14
罟
数罟不入洿池 1.3
养
是使民养生丧死无憾也 1.3(2)
使不得耕耨以养其父母 1.5
君子不以其所以养人者害人 2.15
北宫黝之养勇也 3.2(2)
我善养吾浩然之气 3.2
以直养而无害 3.2
养弟子以万钟 4.10
不得以养其父母 5.3
庠者,养也 5.3
无野人莫养君子 5.3
同养公田 5.3
则是厉民而以自养也 5.4

则君子之所养可知已矣 6.7
吾闻西伯善养老者 7.13(2)
曾子养曾皙 7.19(4)
中也养不中,才也养不才 8.7
养生者不足以当大事 8.13
以善养人 8.16
不顾父母之养 8.30(4)
而不得养父母也 9.4(4)
百里奚自鬻于秦养牲者 9.9
有公养之仕 10.4(2)
娶妻非为养也 10.5(2)
又不能养也 10.6(4)
雨露之养 11.7
故苟得其养,无物不长 11.8(2)
皆知所以养之者 11.13(2)
兼所爱,则兼所养也 11.14(7)
养老尊贤 12.7
存其心,养其性 13.1
吾闻西伯善养老者 13.22(5)
居移气,养移体 13.36
养心莫善于寡欲 14.35
类
非挟太山以超北海之类也 1.7(2)
河海之于行潦,类也 3.2(3)
与钻穴隙之类也 6.3
是尚为能充其类也乎 6.10
充类至义之尽也 10.4
此之谓不知类也 11.12
是皆穿逾之类也 14.31
美
见羽旄之美 2.1(2)
谓棺椁衣衾之美也 2.16

里仁为美 3.7
岂以仁义为不美也 4.2
木若以美然 4.7
非直为观美也然后尽于人心 4.7
有同美焉 11.7
牛山之木尝美矣 11.8(3)
为宫室之美 11.10(2)
种之美者也 11.19
道则高矣美矣 13.41
充实之谓美 14.25
脍炙与羊枣孰美 14.36

背

养其一指而失其肩背 11.14
盎于背 13.21

胡龁

臣闻之胡龁曰 1.7

致

致为臣而去 4.5
孟子致为臣而归 4.10
可坐而致也 8.26
莫之致而至者命也 9.6
不专心致志 11.9(2)
迎之致敬以有礼 12.14
故王公不致敬尽礼 13.8

窃

昔者窃闻之：子夏、子游 3.2
今愿窃有请也 4.7
其义则丘窃取之矣 8.21
窃负而逃 13.35
子以是为窃屦来与 14.30

虐

方命虐民 2.4

今燕虐其民 2.11
民之憔悴于虐政 3.1
多取之而不为虐 5.3

要

非所以要誉于乡党朋友也 3.6
使数人要于路 4.2
要其有酒食黍稻者夺之 6.5
伊尹以割烹要汤 9.7(2)
遭宋桓司马将要而杀之 9.8
以要秦穆公 9.9
以要人爵 11.16

蚤起

蚤起，施从良人之所之 8.33

笃

以笃周祜 2.3

虽

不贤者虽有此，不乐也 1.2(2)
齐国虽褊小 1.7
虽不得鱼，无后灾 1.7
我虽不敏，请尝试之 1.7
虽万镒，必使玉人雕琢之 2.9
虽有智慧，不如乘势 3.1(2)
虽由此霸王，不异矣 3.2(3)
虽大国必畏之矣 3.4
是故诸侯虽有善其辞命而至者 3.9
虽袒裼裸裎于我侧 3.9
予虽然，岂舍王哉 4.12
虽然，吾尝闻之矣 5.2
虽周亦助也 5.3
《诗》云周虽旧邦 5.3
虽然，未闻道也 5.4
虽欲耕，得乎 5.4

虽使五尺之童适市,莫之或欺 5.4
虽若丘陵,弗为也 6.1
齐楚虽大,何畏焉 6.5
虽日挞而求其齐也 6.6(2)
虽然,仲子恶能廉 6.10
虽孝子慈孙,百世不能改也 7.2
虽欲无王,不可得已 7.9
虽然,今日之事 8.24
虽有恶人 8.25
虽被发缨冠而救之可也 8.29(2)
虽然,欲常常而见之 9.3
虽袒裼裸裎于我侧 10.1
虽小国之君亦有之 10.3(3)
虽有不同 11.7
虽存乎人者 11.8
虽有天下易生之物也 11.9(3)
虽与之天下,不能一朝居也 12.9
虽未行其言也 12.14
虽无文王犹兴 13.10
虽劳不怨 13.12
虽死不怨杀者 13.12
虽大行不加焉,虽穷居不损焉 13.21
虽欲加一日愈于已 13.39
虽有不存焉者 14.35(2)

带
君子之言也不下带 14.32

郊
臣闻郊关之内有囿方四十里 2.2
出舍于郊 2.4
以其郊于大国也 11.8

轲
然而轲也尝闻其略也 10.2

轲也请无问其详 12.4

重
迁其重器 2.11(2)
其自任以天下之重如此 9.7、10.1
礼与食孰重 12.1(9)
欲重之于尧舜之道者 12.10
吾今而后知杀人亲之重也 14.7
所求于人者重 14.32

郑
子产听郑国之政 8.2
郑人使子濯孺子侵卫 8.24
昔者有馈生鱼于郑子产 9.2
恶郑声,恐其乱乐也 14.37

陋巷
居于陋巷 8.29

降
天降下民 2.3
若时雨降,2.11
如时雨降 6.15
非天之降才尔殊也 11.7
故天将降大任于是人也 12.15

郁陶
郁陶思君尔 9.2

贷
又称贷而益之 5.53

费惠公
费惠公曰:吾于子思 10.3

闻(略)

面
悻悻然见于其面 4.12
面深墨 5.2
中心达于面目 5.5

则谗谄面谀之人至矣 12.13(2)
其生色也睟然见于面 13.21
革车
革车三百两 14.4
亲
未有仁而遗其亲者也 1.1
王无亲臣矣 2.7
斯民亲其上 2.12
亲戚畔之 4.1
无使土亲肤 4.7
君子不以天下俭其亲 4.7
亲丧,固所自尽也 5.2
小民亲于下 5.3
则百姓亲睦 5.3
父子有亲 5.4
然而夷子葬其亲厚 5.5(8)
爱人不亲反其仁 7.4
人人亲其亲、长其长 7.11
事亲弗悦 7.12
男女授受不亲 7.17(2)
事亲为大 7.19(5)
仁之实,事亲是也 7.27
不得乎亲,不可以为人 7.28
舜尽事亲之道 7.28
亲爱之而已矣 9.3(3)
孝子之至,莫大乎尊亲 9.4(2)
吾岂若于吾身亲见之哉 9.7
亲迎,则不得妻 12.1(3)
《小弁》之怨,亲亲也 12.3(2)
《凯风》,亲之过小者也 12.3(2)
《小弁》,亲之过大者也 12.3(2)
无不知爱其亲者 13.15

亲亲,仁也 13.15
人莫大焉亡亲戚、君臣、上下 13.34
于民也,仁之而弗亲 13.45(3)
急亲贤之为务 13.46(2)
吾今而后知杀人亲之重也 14.7
而况于亲炙之者乎 14.15
音
管籥之音 2.1(2)
百姓闻王车马之音 2.1(2)
四海遏密八音 9.4
举
吾力足以举百钧,而不足以举一羽 1.7(4)
举疾首蹙頞而相告曰 2.1(2)
举欣欣然有喜色而相告曰 2.1(2)
五旬而举之 2.10
天下之民举安 4.12
举舜而敷治焉 5.4
则举而委之于壑 5.5
四海之内皆举首而望之 6.5
时举于秦 9.9
悦贤不能举 10.6
后举而加诸上位 10.6
故凡同类者举相似也 1.7
今日举百钧 12.2
然则举乌获之任 12.2
傅说举于版筑之间 12.15(5)
举一而废百也 13.26
非之无举也 14.37
顺
天下顺之 4.1(2)
过则顺之 4.9(2)

以顺为正者 6.2
顺天者存 7.7
惟恐不顺焉 7.16
不顺乎亲,不可以为子 7.28
为不顺于父母 9.1(2)
子能顺杞柳之性而以为杯棬乎 11.1
顺受其正 13.2
予不狎于不顺 13.31

饷
有童子以黍肉饷 6.5
《书》曰葛伯仇饷 6.5

恬
是以言恬之也 14.31

钩
岂谓一钩金与一舆羽之谓哉 12.1

迹
兽蹄鸟迹之道交于中国 5.4
王者之迹熄而《诗》亡 8.21

退
治则进,乱则退 3.2、10.1
退而有去志 4.14
寇退,则曰 8.31(3)
孔子进以礼退以义 9.8
吾退而寒之者至矣 11.9
其进锐者其退速 13.44

适
天子适诸侯曰巡狩 2.4、12.7
虽使五尺之童适市 5.4
人不足与适也 7.20
则口腹岂适为尺寸之肤哉 11.14

送
往送之门 6.2

惟送死可以当大事 8.13

逃
不目逃 3.2
禽兽逃匿 5.4
窃负而逃 13.35
逃墨必归于杨,逃杨必归于儒 14.26

逆
当尧之时,水逆行 6.9
逆天者亡 7.7
以意逆志 9.4
水逆行谓之洚水 12.11

迹
王者之迹熄而《诗》亡 8.21

选择
选择而使子 5.3

赵
昔者赵简子使王良与嬖奚乘 6.1
赵孟之所贵,赵孟能贱之 11.17

禹
禹闻善言,则拜 3.8
禹疏九河 5.4
禹八年于外 5.4
舜以不得禹、皋陶为己忧 5.4
使禹治之 6.9(3)
禹恶旨酒而好善言 8.20
如智者若禹之行水也 8.26(2)
禹、稷当平世 8.29(4)
至于禹而德衰 9.6(11)
丹之治水也愈于禹 12.11(3)
禹之声尚文王之声 14.22
若禹、皋陶,则见而知之 14.38

兽
此率兽而食人也 1.4(3)、6.9(2)

从兽无厌谓之荒 2.4
麒麟之于走兽 3.2
犹水之就下、兽之走圹也 7.9
爱而不敬,兽畜之也 13.37

觉
使先知觉后知 9.7(7)、10.1(6)

骄
骄其妻妾 8.33

䛄舌
南蛮䛄舌之人 5.4

十　画

亳
汤居亳 6.5(2)
复归于亳 9.6
朕载自亳 9.7

准绳
继之以规矩准绳 7.1

俯
俯足以畜妻子 1.7
俯不足以畜妻 1.7
子俯不怍于人 13.20

俱
虽与之俱学 11.9
父母俱存 13.20

倍
今又倍地而不行仁政 2.11
功必倍之 3.1
师死而遂倍之 5.4(2)
或相倍蓰 5.4
而赋粟倍他日 7.14
大夫倍上士 10.2(9)

或相倍蓰而无算者 11.6

倒悬
犹解倒悬也 3.1

兼
孔子兼之 3.2
王馈兼金一百而不受 4.3
达则兼善天下 13.9
墨子兼爱 6.9、13.26
周公兼夷狄 6.9
周公思兼三王 8.20
二者不可得兼 11.10(2)
兼所爱 11.14(3)
达则兼善天下 13.9

冢宰
君薨,听于冢宰 5.2

乘
万乘之国 1.1
亟其乘屋 5.3
使王良与嬖奚乘 6.1(3)
后车数十乘 6.4
以其乘舆济人于溱洧 8.2
晋之《乘》8.21
发乘矢而后反 8.24
晋人以垂棘之璧与屈产之乘假道 9.9
尝为乘田矣 10.5

卿
夫子加齐之卿相 3.2
孟子为卿于齐 4.6(2)
又使其子弟为卿 4.10
卿以下必有圭田 5.3
卿大夫不仁 7.3
卫卿可得也 9.8

君一位,卿一位 10.2(8)
齐宣王问卿 10.9(6)
夫子在三卿之中 12.6
原
则取之左右逢其原 8.14
一乡皆称原人焉 14.37(2)
叟
叟不远千里而来 1.1
叟之所知也 1.5
哺啜
徒哺啜也 7.25(2)
哭
即位而哭 5.2
哭泣之哀 5.2
相向而哭 5.4
华周杞梁之妻善哭其夫 12.6
哭死而哀 14.33
哿矣
哿矣富人 2.5
唐、虞
唐、虞禅 9.6
夏
夏谚曰 2.4
夏后、殷、周之盛 3.1
夏后氏五十而贡 5.3
夏曰校 5.3
吾闻用夏变夷者 5.4
病于夏畦 6.7
在夏后之世 7.2
犹益之于夏 9.6
夏后、殷、周继 9.6
故就汤而说之以伐夏救民 9.7

殷受夏 10.4
夏日则饮水 11.5
奚
奚暇治礼义哉 1.7
奚为后我 2.11、6.5
君奚为不见孟轲也 2.16
奚冠 5.4
许子奚为不自织 5.4
孔子奚取焉 6.1
此物奚宜至哉 8.28
如此则与禽兽奚择哉 8.28
奚而不知也 9.2
奚伪焉 9.2
有庳之人奚罪焉 9.3
事道奚猎较也 10.4
奚不去也 10.4
奚可以与我友 10.7
孔子奚取焉 10.7
奚翅食重 12.1
奚翅色重 12.1
奚有于是 1.2
然则奚为喜而不寐 12.13
奚可哉 13.34
奚为后我 14.4
是奚足哉 14.22
继
君子创业垂统,为可继也 2.14
武王、周公继之 3.1
皋陶
舜以不得禹、皋陶为己忧 5.4
皋陶为士 13.35
若禹、皋陶,则见而知之 14.38

宫
舍皆取诸其宫中而用之 5.4
坏宫室以为污池 6.9
象往入舜宫 9.2
而居尧之宫 9.5
宫之奇谏 9.9
为宫室之美、妻妾之奉 11.10(2)
无城郭、宫室、宗庙、祭祀之礼 12.10
王子宫室、车马 13.36
馆于上宫 14.30

宰
宰我、子贡善为说辞 3.2(3)
求也为季氏宰 7.14

害
时日害丧 1.2
君子不以其所以养人者害人 2.15
以直养而无害 3.2(4)
害于耕 5.4
鸟兽之害人者消 6.9
害于其事 6.9
害于其政 6.9
非国之害也 7.1
我不忍以夫子之道反害夫子 8.24
不以文害辞，不以辞害志 9.4
诸侯恶其害己也 10.2
非疾痛害事也 11.12
无以小害大，无以贱害贵 11.14
饥渴害之也 13.27(5)
人能充无欲害人之心 14.31

宽
不受于褐宽博 3.2(2)
故闻柳下惠之风者鄙夫宽 10.1

薄夫敦,鄙夫宽 14.15

宴
则不敢以宴 6.3

宵
宵尔索绹 5.3

家（略）

容
罪不容于死 7.14
其容有蹙 9.4
不容于尧舜之世 12.8
事是君则为容悦者也 13.39
容光必照焉 13.24
动容周旋中礼者 14.33

射
仁者如射 3.7
射者正己而后发 3.7
序者，射也 5.3
御者且羞与射者比 6.1
逢蒙学射于羿 8.24(6)
由射于百步之外也 10.1
思援弓缴而射之 11.9
羿之教人射必志于彀 11.20
越人关弓而射之 12.3(2)
羿不为拙射变其彀率 13.41

差
之则以为爱无差等 5.5
其禄以是为差 10.2

席
织席以为食 5.4

弱
弱固不可以敌强 1.7
弱役强 7.7

徐

因徐辟而求见孟子 5.5
徐子以告夷子 5.5(3)
徐子曰：仲尼亟称于水 8.18
徐行后长者谓之弟 12.2(2)
子谓之姑徐徐云尔 13.39

徒

仲尼之徒无道桓、文之事者 1.7
非徒无益，而又害之 3.2
岂徒顺之 4.9
则岂徒齐民安 4.12
其徒数十人 5.4
陈良之徒陈相 5.4
圣人之徒也 6.9
徒善不足以为政，徒法不能以自行 7.1
求非我徒也 7.14
徒哺啜也 7.24
岁十一月徒杠成 8.2
予未得为孔子徒也 8.22
徒取诸彼以与此 12.8
舜之徒也 13.25
跖之徒也 13.25

牺牲

牺牲不成 6.3
无以供牺牲也 6.5
牺牲既成 14.14

恐

此惟救死而恐不赡 1.7
吾甚恐 2.14
恐其不能尽于大事 5.2
恐不能胜 14.1
恐其乱苗也 14.37(6)

恕

强恕而行 13.4

恝

为不若是恝 9.1

恩

今恩足以及禽兽 1.7(5)
父子主恩 4.2
贼恩之大者 8.30

恭

是故贤君必恭俭礼下 5.3
责难于君谓之恭 7.1
恭者不侮人 7.16
恶得为恭俭 7.16(2)
孟子曰：恭也 10.4(3)
恭敬之心 11.6(2)
恭敬者，币之未将者也 13.37(2)

息

劳者弗息 2.4
息邪说 6.9
是其日夜之所息 11.8(2)

悄悄

忧心悄悄 14.19

悦(略)

悯

厄穷而不悯 3.9、10.1

悌

出则悌 6.4

悔过

三年，太甲悔过 9.6

振德

又从而振德之 5.4

捆屦
捆屦、织席以为食 5.4
损
请损之 6.8
则鲁在所损乎 12.8
虽穷居不损焉 13.21
捐阶
父母使舜完廪,捐阶 9.2
效死
效死而民弗去 2.13
效死勿去 2.15
敌
夫谁与王敌 1.5
故曰:仁者无敌 1.5
然则小固不可以敌大 1.7(4)
敌一人者也 2.3
量敌而后进 3.2
如此,则无敌于天下 3.5(2)
十一征而无敌于天下 6.5
夫国君好仁,天下无敌 7.7
今也欲无敌于天下而不以仁 7.7
出则无敌国外患者国恒亡 12.15(2)
敌国不相征也 14.2
仁人无敌于天下 14.3
国君好仁,天下无敌焉 14.4(2)
珈
庶人以珈 10.7
旂
士以旂 10.7
旄
反其旄倪 2.12
旅
爰整其旅 2.3

则天下之旅皆悦 3.5
晋
晋国,天下莫强焉 1.5
齐桓、晋文之事 1.7、8.21
晋楚之富 4.2
晋国亦仕国也 6.3
晋之《乘》8.21
晋人以垂棘之璧与屈产之乘 9.9
晋平公之于亥唐也 10.3
晋人有冯妇者 14.23
晏子
昔者齐景公问于晏子曰 2.4(2)
管仲、晏子之功可复许乎 3.1(4)
皞皞
王者之民,皞皞如也 13.13
胶鬲
箕子、胶鬲,皆贤人也 3.1
胶鬲举于鱼盐之中 12.15
朕
干戈朕,琴朕,弤朕 9.2(4)
朕载自亳 9.7
莱
辟草莱 7.14
若伊尹、莱朱,则见而知之 14.38
挠
不肤挠 3.2
校
校者,教也 5.3
夏曰校 5.3
子产使校人畜之池 9.2(3)
栖
二嫂使治朕栖 9.2

根
仁义礼智根于心 13.21
格
惟大人为能格君心之非 7.20
桀
汤放桀 2.8
桀、纣之失天下也 7.9(2)
必若桀、纣者也 9.6
子服桀之服 12.2(4)
五就桀者 12.9
是富桀也 12.9
桃应
桃应问曰：舜为天子 13.35
桎梏
桎梏死者，非正命也 13.2
桑
树之以桑 1.3、1.7
彻彼桑土 3.4
树墙下以桑 13.22
桐
伊尹放之于桐 9.6
于桐处仁迁义 9.6
放太甲于桐 13.31
拱把之桐梓 11.13(2)
桓
仲尼之徒无道桓、文之事者 1.7
桓公之于管仲 4.2(2)
遭宋桓司马将要而杀之 9.8
五霸，桓公为盛 12.7
殉
以道殉身 13.42(3)
故驱其所爱子弟以殉之 14.1

殊
非天之降才尔殊也 11.7
其性与人殊 11.7
殷
天下归殷久矣 3.1
夏后、殷、周之盛 3.1
殷人七十而助 5.3
殷曰序 5.3
殷鉴不远 7.2
殷士肤敏 7.7
犹益之于夏、伊尹之于殷也 9.6
夏后、殷、周继 9.6
殷受夏，周受殷 10.4
武王之伐殷也 14.4
周公使管叔监殷 14.9(4)
泰
不以泰乎 6.4
不以为泰，子以为泰乎 6.4
涂炭
如以朝衣朝冠坐于涂炭 3.9、10.1
润
若夫润泽之 5.3
雨露之所润 11.8
浚
使浚井 9.2
浡然
浡然而生 11.7
流
饮食若流 2.4(6)
流风善政 3.1
德之流行 3.1
舜流共工于幽州 9.3

决诸东方则东流 11.2(2)
上下与天地同流 13.13
流水之为物也 13.24
放饭流歠 13.46
而何其血之流杵也 14.3
同乎流俗 14.37

浩

我善养吾浩然之气 3.2(2)
予然后浩然有归志 4.12
浩生不害问曰 14.25

海

故推恩足以保四海 1.7
海内之地方千里者九 1.7
遵海而南 2.4
足以保四海 3.6
而注诸海 5.4
四海之内皆 6.5(2)
禹掘地而注之海 6.9
驱飞廉于海隅而戮之 6.9
不保四海 7.3
故沛然德教溢乎四海 7.6
放乎四海 8.18
四海遏密八音 9.4
是故禹以四海为壑 12.11
则四海之内,皆 12.13
孙叔敖举于海 12.15
定四海之民 13.21
故观于海者难为水 13.24
遵海滨而处 13.35

浼

若将浼焉

酒

乐酒无厌谓之亡 2.4

曾子养曾皙,必有酒肉 7.19(2)
则必餍酒肉而后反 8.33(2)
既醉以酒 11.17

消

鸟兽之害人者消 6.9
无物不消 11.8

涉

民未病涉也 8.2

涕

涕出而女于吴 7.7
则己垂涕泣而道之 12.3

浆

箪食壶浆以迎王师 2.10、2.11

热

如火益热 2.10
是犹执热而不以濯也 7.7(2)
不得于君则热中 9.1

烈

益烈山泽而焚之 5.4
丕承哉,武王烈 6.9
于今为烈 10.4

狼

粒米狼戾 5.3
是豺狼也 7.17
则为狼疾人也 11.14

珠玉

事之以珠玉 2.15
宝珠玉者,殃必及身 14.28

班

若是班乎 3.2
周室班爵禄也如之何 10.2

罢

我将见楚王说而罢之 12.4(6)

贾
则市贾不贰 5.4
布帛长短同则贾相若 5.4(3)
巨屦小屦同贾 5.4

脍炙
脍炙与羊枣孰美 14.36(4)

贼
贼仁者谓之贼 2.8(4)
自贼者也 3.6
贼其君者也 3.6
而乱臣贼子惧 6.9
贼民兴,丧无日矣 7.1
吾君不能谓之贼 7.1
贼其民者也 7.2
贼恩之大者 8.30
为其贼道也 13.26
乡原,德之贼也 14.37(3)

积
乃积乃仓 2.5
故居者有积仓 2.5

畔
亲戚畔之 4.1
攻亲戚之所畔 4.1
燕人畔 4.9(4)

留
有欲为王留行者 4.11
愿留而受业于门 12.2

畜
鸡豚狗彘之畜无失其时 1.3
俯足以畜妻子 1.7(2)
鸡豚狗彘之畜 1.7
畜君何尤 2.4(2)

苟为不畜 7.9
子产使校人畜之池 9.2
今而后知君之犬马畜伋 10.6
教之树畜 13.22
兽畜之也 13.37

疾
天下之欲疾其君者皆欲赴愬于王 1.7
举疾首蹙頞而相告曰 2.1(2)
寡人有疾 2.3、2.5(2)
夫抚剑疾视曰 2.3
不诛则疾视其长上之死而不救 2.12
有寒疾 4.2(4)
厥疾不瘳 5.1
今日我疾作 8.24(2)
非疾痛害事也 11.12
疾行先长者谓之不弟 12.2

疾病
吾王庶几无疾病与 2.1(2)
吾王庶几无疾病与 2.1
疾病相扶持 5.3

病
今日病矣 3.2
昔者辞以病 4.2
今病小愈 4.2
今吾尚病 5.5
病愈,我且往见 5.5
病于夏畦 6.7
犹七年之病求三年之艾也 7.9
民未病涉也 8.2
人病不求耳 12.2
人病舍其田,而芸人之田 14.32

益
如水益深,如火益热 2.10

以为无益而舍之者 3.2
非徒无益,而又害之 3.2
又称贷而益之 5.3
舜使益掌火,益烈山泽而焚之 5.4
禹荐益于天 9.6(8)
若是乎贤者之无益于国也 12.6
在所益乎 12.8
曾益其所不能 12.15
是求有益于得也 13.3
是求无益于得也 13.3

盍
子盍为我言之 4.10
盍归乎来 7.13(2)、13.22(2)、14.37
寇至,盍去诸 8.31(2)

虑
虑胜而后会 3.2
子为长者虑 4.11
有知虑乎 12.13
困于心,衡于虑 12.15
其虑患也深,故达 13.18

破
舍矢如破 6.1

祜
以笃周祜 2.3

神
有为神农之言者许行 5.4
所存者神 13.13
圣而不可知之之谓神 14.25

称
犆称之 4.7
言必称尧舜 5.1
又称贷而益之 5.3

外人皆称夫子好辩 6.9
仲尼亟称于水 8.18
通国皆称不孝焉 8.30
一乡皆称原人焉 14.37

秦
西丧地于秦七百里 1.5
以挞秦楚之坚甲利兵矣 1.5
欲辟土地,朝秦楚 1.7
百里奚自鬻于秦养牲者 9.9(4)
秦人之弟则不爱也 11.4(2)
则不远秦楚之路 11.12
吾闻秦楚构兵 12.24(5)
我将见秦王说而罢之 7.24

秦穆公
以要秦穆公 9.9(2)
秦穆公用之而霸 12.6

痈疽
或谓孔子于卫主痈疽 9.8(3)

载
出疆必载质 6.3(2)
自葛载 6.5
载胥及溺 7.9
二十有八载 9.4
祇载见瞽瞍 9.4
舜相尧二十有八载 9.5
朕载自亳 9.7
诸侯束牲载书而不歃血 12.7

谁
夫谁与王敌 1.5
沛然谁能御之 1.6
谁敢侮之 3.4
舍我其谁也 4.13

王谁与为不善 6.6(2)
谁能执热,逝不以濯 7.7
追我者谁也 8.24
君谁与守 8.31
非予觉之,而谁也 9.7
乡人长于伯兄一岁,则谁敬 11.5(3)

诺
公曰:诺 2.16
父召无诺 4.2

讇
胁肩讇笑 6.7
则谗讇面谀之人至矣 12.13(2)

谆谆
谆谆然命之乎 9.5

谈
遍国中无与立谈者 8.33
则己谈笑而道之 12.3

谀
则谗讇面谀之人至矣 12.13(2)

诸侯
构怨于诸侯 1.7
天子适诸侯曰巡狩 2.4(4)
诸侯将谋救燕 2.11(2)
武丁朝诸侯有天下 3.1
无严诸侯 3.2
皆能以朝诸侯 3.2
是故诸侯虽有善其辞命而至者 3.9
诸侯之礼,吾未之学也 5.2
不见诸侯,宜若小然 6.1
一怒而诸侯惧 6.2
犹诸侯之失国家也 6.3(2)
以传食于诸侯 6.4

不见诸侯,何义 6.7
圣王不作,诸侯放恣 6.9
诸侯不仁,不保社稷 7.3
则诸侯皆为之驱矣 7.9
诸侯有行文王之政者 7.13
连诸侯者次之 7.14
尧帅诸侯北面而朝之 9.4(2)
诸侯能荐人于天子 9.5(5)
诸侯恶其害己也 10.2
附于诸侯,曰附庸 10.2
今之诸侯取之于民也 10.4(2)
士之不托诸侯,何也 10.6(2)
敢问不见诸侯,何义也 10.7(3)
今之诸侯,五霸之罪人也 12.7(11)
不足以待诸侯 12.8(2)
无诸侯币帛饔飧 12.10
得乎天子为诸侯 14.14(3)
诸侯之宝三 14.28

诸冯
舜生于诸冯 8.1

请
王好战,请以战喻 1.3
王请勿疑 1.5
王请度之 1.7
我虽不敏,请尝试之 1.7
臣请为王言乐 2.1
王请无好小勇 2.3
王请大之 2.3
君请择于斯二者 2.15
嬖人臧仓者请曰 2.16
敢请 2.16
请必无归 4.2

子之辞灵丘而请士师 4.5
充虞请曰：前日 4.7(3)
贾请见而解之 4.9
不敢请耳 4.10
请勿复敢见矣 4.11
不可以请 4.14
请野九一而助 5.3
良曰：请复之 6.1
我不贯与小人乘，请辞 6.1
请轻之，以待来年 6.8
请损之 6.8
将彻，必请所与 7.19
将彻，不请所与 7.19
请无以辞却之 10.4
请问贵戚之卿 10.9
然后请问异姓之卿 10.9
轲也请无问其详 12.4
其傅为之请数月之丧 13.39

笑
以五十步笑百步，则何如 1.3
王笑曰：是诚何心哉 1.7
王笑而不言 1.7
胁肩谄笑 6.7
恭俭岂可以声音笑貌为哉 7.16
则己谈笑而道之 12.3
其为士者笑之 14.23

素
冠素 5.4
不素餐兮 13.32(2)

索绹
宵尔索绹 5.3

缺
咸以正无缺 6.9

翅
奚翅食重 12.1
奚翅色重 12.1

耆
乃属其耆老而告之曰 2.15
耆秦人之炙 11.4(3)
有同耆也 11.7(4)

耕
深耕易耨 1.5
使不得耕耨以养其父母 1.5
耕者皆欲耕于王之野 1.7
春省耕而补不足 2.4
耕者九一 2.5、2.11
耕者助而不税 3.5
而愿耕于其野矣 3.5
自耕、稼、陶、渔以至为帝 3.8
贤者与民并耕而食 5.4(8)
我竭力耕田 9.1
伊尹耕于有莘之野 9.7
禄足以代其耕也 10.2(4)
春省耕而补不足 12.7
匹夫耕之 13.22
君子之不耕而食 13.32
诸侯耕助 6.3
犹农夫之耕也 6.3
汤使亳众往为之耕 6.5

耘
不耘苗者也 3.2

胸
胸中正，则眸子了焉 7.15
胸中不正，则眸子眊焉 7.15

能（略）

胁肩
胁肩谄笑 6.7
爱
百姓皆以王为爱也 1.7(5)
爱厥妃 2.5
之则以为爱无差等 5.5
爱人不亲反其仁 7.4
仁者爱人 8.28(2)
父母爱之 9.1
父母之不我爱 9.1
彼以爱兄之道来 9.2
爱之欲其富也 9.3
吾弟则爱之,秦人之弟则不爱也 11.4
岂爱身不若桐梓哉 11.13
人之于身也,兼所爱 11.14(2)
无尺寸之肤不爱焉 11.14
善教民爱之 13.14
无不知爱其亲者 13.15
食而弗爱 13.37
爱而不敬 13.37
爱之而弗仁 13.45
仁民而爱物 13.45
仁者无不爱也 13.46
尧、舜之仁不遍爱人 13.46(4)
仁者以其所爱及其所不爱 14.1(7)
臭
鼻之于臭也 14.24
般乐
及是时般乐怠敖 3.4
般乐饮酒 14.34
荆舒
荆舒是惩 5.4、6.9

草
小人之德,草也 5.2
草尚之风,必偃 5.2
辟草莱 7.14
视天下悦而归己犹草芥也 7.28
在野曰草莽之臣 10.7
莘
伊尹耕于有莘之野 9.7
莠
恶莠,恐其乱苗也 14.37
莫(略)
荑
不如荑稗 11.19
荒
流连荒亡 2.4(2)
从兽无厌谓之荒 2.4
土地荒芜 12.7
荡荡
荡荡乎民无能名焉 5.4
党
吾党之小子狂简 14.37
蚋
蝇蚋姑嘬之 5.5
蚓
则蚓而后可者也 6.10
夫蚓,上食槁壤 6.10
蚕
夫人蚕缫,以为衣服 6.3
树墙下以桑,匹妇蚕之 13.22
衰
圣人之道衰 6.9
世衰道微 6.9

至于禹而德衰 9.6
礼貌未衰 12.14
礼貌衰 12.14
逐虎
有众逐虎 14.23
颂
颂其诗,读其书 10.8
顽夫
故闻伯夷之风者,顽夫廉 10.1、14.5
颁白
颁白者不负戴于道路矣 1.3、1.7
通
天下之通义也 5.4
子不通功易事 6.4
子如通之 6.4
通国皆称不孝焉 8.30
逝
逝不以濯 7.7
攸然而逝 9.2
速
王速出令 2.11
速于置邮而传命 3.1
可以速而速 10.1
其退速 13.44
造
不能造朝 4.2(2)
趋造于朝 4.2(2)
君子深造之以道 8.14
天诛造攻自牧宫 9.7
逢
则取之左右逢其原 8.14
逢蒙学射于羿 8.24

其罪大 12.7(2)
赆
行者必以赆 4.3
辞曰馈赆 4.3
豺
是豺狼也 7.17
起
有王者起 5.3
圣人复起 6.9
蚤起 8.33
辱
南辱于楚 1.5
不仁则辱 3.4
今恶辱而居不仁 3.4
终身忧辱 7.9
况辱己以正天下者乎 9.7
资
居之安,则资之深 8.14(2)
险
固国不以山溪之险 4.1
险阻既远 6.9
顾
王立于沼上,顾鸿雁麋鹿曰 1.2
王顾左右而言他 2.6
不顾父母之养 8.30(3)
不足,又顾而之他 8.33
禄之以天下,弗顾也 9.7
言不顾行,行不顾言 14.37
酌
酌则谁先 11.5
先酌乡人 11.5
配
其为气也,配义与道 3.2

永言配命 3.4、7.4

阉然

阉然媚于世也者 14.37

钻

钻穴隙相窥 6.3(2)

釜

许子以釜甑爨,以铁耕乎 5.4

高

高子以告 4.12、12.3、14.21、14.22

城非不高也 6.1

为高必因丘陵 7.1

是以惟仁者宜在高位 7.1(2)

天之高也 8.26

位卑而言高,罪也 10.5

方寸之木可使高于岑楼 12.1

高叟之为诗也 12.3(2)

绵驹处于高唐 12.6

道则高矣美矣 13.41

堂高数仞 14.34

馁

则冻馁其妻子 2.6

无是,馁也 3.2(2)

不暖不饱,谓之冻馁 13.22(2)

饿

涂有饿莩而不知发 1.3

野有饿莩 1.4、6.9

父母冻饿 1.5

劳其筋骨,饿其体肤 12.15

铁

许子以釜甑爨,以铁耕乎 5.4

铄

非由外铄我也 11.6

离

兄弟妻子离散 1.5、1.7(2)

邪辞知其所离 3.2

辟兄离母 6.10

离娄之明 7.1

责善则离,离则不祥莫大焉 7.18

故士穷不失义,达不离道 13.9(2)

用其三而父子离 14.27

难

久则难变也 3.1

是以难也 3.1

是不难 3.2

难言也 3.2

为天下得人难 5.4

君子之难仕,何也 6.3

责难于君谓之恭 7.1

为政不难 7.6

事在易而求之难 7.11

于禽兽又何难焉 8.28

难罔以非其道 9.2

岂难知哉 12.2

故观于海者难为水 13.24

游于圣人之门者难为言 13.24

斫

匠人斫而小之 2.9

十一画

厩

厩有肥马 1.4、6.9

偃

草尚之风,必偃 5.2

假

以力假仁者霸 3.3

假道于虞以伐虢 9.9
可以假馆 12.2
五霸,假之也 13.30
久假而不归 13.30

偕
古之人与民偕乐 1.2
予及女偕亡 1.2(2)
与之偕而不自失焉 3.9

谏
蚳鼃谏于王而不用 4.5
谏于其君而不受 4.12
谏行言听 8.3
谏则不行 8.3
宫之奇谏,百里奚不谏 9.9(4)
君有大过则谏 10.9(2)

谚
夏谚曰:吾王不游 2.4

谓(略)

冕
不税冕而行 12.6

商
商贾皆欲藏于王之市 1.7
则天下之商皆悦 3.5
征商 4.10
商之孙子 7.7

圉圉
始舍之圉圉焉 9.2

域民
域民不以封疆之界 4.1

堂
王坐于堂上 1.7
有牵牛而过堂下者 1.7
王者之堂也 2.5
堂高数仞 14.34

娶
舜不告而娶 7.26
娶妻如之何 9.2(4)
娶妻非为养也 10.5

孰
孰能一之 1.6(3)
则王以为孰胜 1.7
孰能御之 1.7
孰乐 2.1(2)
吾子与子路孰贤 3.1(2)
未知其孰贤 3.2
孰可以伐之 4.8(2)
王自以为与周公孰仁且智 4.9
人亦孰不欲富贵 4.10
事,孰为大 7.19(4)
孰谓子产智 9.2
然则舜有天下也,孰与之 9.5
礼与食孰重 12.1(2)
孰大于是 13.32
脍炙与羊枣孰美 14.36

宿
而之景丑氏宿焉 4.2
宿于昼 4.11
弟子斋宿而后敢言 4.11
三宿而后出昼 4.12(3)
不宿怨焉 9.3

寇
则臣视君如寇仇 8.3(3)
曾子居武城,有越寇 8.31(8)

屏
出妻屏子 8.30

崇
放驩兜于崇山 9.2
于崇,吾得见王 4.14
崩
百年而后崩 3.1
尧崩 9.5
舜崩 9.6
若尧崩之后不从尧之子 9.6
禹崩 9.6
汤崩 9.6
若崩厥角稽首 14.4
巢
下者为巢 6.9
常
校数岁之中以为常 5.3
天命靡常 7.7
欲常常而见之 9.3
皆有常职以食于上 10.6(3)
库
封之有庳 9.3(4)
庶
舜明于庶物 8.19
惟兹臣庶 9.2
庶人
士、庶人曰何以利吾身 1.1
自天子达于庶人 4.7、5.2
士、庶人不仁 5.3
下士与庶人在官者同禄 10.2(3)
皆谓庶人 10.7(6)
庶民
庶民攻之 1.2(2)
庶民去之 8.19

经正,则庶民兴 14.37(2)
庶几
则齐国其庶几乎 2.1(4)
王庶几改之 4.12(2)
康诰
《康诰》曰:杀越人于货 10.4
庸
庸敬在兄 11.5
利之而不庸 13.13
雕琢
必使玉人雕琢之 2.9(2)
得(略)
徙
死徙无出乡 5.3
则士可以徙 8.4
御
孰能御之 1.6、1.7
沛然谁能御之 1.6
莫之能御也 1.7、3.1
以御于家邦 1.7
莫之御而不仁 3.7
御者且羞与射者比 6.1
今有御人于国门之外者 10.4(3)
沛然莫之能御也 13.16
将以御暴 14.8
悻悻
悻悻然见于其面 4.12
情
物之情也 5.4
故声闻过情 8.18
乃若其情 11.6
是岂人之情也哉 11.8

惮烦
何许子之不惮烦 5.4
惟（略）
悬
犹解倒悬也 3.1
戚
于我心有戚戚焉 1.7
干戈戚扬 2.5
疏逾戚 2.7
颜色之戚 5.2
无他，戚之也 12.3
授
我欲中国而授孟子室 4.10
不授者杀之 6.5
男女授受不亲 7.17(2)
掊克
掊克在位 12.7
排
排淮、泗而注之江 5.4
掘
禹掘地而注之海 6.9
有为者辟若掘井 13.29(2)
接
兵刃既接 1.3
以政接于有庳 9.3
接淅而行 10.1、14.17
其接也以礼 10.4
怀利以相接 12.4
怀仁义以相接也 12.4
教
谨庠序之教 1.3、1.7
寡人愿安承教 1.4

明以教我 1.7
则何以异于教玉人雕琢玉哉 2.9
我学不厌而教不倦也 3.2(2)
好臣其所教 4.2
而不好臣其所受教 4.2
设为庠、序、学校以教之 5.3
校者，教也 5.3
后稷教民稼穑 5.4
饱食、暖衣、逸居而无教 5.4
教以人伦 5.4
教人以善谓之忠 5.4
君子之不教子 7.18(4)
是不待教而诛者也 10.4
其教之不改而后诛之乎 10.4
羿之教人射必志于彀 11.20
不教民而用之 12.8
教亦多术矣 12.16
予不屑之教诲也者 12.16(2)
不如善教之得民也 13.14(3)
得天下英才而教育之 13.20
教之树畜 13.22
亦教之孝悌而已矣 13.39
君子之所以教者五 13.40
君子之所以教也 13.40
赧赧
观其色赧赧然 6.7
敏
我虽不敏 1.7
殷士肤敏 7.7
敖
及是时般乐怠敖 3.4
旌
招虞人以旌 6.1、10.7

大夫以旌 10.7
族人
百官族人可 5.2
曹交
曹交问曰 12.2
望
则无望民之多于邻国也 1.3
望之不似人君 1.6
则天下之民皆引领而望之矣 1.6
民望之,若大旱之望云霓也 2.11
望望然去之 3.9
以左右望 4.10
予日望之 4.12
民之望之,若大旱之望雨也 6.5
四海之内皆举首而望之 6.5
望道而未之见 8.20
望见齐王之子 13.36
望见冯妇 14.23
著
孔子之道不著 6.9
行之而不著焉 13.5
菹
驱蛇龙而放之菹 6.9
萃
拔乎其萃 3.2
菽
使有菽粟如水火 13.23(2)
菑
安其危而利其菑 7.8
菜羹
虽疏食菜羹,未尝不饱 10.3
萌
非无萌蘖之生焉 11.8

吾如有萌焉何哉 11.9
梧
舍其梧槚 11.14
梁山
去邠,逾梁山 2.15
梁惠王
孟子见梁惠王 1.1、1.2、1.6
梁惠王曰:寡人之于国也 1.3
梁惠王曰:寡人愿安承教 1.4
梁惠王曰:晋国 1.5
不仁哉梁惠王也 14.1
梁惠王以土地之故 14.1
检
狗彘食人食而不知检 1.3
梃
杀人以梃与刃 1.4
可使制梃 1.5
梓匠
则梓匠轮舆皆得食于子 6.4(3)
梓匠轮舆能与人规矩 14.5
械器
以粟易械器者不为厉陶冶 5.4(2)
梼杌
楚之《梼杌》8.21
欲(略)
殍
亦不殍厥问 14.19
莩
用其二而民有莩 14.27
惭
吾甚惭于孟子
惧
能无惧而已矣 3.2

一怒而诸侯惧 6.2
孔子惧,作《春秋》6.9
吾为此惧 6.9
而乱臣贼子惧 6.9
洍
其洍也,可立而待也 8.18
淅
接淅而行 10.1
渔
耕、稼、陶、渔以至为帝 3.8
淇
昔者王豹处于淇 12.6
淑
其何能淑 7.9
予私淑诸人 8.22
有私淑艾者 13.40
淫
淫辞知其所陷 3.2
富贵不能淫 6.2
放淫辞 6.9(2)
淮
排淮、泗,而注之江 5.4
江、淮、河、汉是也 6.9
深
深耕易耨 1.5
如水益深 2.10
池非不深也 4.1
面深墨 5.2
君子深造之以道 8.14(3)
仁言不如仁声之入人深也 13.14
舜之居深山之中 13.16(2)
其虑患也深 13.18

淳于髡
淳于髡曰:男女授受不亲 7.17
淳于髡曰:先名实者 12.6
渊
故为渊驱鱼者,獭也 7.9
混混
源泉混混 8.18
清
沧浪之水清兮 7.8
清斯濯缨 7.8
以待天下之清也 10.1
伯夷,圣之清者也 10.1
淹
是以未尝有所终三年淹也 10.4
鸿
顾鸿雁麋鹿曰:贤者 1.2
一心以为有鸿鹄将至 11.9
烹
校人烹之 9.2
予既烹而食之 9.2
伊尹以割烹要汤 9.7
未闻以割烹也 9.7
敛
薄税敛 1.5
秋省敛而助不给 2.4、12.7
薄其税敛 13.23
袭
非义袭而取之也 3.2
辅
愿夫子辅吾志 1.7
相与辅相之 3.1
辅世长民莫如德 4.2

王使盖大夫王驩为辅行 4.6
辅之翼之 5.4
是辅桀也 12.9
章子
章子有一于是乎 8.30(4)
营
经之营之 1.2
上者为营窟 6.7
盖
兄戴,盖禄万钟 6.10
谟盖都君咸我绩 9.2
盖不敢不饱也 10.3
盖自是台无馈也 10.6
盖《徵招》《角招》是也 2.4
王使盖大夫王驩为辅行 4.6
盖上世尝有不葬其亲者 5.5
盖归反虆梩而掩之 5.4
盗
抑亦盗跖之所筑与 6.10(2)
夫谓非其有而取之者盗也 10.4
硗
则地有肥硗 11.7
祸
是自求祸也 3.4
祸福,无不自己求之者 3.4
昔沈犹有负刍之祸 8.31
率天下之人而祸仁义者 11.1
符节
若合符节 8.1
粒米
粒米狼戾 5.3
敝
犹弃敝蹝也 13.35

绸缪
绸缪牖户 3.4
绩
谟盖都君咸我绩 9.2
绳
继之以规矩准绳 7.1
大匠不为拙工改废绳墨 13.41
维
孝思维则 9.4
绚
宵尔索绹 5.3
绰绰
岂不绰绰然有余裕哉 4.5
绵驹
绵驹处于高唐 11.6
紫
恶紫,恐其乱朱也 14.37
羞
无羞恶之心 3.2(2)、11.6(2)
御者且羞与射者比 6.1
其妻妾不羞也 8.32
柳下惠不羞污君 10.1
虚
君子不可虚拘 13.37
则国空虚 14.12
艴然
曾西艴然不悦 3.1
猎较
鲁人猎较,孔子亦猎较 10.4(4)
蛇
蛇龙居之 6.9(2)
袒
袒裼裸裎于我侧 3.9、10.2

被
今有仁心仁闻而民不被其泽 7.1
虽被发缨冠而救之,可也 8.29(2)
有不被尧舜之泽者 9.7
有不与被尧舜之泽者 10.1
被袗衣 14.6

豚
鸡豚狗彘之畜无失其时 1.4、1.7
而馈孔子蒸豚 6.7
如追放豚 14.26

衅钟
将以衅钟 1.7(2)

距
此非距心之所得为也 4.4(2)
距杨、墨 6.9(2)
距诐行 6.9
距人于千里之外 12.13

职
述职者,述所职也 2.4
能者在职 3.4

跃
於牣鱼跃 1.2
搏而跃之 11.2
君子引而不发,跃如也 13.41

都
王之为都者 4.4
谟盖都君咸我绩 9.2

郭
七里之郭 4.1

野
野有饿莩 1.4
耕者皆欲耕于王之野 1.7

而愿耕于其野矣 3.5
请野九一而助 5.3
野有饿莩 6.9
杀人盈野 7.14
伊尹耕于有莘之野 9.7
在野曰草莽之臣 10.7
则之野 14.23

陶
自耕、稼、陶、渔以至为帝 3.8
以粟易械器者不为厉陶冶 5.4(3)
万室之国一人陶 12.10
陶以寡且不可以为国 12.10

陷
彼陷溺其民 1.5
及陷乎罪,然后从而刑之 1.7、5.3
淫辞知其所陷 3.2
以陷于死亡 7.9
是时孔子当陷阱 9.8
其所以陷溺其心者然也 11.7

领
则天下之民皆引领而望之矣 1.6

野人
将为野人焉 5.3(4)
齐东野人之语也 9.4
其所以异于深山之野人者几希 13.16

逸居
饱食、暖衣、逸居而无教 5.4

躯
则足以杀其躯而已矣 14.29

雪宫
齐宣王见孟子于雪宫 2.4

馆
孟子之滕,馆于上宫 14.30(2)

帝馆甥于贰室 10.3
可以假馆 12.2
鹿豕
与鹿豕游 13.16
麻缕
麻缕丝絮轻重同则贾相若 5.4
黄泉
下饮黄泉 6.10

十二画

傅
则使齐人傅诸？使楚人傅诸 6.6(4)
傅说举于版筑之间 12.15
其傅为之请数月之丧 13.39
储子
处于平陆,储子为相 12.5(4)
割烹
伊尹以割烹要汤 9.7(2)
博
博学而详说之 8.15
博弈好饮酒 8.30
守约而施博者 14.32
厥
天下曷敢有越厥志 2.3
昔者大王好色,爱厥妃 2.5
厥疾不瘳 5.1
绥厥士女,篚厥玄黄 6.5
若崩厥角稽首 14.4
肆不殄厥愠,亦不殒厥问 14.19
善(略)
喜
举欣欣然有喜色而相告曰 2.1(2)

工师得大木,则王喜 2.9
人告之以有过,则喜 3.8
得侍同朝,甚喜 4.10
喜而不忘 9.2
象喜亦喜 9.2
然则舜伪喜者与 9.2
故诚信而喜之 9.2
屋庐子喜曰：连得间矣 12.5
喜而不寐 12.13
然则奚为喜而不寐 12.13
喟然
望见齐王之子,喟然叹曰 13.36
喻
请以战喻 1.3
发于声,而后喻 12.15
四体不言而喻 13.21
堪
人不堪其忧 8.29
壹
愿比死者壹洒之 1.5
志壹则动气 3.2(2)
媒妁
不待父母之命、媒妁之言 6.3
媚然
阉然媚于世也者 14.37
富
哿矣富人 2.5
晋楚之富不可及也 4.2
彼以其富 4.2
如使予欲富 4.10(2)
为富不仁矣,为仁不富矣 5.3
非富天下也 6.5

君不行仁政而富之 7.14
富,人之所欲 9.1
富有天下 9.1
爱之欲其富也 9.3
辞富居贫 10.5(2)
富岁子弟多赖 11.7
而求富之,是富桀也 12.9
民可使富也 13.23
则安富尊荣 13.32

富贵
人亦孰不欲富贵 4.10(2)
富贵不能淫 6.2
则尽富贵也 8.33(3)
富贵,无足以解忧者 9.1
富贵之也 9.3

寐
喜而不寐 12.13
然则奚为喜而不寐 12.13

寒
黎民不饥不寒 1.3、1.7
有寒疾,不可以风 4.2
十日寒之 11.9
吾退而寒之者至矣 11.9

寓
无寓人于我室 8.31

尊
将使卑逾尊 2.7
莫如贵德而尊士 3.4
尊贤使能 3.5
天之尊爵也 3.7
天下有达尊三 4.2
其尊德乐道 4.2

子何尊梓匠轮舆而轻为仁义者哉 6.4
长幼卑尊 6.6(2)
孝子之至,莫大乎尊亲 9.4(3)
士之尊贤者也 10.3(3)
尊者赐之 10.4
辞尊居卑 10.5(2)
王公之尊贤者也 10.6
养老尊贤 12.7
尊贤育才 12.7
尊德乐义 13.9
则安富尊荣 13.32

就
就之而不见所畏焉 1.6
由水之就下 1.6
觳觫若无罪而就死地 1.7(3)
是亦不屑就已 3.9
寡人如就见者也 4.2
欲有谋焉,则就之 4.2
王就见孟子 4.10
犹水之就下 7.9、11.2
有就右师之位而与右师言者 8.27
天下之士多就之者 9.1
故就汤而说之以伐夏救民 9.7
五就汤,五就桀者 12.6
所就三 12.14(3)

嵎
虎负嵎 14.23

庾公之斯
卫使庾公之斯追之 8.24(5)

弑
弑其君者必千乘之家 1.1(2)
臣弑其君,可乎 2.8

索引 十二画

未闻弑君也 2.8
臣弑其君者有之,子弑其父者有之 6.9
则身弑国亡 7.2

彘
二母彘,无失其时 13.22

彭更
彭更问曰 6.4

缕
麻缕丝絮轻重同则贾相若 5.4
有布缕之征 14.27

遍
遍国中无与立谈者 8.33
尧舜之知而不遍物 13.46
尧舜之仁不遍爱人 13.46

逼
逼尧之子 9.5

遁辞
遁辞知其所穷 3.2

遂
闻王命而遂不果 4.2
遂及我私 5.3
师死而遂倍之 5.4
去之日遂收其田里 8.3
遂有南阳 12.8

遇
吾之不遇鲁侯,天也 2.16(2)
不遇故去 4.12(2)
为之诡遇 6.1
孟子遇于石丘 12.4
二王我将有所遇焉 12.4

遏
以遏徂莒 2.3

四海遏密八音 9.4
无遏尔躬 12.7

道(略)

惑
则弟子之惑滋甚 3.1
被发缨冠而往救之则惑也 8.29
而弃其天爵,则惑之甚者也 11.16

惠
分人以财谓之惠 5.4
惠而不知为政 8.2
可以与可以无与,与伤惠 8.33

惰
惰其四支 8.30

惴
吾不惴焉 3.2

恻隐
皆有怵惕恻隐之心 3.6(3)

愠
愠于群小 14.19
肆不殄厥愠 14.19

惩
荆舒是惩 5.4、6.9

戟
子之持戟之士 4.4

掌
天下可运于掌 1.7
犹运之掌也 3.1
治天下可运之掌上 3.6
舜使益掌火 5.4
我使掌与女乘 6.1

揆
上无道揆也 7.1

先圣后圣,其揆一也 8.1
揖
入揖于子贡 5.4
不逾阶而相揖也 8.27
扬
干戈戚扬 2.5
我武惟扬 6.5
掩
盖归反虆梩而掩之 5.5(3)
眸子不能掩其恶 7.15
则人皆掩鼻而过之 8.25
而不掩焉者也 14.37
揠
宋人有闵其苗之不长而揠之者 3.2(2)
搂
逾东家墙而搂其处子 12.1(3)
五霸者,搂诸侯以伐诸侯者也 12.7
揣
不揣其本而齐其末 12.1
援
援而止之而止 3.9(2)
嫂溺则援之以手乎 7.17(7)
思援弓缴而射之 11.9
敢
然后敢入 2.2
彼恶敢当我哉 2.3
天下曷敢有越厥志 2.3
敢请 3.16
敢问夫子之不动心 3.2(5)
或敢侮予 3.4
谁敢侮之 3.4
弟子斋宿而后敢言 4.11

请勿复敢见矣 4.11
公事毕,然后敢治私事 5.3
敢问何也 6.9
则莫我敢承 6.9
敢问何也 8.30
敢问或曰放者,何谓也 9.3
敢问瞽瞍之非臣 9.4
敢问荐之于天而天受之 9.5
敢问友 10.3
敢问交际 10.4
敢问何说也 10.4
敢问其不敢何也 10.6
敢问国君欲养君子 10.6
敢问不见诸侯 10.7
何敢与君友也 10.7
敢问招虞人何以 10.7
庶人岂敢往哉 10.7
莫之敢撄 14.23
敢问何如斯可谓狂矣 14.37
散
壮者散而之四方者 2.12、4.4
若太公望、散宜生 14.38
敦
使虞敦匠事 4.7
薄夫敦 10.1、14.15
普
普天之下 9.4
斯(略)
斯须
斯须之敬在乡人 11.5
景丑氏、景子
而之景丑氏宿焉 4.2

景子曰：内则父子 4.2
景子曰：否 4.2
智
惟智者为能以小事大 2.3
王自以为与周公孰仁且智 4.9(3)
可谓智乎 7.1、9.9(4)
治人不治反其智 7.4
智之实 7.27
所恶于智者 8.26(4)
孰谓子产智 9.2
始条理者，智之事也 10.1
智，譬则巧也 10.1
是非之心，智也 11.6
无或乎王之不智也 11.9
为是其智弗若与 11.9
曾
曾不知以食牛干秦穆公之为污也 9.9
曾益其所不能 12.15
曾西
或问乎曾西曰 3.1(3)
曾子
曾子曰：戒之戒之 2.12
孟施舍似曾子 3.2(3)
曾子曰：晋楚之富 4.2
曾子曰：生，事之以礼 5.2
强曾子 5.4(3)
曾子曰：胁肩谄笑 6.7
曾子养曾皙 7.19(3)
曾元养曾子 7.19
曾子居武城 8.31(5)
而曾子不忍食羊枣 14.36(2)
曾皙
曾子养曾皙 7.19(3)

曾皙嗜羊枣 14.36
如琴张、曾皙、牧皮者 14.37
朝
朝秦楚 1.7
使天下仕者皆欲立于王之朝 1.7
吾欲观于转附、朝儛 2.4
武丁朝诸侯有天下 3.1
皆能以朝诸侯 3.2
而愿立于其朝矣 3.5
不立于恶人之朝 3.9
如以朝衣朝冠坐于涂炭 3.9、10.1
孟子将朝王 4.2(9)
王驩朝暮见 4.6
得侍同朝 4.10
一朝而获十禽 6.1(2)、8.27(2)
朝不信道 7.1
朝廷不历位而相与言 8.27
尧帅诸侯北面而朝之 9.4(2)
诸侯朝于天子曰述职 12.7
一不朝、再不朝、三不朝，则 12.7
不能一朝居也 12.9
朝不食 12.14
朝觐
天下诸侯朝觐者 9.5
朝觐讼狱者不之益而之启 9.6
菁
为菁之丧 13.39
期
天下期于易牙 11.7
棘
晋人以垂棘之璧与屈产之乘假道 9.9
养其樲棘 11.14

葬
孟子自齐葬于鲁 4.7
葬之以礼 5.2
及至葬,四方来观之 5.2
然而夷子葬其亲厚 5.5
盖上世尝有不葬其亲者 5.5

葵丘
葵丘之会 12.7

蒉
我知其不为蒉也 11.7

葛
是故汤事葛 2.3
汤一征,自葛始 2.11
汤居亳,与葛为邻 6.5(2)
葛伯放而不祀 6.5(4)

棠
国人皆以夫子将复为发棠 14.22

棺椁
谓棺椁衣衾之美也 2.16
古者棺椁无度 4.7
中古棺七寸,椁称之 4.7

属
乃属其耆老而告之曰 2.15
岂不欲有夫妻子母之属哉 8.30

赐
大夫有赐于士 6.7
尊者赐之,曰 10.4
而况受其赐乎 10.4
赐之则不受,何也 10.6
无常职而赐于上者 10.6

赋
国中什一使自赋 5.3

而赋粟倍他日 7.14

转
吾欲观于转附、朝儛 2.4
君之民老弱转乎沟壑 2.12
子之民老羸转于沟壑 4.4
使老稚转乎沟壑 5.3

敬
君臣主敬 4.2(5)
必敬必戒 6.2
陈善闭邪谓之敬 7.1
不敬其君者也 7.2
礼人不答反其敬 7.4
有礼者敬人 8.28(3)
待先生如此其忠且敬也 8.31
能敬承继禹之道 9.6
用下敬上谓之贵贵 10.3
用上敬下谓之尊贤 10.3
行吾敬,故谓之内也 11.5(16)
恭敬之心 11.6(2)
敬老慈幼 12.7
无不知敬其兄也 13.15
敬长,义也 13.15
爱而不敬,兽畜之也 13.37

欺
周公岂欺我哉 5.1
莫之或欺 5.4
故君子可欺以其方 9.2

歉然
如其自视歉然 13.11

湿
是犹恶湿而居下也 3.4

滨
居北海之滨 7.13、10.1、13.22

居东海之滨 7.13、13.22
率土之滨,莫非王臣 9.4
遵海滨而处 13.35
游
吾王不游,吾何以休 2.4
一游一豫,为诸侯度 2.4
有托其妻子于其友而之楚游者 2.6
夫子与之游 8.30
子好游乎?吾语子游 13.9
与鹿豕游 13.16
游于圣人之门者难为言 13.24
焚
益烈山泽而焚之 5.4
瞽瞍焚廪 9.2
然(略)
然友
世子谓然友曰 5.2(6)
琴
琴朕,弤朕 9.2
舜在床琴 9.2
被袗衣,鼓琴 14.6
如琴张、曾晳、牧皮者 14.37
疏
疏逾戚 2.7
未有疏于此时者也 3.1
齐疏之服 5.2
禹疏九河 5.4
虽疏食菜羹未尝不饱 10.3
无他,疏之也 12.3(3)
登
必求龙断而登之 4.10
五谷不登 5.4

孔子登东山而小鲁,登太山而小天下 13.24
宜若登天然 13.40
盛
夏后、殷、周之盛 3.1
未有盛于孔子也 3.2
盛德之士,君不得而臣 9.4
五霸,桓公为盛 12.7
盛德之至也 14.33
睍睍
睍睍胥谗 2.4
短
绝长补短 5.1
齐宣王欲短丧 13.39
税
薄税敛 1.5
耕者助而不税 3.5
而纳其贡税焉 9.3
不税冕而行 12.6
薄其税敛 13.23
禅
孔子曰:唐、虞禅 9.6
禄
仕者世禄 2.5
不告于王而私与之吾子之禄爵 4.8
仕而不受禄 4.14
夫世禄,滕固行之矣 5.3
谷禄不平 5.3
分田制禄可坐而定也 5.3
兄戴,盖禄万钟 6.10(3)
禄之以天下 9.7
周室班爵禄也如之何 10.2(14)

非以干禄也 14.33
谀
睊睊胥谀 2.4
则谀谄面谀之人至矣 12.13(2)
谟
丕显哉,文王谟 6.9
谟盖都君咸我绩 9.2
锐
其进锐者其退速 13.44
童
虽使五尺之童适市 5.4
有童子以黍肉饷 6.5(2)
孩提之童 13.15
等
等百世之王 3.2
之则以为爱无差等 5.5
凡五等也 10.1
凡六等 19.2
凡四等 10.2
筑
筑斯城也 2.13
齐人将筑薛 2.14
筑室于场 5.4
伯夷之所筑与?抑亦盗跖之所筑与 6.10
傅说举于版筑之间 12.15
筋骨
劳其筋骨 12.15
答
礼人不答反其敬 7.4
公都子不能答 11.5
于答是也何有 12.1

有答问者 13.40
若在所礼,而不答 13.43(2)
策
取二三策而已矣 14.3
粟
移其粟于河内 1.3
米粟非不多也 4.1
许子必种粟而后食乎 5.4(4)
则农有余粟 6.4
所食之粟 6.10
而赋粟倍他日 7.14
君馈之粟 10.6
其后廪人继粟 10.6
食粟而已 12.2
使有菽粟如水火 13.23(2)
粟米之征 14.27
粢盛
诸侯耕助以供粢盛 6.3(3)
无以供粢盛也 6.5
粥
饘粥之食 5.2
歠粥 5.2
粪
粪其田而不足 5.3
百亩之粪 10.2
强
天下莫强焉 1.5
弱固不可以敌强 1.7
天下固畏齐之强也 2.11
强为善而已矣 2.14
强曾子 5.4
强而后可 6.1

是犹恶醉而强酒 7.3
弱役强 7.7
况于为之强战 7.14
而求为之强战 12.9
乐正子强乎 12.13
强恕而行 13.4
馈
王馈兼金一百而不受 4.3(6)
老弱馈食 6.5
而馈孔子蒸豚 6.7
则有馈其兄生鹅者 6.10
昔者有馈生鱼于郑子产 9.2
其馈也以礼 10.4
君馈之粟,则受之乎 10.6(4)
舒
荆、舒是惩 5.4、6.9
舜
大舜有大焉 3.8
舜何人也 5.1
举舜而敷治焉 5.4(6)
则舜受尧之天下不以为泰 6.4
不以舜之所以事尧事君 7.2
舜不告而娶 7.26
惟舜为然 7.28
舜尽事亲之道 7.28
舜生于诸冯 8.1
舜明于庶物 8.19
舜,人也,我亦人也 8.28(3)
舜往于田 9.1
然则舜怨乎 9.1(4)
宜莫如舜 9.2
舜之不告而娶 9.2(9)

象日以杀舜为事 9.3
舜流共工于幽州 9.3
舜南面而立 9.4(6)
尧以天下与舜 9.5(8)
昔者舜荐禹于天 9.6(9)
舜尚见帝 10.3
亦飨舜 10.3
尧之于舜也 10.6
以养舜于畎亩之中 10.6
以瞽瞍为父而有舜 11.6
舜其至孝矣 12.3
舜发于畎亩之中,12.15
舜之居深山之中 13.16
孳孳为善者,舜之徒也 13.25
欲知舜与跖之分 13.25
舜为天子 13.35(5)
舜之饭糗茹草也 14.6
象
为其象人而用之也 1.4
象曰:谟盖都君咸我绩 9.2(6)
象日以杀舜为事 9.3(3)
是故以尧为君而有象 11.6
隐
王若隐其无罪而就死地 1.7
进不隐贤 3.9、10.1
隐几而卧 4.11
超
挟太山以超北海 1.7(2)
遗
未有仁而遗其亲者也 1.1
其故家遗俗 3.1
遗佚而不怨 3.9

汤使遗之牛羊 6.5
靡有孑遗 9.4(2)
遗佚而不怨 10.1
遗老失贤 12.7

逾
将使卑逾尊,疏逾戚 2.7
去邠,逾梁山 2.15
而孟子之后丧逾前丧 2.16(4)
逾墙相从 6.3
段干木逾垣而辟之 6.7
不逾阶而相揖也 8.27
逾东家墙而搂其处子 12.1
人能充无穿逾之心 14.31(2)

趋
今夫蹶者趋者,是气也 3.2
其子趋而往视之 3.2
趋造于朝 4.2
其趋一也 12.6
趋而迎之 14.23

越
天下曷敢有越厥志 2.3
有越寇 8.31
杀越人于货 10.4
越人关弓而射之 12.3

践
夫然后之中国践天子位焉 9.5
惟圣人然后可以践形 13.38

跖
跖之徒也 13.25
欲知舜与跖之分 13.25

辜
杀一不辜而得天下 3.2

量敌
量敌而后进 3.2

集
齐集有其一 1.7
是集义所生者 3.2
七八月之间雨集 8.18
孔子之谓集大成 10.1(2)

髡
髡未尝睹之也 12.6(3)

黍
要其有酒食黍稻者夺之 6.5
有童子以黍肉饷 6.5
惟黍生之 12.10

孳孳
孳孳为善者 13.25
孳孳为利者 13.25
何不使彼为可几及而日孳孳也 13.41

鲁
邹与鲁閧 2.12
鲁平公将出 2.16
吾之不遇鲁侯,天也 2.16
孟子自齐葬于鲁 4.7
昔者鲁缪公无人乎子思之侧 4.11
吾宗国鲁先君莫之行 5.2
《鲁颂》曰:戎狄是膺 5.4
鲁之《春秋》8.21
孔子不悦于鲁卫 9.8
去鲁,曰迟迟吾行也 10.1
孔子之仕于鲁也,鲁人猎较 10.4
鲁缪公之时,公仪子为政 12.6
鲁之削也滋甚 12.6
孔子为鲁司寇 12.6

鲁欲使慎子为将军 12.8(4)
鲁欲使乐正子为政 12.13
好善优于天下,而况鲁国乎 12.13
孔子登东山而小鲁 13.24
鲁君之宋 13.36
孔子之去鲁 14.17
孔子在陈,何思鲁之狂士 14.37

御

其如是,孰能御之 1.6、1.7
沛然谁能御之 1.6
莫之能御也 1.7
以御于家邦 1.7
行仁政而王,莫之能御也 3.1
莫之御而不仁 3.7
御者且羞与射者比 6.1
今有御人于国门之外者 10.4(3)
沛然莫之能御也 13.16
将以御暴 14.8

韩魏

附之以韩魏之家 13.11

鹅

则有馈其兄生鹅者 6.10
他日,其母杀是鹅也 6.10

凿

凿斯池也 2.13
所恶于智者,为其凿也 8.26

十三画

嗜

不嗜杀人者能一之 1.6(3)
曾皙嗜羊枣 14.36

塞

则塞于天地之间 3.2

为间不用,则茅塞之矣 14.21

填然

填然鼓之 1.3

嫁

女子之嫁也,母命之 6.2

嫂

嫂溺则援之以手乎 7.17(4)
二嫂使治朕栖 9.2

廉

陈仲子岂不诚廉士哉 6.10
仲子恶能廉 6.10
取伤廉 8.23
闻伯夷之风者顽夫廉 10.1、14.15
行之似廉洁 14.37

廋

人焉廋哉 7.15
若是乎从者之廋也 14.30

彀

羿之教人射必志于彀 11.20(2)
羿不为拙射变其彀率 13.41

微

又有微子、微仲 3.1
冉牛、闵子、颜渊则具体而微 3.2
世衰道微 6.9
子思,臣也,微也 8.31
微服而过宋 9.8
而有微子启、王子比干 11.6
乃孔子则欲以微罪行 12.6

徯

《书》曰:徯我后 2.11、6.5

愆

《诗》云:不愆不忘 7.1

愈
昔者疾,今日愈 4.2
今病小愈 4.2
病愈,我且往见 5.5
思天下惟羿为愈己 8.24
是愈疏也 12.3
愈疏,不孝也 12.3
丹之治水也愈于禹 12.11
为朞之丧,犹愈于已乎 13.39
虽欲加一日愈于已 13.39
意
我不意子学古之道 7.25
以意逆志 9.4
愧
仰不愧于天 13.20
慎
可不慎与 2.7
故术不可不慎也 3.7
鲁欲使慎子为将军 12.8(2)
慊
吾何慊乎哉 4.2
戢
思戢用光 2.5
摄
尧老而舜摄也 9.4
官事无摄 12.7
搏
有故而去,则君搏执之 8.3
搏而跃之,可使过颡 11.2
晋人有冯妇者善搏虎 14.23
新
其命惟新 5.3

亦以新子之国 5.3
暇
壮者以暇日修其孝悌忠信 1.5
奚暇治礼义哉 1.7
圣人之忧民如此,而暇耕乎 5.4
楼
方寸之木可使高于岑楼 12.1
楚
南辱于楚 1.5
邹人与楚人战 1.7(3)
王之臣有托其妻子于其友而之楚游
  者 2.6
事齐乎?事楚乎 2.13
滕文公为世子,将之楚 5.1(2)
自楚之滕 5.4
陈良,楚产也 5.4
有楚大夫于此 6.6(4)
楚之《梼杌》8.21
长楚人之长 11.4
宋牼将之楚 12.4(8)
歃血
诸侯束牲载书而不歃血 12.7
殛
殛鲧于羽山 9.3
毁
人皆谓我毁明堂 2.5(3)
毁其宗庙 2.11
毁瓦画墁 6.4
家必自毁,而后人毁之 7.8
有求全之毁 7.21
毁伤其薪木 8.31
缘木
犹缘木而求鱼 1.7(2)

缌
而缌小功之察 13.46
溪
固国不以山溪之险 4.1
缓
民事不可缓也 5.3
君子用其一,缓其二 14.27
源
源泉混混 8.18
故源源而来 9.3
溢
故沛然德教溢乎四海 7.6
然而旱干水溢,则变置社稷 14.14
溱洧
以其乘舆济人于溱洧 8.2
溺
彼陷溺其民 1.5
载胥及溺 7.9
嫂溺则援之以手乎 7.17(6)
禹思天下有溺者,由己溺之也 8.29
其所以陷溺其心者然也 11.7
滋甚
则弟子之惑滋甚 3.1
鲁之削也滋甚 12.6
滑厘
此则滑厘所不识也 12.8
暖
饱食、暖衣、逸居而无教 5.4
五十非帛不暖 13.22
不暖不饱,谓之冻馁 13.22
数
数罟不入洿池 1.3

数口之家可以无饥矣 1.3
使数人要于路 4.2
今既数月矣 4.5
以其数,则过矣 4.13
挍数岁之中以为常 5.3
其徒数十人 5.4
子之兄弟事之数十年 5.4
后车数十乘,从者数百人 6.4
引而置之庄、岳之间数年 6.6
今夫弈之为数,小数也 11.9
其傅为之请数月之丧 13.39
堂高数仞,榱题数尺 14.34
侍妾数百人 14.34
誉
非所以要誉于乡党朋友也 3.6
有不虞之誉 7.21
令闻广誉施于身 11.17
赖
富岁子弟多赖 11.7
照
容光必照焉 13.24
盟
凡我同盟之人 12.7
既盟之后,言归于好 12.87
睟然
其生色也睟然见于面 13.21
睨
睨而不视 5.5
禁
问国之大禁 2.2
泽梁无禁 2.5
今之诸侯皆犯此五禁 12.7

然则舜不禁与 13.35(2)
谓夫莫之禁而弗为者也 13.39
禽
终日而不获一禽 6.1
一朝而获十禽 6.1
禽兽
君子之于禽兽也 1.7
今恩足以及禽兽 1.7(2)
禽兽繁殖 5.4(4)
比而得禽兽 6.1
园囿、污池、沛泽多而禽兽至 6.9
无父无君,是禽兽也 6.9
人之所以异于禽兽者几希 8.10
如此则与禽兽奚择哉 8.28(2)
则其违禽兽不远矣 11.8(2)
福
自求多福 3.4、7.4
裸裎
虽袒裼裸裎于我侧 3.9、10.1
稗
不如荑稗 11.19
稚
使老稚转乎沟壑 5.3
窥
钻穴隙相窥 6.3
窟
上者为营窟 6.9
睹
髡未尝睹之也 12.6
罪
王无罪岁 1.3
吾不忍其觳觫若无罪而就死地 1.7
(3)
及陷于罪 1.7
杀其麋鹿者如杀人之罪 2.2
有罪无罪,惟我在 2.3
罪人不孥 2.5
此则距心之罪也 4.4(3)
及陷乎罪,然后从而刑之 5.3
非赤子之罪也 5.5.
罪我者,其惟《春秋》乎 6.9
罪不容于死 7.14
克有罪 7.24
无罪而杀士 8.4(2)
是亦羿有罪焉 8.24
为得罪于父 8.30(2)
四罪而天下咸服 9.3
有庳之人奚罪焉 9.3
位卑而言高,罪也 10.5
非才之罪也 11.6
乃孔子则欲以微罪行 12.6
三王之罪人也 12.6(3)、12.7(3)
长君之恶其罪小,逢君之恶其罪大 12.7
杀一无罪,非仁也 13.33
大罪也 14.4
置
置君而后去之 2.11
速于置邮而传命 3.1
引而置之庄、岳之间数年 6.6
诸侯危社稷,则变置 14.14(2)
雏
力不能胜一匹雏 12.2
粮
师行而粮食 2.4

索引 十三画

乃积乃仓,乃裹糇粮 2.5
蝇蚋
蝇蚋姑嘬之 5.5
群小
愠于群小 14.19
羡
以羡补不足 6.4
聘
汤使人以币聘之 9.7(3)
肆
肆不殄厥愠 14.19
腹心
则臣视君如腹心 8.3
虞
前日不知虞之不肖 4.7(3)
前日虞闻诸夫子曰 4.13
招虞人以旌 6.1、10.7
有不虞之誉 7.21
唐、虞禅 9.6
百里奚,虞人也 9.9
假道于虞以伐虢 9.9
知虞公之不可谏而去 9.9(2)
敢问招虞人何以 10.7(3)
虞不用百里奚而亡 12.6
解
犹解倒悬也 3.1
贾请见而解之 4.9
而不足以解忧 9.1(6)
豢
犹刍豢之悦我口 11.7
貉
子之道,貉道也 12.10(4)

貉稽曰:稽大不理于口 14.19
路
夫子当路于齐 3.1
而愿出于其路矣 3.5
使数人要于路 4.2
反齐滕之路 4.6(2)
充虞路问曰 4.13
是率天下而路也 5.4
夫义,路也 10.7
惟君子能由是路 10.7
义,人路也 11.11
舍其路而弗由 11.11
则不远秦楚之路 11.12
夫道,若大路然 12.2
路恶在 13.13
间介然用之而成路 14.21
辟
欲辟土地 1.7
放辟邪侈 1.7、5.3
地不改辟矣 3.1
段干木逾垣而辟之 6.7
辟纑 6.10
辟兄离母 6.10
田野不辟 7.1
伯夷辟纣 7.13、13.22
太公辟纣 7.13、13.22
辟草莱 7.14
行辟人可也 8.2
故患有所不辟也 11.10
则凡可以辟患者 11.10(2)
土地辟 12.7
我能为君辟土地 12.9

有为者辟若掘井 13.29

辞
宰我、子贡善为说辞 3.2
我于辞命,则不能也 3.2
无辞让之心,非人也 3.6(2)
是故诸侯虽有善其辞命而至者 3.9
昔者辞以病 4.2
辞曰馈賮 4.3(2)
子之辞灵丘而请士师 4.5
又从为之辞 4.10
辞十万而受万 4.10
我不贯与小人乘,请辞。6.1
故说诗者不以文害辞 9.4(3)
不辞小官 10.1、12.6
请无以辞却之 10.4(2)
殷受夏,周受殷,所不辞也 10.4
辞尊居卑,辞富居贫 10.5(2)

频
己频顣曰:恶用是鶃鶃 6.10

隘
伯夷隘 3.9(2)

鉴
殷鉴不远,在夏后之世 7.2

麀鹿
麀鹿攸伏 1.2(2)

鼎
前以三鼎,而后以五鼎与 2.16
亟馈鼎肉 10.6(2)

鼓
填然鼓之 1.3
今王鼓乐于此 2.1(4)
被袗衣,鼓琴 14.6

蚖
孟子谓蚖蛙曰 4.5(2)

薿
今夫薿麦 11.7

十四画

嘐嘐
其志嘐嘐然 14.37

墁
毁瓦画墁 6.4

境
臣始至于境 2.2
四境之内不治 2.6
鸡鸣狗吠相闻,而达乎四境 3.1

墙
逾墙相从 6.3
修我墙屋 8.31
逾东家墙而搂其处子 12.1
是故知命者不立乎岩墙之下 13.2
树墙下以桑 13.22

寡
《诗》云:刑于寡妻 1.7
寡固不可以敌众 1.7
老而无夫曰寡 2.5
天下之不助苗长者寡矣 3.2
失道者寡助 4.1(2)
则寡取之 5.3
五谷多寡同则贾相若 5.4
陶以寡,且不可以为国 12.10
养心莫善于寡欲 14.35(4)

寡人
梁惠王曰:寡人之于国也 1.3(3)

梁惠王曰：寡人愿安承教 1.4
及寡人之身东败于齐 1.5
寡人耻之 1.5
若寡人者，可以保民乎哉 1.7
寡人非能好先王之乐也 2.1
寡人之囿方四十里 2.2
寡人有疾，寡人好勇 2.3
寡人有疾，寡人好货 2.5
寡人有疾，寡人好色 2.5
或谓寡人勿取，或谓寡人取之 2.10
诸侯多谋伐寡人者 2.11
或告寡人曰 2.16
寡人如就见者也 4.2
不识可使寡人得见乎 4.2
此则寡人之罪也 4.4
今又弃寡人而归 4.10

谨
谨庠序之教 1.3、1.7

彰
以彰有德 12.7

慕
巨室之所慕，一国慕之 7.6(2)
孟子曰：怨慕也 9.1(7)
五十而慕 12.3

愿
寡人愿安承教 1.4
愿比死者壹洒之 1.5
愿夫子辅吾志 1.7
而子为我愿之乎 3.1
乃所愿，则学孔子也 3.2
而愿立于其朝矣 3.5(5)
今愿窃有请也 4.7

前日愿见而不可得 4.10
固所愿也 4.10
愿受一廛而为氓 5.4
愿为圣人氓 5.4
吾固愿见 5.5
丈夫生而愿为之有室 6.3(2)
所以不愿人之膏粱之味也 11.17(2)
愿留而受业于门 12.2
愿闻其指 12.4

慝
睊睊胥谗，民乃作慝 2.4

愬
天下之欲疾其君者皆欲赴愬于王 1.7

慈
虽孝子慈孙百世不能改也 7.2
敬老慈幼，无忘宾旅 12.7

慢
是上慢而残下也 2.12
恶得有其一，以慢其二哉 4.2
是故暴君污吏必慢其经界 5.3

摽
摽使者出诸大门之外 10.6

撄
虎负嵎，莫之敢撄 14.23

缪公
泄柳、申详无人乎缪公之侧 4.11
缪公之于子思也 10.6
缪公亟见于子思 10.7

缨
可以濯我缨 7.8(2)
虽被发缨冠而救之，可也 8.29(2)

缩
自反而不缩 3.2

自反而缩 3.2
蔡
君子之厄于陈蔡之间 14.18
蓰
或相倍蓰 5.4
或相倍蓰而无算者 11.6
榱
榱题数尺 14.34
槁
七八月之间旱，则苗槁矣 1.6
其子趋而往视之，苗则槁矣 3.2
上食槁壤 6.10
歌
有孺子歌曰：沧浪之水 7.8
而齐右善歌 12.6
漯
禹疏九河，瀹济、漯 5.4
熄
安居而天下熄 6.2
王者之迹熄而《诗》亡 8.21
不熄，则谓之水不胜火 11.18
熊掌
熊掌，亦我所欲也 11.10
疑
王请勿疑 1.5
异哉子叔疑 4.10
世子疑吾言乎 5.1
何独至于人而疑之 11.7
竭
竭力以事大国 2.15
圣人既竭目力焉 7.1
既竭耳力焉 7.1

既竭心思焉 7.1
我竭力耕田 9.1
端
仁之端也 3.6
羞恶之心，义之端也 3.6
辞让之心，礼之端也 3.6
是非之心，智之端也 3.6
人之有是四端也 3.6(3)
夫尹公之他，端人也 8.24
其取友必端矣 8.24
蔽
诐辞知其所蔽 3.2
蔽贤者当之 8.17
耳目之官不思而蔽于物 11.15
箕子
有微子、微仲、王子比干、箕子 3.1
管籥
管籥之音 2.1(2)
管仲
桓公之于管仲 4.3(4)
管夷吾举于士 12.15
管叔
周公使管叔监殷 4.9(5)
箪食
箪食壶浆以迎王师 2.10、2.11
则一箪食不可受于人 6.4
其小人箪食壶浆以迎其小人 6.5
一箪食，一瓢饮 8.29
一箪食，一豆羹 11.10
是舍箪食豆羹之义也 13.34
箪食豆羹见于色 14.11
算
或相倍蓰而无算者 11.6

糜烂
糜烂其民而战之 14.1
聚
民不改聚矣 3.1
货财不聚 7.1
所欲与之聚之 7.9
膏
膏泽下于民 8.3(2)
所以不愿人之膏粱之味也 11.17
臧
嬖人臧仓者请曰 2.16(2)
臧氏之子焉能使予不遇哉 2.16
舞
则不知足之蹈之、手之舞之也 7.27
蒙
西子蒙不洁 8.25
蒸
而馈孔子蒸豚 6.7
天生蒸民,有物有则 11.6
豪
思以一豪挫于人 3.2
彼所谓豪杰之士也 5.4
若夫豪杰之士 13.10
赫斯
王赫斯怒 2.3
鄙夫
鄙夫宽,薄夫敦 10.1
薄夫敦,鄙夫宽 14.15
镃基
虽有镃基,不如待时 3.1
镒
虽万镒,必使玉人雕琢之 2.9

于宋,馈七十镒而受 4.3
于薛,馈五十镒而受 4.3
鼻
则人皆掩鼻而过之 8.25
鼻之于臭也 14.24
遭
遭宋桓司马将要而杀之 9.8
舆
明足以察秋毫之末而不见舆薪 1.7(2)
十二月舆梁成 8.2
岂谓一钩金与一舆羽之谓哉 12.1
歜
凡民罔不歜 10.4

十五画

嘬
蝇蚋姑嘬之 5.5
墨
歠粥,面深墨 5.2
墨者夷之 5.5(3)
杨朱、墨翟之言盈天下 6.9(6)
墨子兼爱 13.26
逃墨必归于杨 14.26(2)
墦间
卒之东郭墦间 8.33
履
君子所履 10.7
幡然
既而幡然改曰 9.7
廛
市廛而不征,法而不廛 3.5(3)
愿受一廛而为氓 5.4

徵招

盖《徵招》《角招》是也 2.4

德

德何如则可以王矣 1.7

且以文王之德 3.1

德之流行 3.1

冉牛、闵子、颜渊善言<u>德行</u> 3.2

闻其乐而知其德 3.2

以德行仁者王 3.3

以德服人者 3.3

莫如贵德而尊士 3.4

爵一,齿一,德一 4.2(4)

君子之德,风也;小人之德,草也 5.2

又从而振德之 5.4

故沛然德教溢乎四海 7.6

天下有道,小德役大德 7.7

无能改于其德 7.14

盛德之士,君不得而臣 9.4

至于禹而德衰 9.6

德必若舜禹 9.6

友也者,友其德也 10.3

以德,则子事我者也 10.7

民之秉彝,好是<u>懿</u>德 11.6(2)

既饱以德 11.17

尊贤育才,以彰有德 12.7

尊德乐义 13.9

人之有德慧术知者 13.18

周于德者邪世不能乱 14.10

乡原,德之贼也 14.37(4)

横

洪水<u>横</u>流 5.4

处士<u>横</u>议 6.9

其待我以<u>横</u>逆 8.28(3)

<u>横</u>政之所出,<u>横</u>民之所止 10.1

慧

人之有德慧术知者 13.18

憎

士憎兹多口 14.19

憔悴

民之憔悴于虐政 3.1

戮

驱飞廉于海隅而戮之 6.9

无罪而戮民 8.4

以为父母戮 8.30

摩顶

摩顶放踵利天下 13.26

播

其始播百谷 5.3

是播其恶于众也 7.1

播种而耰之 11.7

敷

举舜而敷治焉 5.4

澜

必观其澜 13.24

暴

无暴其气 3.2(2)

是故暴君污吏必慢其经界 5.3

秋阳以暴之 5.4

暴君代作 6.9

邪说暴行又作 6.9(2)

暴其民甚,则身弑国亡 7.2

自暴者,不可与有言也 7.10(2)

岂得暴彼民哉 9.3

暴之于民而民受之 9.5(2)

幽厉兴则民好暴 11.6
凶岁子弟多暴 11.7
一日暴之 11.9
将以御暴 14.8
将以为暴 14.8
聪
师旷之聪 7.1
滕
出吊于滕 4.6
反齐滕之路 4.6(2)
今滕,绝长补短 5.1
滕定公薨 5.2
夫世禄,滕固行之矣 5.3
夫滕壤地褊小 5.3
自楚之滕 5.4
负耒耜而自宋之滕 5.4
滕君,则诚贤君也 5.4
今也滕有仓廪府库 5.4
滕更之在门也 13.43(2)
孟子之滕 14.30
滕文公
滕文公问曰:滕 2.13、2.15
滕文公问曰:齐人将筑薛 2.14
滕文公为世子 5.1
滕文公问为国 5.3
熟
五谷熟而民人育 5.4
至于日至之时皆熟矣 11.7
苟为不熟 11.19
亦在乎熟之而已矣 11.19
燕
齐人伐燕 2.11(7)

燕可伐与 4.8(8)
燕人畔 4.9
牖
绸缪牖户 3.4
有业屦于牖上 14.30
瘠环
于齐主侍人瘠环 9.8(3)
皜皜
皜皜乎不可尚已 5.4
瞑眩
若药不瞑眩,厥疾不瘳 5.1
稷
禹、稷当平世 8.29(4)
稻
要其有酒食黍稻者夺之 6.5
稼穑
后稷教民稼穑 5.4
稽首
北面稽首再拜而不受 10.6(2)
若崩厥角稽首 14.4
虢
假道于虞以伐虢 9.9
齐国虽褊小 1.7
褐
不受于褐宽博 3.2
视刺万乘之君,若刺褐夫 3.2
虽褐宽博 3.2
其徒数十人,皆衣褐 5.4
许子衣褐 5.4
遵
遵海而南 2.4
遵先王之法而过者 7.1

遵海滨而处 13.35

糇粮
乃裹糇粮 2.5

简
孟子独不与驩言，是简驩也 8.27
子敖以我为简，不亦异乎 8.27

颜
颜色之戚 5.2
于卫主颜雠由 9.8
吾于颜般，则友之矣 10.3
訑訑之声音颜色 12.13

颜渊
冉牛、闵子、颜渊善言德行 3.2(2)
颜渊曰：舜何人也 5.2

颜子
颜子当乱世 8.29
颜子不改其乐，孔子贤之 8.29

颜回
禹、稷、颜回同道 8.29

鲧
殛鲧于羽山 9.3

醉
是犹恶醉而强酒 7.3
既醉以酒 11.17

鹤鹤
麀鹿濯濯，白鸟鹤鹤 1.2

黎民
黎民不饥不寒 1.3、1.7
周余黎民，靡有孑遗 9.4

十六画

儒
儒者之道 5.5

逃杨必归于儒 14.26

器
牲杀器皿衣服不备 6.3
器不足用也 12.10

嬴
反于齐，止于嬴 4.7

嬖
嬖人臧仓者请曰 2.16(2)
昔者赵简子使王良与嬖奚乘 6.1(3)

廪
父母使舜完廪，捐阶，瞽瞍焚廪 9.2
其后廪人继粟 10.6

憾
是使民养生丧死无憾也 1.3(2)
我不憾焉者，其惟乡原乎 14.37

操
充仲子之操 6.10
蚓而后充其操者也 6.10
操则存，舍则亡 11.8
其操心也危 13.18

整
爰整其旅 2.3

橐
于橐于囊

樲棘
养其樲棘 11.14

激
激而行之 11.2

燔肉
燔肉不至 12.6

獧
欲得不屑不洁之士而与之，是獧也 14.37

十七画

壑
其亲死,则举而委之于壑 5.5
是故禹以四海为壑 12.11
今吾子以邻国为壑 12.11

孺子
今人乍见孺子将入于井 3.6(2)
有孺子歌曰:沧浪之水 7.8
郑人使子濯孺子侵卫 8.24(2)

懦夫
懦夫有立志 10.1、14.15

濡滞
是何濡滞也 4.12

濯
麀鹿濯濯 1.2
江汉以濯之 5.4
是犹执热而不以濯也 7.7(2)
可以濯我缨 7.8(4)
是以若彼濯濯也 11.8(2)

獯鬻
故太王事獯鬻 2.3

瞰
阳货瞰孔子之亡也 6.7

瞷
王使人瞷夫子 8.32

繁殖
禽兽繁殖 5.4

膺
戎狄是膺 5.4、6.9
周公方且膺之 5.4
是周公所膺也 6.9

璞玉
今有璞玉于此 2.9

瓢
一箪食,一瓢饮 8.29

瘳
厥疾不瘳 5.1

穆公
穆公问曰:吾有司 2.12

篡
逼尧之子,是篡也 9.5
无伊尹之志,则篡也 13.31

篚
篚厥玄黄 6.5
实玄黄于篚以迎其君子 6.5

耨
深耕易耨 1.5
使不得耕耨以养其父母 1.5

衡
因于心,衡于虑 12.15
一人衡行于天下 2.3

豫
吾王不豫 2.4
一游一豫 2.4
夫子若有不豫色然 4.13(2)

踵
踵门而告文公曰 5.4
摩顶放踵利天下 13.26

霓
若大旱之望云霓也 2.11

餐
《诗》曰:不素餐兮 13.32(2)

鬨
邹与鲁鬨 2.12

臂
纱兄之臂而夺之食 12.1、13.39
冯妇攘臂下车 14.23

薄
省刑罚,薄税敛 1.5
以薄为其道也 5.5
薄乎云尔 8.24
鄙夫宽,薄夫敦 10.1
薄其税敛 13.23
于所厚者薄,无所不薄也 13.44
薄夫敦,鄙夫宽 14.15

薛
齐人将筑薛 2.14
于薛,馈五十镒而受 4.3(2)
子谓薛居州,善士也 6.6(4)

薨
滕定公薨 5.2
君薨,听于冢宰 5.2

薪
明足以察秋毫之末而不见舆薪 1.7
舆薪之不见,为不用明焉 1.7
有采薪之忧 4.2
毁伤其薪木 8.31
犹以一杯水救一车薪之火也 11.18

藉
助者,藉也 5.3

獭
故为渊驱鱼者,獭也 7.9

螬
螬食实者过半矣 6.10

辩
今之与杨、墨辩者 14.26

赡
此惟救死而恐不赡 1.7
非心服也,力不赡也 3.3

颡
其颡有泚 5.5
搏而跃之,可使过颡 11.2

颠覆
太甲颠覆汤之典刑 9.6

觳觫
不忍其觳觫若无罪而就死地 1.7(2)

蹈
则不知足之蹈之 7.27

蹊
山径之蹊 14.20

避
避水火也 2.10
舜避尧之子于南河之南 9.5
禹避舜之子于阳城 9.6
益避禹之子于箕山之阴 9.6

翼
辅之翼之 5.4

麋鹿
王立于沼上,顾鸿雁麋鹿曰 1.2
乐其有麋鹿鱼鳖 1.2
杀其麋鹿者如杀人之罪 2.2

十八画

戴
颁白者不负戴于道路矣 1.3、1.7
孟子谓戴不胜曰 6.6
戴盈之曰:什一 6.8
兄戴,盖禄万钟 6.10

爵
夫仁,天之尊爵也 3.7
彼以其爵,我以吾义 4.2(3)
不告于王而私与之吾子之禄爵 4.8
为丛驱爵者,鹯也 7.9
周室班爵禄也如之何 10.2
有天爵者 11.16(5)
有人爵者 11.16(5)
一不朝,则贬其爵 12.7

璧
晋人以垂棘之璧与屈产之乘 9.9

瞽瞍
舜尽事亲之道,而瞽瞍厎豫 7.28(3)
瞽瞍焚廪 9.2
瞽瞍亦北面而朝之 9.4(5)
以瞽瞍为父而有舜 11.6
瞽瞍杀人 13.35

藏
商贾皆欲藏于王之市 1.7
而愿藏于其市矣 3.5
不藏怒焉 9.3

藐
说大人,则藐之 13.34

覆
而仁覆天下矣 7.1

蹙
举疾首蹙頞而相告曰 2.1(2)
曾西蹙然曰:吾先子 3.1
其容有蹙 9.4

鹯
为丛驱爵者,鹯也 7.9

鳏
老而无妻曰鳏 2.5

十九画

壤
夫滕壤地褊小 5.3
夫蚓,上食槁壤 6.10

歠
放饭流歠 13.46

疆
出疆必载质 6.3(3)
侵于之疆 6.5
则使人导之出疆 8.3
入其疆,土地辟 12.7(2)

簿正
孔子先簿正祭器 10.2(2)

羸
子之民老羸转于沟壑 4.4

羹
虽疏食菜羹,未尝不饱 10.3
一箪食,一豆羹 11.10
是舍箪食豆羹之义也 13.34
箪食豆羹见于色 14.11

蹴尔
蹴尔而与之 11.10

蹙然
曾西蹙然曰:吾先子之所畏也 3.1

蹶
今夫蹶者趋者,是气也 3.2
天之方蹶 7.1

鶂鶂
恶用是鶂鶂者为哉 6.10
是鶂鶂之肉也 6.10

靡
天命靡常 7.7

靡有孑遗 9.4

二十画

孽
天作孽,犹可违 3.4、7.8
自作孽,不可活 3.4、7.8
独孤臣孽子,其操心也危 13.18

夔夔
夔夔齐栗 9.4

攘
今有人日攘其邻之鸡者 6.8(2)
冯妇攘臂下车 14.23

瀹
瀹济、漯而注诸海 5.4

蘖
非无萌蘖之生焉 11.8

籍
而皆去其籍 10.2

譬
智,譬则巧也 10.1
圣,譬则力也 10.1

顣
己频顣曰:恶用是鶃鶃 6.10

二十一画

嚣嚣
嚣嚣然曰:我何以 9.7
人知之,亦嚣嚣 13.9(4)

巍巍
勿视其巍巍然 14.34

耰
播种而耰之 11.7

蠡
以追蠡 14.22

霸
管仲以其君霸 3.1
虽由此霸王,不异矣 3.2
以力假仁者霸,霸必有大国 3.3
故不劳而霸 4.2
小则以霸 6.1
秦穆公用之而霸 12.6
五霸者,三王之罪人也 12.7(2)
五霸者,搂诸侯以伐诸侯者也 12.7(4)
霸者之民 13.13
五霸,假之也 13.30

二十二画以上

橐
乃裹糇粮,于橐于囊 2.5

懿
民之秉彝,好是懿德 11.6(2)

饔飧
无诸侯币帛饔飧 12.10

鬻
百里奚自鬻于秦养牲者 9.9(2)

虆
盖归反虆梩而掩之 5.5

驩
诸君子皆与驩言 8.27(3)

爨
许子以釜甑爨,以铁耕乎 5.4

图书在版编目(CIP)数据

孟子新校释：附索引／黄怀信撰．—上海：上海古籍出版社，2022.11
ISBN 978-7-5732-0469-1

Ⅰ.①孟… Ⅱ.①黄… Ⅲ.①儒家②《孟子》-注释 Ⅳ.①B222.5

中国版本图书馆 CIP 数据核字(2022)第 188875 号

孟子新校释（附索引）

黄怀信　撰

上海古籍出版社出版发行

（上海市闵行区号景路 159 弄 1－5 号 A 座 5F　邮政编码 201101）

（1）网址：www.guji.com.cn
（2）E-mail: guji1@guji.com.cn
（3）易文网网址：www.ewen.co

浙江临安曙光印务有限公司印刷

开本 700×1000　1/16　印张 23.75　插页 2　字数 379,000
2022 年 11 月第 1 版　2022 年 11 月第 1 次印刷
ISBN 978-7-5732-0469-1
B·1276　定价：98.00 元

如有质量问题，请与承印公司联系